Teoria da História

4. Acordes historiográficos – Uma nova proposta para a Teoria da História

Dados Internacionais de Catalogação na Publicação (CIP)
(Câmara Brasileira do Livro, SP, Brasil)

Barros, José D'Assunção
Teoria da História / José D'Assunção Barros. 3. ed. – Petrópolis, RJ : Vozes, 2014.

Conteúdo : 4. Acordes historiográficos – Uma nova proposta para a Teoria da História
Bibliografia.

2ª reimpressão, 2025.

ISBN 978-85-326-2467-3

1. História – Filosofia 2. História – Teoria 3. Historiografia
I. Título.

10-12120 CDD-901

Índices para catálogo sistemático:
1. História : Filosofia e teoria 901

José D'Assunção Barros

Teoria da História

4. Acordes historiográficos – Uma nova proposta para a Teoria da História

EDITORA VOZES

Petrópolis

Rua Frei Luís, 100
25689-900 Petrópolis, RJ
www.vozes.com.br
Brasil

Editoração: Dora Beatriz V. Noronha
Diagramação: Victor Mauricio Bello
Capa: Omar Santos

ISBN 978-85-326-2467-3

Este livro foi composto e impresso pela Editora Vozes Ltda.

Sumário

Referências

Índice dos quadros e figuras

I Uma metáfora musical para a historiografia

Introdução

Toda alma é uma melodia
que convém renovar.
Mallarmé

O trabalho de reflexão, pesquisa e imaginação teórica que neste volume desenvolveremos é apenas experimental. Interromperemos por um momento o modelo mais tratadístico de esclarecimento sobre os vários aspectos que envolvem a Teoria da História e a história da historiografia, e ousaremos liberar um pouco de imaginação historiográfica, propor novos instrumentos de análise que possam dar conta da complexidade que envolve a historiografia e a Teoria da História. Passamos aqui ao "ensaio" propriamente dito, no sentido de que esse gênero constitui um laboratório teórico para a experimentação.

Começaremos por lembrar que a matéria-prima da Historiografia[1] – assim como da "Teoria da História" enquanto âmbito de conhecimento que se abriga no interior da ciência histórica – é evidentemente a própria obra dos historiadores e os seus sistemas de pensamento. Vale dizer, os historiadores e filósofos que tomam a seu cargo o estudo da historiografia (isto é, das obras dos historiadores de todas as épocas, inclusive a sua) trazem nesse momento, para o centro de suas análises, um tipo muito específico de fontes históricas, que corresponde precisamente aos textos produzidos pelos próprios historiadores. A palavra "historiografia", quando não empregada com aquele sentido mais abrangente que dela faz um sinônimo de História (enquanto campo de conhecimento), refere-se precisamente a esse âmbito de estudos mais específico que examina criticamente tudo o que já foi produzido pelos historiadores até os dias de hoje. Em uma palavra: a Historiografia pode ser compreendida, em sentido estrito, como a modalidade da História que toma como "fontes históricas" as obras dos próprios historiadores, e que faz destes o seu principal objeto de estudo.

Nosso objetivo, a seguir, será de introduzir alguns exercícios de historiografia, direcionados para algumas questões bastante específicas. O empenho em examinar mais deta-

---

1. "Historiografia", aqui, estará sendo uma expressão empregada não no sentido ampliado de História, mas no sentido mais específico do ramo da História que examina a própria obra dos historiadores como fontes para compreender os sistemas de pensamento, os modos de fazer história de cada época, e as sociedades que produziram essas diversas obras historiográficas.

lhadamente alguns dos historiadores que já mencionamos nos volumes anteriores contribuirá para que possamos acrescentar, à reflexão que até aqui vimos desenvolvendo, alguns exemplos mais concretos. Esse exame de historiadores específicos também será importante para a compreensão de que, ainda que os grandes paradigmas ofereçam uma base de ação e de visão de mundo aos historiadores que a eles se vinculam, qualquer historiador também apresenta outras influências para além do paradigma com o qual a maior parte de sua produção sintoniza, se for o caso. Será igualmente comum, como já foi mencionado, que um historiador se localize entre paradigmas, e não no interior de um só, ou que só partilhe um certo conjunto de aspectos relacionados a um paradigma, mas não a todos. Há também as migrações entre paradigmas, e as modificações que geram, em uma determinada obra historiográfica, fases diferenciadas. Por fim, qualquer visão de mundo, quando referida a um historiador específico, apresenta menor ou maior grau de complexidade, de modo que poderemos pensar para os grandes nomes da historiografia verdadeiros "acordes teóricos", formados por influências diversas, ainda que existam certas notas dominantes.

Para conservarmos certo norte neste exercício de historiografia, delimitaremos como problema central a ser investigado a mesma questão do confronto entre "subjetividade" e "objetividade" com a qual vimos até aqui nos debatendo. Como os diversos historiadores enfrentaram a questão da subjetividade historiográfica, concretamente e no interior dos paradigmas a que se filiam, ou entre eles, e mesmo além deles? Como cada um deles, em trabalhos historiográficos específicos, lidou com a questão do relativismo, da objetividade científica, da posição da figura do historiador face ao processo de produção do conhecimento historiográfico? Essas questões estarão orientando nossas próximas reflexões.

O principal aspecto que nos motivou a escrever este ensaio já foi introduzido em um momento anterior. Ainda que possamos esclarecer com alguma precisão quais são as características essenciais que definem certos paradigmas – o Positivismo, o Historicismo, o Materialismo Histórico e outros – a verdade é que, quando nos deparamos com a obra de historiadores específicos, percebemos que esta ou aquela produção historiográfica nem sempre é facilmente classificável nos quadros de um único paradigma, e que por vezes essa obra ou esse historiador específico mostram-se extremamente singulares, ou mesmo únicos. É muito difícil classificar uma obra historiográfica com precisão; diversos autores resistem a essa classificação; há também teóricos que rejeitam a ideia de classificar obras historiográficas, sob pena de simplificá-las ou empobrecer a percepção de suas características mais singulares.

Consideremos, entretanto, que não fazer este esforço de analisar as obras dos historiadores aproximando-os uns dos outros, contrastando-os reciprocamente, identificando suas influências e interferências mútuas, agrupando-os por paradigmas, escolas ou correntes historiográficas, é também perder uma oportunidade importante de compreender a

História tal como ela é feita pelos próprios historiadores. Cada estrela que existe no firmamento, cada planeta e meteoro, são únicos, mas isso não impede que os astrônomos desenvolvam um esforço de reflexão que procura analisar os fenômenos celestes, agrupá-los, distingui-los, e tantas outras operações sem as quais a Astronomia não avançaria como campo disciplinar específico. Deixar de falar em planetas, sob a alegação de que cada planeta é único, é também perder um aspecto rico da compreensão do universo.

É óbvio que, quando utilizamos conceitos como o de "paradigma historiográfico", "escolas históricas", e outros, começamos a trabalhar modelos. O "modelo" é um instrumento teórico que favorece a compreensão de alguma coisa; mas que é por sua vez algo distinto da realidade. As noções de "paradigmas" e de "escolas históricas" aplicadas à historiografia permite aproximar historiadores, contrastá-los, enxergar aspectos característicos de uns por semelhança ou contraste em relação a outros. O conceito de paradigma é útil. Como abrir mão desse interessante instrumento de análise? No entanto, deve-se reconhecer que a obra de um historiador também é única. Dificilmente um historiador é igual a outro, mesmo que possamos situá-los no interior de um mesmo paradigma. Como utilizar esses conceitos, e avançar em um esforço de compreensão sobre a obra de historiadores específicos, sem perder a complexidade de cada um?

Nossa proposta será a de trabalharmos uma nova noção, conjuntamente com os conceitos já referidos ("paradigma", "escola histórica", "campo histórico", "matriz disciplinar").

Esta noção terá a função de contrabalançar o efeito de simplificação que está envolvido quando tentamos compreender o trabalho de um historiador em relação às já discutidas noções de "paradigma historiográfico" e "escola histórica". A partir do novo recurso que utilizaremos, a análise de cada um dos pensadores ou historiadores cuja posição historiográfica nos propomos a discutir, nas páginas que se seguem, começará sempre pela identificação, obviamente que nunca separada de seu contexto, de suas linhas de influência, traços teóricos e outros elementos que pareçam compor a sua identidade teórica (ITE) ou a sua identidade historiográfica (IH). Para realizar tal tarefa analítica, tomaremos a liberdade de trazer de empréstimo, da Teoria da Música, uma imagem que nos ajudará a compreender mais acuradamente a identidade teórica ou historiográfica de cada autor analisado.

Figura 1. Um "acorde"

O "acorde", na teoria e na prática musical, pode ser entendido como um conjunto de notas musicais que soam juntas e assim produzem uma sonoridade compósita. Podemos visualizar através de uma pauta de cinco linhas, como a que foi acima desenhada, a representação de um acorde musical. Mas devemos sempre compreender que o acorde é um fenômeno sonoro, independente da representação que lhe atribuamos em uma folha de papel[2]. Será também útil ter em vista que todo acorde possui as suas notas musicais explícitas, as imediatamente audíveis, que são aquelas que o músico faz soar no seu instrumento pressionando conjuntamente as teclas de um piano ou tangendo as cordas de seu violão. Mas um acorde musical, e na verdade mesmo cada nota musical isoladamente, também carrega as suas sonoridades secretas – que são aquelas que o ouvido humano não percebe habitualmente, mas que compõem um sutil complexo sonoro de sonoridades ocultas que na Teoria da Música são denominadas "harmônicos". Os harmônicos de um som, em que pesem que não possam ser percebidos diretamente,

2. O conceito de "acorde" também está na base da arte da elaboração de perfumes, e neste caso corresponde a uma "mistura de cheiros" que, combinados, corresponde à informação total captada pelo olfato humano. O acorde olfativo também é constituído de notas. Basicamente, a combinatória de aromas com vistas à produção de um perfume trabalha com três grupos de notas: as "notas de fundo", que são constituídas pelos fixadores que mantêm o perfume por mais tempo, fazendo-o perdurar por sete ou oito horas; as "notas de corpo" (ou "notas de coração"), constituídas por moléculas que perduram 4 ou 5 horas antes de se volatilizarem; e as "notas de topo" (ou "notas de cabeça"), responsáveis pelo primeiro impacto do perfume. Na música, o "acorde", na sua posição fundamental, é constituído por uma suposição de intervalos de terças que se estabelecem, do grave para o agudo, a partir da "nota fundamental".

são de fato decisivos para a constituição da identidade de um som musical[3].

Ousaremos colocar em interação esta imagem musical, a do "acorde", e a Teoria da História. Trata-se apenas de uma experiência reflexiva, não mais do que isto. Um "acorde teórico" ou um "acorde historiográfico" será a metáfora que utilizaremos para falar em um grupo de aspectos e/ou linhas de influência que permita definir a visão de mundo e a prática de determinado historiador ou filósofo que se relacione com a História enquanto campo de conhecimento (o mesmo recurso, aliás, pode ser empregado para o exame de pensadores ligados a qualquer campo de saber). Isto posto, considerando que seja possível pensar um determinado autor ou não no interior de um certo "paradigma historiográfico", ou em

---

3. Acusticamente falando, qualquer som emitido isoladamente por um instrumento, como uma nota musical da escala de Dó Maior, por exemplo, corresponde a um complexo emaranhado de ondas sonoras, embora o ouvinte humano só perceba como "altura" a onda mais grave (de frequência mais baixa). Os harmônicos correspondem precisamente aos sons parciais que compõem a sonoridade de uma nota musical e, embora não possam ser percebidos pelo ouvido comum, contribuem decisivamente para a definição do *timbre* de um instrumento. Assim, é a combinação das forças relativas de cada harmônico que proporciona o timbre de uma nota tal como ela é escutada (para além de outro fator importante que se relaciona ao tipo de "forma" do feixe de ondas sonoras que corresponde ao som considerado, com o que já estaríamos adentrando uma questão acústica um pouco mais complicada). Quanto mais rica em harmônicos superiores, mais brilhante a sonoridade de um instrumento – como é o caso do oboé ou do violino. Já a flauta possui um som fundamental mais forte e harmônicos importantes em menor número. Enquanto isto, o timbre muito específico do clarinete é produzido pela predominância dos harmônicos ímpares – o que dá a esse instrumento aquela sonoridade oca que lhe é tão peculiar. Para nossa metáfora, só interessa compreender que o harmônico é uma espécie de sonoridade oculta, que nem sempre é percebida, mas que tem um papel importante na definição da sonoridade teórica final.

algum lugar "entre paradigmas", a noção do "acorde teórico" (ou "acorde historiográfico", se for o caso) nos permitirá restituir alguma complexidade à percepção sobre as especificidades desse autor. Em suma, se enquadrar um autor no interior de um paradigma pode ter um efeito de podar algumas de suas especificidades ou de perder algumas de suas singularidades, a utilização do recurso do "acorde teórico" pretende enfrentar o desafio de recuperar um pouco dessa complexidade.

Vamos supor, experimentalmente, que determinados pensadores ou historiadores podem ser representáveis – ao menos em relação à maior parte de sua produção bibliográfica (ou em relação a certas fases dessa produção), ou então com relação a uma problemática específica – por certo "acorde teórico" ou por determinado "acorde historiográfico". O "acorde teórico" constituirá nesse caso um procedimento criativo com vistas a permitir uma maior aproximação relativamente à ambiência mental que caracteriza determinado pensador, ou com vistas a melhor nos acercarmos daquele universo de ideias e de tendências desse autor no que concerne à sua maneira singular de tratar o seu campo de saber, ou mesmo uma questão ou temática mais específica.

O modelo básico desta metáfora é o da música: um acorde contém necessariamente notas musicais que terminam por constituí-lo como um fenômeno sonoro novo – notas que se superpõem, que se interpenetram, que interferem umas sobre as outras. Algumas notas se modificam na presença de outras, outras impõem de maneira menos ou mais intensa a sua marca, outras funcionam como indeléveis mediadoras na relação que se estabelece entre outras notas. A metáfora musical do acorde se abre a muitas possibilidades, e também permite que relacionemos elementos diversos às várias notas que constituirão o acorde.

Um "acorde teórico" pode conter "notas" que remetem às outras influências autorais que repercutem no autor (influências explicitadas ou implícitas, reconhecidas ou não pelo autor), ou ainda notas que o relacionam a determinados paradigmas ou correntes teóricas. De igual maneira, o acorde teórico pode incluir "notas" que remetem a aspectos metodológicos, e outras que se refiram a instâncias importantes que se integram ao ambiente mental do qual emerge a sua obra (entre estas instâncias, por exemplo, podemos pensar no papel da religiosidade, da nacionalidade ou da etnicidade na constituição da identidade teórica de um autor). É possível pensar também em uma nota que remeta ao "estilo" literário, se este tiver um peso importante na constituição de uma obra ou de uma tendência autoral, ou também em uma nota que remonte à militância política ou a aspectos éticos, se estes forem igualmente constitutivos da identidade teórica de um autor.

Consideraremos também que uma "nota" de um acorde teórico não precisa necessariamente se referir a uma "coisa" única, pois pode-se dar o caso de que pensemos, a partir da "nota" proposta para o acorde, em uma *relação*. Nesse sentido, mesmo uma "nota" já pode ser constituída de uma relação tensa ou complexa entre duas outras notas, por assim dizer. Se pensarmos no filósofo oitocentista Søren Kierkegaard (1813-1855), que passa por ter sido o precursor do paradigma filosófico do existencialismo, talvez não consigamos encontrar para o seu "acorde teórico" uma nota fundamental que lhe seja tão característica – para além do próprio *Conceito de angústia* (1844) que fundará o paradigma do existencialismo – como a "tensão entre a dúvida e a crença". Talvez mais do que uma "tensão" entre a dúvida e a fé, possamos falar, em Kierkegaard, para utilizar um conceito deste mesmo filósofo, no "salto" da dúvida para a fé. Este "salto da dúvida para a crença", a *tensão* gerada por esse salto que elabora simultaneamente a crítica da "dúvida cartesiana" e a crítica do formalismo do "cristianismo oficial", pode ser tomada, ela mesma, como a nota mais saliente do "acorde Kierkegaard". A "nota", aqui, transformou-se em um "intervalo" – conceito que na música representa a passagem de uma nota para a outra. Com isto, pretendemos dar apenas um exemplo possível, a ser revisto posteriormente[4].

---

4. Uma situação relativamente rara aparece também em Kierkegaard. Existe um dado da sua vida pessoal que parece interferir profundamente no seu "ser teórico", oferecendo-lhes a base para a sua "melancolia" – "uma angústia diante de tudo", como ele mesmo dirá em seu *diário* (1843). A identidade teórica de Kierkegaard parece ser interferida permanentemente pela sua paixão obsessiva pela mulher que ele mesmo não quis desposar (Regine Olsen), embora ele a amasse e sua sombra retorne continuamente a cada página de seu diário. Veremos depois que, habitualmente, certos episódios da vida pessoal e privada de um autor podem ser perfeitamente separados dos elementos que constituem a "identidade teórica" desse autor (o filho ilegítimo de Marx não parece interferir no seu "ser teórico"; mas já a pontualidade obsessiva de Kant talvez queira dizer algo sobre o autor das "três críticas"). Em Kierkegaard, contudo, esse estranho amor irrealizado parece ajudar a constituir a sua maneira de pensar. Sintomaticamente, Kierkegaard também foi o primeiro filósofo a investir na ideia de que o caráter essencial da existência é a subjetividade, e de que esta só pode ser apreendida e compreendida sob a forma de uma "história pessoal" (dirá ele no seu *Post-Scriptum* de 1846, inclusive, que "a subjetividade culmina na paixão"). Cada caso é um caso. A personalidade múltipla de Kierkegaard, expressa nos vários heterônimos com os quais costumava assinar suas obras, também parece interferir no seu "ser teórico". Tudo isto teria de ser considerado, talvez. Sobre Kierkegaard, cf. nota 137.

As notas de um acorde, portanto, podem ser de vários tipos. Vamos chamar de "notas características" estas que se referem a um elemento qualquer, ou mesmo a uma relação entre elementos, e "notas de influência" aquelas com as quais julgamos ver um autor introduzido em sua rede interautoral (isto é, no seu diálogo com outros autores). O "acorde teórico", enfim, seria um recurso analítico que apresenta como finalidade principal introduzir uma discussão sobre o ambiente mental que torna possível a emergência de uma determinada obra, mas sempre levando em conta que esse ambiente mental deve ser ele mesmo considerado no interior de um contexto.

Uma tal perspectiva de análise leva em consideração que nenhum autor está isolado de seu contexto, de seus leitores, de seus autores. Assim, por exemplo, qualquer autor sempre deverá ser examinado no interior de um universo interautoral, constituído por autores de seu tempo e de outros tempos. Destes autores contemporâneos e extemporâneos, o autor que compõe o seu acorde extrai "notas de influência", mas também "notas de contraposição". Aliás, quando falamos de "influência", temos que ter em vista a importância efetiva que um autor – ou um aspecto de seu pensamento – teve para outro autor, e não um grau de parentesco que porventura se estabeleça entre os dois quando comparamos os seus sistemas de ideias. Um autor, aliás, pode mesmo resistir ao pensamento desse autor cuja importância é extraordinariamente grande para ele (conscientemente assumida ou não), e estar perfeitamente sintonizado nas linhas mais gerais com outro autor que, na verdade, não tem importância nenhuma na formação de sua identidade teórica.

Influência, enfim, não é o mesmo que parentesco teórico (as duas coisas podem se superpor ou não), e muito menos é uma relação de paternidade e filiação entre pensamentos. A influência é um encontro. Mas um desencontro pode se tornar tão importante quanto o encontro, e, portanto, tornar-se uma influência igualmente significativa. Em alguns casos, poderemos falar em verdadeiras "antinotas": elas são tão importantes para a formação de um acorde como as "notas de influência" propriamente ditas. Há autores que constroem a sua identidade teórica por oposição a certo fundo, sem o qual a sua cor singular não sobressairia. O fundo de contraposição pode ser tão importante para uma cor quanto a própria cor, como bem sabem os pintores modernos a partir do impressionismo. O cromatismo de um acorde extrai a qualidade do seu timbre, em parte, daquilo que a composição elegeu para compor a paleta de contrastes.

De qualquer maneira, o importante é termos consciência de que não é possível a um autor se isolar de sua época e de outras épocas; à sua própria época ele é preso por um contexto que lhe impõe um tom; a todas as épocas ele está preso por uma rede de leituras pela qual se deixa capturar. Mesmo que resista a todas as influências autorais e se contraponha a todas elas – se tal fosse possível – neste caso ele também estará se deixando construir pelo contraste. Quando não tiver de se referir aos "autores de contraposição" através de seu próprio texto, e mesmo que não queira mencionar outros autores, os leitores que percorrerem sua obra na própria época e em outras épocas não poderão deixar de situá-lo em uma perspectiva de contrastes. Ainda que um autor não deseje ser capturado por uma rede autoral, será capturado por uma rede leitora. Cada um que o lê o situará necessariamente em uma relação interautoral, seja para pensar analogias ou contrastes. O leitor precisará fazer isso para compreender um autor, mesmo que à sua maneira (e só é possível compreendê-lo à sua maneira, à maneira do leitor).

Contra qualquer vontade que um autor possa expressar em contrário, ao deixar que seu pensamento se concretize em texto, ele estará criando um ambiente no qual se formarão acordes. Mesmo as influências que ele gostaria de evitar e os seus antípodas autorais talvez deixem a sua marca nesta harmonia inevitável através de secretos "harmônicos" que repercutem por simpatia ou por antipatia. E tudo o que formou o seu pensamento talvez retorne de uma maneira ou de outra no texto que ele compõe. A maior parte dessa infinidade de diálogos autorais que ressoa no fundo de um texto talvez não seja percebida senão como um timbre, e talvez não apresente qualquer importância para uma análise mais atenta; mas algumas notas se destacarão inevitavelmente aos olhos e ouvidos de quem lê ou ouve um texto. Um texto teórico, historiográfico, filosófico, literário, em nossa metáfora será música. E nessa metáfora não é possível fazer música sem acordes.

É claro que quem produz o acorde é no fundo o leitor. O autor compõe um ambiente harmônico a partir do qual surgem certas possibilidades de leitura. Mas essa questão é mais complexa, de modo que deixaremos para retomá-la oportunamente. Por ora, a pergunta é se é possível pensar um acorde para o autor, ou se cada texto produz o seu acorde. Ou, ainda, se é uma "questão" que colocamos a interagir com um autor aquilo que produz o acorde, de acordo com a especificidade dos ouvidos e dos olhos do analista. Tudo isso se torna uma possibilidade. Para iniciar a exploração dessas possibilidades, indagaremos se um autor está necessariamente preso a um acorde.

Imaginar um pensamento autoral como relacionado a certo "acorde teórico" não impede que também consideremos que um autor pode mudar o seu "acorde" em sucessivas fases de sua produção, e isto não deixa de ser bastante comum em autores diversos. O filósofo Michel Foucault, por exemplo, esteve sempre se reinventando no decurso de sua produção intelectual, de modo que poderíamos imaginar esta produção em fases que sugerem uma sucessão de diferentes acordes, alguns contendo as mesmas notas de outros (a nota "Nietzsche", por exemplo, é uma constante em praticamente todos os "acordes" de Foucault) e outros introduzindo ou abandonando notas que apenas aparecem em uma única fase daquele autor (em Foucault, por exemplo, a "nota estruturalista", mencionada por alguns de seus analistas, apenas aparece no primeiro conjunto de obras filosóficas e históricas). Há mesmo autores que, em uma e outra fases de sua produção, parecem se contraditar francamente. Nesse caso, se formos utilizar a metáfora do "acorde teórico" ou a noção de "identidade teórica", teremos de propor a ideia de que o "acorde teórico" desses autores mudou de uma para outra fase, ou mesmo de uma para outra obra.

Benedetto Croce (1866-1952) – historiador italiano que geralmente é referido pela história da historiografia como um "historicista presentista", e que parece combinar "notas de influência" aparentemente tão dissonantes como Nietzsche e Hegel – passou antes disto por um rápido "acorde marxista" que, todavia, durou muito pouco tempo em relação à sua vasta produção intelectual[5]. O historiador francês Paul Veyne (n. 1930), embora conserve sempre bem presente em sua "identidade teórica" a "nota de influência" foucaultiana, não parece ser exatamente o mesmo no livro *Como se escreve a História* (1971) e no ensaio *A História conceitual* (1974), que estão apenas separados por um intervalo de três anos; para além disso, novas nuances diferenciais se insinuarão dois anos depois, em uma aula inaugural de 1976 intitulada *O inventário das diferenças*[6]. Há elementos comuns nessas obras, tais como o seu estilo literário ou a perene influência da nota foucaultiana[7], mas de fato, quando escolhemos uma questão transversal para contrastar as três obras – tal como a do próprio estatuto da História – as diferenças parecem surgir[8]. Assim, da História que no primeiro livro é apresentada essencialmente como uma "intriga", à qual se rejeita qualquer ideia de cientificidade,

5. Nessa época, Croce irá escrever o ensaio "Para a interpretação crítica de alguns conceitos do Marxismo" [1897], incluído no livro *Materialismo Histórico e economia marxística* [1900].

6. A Conferência, proferida no College de France, foi publicada naquele mesmo ano de 1986, com este título. No Brasil, foi traduzida em 1983.

7. Paul Veyne registrará a sua homenagem a Foucault no título de seu ensaio "Foucault revoluciona a História" (1986).

8. Por isto, conforme postularemos adiante, pode ser sempre interessante escolher uma determinada questão transversal para perceber como, diante desta ou daquela questão, modificam-se ou se transformam os acordes teóricos de um autor. Um "acorde teórico" poderá ser postulado, forma-se diante de uma questão específica. Esta metáfora não deve ser empregada para se pensar que a "identidade teórica" de um autor é fixa ou já estabelecida de antemão.

passa-se à História que apresenta certos "núcleos de cientificidade" no artigo sobre "A História Conceitual" (1974).

Autores, como veremos, podem mudar significativamente, principalmente quando tomamos alguma questão específica como um "fio de Ariadne" que nos permita algum tipo de orientação através dos seus labirintos de ideias. Por outro lado, quando pensamos em um historiador como Leopold von Ranke (1795-1886), do século XIX, impressiona a homogeneidade de sua obra no que concerne à maneira de pensar e fazer a História, de modo que podemos imaginar um único "acorde" para definir a sua identidade teórica[9]. Conforme veremos adiante, há autores mais monódicos, mais constantes em relação a um único padrão de unidade historiográfica ou filosófica, e existem autores que mudam seus padrões, menos ou mais significativamente, de modo que as suas vidas historiográficas ou filosóficas mais se assemelhariam a uma sucessão de certo número de acordes, menos ou mais contrastantes uns em relação aos outros[10].

Obviamente que falar em um "acorde teórico" ou em um "acorde historiográfico" será apenas um recurso, imaginativo

---

9. Peter Gay, em seu ensaio *O estilo na História* (1974), registra os seguintes comentários no capítulo sobre Ranke: "A carreira de Ranke foi um extenso comentário sobre estas duas afirmações [seus famosos aforismos sobre a neutralidade do historiador e a singularidade das sociedades históricas], o cumprimento paciente e deliberado de um programa concebido em sua mocidade. A história profissional de Ranke corresponde àquela absoluta raridade, a saber, a obra de uma vida plenamente consumada" (GAY, 1990: 70-71).

10. Na Teoria da Música, um acorde pode apresentar notas diferenciais, mas também, eventualmente, algumas notas em comum com o acorde que o precede ou que vai sucedê-lo em uma determinada sequência harmônica.

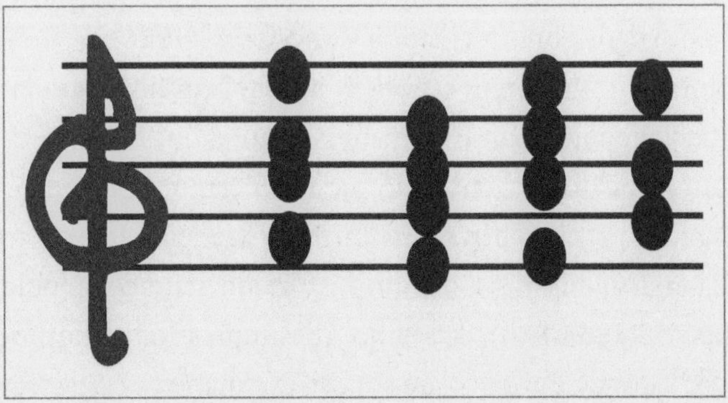

Figura 2. Uma sucessão de acordes

e retórico, para nos aproximarmos da compreensão dos modos de pensar e de agir de um autor diante da construção do conhecimento na sua área de atuação (história, filosofia, sociologia etc.). Essa metáfora não carrega uma maior responsabilidade do que a de propor um artifício para pensar estes autores na conexão de suas linhas de influência[11].

11. Para Monroe Beardsley, "uma metáfora é um poema em miniatura" (1958: 134). Devemos nos perguntar se é lícito utilizar a imaginação metafórica para o encaminhamento de uma reflexão científica. Acreditamos que sim, acompanhando a posição de autores como Paul Ricoeur (2009: 68), e também como Nietzsche, que, em uma de suas *Considerações intempestivas* (1873), lembra que os conceitos são metáforas das quais já se perdeu a lembrança de que eram metáforas: "Enquanto cada metáfora intuitiva é individual e sem igual e, por isso, sabe escapar a toda rubricação, o grande edifício dos conceitos ostenta a regularidade rígida de um columbário romano e respira na lógica aquele rigor e frieza, que são da própria matemática. Quem é bafejado por essa frieza dificilmente acreditará que até mesmo o conceito, ósseo e ortogonal como um dado e tão fácil de deslocar quanto este, é somente o *resíduo de uma metáfora*, e que a ilusão da transposição artificial de um estímulo nervoso em imagens, se não é a mãe, é pelo menos a avó de todo e qualquer conceito" (NIETZSCHE, 1974: 56). Sobre isto, remetemos também a Barros, 2004-b.

Os seres humanos carregam consigo o privilégio de serem mutáveis, ambíguos, ou mesmo incoerentes. O uso do "acorde teórico" para compreender um autor é apenas um exercício útil de imaginação para captar essa complexidade e essa mutabilidade possíveis. De todo modo, as vantagens dessa noção, por enquanto, parecem ser principalmente as três que se seguem: (1) em primeiro lugar, ela nos permite evitar a classificação simples, monolítica (um historiador apenas como representante de um determinado paradigma), e – ainda que não nos desfaçamos do esforço de classificação que tradicionalmente localiza um autor em paradigmas, correntes ou escolas historiográficas – a noção de "acorde teórico" possibilita enxergar um grande teórico ou historiador a partir de uma perspectiva polifônica, plural[12]; (2) em segundo lugar, a noção do "acorde" nos permitirá conceber um pensamento historiográfico como movimento, pois pensar em um

---

12. Na Música, a polifonia é um modelo de textura musical no qual há diversas melodias ocorrendo ao mesmo tempo. Em um coral composto pelo músico barroco J.S. Bach, por exemplo, mas também em diversas composições jazzísticas, nos chorinhos instrumentais, e em tantos exemplos musicais, existem diversas melodias se desenvolvendo ao mesmo tempo, umas sobre as outras. A imagem da "polifonia" foi empregada em algumas oportunidades na historiografia. Por exemplo, falamos em "fontes polifônicas" quando um determinado texto dá a perceber diversas vozes sociais ao mesmo tempo, como por exemplo no caso dos processos criminais e inquisitoriais (neste último, as fontes trazem à tona a voz dos inquisidores, dos acusados, das testemunhas, e mesmo de outros personagens que aparecem implícita ou explicitamente nos discursos dos réus e testemunhas). Iremos mais longe, nesse momento, no que se refere à possibilidade do uso do conceito de "polifonia". Cada ser humano, na verdade, é um pouco polifônico. Dificilmente, um determinado indivíduo pensante é só uma coisa. Estendendo a ideia, um historiador não é apenas historicista, mesmo quando ele se enquadra fundamentalmente dentro do paradigma historicista, pois esse historiador pode também apresentar influências de algum filósofo, trazer outras marcas intelectuais que não são associáveis ao Historicismo, e assim por diante. Qualquer intelectual está mais para o "acorde" do que para uma "nota única", se quisermos continuar a investir nas metáforas musicais.

"acorde" também permite que pensemos em uma "sucessão de acordes". Uma composição musical, por exemplo, frequentemente apresenta uma sucessão de acordes, que constitui a "harmonia" da obra. A noção de "acorde historiográfico", portanto, nos permitirá enxergar uma "complexidade transversal" a qualquer pensamento historiográfico (em um dado momento, todo pensamento historiográfico é múltiplo, apresenta diversas instâncias, e não uma só), e uma "complexidade horizontal", que se transforma no tempo: um historiador, ou um filósofo, não é obrigado a pensar exatamente da mesma forma em dois momentos de sua trajetória intelectual.

Ficamos devendo a terceira vantagem, que por ora comentaremos mais rapidamente. (3) A metáfora do "acorde" permite assimilar também as contradições, incoerências e discrepâncias de um autor, inclusive as que ocorrem sincronicamente. Na Música, sabemos que diversos acordes contêm dissonâncias em sua própria estrutura, o que os torna *tensos* em si mesmos (diferente das "dissonâncias" que são produzidas contextualmente, quando um acorde perfeitamente consonante em sua estrutura interna é confrontado com um ambiente tonal que lhe é estranho). O acorde dissonante possui notas que se confrontam umas com as outras. São notas musicais que geram entre si uma aparente incompatibilidade. Mas o milagre da Música é que, no interior de um acorde, essas dissonâncias são harmonizadas, resultam em algo belo – *tenso*, mas belo. O acorde, reunindo em um feixe único as suas notas estruturais e as suas dissonâncias, constitui em si mesmo uma "unidade artística". Mas o segundo milagre é que o "acorde tenso" também desempenha uma função importante, imprescindível, na verdade, no conjunto dos demais acordes. Sem os acordes tensos, a harmonia não existiria. Poderíamos, metaforicamente, dispensar alguns acordes consonantes; mas os acordes dissonantes são imprescindíveis. A história da filosofia ocidental, hoje, nos pareceria extremamente empobrecida se subitamente a privássemos do "acorde Nietzsche".

Voltando à terceira vantagem do uso da metáfora dos "acordes teóricos", podemos dizer que aqui as dissonâncias internas deixam de ser um problema – ou algo que temos vontade de empurrar discretamente para debaixo de um tapete porque não cabe na arrumação que estamos tentando impor. As dissonâncias interautorais, de fato, tornam-se constitutivas do próprio acorde.

Retomemos, por ora, o já mencionado aspecto dinâmico da "análise acórdica", isto é, a possibilidade de apreender um pensamento autoral, ao longo de sua trajetória intelectual, como uma "sucessão de acordes". Conforme já pontuamos através de alguns exemplos, se quisermos pensar no recurso ao "acorde teórico" como uma estratégia para nos aproximarmos da ITE (identidade teórica) de um historiador ou de um filósofo, devemos sempre levar em consideração que a ITE de um pensador é passível de transformações, menos ou mais radicais, através de sua trajetória produtiva. Tal como mencionamos mais atrás, talvez não exista um autor que exemplifique tão bem a "mudança acórdica" como o filósofo Michel Foucault, que se reinventa a cada obra, ou que ao menos se reinventa em certas fases de sua produção. Dessa maneira, podemos fazer uma imagem de sua produção intelectual como uma sucessão de acordes, cada um mais ou menos diferente do outro, tal como ocorre com as autênticas "polifonias"[13]. Analogamente ao que nos mostra o exemplo de Michel Foucault,

---

13. Podemos propor uma divisão compreensiva da obra de Foucault em quatro fases, mas, assim mesmo, reconhecendo que este será um esquema demasiado simplificador para a produção desse filósofo. Antes de mais nada, evocaremos uma fase introdutória que está muito próxima ao período de formação acadêmica de Michel Foucault, e onde poderemos ver repercutida em seu acorde teórico uma influência forte e dupla, combinando o Materialismo Histórico e a Fenomenologia. Essa fase pode ser bem tipificada pela primeira obra conhecida de Foucault, intitulada *Doença mental e personalidade* (1954), mas também pela tese de doutorado intitulada *Loucura e desrazão*, e que mais tarde seria publicada com o título *História da loucura* (1961). Mas essa obra é já de certo modo uma inflexão para a fase seguinte. Por um lado ela concretiza o interesse muito claro de Foucault pela combinação de três áreas que constituíram muito fortemente a sua formação: a Filosofia, a Psicologia e a História. Por outro lado, *História da loucura* já anuncia as ideias estruturalistas que caracterizarão a segunda fase. De fato, a segunda acórdica no pensamento de Michel Foucault é aquela em que se pode perceber um diálogo mais intenso com o Estruturalismo, e que se desenvolve nos anos 1960. Chamaremos a essa fase foucaultiana de "Fase Arqueológica", e situaremos seus marcos, além dessa obra de inflexão que é *História da loucura* (1961), nas obras *O nascimento da clínica* (1963), *As palavras e as coisas* (1966), e *Arqueologia do saber* (1966), sendo que esta última obra também é já uma espécie de ponto de inflexão para uma próxima fase, uma vez que já começam aqui a aparecer as primeiras críticas ao Estruturalismo. Uma terceira fase é aquela que poderemos definir como a de uma "Análise tecnológica do poder", e que corresponde fundamentalmente à maior parte das obras escritas nos anos 1970. Desde a *Ordem do discurso* (1971), uma síntese extraordinariamente precisa da nova perspectiva, até obras extremamente relevantes como *Vigiar e punir* (1975) e o primeiro volume de *História da sexualidade*, que leva o subtítulo de *A vontade de saber* (1976), essa fase se define muito claramente por um novo enfoque, menos teórico e mais histórico-metodológico, e por um novo objeto, voltado para o esforço de compreensão acerca dos modos como o poder se estabelece e se faz obedecer no seio das diversas sociedades. Por fim, definiremos uma quarta fase acórdica no âmbito de uma certa continuidade em relação à fase anterior no que concerne à preocupação com os aspectos políticos, mas que, por outro lado, apresenta um deslocamento de temáticas, abandonando mais especificamente o estudo das tecnologias de poder e voltando-se para o estudo das formas de luta e resistência inerentes às relações de poder. Essa fase também adquire uma cor nova e específica na produção foucaultiana no sentido de que o indivíduo adquire uma nova centralidade enquanto ponto focal de afirmação da liberdade. De fato, aqui veremos se pronunciar na produção foucaultiana o reconhecimento da possibilidade de transformação do mundo através das resistências ao poder, uma perspectiva que era radicalmente rejeitada na primeira fase – já que nesta o homem era sobredeterminado por estruturas que estavam além do seu alcance – e de alguma maneira também secundarizada na segunda fase, mais voltada para os modos como o poder se estabelece do que para os modos como os homens podem enfrentar as diversas tecnologias de poder. Essa fase é assinalada pelas obras escritas entre 1977 e 1984.

há diversos pensadores que apresentam uma produção menos monódica, e que precisam ser pensados de maneira mais complexa, particularmente nos diversos momentos de sua trajetória. Para alguns, seria possível pensar na sua produção intelectual como se estivéssemos diante de uma grande composição musical dividida em algumas partes internas, cada uma com a sua tonalidade, e dentro de cada parte ocorrendo ainda a sucessão de acordes. Há mesmo os que, embora não sejam tantos, são tão mutantes que seria melhor pensar um acorde específico para cada uma de suas obras, tal a facilidade como se reinventam; de certa maneira, estes são os antípodas daqueles autores que se pautam por uma extrema coerência teórica, bastante "monódica" no sentido que esta expressão adquire na teoria musical[14].

Quando olhamos para a produção historiográfica de Ranke, tal como já fizemos notar e logo poderemos verificar em maior detalhe, somos levados a pensar que estamos diante de uma coerência quase monódica, ou de um acorde único sobre o qual se constrói uma melodia que nos faz pensar na unidade rigorosa de uma única vida historiográfica. Mas existem ainda as trajetórias cumulativas: elas são produzidas por autores que não podemos considerar propriamente "monódicos", embora apresentem a notável coerência de uma

14. A monodia, rigorosamente falando, corresponde ao tipo de música que apresenta uma única linha melódica. Uma monodia não forma acordes no sentido prático da composição, uma vez que os acordes correspondem a superposições de várias notas em um único momento. Mas não devemos esquecer que, de acordo com a teoria da série harmônica, cada nota também contém um acorde oculto, conforme já foi explicado.

obra cuja identidade teórica vai sendo delineada no decorrer dos anos, tal como uma construção que se sofistica e se fortalece gradualmente, adquirindo solidez e imponência. Pensamos no exemplo de Max Weber, autor no qual é possível constatar a "notável coerência de uma obra, na qual os temas e os modos de tratá-los vão ganhando forma ao longo dos anos, mas já se encontrando claramente delineados nos seus primeiros trabalhos"[15].

Outra variação está naqueles pensadores que são também coerentes dentro de um arco de maior alcance, mas considerando que a sua produção vai se transformando de maneira mais discreta, sendo possível identificar várias fases, como se fossem as seções internas de uma obra musical. Em alguns, há rupturas e contrastes mais definitivos entre as suas várias fases – o que ocorre, por exemplo, quando se verifica a migração de um autor que se transfere abruptamente de um paradigma a outro, mas também em diversas outras situações – e, em outros, há como que deslizamentos de uma fase a outra, imperceptíveis deslocamentos ou degradações para um novo ambiente cromático, tal como a manhã que se

15. Com essas palavras, Gabriel Cohn procura formar uma imagem do vasto e coerente edifício weberiano, na "Apresentação" para a coletânea de textos de Max Weber da Coleção Grandes Cientistas Sociais, coordenada por Florestan Fernandes (COHN, 2008: 10). O caso de Weber é, aliás, bastante singular. Esse pensador e pesquisador alemão alternou fases de intensa produtividade bibliográfica com fases de maior rarefação produtiva. Os períodos produtivos seriam: (1) 1891 a 1897 (fase em que foi professor na Universidade de Friburgo); (2) 1903 a 1906; (3) 1911 a 1913; (4) 1916 a 1919. Os vazios produtivos, contudo, não interromperam a coerência da trajetória weberiana, e cada fase parece retomar, aprofundar, desenvolver em novas direções e desdobrar temáticas e aportes teóricos iniciados anteriormente.

transforma em tarde e depois em noite[16]. Os pensadores, nos diversos campos de saber, nos oferecem, portanto, uma considerável riqueza de possibilidades quando tentamos empreender uma leitura de suas trajetórias produtivas.

Ocorre-nos, neste momento, outra vantagem no uso dos acordes teóricos como recurso de imaginação teórica. Muitas vezes, o jogo de influências e de traços característicos que afetam um autor não se esgota no âmbito de um único campo disciplinar, ou mesmo no âmbito interdisciplinar de afinidades com o campo de estudos a que se liga habitualmente o pensador analisado. O âmbito das ciências humanas e sociais no século XIX oferece um exemplo interessante. Consideremos, por exemplo, a História ou a Sociologia, e os pensadores que tramitaram nesses campos naquele século. A partir das últimas décadas do século XIX, poucos pensadores no mundo científico, e também nas ciências sociais e humanas, deixaram de se afetar pela admiração relativa a uma obra-descoberta que viera a público em 1859: a *Origem das espécies*, de Charles Darwin (1808-1882). Entre as últimas décadas do século XIX e as primeiras do XX, o Evolucionismo, postulado por Darwin, abriu uma rede de influências importantes que não pode ser desprezada quando examinamos qualquer campo de estudos nesse período.

---

16. Marx nos oferece uma fascinante trajetória teórica em dois grandes atos. Louis Althusser (1960) julgou identificar uma ruptura, uma espécie de "corte epistemológico" entre o "jovem Marx" e o Karl Marx mais maduro. Mas outros autores procedem a uma leitura sobre a trajetória teórica de Marx com base na ideia de que há um desenvolvimento de uma fase a outra, um deslizamento que não produz propriamente uma ruptura.

Hoje, a palavra "evolução" deve ser mesmo evitada nas explicações históricas e antropológicas, mas não há como negar que o Evolucionismo influenciou inúmeros pensadores nessa época anterior; e entre aqueles que o Evolucionismo não influenciou operacionalmente, houve diversos que manifestaram ao menos uma sincera admiração pelo trabalho e descobertas de Charles Darwin.

Por exemplo, digamos que concordaremos em considerar, conforme vimos na parte anterior desta obra, os três paradigmas fundamentais que, no século XIX, ofereceram-se como fortes alternativas teóricas para a História ou para a Sociologia. Vimos que, à parte existirem pensadores independentes, e também considerando as intermediações possíveis entre os três paradigmas, efetivamente o Positivismo, o Historicismo e o Materialismo Histórico lograram constituir um universo paradigmático a partir do qual os pesquisadores de ciências históricas e sociais podiam fazer as suas escolhas. Até hoje esses campos paradigmáticos estão bem vivos, embora o último século tenha desenvolvido escolhas mais flexíveis que podem se agregar ou mesmo se contrapor a essa tríade paradigmática à qual também podemos acrescentar a Crítica do Conhecimento que se desdobra das reflexões de Friedrich Nietzsche.

Na época em que o Evolucionismo maravilhou o mundo científico e assombrou o pensamento criacionista, pensadores os mais diversos, ligados a cada um dos campos paradigmáticos que indicamos acima, não deixaram de elogiar ou mesmo se influenciar pelas possibilidades que se abriam pela teoria da Seleção Natural, pelo conceito de "evolução das espécies", e por outras ideias que foram propostas e demonstradas por

Charles Darwin através de uma vigorosa reflexão teórica e de uma bem fundamentada pesquisa de campo. Até mesmo Marx, um dos fundadores do Materialismo Histórico, registrou em uma carta a Engels, datada de 10 de outubro de 1860, o seu entusiasmo pelas descobertas de Darwin. Conforme registra Leandro Konder em uma pesquisa sobre a correspondência de Marx, este afirma: "Embora seja canhestramente inglês [sic] esse é o livro no qual estão os fundamentos histórico-naturais de nossa teoria". Para Ferdinand Lassale, o mesmo Marx escreveria algo bastante parecido, afirmando que encontrava em Darwin "as bases, nas ciências naturais, das lutas de classe que se davam na história" (KONDER, 2006: 66)[17].

Konder segue mostrando em seu estudo que também os genros de Marx – os escritores e ativistas Paul Lafargue e Eduard Aveling – chegaram a escrever ensaios mostrando as relações possíveis entre Evolucionismo e Materialismo Histórico (2006: 65). Ainda que o Materialismo Histórico preveja rupturas revolucionárias, o entusiasmo intelectual pelas ideias evolucionistas não deixou de influenciar nestes e em outros autores a possibilidade de cotejar esse paradigma das ciências humanas que era o Materialismo Histórico e o novo paradigma da biologia que havia sido proposto por Darwin. Chega a ser morbidamente engraçado nos lembrarmos que, posteriormente, Hitler também faria a sua apropriação do Evolucionismo e da teoria da "Luta das Espécies" para o Nazismo, comparando a Seleção Natural que se dá na luta pela vida a uma espécie de seleção natural que também devia

17. A segunda carta, segundo Leandro Konder, é datada de 16 de janeiro de 1861.

se dar entre as nações soberanas, além de justificar a teoria racista com base em elucubrações que remetiam às ideias de vitória dos mais aptos que podiam ser entrevistas na análise evolucionista da Natureza.

De todo modo, voltando ao século XIX, iremos encontrar também entre os positivistas um número bastante grande daqueles que se deixaram influenciar pelas ideias evolucionistas, e surgiu mesmo um novo campo teórico no interior do Positivismo que pode ser classificado como um "Evolucionismo Social". Para uma referência histórica aos trabalhos de Thomas Malthus (1766-1834), um economista que Marx chamava depreciativamente de "economista vulgar"[18] e, para o positivista Herbert Spencer (1820-1903), chegou-se a falar em um "Darwinismo Social"[19]. Vamos dizer, na nossa lingua-

---

18. Chamamos atenção para este aspecto: Marx odiava teoricamente as ideias de Malthus para a Economia Política, e o compara a um sicofanta que trabalha a serviço da burguesia, contrapondo-o aos economistas clássicos que ele já valoriza (David Ricardo e Adam Smith). No entanto, isso não impediu que Marx admirasse Darwin, e que este tenha lido com grande interesse a obra de Malthus. As redes de influências teóricas são complexas, ambíguas, tortuosas.

19. O termo, aplicado ao pensamento de Malthus e de Spencer, remonta ao historiador americano Richard Hofstadter (1949). Antes, ainda em 1879, a expressão "social-darwinismo" já havia aparecido em um artigo de Oscar Schmidt. Com relação ao caso de Malthus, que falece em 1834, e portanto 25 anos da publicação da *Seleção das espécies* de Darwin (1859), não é muito correto agregar-lhe o epíteto de Darwinismo Social e, na verdade, o próprio Darwin não deixou de se inspirar em um texto de Malthus (1798) intitulado *Princípio de população* (isto é, de trazer esta influência para o seu próprio "acorde teórico"). Em contrapartida, Herbert Spencer de fato se inspirou entusiasticamente em Darwin, embora alguns analistas também mostrem que, na obra *Princípios de Psicologia*, ele chega a antecipar algumas das ideias que equivaleriam em Darwin a uma "sobrevivência do mais apto" (uma expressão, na verdade, cunhada por Spencer). De todo modo, o *Sistema de Filosofia Sintética* (1862-1896), que começa a ser publicado a partir de 1860, é já francamente influenciado em Darwin, expressando a ambição de Spencer de incorporar a perspectiva evolucionista aos estudos da sociedade.

gem, que o Evolucionismo de Darwin foi um "harmônico" significativamente ressonante para toda a intelectualidade europeia das últimas décadas do século XIX e primeiras décadas do século seguinte. Uns se deixaram influenciar mais abertamente por essa "nota de influência", e chegaram a desenvolver sistemas para a aplicação das teorias evolucionistas à compreensão das sociedades humanas (tal como em Herbert Spencer); enquanto isto, no pensamento de alguns outros autores, a nota do "evolucionismo" soa como um "harmônico" de maior ou menor intensidade. Escapar da admiração pela teoria darwiniana da origem das espécies era tão difícil para um intelectual de vanguarda quanto deixar de admirar as novas possibilidades de transporte que haviam sido abertas com a invenção da locomotiva (1804). Talvez somente Nietzsche, um filósofo que afrontou todos os harmônicos de sua época, tenha escapado à nota de admiração por Darwin, opondo à "luta pela sobrevivência" de Darwin a sua "luta pela intensificação da vontade de potência"[20].

Em geral, todavia, a "nota darwiniana" deixou ressonâncias profundas nas últimas décadas do século XIX, seja demarcando influências explícitas, seja soando secretamente como um harmônico. Vamos nos ater ao campo paradigmático da História no século XIX. Temos alguns autores relacionados ao Materialismo Histórico, de um lado, e au-

---

20. Sobre isto, cf. Frezzati Jr., 2001, p. 55: "O impulso vital não aspira à conservação, mas à sua intensificação, ao crescimento da intensidade de sua força, pela qual chega a sacrificar a própria existência". Em *Vontade de poder* (1880, § 685), Nietzsche dirá: "O erro da escola darwiniana tornou-se um problema para mim: como pode alguém ser tão cego para cometer este erro?"

tores associados ao paradigma do Positivismo, de outro – e pudemos perceber que não é difícil encontrar "notas de influência" entre alguns desses autores e uma ou outra teoria vinculada a esta outra área de saberes, que é a das ciências naturais (biologia, botânica e zoologia). Não seria difícil, de outra parte, encontrarmos historicistas que também tenham se encantado com o Evolucionismo, e que por este se tenham deixado influenciar significativamente. No Brasil, teremos entre outros o historiador cearense Capistrano de Abreu (1853-1927), que, a certo momento de sua produção historiográfica de índole cientificista, passa a ostentar em seu "acorde teórico" a influência do "historicismo realista", à maneira dos neorrankeanos, combinada a uma nota de Evolucionismo Social[21].

Podemos então nos arriscar a formular uma imagem visual. A tríade de paradigmas historiográficos – o Positivismo, o Historicismo, o Materialismo Histórico – pode ser pensada como situada em um mesmo plano, o plano da História ou das ciências humanas. São paradigmas que a princípio, na sua forma pura, assumem posições antagônicas, mas que também admitem mediações a partir das obras efetivamente realizadas por historiadores e sociólogos específicos. Esses paradigmas situam-se no mesmo plano (esta é apenas uma imagem útil) porque se referem ao mesmo campo disciplinar.

---

21. Nos nossos meios historiográficos, por esta época, é perceptível uma nova intensidade relacionada à preocupação cientificista, seja a partir de um viés positivista inspirado em Comte, seja dentro de uma perspectiva influenciada pelo evolucionismo ou pelo darwinismo social. "O cientificismo, conforme seu sufixo indica, foi a transformação da ciência de método de abordagem em visão de mundo" (WEHLING, 1991: 267).

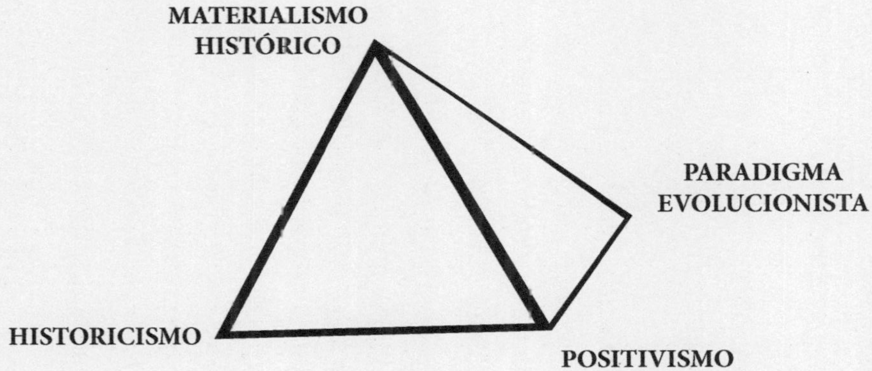

Figura 3. Influências evolucionistas no campo das ciências sociais

Mas nada impede que cada um desses paradigmas, através de autores específicos, interaja com paradigmas oriundos de outros campos do saber, como é o caso do Paradigma Evolucionista instituído por Charles Darwin para o caso das ciências naturais e biológicas.

Uma metáfora tridimensional é de modo geral preferível, para a apreensão da complexidade, a uma metáfora visual planar, e poderíamos esboçar inúmeras outras figuras geométricas capazes de unir pontos diferentes no espaço, que no caso representariam os elementos que influenciam ou que estruturam certa concepção autoral. As influências externas que atuam sobre concepções ligadas a determinado campo de saber ou de ação prática podem ser encontradas no decorrer de toda a História das Ideias. Assim como o "Evolucionismo" de Darwin causou forte admiração nos meios intelectuais das últimas décadas do século XIX e das primeiras do XX, tornando-se ponto de referência de cientificidade e um "harmônico" a influenciar consideravelmente pensadores dos mais diversos campos de estudo, as descobertas científicas de Isaac Newton causaram igual sensação de entusiasmo na sua época e por muito tempo depois.

Os saint-simonianos, e também Fourier, chamados por Marx de "socialistas utópicos", construíram as suas próprias redes mentais e nela incluíram a mecânica newtoniana. Saint-Simon (1760-1825) traz em seu acorde teórico uma nota de base que deriva do Iluminismo, mas que já está quase nas fronteiras de um Positivismo e, a partir daí, constrói a sua utopia socialista erigida sobre o mito da "conciliação de classes", imiscuída com uma bem definida tonalidade cristã e, sobretudo, com um lugar para a Física Newtoniana[22]. Fourier (1772-1837), ao imaginar uma utopia que estaria baseada nos seus famosos Falanstérios, elabora uma "teoria das atrações passionais" que rende homenagem a Isaac Newton por este físico inglês ter descoberto uma "quarta parte do seu sistema" – aquela que se referia às "leis de atração" que remetem ao mundo físico![23] Socialismo, cientificidade, espírito sistematizador e uma intensa imaginação utópica, admitindo até mesmo incursões pela literatura fabulista, entrelaçam-se no seu acorde ou na geometria quadridimensional de seu pensamento, se preferirmos essa metáfora.

---

22. A utopia de Saint-Simon previa uma sociedade industrial depurada de suas desordens e injustiças, e conduzida consensualmente pelos "produtores" – os operários, empresários, sábios, artistas e banqueiros. Em uma de suas primeiras obras, as *Cartas de um habitante de Genebra a seus contemporâneos* (1803), ele já há havia proposto que os cientistas tomassem o lugar das autoridades religiosas na condução espiritual das sociedades modernas. Mas, no ano de sua morte, publicaria uma obra intitulada *Nova Cristandade* (1825), que já se preocupava com a ideia de uma reforma na religiosidade. Sobre isto cf. Desroche, 1969. Sobre o pensamento utópico de Saint-Simon, cf. Petre-Grenouilleau, 2001. • Musso, 1999.

23. Fourier era um espírito sistematizador, que amava a taxonomia (elaboração de sistemas de classificações). Ansiava, na esteira da tradição iluminista, construir uma teoria que abarcasse a Natureza e o mundo humano. Admirava a obra de Newton no campo das ciências naturais e exatas, e queria desenvolver algo similar para a compreensão do mundo humano, que finalmente pudesse ser aplicado para a concretização de uma sociedade perfeita. Na *Teoria dos quatro movimentos* (1808), Fourier, chegou à curiosa conclusão de que o falanstério – a unidade social mínima da sua utopia – deveria abrigar uma população de 1.620 pessoas (810 de cada sexo). Fourier chegou ao seu número de 1.620 a partir da teoria que desenvolvera acerca das *Atrações passionais*, segundo a qual os seres humanos seriam sempre impulsionados por treze paixões especificadas. A população inicial do Falanstério devia ser calculada de modo que todos na comunidade tivessem a oportunidade de encontrar outros com características complementares à sua.

Mas a imaginação acórdica é ainda preferível à imaginação geométrica, por uma razão. Quando criamos uma imagem "espacializada", inventamos um lugar definido para cada coisa. Essa espacialização pode ser utilizada, ou não, para hierarquizar os elementos representados. De todo modo, cria-se necessariamente uma separação entre esses elementos espacializados em um esquema visual. Uma coisa está em um lugar, e não em outro, ainda que os diversos elementos interfiram uns sobre os outros. Em contrapartida, a Música nos oferece uma metáfora de eficácia e beleza insuperáveis. Um acorde pode ser representado visualmente ("espacialmente") em uma pauta, adquirindo o formato de notas musicais, pequenos círculos, que estão superpostos uns aos outros:

Figura 4. O "acorde" em sua representação visual, como superposição de notas

Isto, contudo, não é mais do que uma rudimentar representação visual de um fenômeno musical – o "acorde", isto é uma combinação de sons –, e essa representação apenas existe para facilitar o trabalho de comunicação entre os músicos e dar uma pálida ideia acerca de uma combinação sonora que só pode ser realizada efetivamente por instrumentos musicais. Na verdade, na Música, as notas de um acorde não estão superpostas umas às outras: elas acontecem ao mesmo tempo, interpenetram umas às outras e terminam por produzir uma coisa nova, que percebemos em termos de alturas musicais, timbres, ritmos e intensidades sonoras. Não é possível, senão rudimentarmente, representar a Música: só podemos senti-la. Só podemos perceber isto, esta realidade pungente que é o fenômeno sonoro, capaz de agregar simultaneamente realidades diversas que se presentificam em um único movimento da alma, quando ouvimos ou tocamos música. Se compararmos um pensamento autoral com Música poderemos começar a compreender que os homens de fato pensam polifonicamente: todos os sons que compõem os acordes de seus pensamentos estão presentificados, interpenetrados, uns são mais fortes (ou mais intensos) do que outros, e alguns recuam para o silêncio ou para um nível de sonoridade menos intenso neste ou naquele momento, mas todas as notas musicais (todos os sons) ocorrem ao mesmo tempo. Presentificados em um mesmo pensamento autoral, podem se entrelaçar notas que outros considerariam destoantes, mas que naquele sistema ou caos de pensamentos adquire uma convivência harmônica especial. A mente humana, poderíamos propor esta imagem, é mais musical do que geométrica (e isto é apenas mais uma metáfora).

Quando tratamos da análise de autores específicos e almejamos capturar algo da sua complexidade teórica, a imagem do "acorde teórico" pode ser, por isso mesmo, particularmente útil. Através da imagem visual (e sonora) do "acorde" – capaz de materializar várias coisas que acontecem ao mesmo tempo e mesmo influências invisíveis ou menos audíveis, que são os "harmônicos" – podemos compor para um autor um quadro de influências e traços característicos ("notas") tão complexo quanto desejemos. A imagem do "acorde teórico", ou do "acorde historiográfico", é especialmente útil como recurso de imaginação teórica, porque permite conceber várias coisas que estão acontecendo simultaneamente em um mesmo sistema de pensamento. De resto, os "acordes teóricos" não existem, mas podem ser construídos como meios eficazes para a representação de todo um ambiente intelectual que ajuda a produzir, hipoteticamente, a "identidade teórica" de um autor. Um autor pode apresentar como "nota paradigmática" o Positivismo, o Historicismo ou o Materialismo Histórico, mas nada impede que ele incorpore uma outra nota de influência, ou várias, até mesmo extraídas de outros campos de saber, como foi o caso, atrás mencionado, da incorporação das ressonâncias evolucionistas por autores diversos[24].

---

24. Leandro Konder mostrará um caso curioso em seus comentários sobre as influências darwinistas em autores ligados ao Materialismo Histórico: "Oddino Morgari, dirigente do partido socialista italiano, ensinando aos operários a 'arte da propaganda' socialista, aconselhava-os: 'Leia antes de mais nada um resumo qualquer de Darwin ou de Spencer [...]; depois, chegará Marx para completar o *trio formidável*, completando dignamente o evangelho dos socialistas contemporâneos'" (apud KONDER, 2006: 66).

Voltemos, então, à possibilidade de pensar a construção de "acordes teóricos" com vistas a tentar compreender determinados pensadores a partir de suas influências autorais. Será oportuno lembrar ainda que o reconhecimento de uma nota de influência no "acorde teórico" de algum filósofo ou historiador não significa que nos coloquemos em busca de precursores. A indicação de uma nota do acorde, para o caso das influências, pretende apenas significar que, de acordo com uma determinada leitura que estamos elaborando, podemos postular que um determinado historiador ou filósofo assimilou ou interagiu com determinada influência e a transformou para seus próprios fins e no contexto de seu próprio acorde. Mais adiante veremos, por exemplo, a interação da influência de Hegel com o historicista Johann Gustav Droysen, ou a assimilação de Nietzsche por Michel Foucault. A nota hegeliana no "acorde Droysen" adquire um outro sentido, uma nova configuração harmônica. Nietzsche é assimilado de maneiras diferenciadas por Foucault, e de modos distintos em fases diversas de sua produção intelectual. O filósofo alemão Fichte, ao ser assimilado pelo historicista Ranke, produzirá um outro efeito que não o que ocorre na assimilação de Fichte por Marx. É preciso atentar, sobretudo, para o fato de que cada nota incorporada por um acorde passa a interagir com as demais notas do mesmo acorde, tal como ocorre na música, e também em nossa metáfora. A dialética hegeliana contraposta à "nota materialista" termina por ver invertido o processo de movimento dialético que havia sido originalmente previsto por Hegel, de modo que Marx irá afirmar simbolicamente que "colocou a dialética hegeliana em pé" (outros afirmarão que ele colocou a dialética hegeliana de ponta--cabeça)[25]. Qualquer nota, enfim, modifica-se em presença de outra, e é este o sentido de pensarmos em um "acorde teórico". O "Evolucionismo", ao interagir com o acorde teórico de um autor relacionado com o Materialismo Histórico, poderá produzir ressonâncias entre a "luta das espécies" e a "luta de classes"; mas a mesma ideia de "luta das espécies" poderá ser assimilada por um autor positivista, ou mesmo por um teórico do Nazismo, para produzir um outro timbre, uma justificação do eurocentrismo, do imperialismo, ou até do extermínio étnico.

É ainda necessário lembrarmos que o "acorde teórico" é apenas um recurso de que alguém pode lançar mão em determinado momento para formular a sua leitura específica sobre determinado historiador. Uma leitura se produz de maneira diferenciada por cada analista, ou até pelo mesmo analista em dois momentos distintos de sua trajetória como analista da historiografia. Escudier, que escreveu uma "apresentação" sobre Droysen para a edição francesa da *Précis sobre Teoria da História* (2002), menciona o fato de que Droysen chegou a ser visto em certo momento como um "epígono tardio de Hegel" (cf. BENTIVOGLIO, 2009: 11). Hoje predominam as leituras que inserem Droysen na "polifonia historicista", e a "nota Hegel" faz parte de sua coloração, mas não é a sua "nota

---

25. Na verdade, foi Feuerbach quem afirmou pela primeira vez que teria colocado a dialética de Hegel de "ponta-cabeça". Marx, ao contrário, dirá no posfácio da segunda edição alemã de *O capital* (1867): "a dialética de Hegel anda de ponta-cabeça; basta repô-la em pé para se achar que tem fisionomia bem razoável".

fundamental"[26]. Estaremos seguindo esta leitura: a "nota fundamental" de Droysen é o Historicismo, e não o Hegelianismo. Mas esta é apenas uma certa leitura acórdica sobre a identidade historiográfica de Droysen, entre tantas outras que seriam possíveis.

Por fim, sustentamos que o uso da metáfora dos "acordes teóricos" ou "acordes historiográficos", conforme o caso, pode se mostrar oportuno para evidenciar o fato de que nenhum paradigma é intelectualmente habitado por pensadores inteiramente homogêneos entre si, mas apenas por pensadores que apresentam determinadas afinidades em relação a certos parâmetros importantes. Não existe um pensamento homogêneo que atravessa todo o Historicismo do século XIX, e as críticas de Droysen a Ranke, que já discutiremos, atestam isto. Mas se nos valermos do recurso do "acorde historiográfico", isso poderá favorecer a compreensão de que existe uma base historicista comum a estes e a muitos outros historiadores, uma "nota fundamental" no "acorde historiográfico" de cada um deles, se quisermos pensar desta maneira, embora cada qual possa incorporar outras notas ao seu próprio "acorde". O recurso ao "acorde historiográfico" permite que examinemos cada historiador a partir de suas

26. Na Teoria da Música, a "nota fundamental" é aquela que gera o acorde. Um acorde, no estado fundamental, é produzido a partir de uma superposição simultânea de terças ascendentes que principiam na "nota fundamental". No "estado fundamental" de um acorde, a "nota fundamental" coincide com o "baixo do acorde" (a nota que tem a sonoridade mais grave do acorde, e que fica na posição mais inferior da pauta em relação às demais notas). Já nas inversões de um acorde, outra nota ocupa o "baixo", e a "fundamental" fica situada em alguma posição acima, não coincidindo mais, portanto, com o "baixo do acorde".

singularidades, mas também conservando a possibilidade de enxergar teoricamente o que esse historiador pode ter em comum com outros, inclusive com aqueles que, de acordo com determinada leitura, partilham com ele o mesmo paradigma historiográfico. Os acordes, tal como já dissemos, podem ter "notas em comum" uns com os outros, mas também "notas diferenciais".

É claro que, se o "acorde teórico" ou o "acorde historiográfico" é um recurso para alguém que se proponha a enxergar de alguma maneira específica a "identidade teórica" (ITE) de um pensador ou pesquisador, nada impede que seja utilizado como recurso autorreflexivo. Como um historiador ou filósofo viu a si mesmo – isto é, como ele mesmo formulou a sua própria ITE (identidade teórica)? Como ele mesmo, se utilizasse o recurso que aqui estamos propondo, pensaria o seu próprio "acorde teórico"? Que notas acrescentaria, ou que notas rejeitaria para a construção de sua própria identidade teórica? Essas perguntas são sempre interessantes, pois também podem orientar uma busca de influências e apropriações que o próprio filósofo ou o próprio historiador registrou em suas fontes, ao lado de outras indicações que aparecem como resíduos, vestígios, sintomas, mesmo que à revelia do pensador em questão (lembremos das lições oferecidas às ciências humanas pela Psicanálise, mas também pela Arqueologia, pela Filologia).

Uma identidade pode ser construída pelo próprio indivíduo que se autodefine ou que pretende enxergar a si mesmo de uma certa maneira, mas também pode ser construída pelos outros que o cercam, e mesmo por aqueles que o examinarão muito depois de sua existência física, através das fontes e resíduos por ele ou sobre ele deixados, de suas obras e realizações, de seus confrontos e associações com outros pensadores. O jogo de identidades possíveis a um indivíduo não é apenas constituído pela imagem que ele faz de si mesmo, mas também pelas imagens que os outros fazem ou fizeram dele, e pelas muitas outras imagens que outros continuarão a construir, no caso de esse indivíduo ter deixado alguma persistência na posteridade. As identidades são construções; as "identidades teóricas" e as "identidades historiográficas" também o são, de um modo ainda mais específico. Construir um "acorde" para representar uma "identidade teórica" é um exercício que o próprio indivíduo pode empreender como recurso para compreender a si mesmo (ou pelo menos para compreender como ele mesmo compreende a si mesmo) e também um exercício que outros analistas podem empreender para elaborar uma determinada leitura a respeito de algum pensador. Em todos esses casos, o "acorde teórico" é uma construção, composta por alguém sobre um outro (mesmo que este outro seja a própria pessoa que está empenhada em elaborar uma leitura acerca de sua própria "identidade teórica"). Os acordes teóricos, enfim, não existem como realidades que se colam àqueles que tentamos representar; eles são composições: música construída a partir de determinados temas. Trata-se de uma maneira de se libertar das taxonomias, dos sistemas rígidos de classificação, e não o contrário.

Há outro aspecto que não pode ser contornado quando pensamos em autores historicamente localizados e em relação a um determinado ambiente intelectual. Nenhum autor é *a-histórico*. Um "acorde teórico" só pode ser imaginado relativamente a um contexto. Por vezes, há uma tonalidade de fundo que afeta indelevelmente todos ou quase todos os autores de um período, em determinada sociedade. Um dos exemplos históricos mais claros de mudança de "tonalidade contextual" pode ser percebido quando examinamos a passagem da *Belle Époque* europeia para o período em que logo eclodiriam as guerras mundiais. Apesar do fato de que a guerra tem sido uma experiência duradoura na história humana (o que poderá ser revertido um dia), não há como negar que as guerras da primeira metade do século XX contribuíram para solapar todo um clima de otimismo, de esperanças, de "sensação de progresso", e de entusiasmo por uma tecnologia que tinha permitido descobertas científicas como o automóvel e o aeroplano, que possibilitara admiráveis avanços na Medicina, e que trouxera certo conforto material, pelo menos para um setor expressivo da população europeia.

Não há como estranhar que, nas últimas décadas do século XIX e na primeira década do XX, o "harmônico" da confiança no progresso estivesse tão presente no ambiente mental de boa parte dos intelectuais europeus. Vozes como a de Nietzsche, desde sua época já um crítico da confiança ilimitada no progresso, repercutiam menos intensamente no período da *Belle Époque*, ao menos no que se refere à questão do otimismo em relação ao futuro humano. Podemos imaginar como esse quadro mental tendeu a se transmudar para uma nova tonalidade, mais sombria, quando os aeroplanos se transformaram em eficazes armas para o bombardeio aéreo, e quando grandes caminhões passaram a transportar muletas produzidas em série para pernas que ainda seriam cortadas e destruídas nos campos de batalha. Pode-se compreender perfeitamente as notas de "pessimismo trágico" que se viram favorecidas pelo novo contexto, no qual a Revolução Industrial agora se dirigia para a produção de meios de destruição em massa, e os meios de comunicação começavam a se voltar para a alienação e manipulação coletiva. Compreende-se que um pensador como Walter Benjamin, cujo acorde já discutiremos, tenha incorporado notas relacionadas a esse contexto desalentador, o mesmo que produziria o Expressionismo alemão. Um "acorde teórico", portanto, não deve ser pensado como algo que possa estar isolado do seu contexto.

Será também sempre oportuno acrescentar a qualquer análise acórdica uma avaliação do estilo de escrita. Muito habitualmente, a maneira de escrever, a escolha de certas palavras e imagens, o padrão de contenção e desenvoltura oferecem *insights* sobre o pensamento autoral ou sobre o ambiente mental que o cerca, este atuando como fonte de estímulos e contrapressões. Não é raro, nos textos produzidos por teóricos de qualquer tipo – historiadores, filósofos, ou quaisquer outros – que se apresente a possibilidade de percebermos indícios reveladores. Através do modo de escrita é possível perceber o que um autor não disse sobre si mesmo; ao surpreender o tédio ou a excitação da escrita, quem sabe não estaremos diante de um ponto de inflexão no qual se pode revelar a imagem que um autor faz de si mesmo, ou no qual se possa captar se este ou aquele autor pensa repetir as ideias vigentes, e quando aquele outro se sente tomado pela avassaladora sensação de uma grande descoberta. O estilo de um texto, em comparação à escrita de um texto anterior do mesmo autor, também pode denunciar outro ponto de inflexão importante, indicando quando (nesse autor) se passou de um acorde a outro (em geral, ou especificamente em relação a uma determinada questão).

Um autor, seu acorde e seu texto constituem um momento único. Se um acorde autoral não pode ser pensado como se flutuasse em um éter a-histórico, também não seria útil se o imaginássemos descarnado. Sua substância é sempre um texto (ou uma imagem, se tratamos de um pintor). Um acorde produz-se no encontro de um autor com outros autores, com um contexto, com uma questão que o atravessa, em um texto sobre o qual esse acorde se afirma como realidade autoral sujeita a todos os encontros antes citados. Tudo isso, enfim, para que o autor encontre ao final do texto, e no seu princípio, o seu leitor. Para um "acorde teórico", o texto sobre o qual ele incide torna-se a sua própria música (deixemos isto soar como um enigma).

O último aspecto a ressalvar é que uma determinada leitura acórdica sobre um historiador ou filósofo pode se modificar dependendo da questão transversal a partir da qual o estejamos examinando. Certas notas tornam-se mais intensas em um determinado acorde historiográfico, ou mesmo surgem ou desaparecem, dependendo da questão examinada. Por exemplo, se examinamos Walter Benjamin, podemos pensar o seu acorde historiográfico a partir de certa questão, ou iluminando-o a partir de determinada questão. Se pensamos na questão do estilo aforístico de Benjamin, a nota que denota a influência de Nietzsche pode se mostrar mais intensa no acorde teórico que estamos construindo para esse pensador; se examinamos o ponto de vista de Benjamin com relação à posição do historiador face à necessidade ou não de sua contribuição à transformação social da realidade, pode ser que a "nota Nietzsche" desapareça nesse acorde ("intensidade zero").

Se pensamos em Droysen relativamente à sua compreensão estética da história, a "nota Hegel", muito presente no seu acorde, pode se tornar mais intensa; mas se indagamos a posição de Droysen com relação ao relativismo da posição do historiador diante da produção do conhecimento histórico, uma certa "nota historicista" torna-se particularmente intensa, dominando o acorde teórico desse historiador. Com relação a essa mesma questão, o acorde historiográfico de Ranke pode se mostrar muito distanciado do acorde historiográfico de Droysen ("divergência acórdica"); mas se pensamos na posição de cada um desses historiadores face ao nacionalismo, os acordes de ambos parecem se aproximar, encontrar a sua "vibração simpática" ("convergência acórdica"). Enfim, rigorosamente falando, um "acorde teórico" ou um "acorde historiográfico" deve ser pensado com relação a uma determinada questão, uma vez que, variando a questão, o acorde sofre mutações ou deve ser pensado de uma nova maneira, e pode mesmo se transmudar completamente em uma nova sonoridade ou se reconfigurar em uma nova imagem. A questão que estaremos examinando neste volume é a da contradança historiográfica entre Subjetividade e Objetividade. Como os historiadores pensaram essa relação no interior da operação historiográfica? Os "acordes teóricos" que construiremos aqui serão imaginados a partir dessa iluminação especial, dessa fragrância específica, dessa sonoridade de fundo.

De qualquer maneira, não estaremos aqui senão lidando com uma metáfora. Se quiserem, poderemos chamar a este método de reflexão sobre a historiografia – que certamente também pode ser aplicado a qualquer outro tipo de produção intelectual (inclusive a produção filosófica) – de "método da escuta musical". O "método musical" corresponderá a uma espécie de afinar dos ouvidos com vistas a aperfeiçoar a escuta das vozes internas que habitam um pensamento historiográfico ou filosófico. Poderíamos ter utilizado a metáfora do olho que apreende os pequenos pontos que constituem uma cor, ou do olfato que investiga um perfume. Mas escolhemos a música.

A "escuta musical" de um acorde, ou de uma polifonia inteira que pode representar o conjunto de uma determinada produção intelectual, simbolizará a atenção que se direciona à percepção das vozes que habitam a complexidade de um pensamento. Pensamos apenas em refletir livremente sobre o ambiente mental que funda um complexo pensamento que se encontra oculto em certa realidade autoral, e partimos da ideia de que o pensamento historiográfico ou filosófico se organiza em redes. Não é possível a nenhum autor criar um sistema de pensamento que nada extraia de outros; em contrapartida, é possível a esse autor criar um pensamento praticamente original a partir de antigos elementos que passa a dispor de uma nova maneira. Inventar é possível – mas a invenção está constantemente impregnada de reinvenção.

Um último alerta, e nunca nos cansaremos de relembrá-lo, é o de que estaremos empregando aqui apenas uma metáfora. Não mais do que isto. Não será sustentado que o pensamento humano se constitui sob a forma de acordes. Apenas propomos a ideia de que os modos como se forma um pensamento autoral – com sua diversidade de influências, sua inscrição em diversificados contextos convergentes e divergentes, suas idiossincrasias e circunstâncias, suas peculiaridades estilísticas e preferências temáticas, suas adesões paradigmáticas e capacidades de desviar de maneira singular das normas e padrões, redefinindo os próprios paradigmas – toda essa complexidade autoral, enfim, é representável por essa forma musical.

1 A título de exemplo: o "Acorde Walter Benjamin"

Exemplificaremos o uso da noção de "acorde teórico", de uma maneira rápida e apenas para introduzir a questão da aplicabilidade dessa metáfora, com um autor que acabamos de examinar bem no terceiro volume: Walter Benjamin (cap. II do vol. 3 desta série).

Uma das notas mais graves e mais profundas do pensamento de Walter Benjamin relativo à História, ou mesmo em referência a outras questões, parece-nos ser aquela que remete a um "messianismo" cujas origens apontam para o "misticismo judaico". Não teremos espaço para discutir esse aspecto aqui, mas o Messianismo tem um sentido muito específico em Benjamin, notadamente quando o seu acorde teórico começa a ser interferido por essa nota que, a partir de certo momento, passaria a ser o som dominante de seu acorde, que é a "nota" do "materialismo histórico". O Messianismo no pensamento filosófico de Benjamin não se refere à vinda de um ser sobrenatural destinado a salvar a humanidade ou um povo eleito, mas sim à emergência de um messias coletivo que seria a própria classe oprimida que pode tomar a seu cargo a sua própria libertação em cada momento histórico e que, de acordo com a utopia benjaminiana, um dia conseguiria encaminhar uma revolução definitivamente bem-sucedida[27]. Esse sentido específico do "messianismo" é importante para tentarmos compreender a singularidade do pensamento filosófico-político desse filósofo alemão. De fato, a nota do "messianismo", em Walter Benjamin, só adquire seu sentido pleno quando começa a ser interferida pela nota do "materialismo histórico" – uma influência que ele passa a assimilar definitivamente a partir de 1929, e que desde então é o seu principal elemento de identidade.

Uma segunda nota importante no "acorde teórico" de Benjamin é o Romantismo, aqui compreendido não como

---

27. A história, para Benjamin, apresenta no seu decorrer uma série de insurreições e rebeliões que fracassaram na sua época, já que foram debeladas ou reapropriadas pelo poder; mas, conforme vimos no volume anterior, cada uma dessas rebeliões contribui como um fator acumulativo, uma vez que podem ser rememoradas pela historiografia nos períodos posteriores e, com isso, serem ressignificadas a partir de uma nova interação com o momento presente de cada nova época. Se a historiografia oficial, para Benjamin, é o "cortejo triunfal dos vencedores", a história também é habitada por uma série de descontinuidades que são os momentos revolucionários que interrompem a marcha dos poderes dominantes – e essas descontinuidades também se comunicam através da história.

uma "corrente artística", mas sim como uma autêntica "visão de mundo"[28]. Michel Löwy, que empreende uma das análises mais precisas acerca da concepção historiográfica de Benjamin, define a "visão de mundo romântica" como "uma crítica cultural à civilização moderna (capitalista) em nome de valores pré-modernos (pré-capitalistas)" (2005: 18). A "nota romântica", no pensamento historiográfico de Walter Benjamin, vai se juntar à "nota do materialismo histórico" e, juntas, as duas notas fazem soar por ressonância empática um harmônico que é o "pessimismo revolucionário" tão típico de Benjamin, com sua radical crítica ao conceito mecanicista de progresso, tal como vimos no volume anterior, mas acrescentada e interferida pela sua sensibilidade de que a revolução se coloca como possibilidade a cada instante – pois para Benjamin cada instante pode se afirmar potencialmente como "a porta estreita pela qual pode penetrar o Messias" (BENJAMIN, 2008: 1940).

O pessimismo romântico de Walter Benjamin, a segunda nota mais grave do seu acorde teórico (se pudermos investir

---

28. Incorporamos aqui parte da excelente análise de Michael Löwy sobre a concepção historiográfica de Walter Benjamin, desenvolvida no ensaio "Romantismo, Messianismo e Marxismo na filosofia da história de Walter Benjamin" (2005: 13-32): "A filosofia da história de Benjamin se apoia em três fontes muito diferentes: o Romantismo alemão, o messianismo judaico, o marxismo. Não se trata de uma combinação ou "síntese" eclética dessas três perspectivas (aparentemente) incompatíveis, mas da invenção, a partir destas, de uma nova concepção, profundamente original. Não podemos explicar o seu itinerário por uma ou por outra "influência": as distintas correntes de pensamento, os diversos autores que cita, os escritos de seus amigos são materiais com que ele constrói um edifício próprio, elementos com os quais vai realizar uma operação de fusão alquímica, para fabricar com eles o outro dos filósofos" (p. 17).

nessa metáfora) é colorido por um certo "sentimento trágico de derrota"[29], pois o filósofo alemão vive durante a maior parte de sua fase intelectualmente produtiva a experiência de assistir, como intelectual judeu na Alemanha, a ascensão do Nazismo. Sua vida, aliás, vai ser interrompida tragicamente em 1940, por ocasião de sua tentativa de fuga das autoridades fascistas. *As Teses sobre o conceito de História* (1940) foram escritas nesse momento, e por isto expressam simultaneamente o amargo sentido trágico da derrota e a esperança utópica de que a revolução, por definição messiânica, pode ocorrer a qualquer instante, interrompendo a caminhada para a catástrofe que é apresentada para o vulgo sob o rótulo do "progresso".

Tal como já se disse, o Materialismo Histórico é a nota que adentra definitivamente o "acorde teórico" de Walter Benjamin a partir de 1929, ano em que ele faz a sua primeira leitura da obra *História e consciência de classe*, de Georg Lukács (1923). Essa terceira nota do "acorde Benjamin" é de certo modo a mais importante de sua sonoridade filosófica, a nota mais "intensa", por assim dizer[30]. Podemos propor a imagem de que o Materialismo Histórico, a partir de

---

29. "Ele [Walter Benjamin] não estava longe da visão trágica do mundo, tal como esta se encontra nos ensaios de juventude de Lukács ou na obra de Pascal, na análise lukacsiana que Lucien Goldmann fez a respeito dessa visão: o sentimento profundo do abismo intransponível entre os valores autênticos nos quais se acredita e a realidade empírica" (LÖWY, 2005: 153).

30. A "intensidade", na Música, corresponde a uma das instâncias que definem um som musical, correspondendo à "força" com a qual um som é emitido – o que faz que um som se apresente como fraco (piano), forte ou fortíssimo, por exemplo.

certo momento, passa a constituir a "nota fundamental" do "acorde teórico" de Walter Benjamin: a nota que reconfigura mais decisivamente todas as outras. Toda a produção de Benjamin posterior a 1929 é de fato redefinida pelo impacto que lhe foi proporcionado pela visão específica do Materialismo Histórico de Georg Lukács, um autor que traz para o centro da análise social o conceito marxista de "luta de classes", e que chama atenção para o papel fundamental da ação política e revolucionária com vistas à reorientação dos rumos de uma história para a qual se recusa, diferentemente do que ocorre em alguns dos outros setores teóricos do marxismo, qualquer ideia de determinismo teleológico[31] que possa afirmar que o socialismo surgirá naturalmente, como mera consequência do acirramento das contradições decorrentes da sucessão de "modos de produção". Em Benjamin, como em Lukács, o conceito marxista de "luta de classes" é ainda mais importante do que o conceito marxista de "modo de produção". A "revolução" precisa ser tomada como tarefa, pois a história está sempre em aberto. Vale ainda lembrar que o Materialismo Histórico de Benjamin recebe uma segunda influência importante que é a da Escola de Frankfurt, com cujos membros sempre estabeleceu seu mais importante diálogo.

---

31. *Telos* = "fim"; "teleológico" = aquilo que se antevê como caminhando para um fim já determinado, necessário e inevitável. A teleologia, que remonta à ideia aristotélica de que "as coisas servem a um propósito", pode ser entendida como o estudo dos "fins" últimos da sociedade, humanidade e natureza. Na historiografia, quando se diz que uma história é "teleológica", pretende-se dizer que ela é toda construída acreditando que existe um fim determinado para o qual aponta o processo histórico.

A empatia de Benjamin com as classes oprimidas, e com o projeto social que visa a sua libertação, constitui um dos harmônicos relacionados ao seu "materialismo histórico". O seu projeto historiográfico, em vista disto, relaciona-se diretamente àquela motivação de escrever uma "história vista de baixo" que veremos posteriormente em certos setores do materialismo histórico contemporâneo, tal como na variante da chamada Escola Inglesa do marxismo, que tem como principais representantes os historiadores Edward Thompson, Eric Hobsbawm e Christopher Hill. Sobretudo, o determinismo linear está completamente excluído do "acorde teórico" de Walter Benjamin, e a sua singular versão do Materialismo Histórico não considera senão possibilismos, que fazem de cada Presente uma "história aberta"[32]. Ademais, a perspectiva utópica ressoa acima do "acorde Benjamin", como uma nota que se sustenta sobre todas as outras, e que nos seus escritos encontrará ressonâncias nos seus elogios ao filósofo oitocentista Charles Fourier (BENJAMIN, 2008: 228). Através da influência de Fourier, aliás,

---

32. Esta "abertura da história" vale não apenas para todo Presente como também para todo Passado, que nesse caso pode ser reaberto a cada instante pelos historiadores, e corresponde à mesma ideia que encontramos em Nietzsche, para quem os historiadores teriam a tarefa de reabrir o passado a interpelações sempre novas em função das demandas da própria vida, de modo que cada instante é sempre um termo provisório. O Passado pode ser sempre reaberto; o Presente se oferece a cada um como uma "aposta" da qual dependerão os rumos futuros. Nietzsche e Benjamin se encontram neste horizonte de compreensão da história e da História como um campo aberto aos possibilismos.

os escritos de Benjamin deixam entrever uma preocupação "ecológica" que é pioneira em sua época, de modo que o filósofo alemão submete à crítica, a contrapelo da "ideologia do progresso tecnológico", a ideia de "domínio do homem sobre a natureza"[33].

---

33. Charles Fourier (1772-1825) produz a sua obra na primeira metade do século XIX, e conjuntamente com Saint-Simon (1760-1825) e Robert Owen (1771-1858), foi considerado por Marx, e sobretudo Engels, como um dos "socialistas utópicos", já que os próprios fundadores do Materialismo Histórico pretendiam ter introduzido pela primeira vez, na história do pensamento e da práxis revolucionária, o "socialismo utópico" (ENGELS, 1880). Fourier idealizou uma sociedade perfeita – ou uma etapa futura na história da humanidade – que denominou Harmonia, e que se opunha à atual "Civilização", que ele considerava um "mundo de desordens" que tinha como principal traço a sociedade industrial gerada pelo Capitalismo. A sua sociedade perfeita seria baseada em Falanstérios, grandes palácios relativamente autossuficientes, mas em comunicação uns com os outros no mundo da Harmonia, dentro dos quais pulsaria uma vida inteiramente diferente da vida social imposta aos seres humanos pela Civilização. As desigualdades seriam radicalmente minimizadas, o trabalho seria feito sem coerção, e por prazer, e a vida adquiria uma dimensão artística, lúdica e amorosa fundamental. Ao mesmo tempo, já não existiria o modelo do casamento monogâmico, fonte de doenças, neuroses, ressentimentos e dominação masculina, sendo substituído por um mundo de total liberdade amorosa e satisfação das paixões. As ideias de Fourier foram registradas em alguns livros fundamentais: a *Teoria dos quatro movimentos* (1808), o *Tratado da associação doméstica agrícola* (1822), o *Novo mundo industrial e societário* (1829), e a *Falsa indústria* [...] (1835). Walter Benjamin impressionou-se tanto com a imaginação criadora de Charles Fourier, como com a sua determinação de imaginar pormenorizadamente um novo mundo social, antecipando questões importantes como a da necessidade da "emancipação feminina" e de uma preocupação ecológica que pautasse as relações da humanidade com a natureza. Como Benjamin, Fourier também foi um crítico da noção mecanicista de progresso tecnológico; o filósofo francês era um crítico da tecnologia desumanizada, e acreditava, por exemplo, que seria possível medir o verdadeiro grau de "progresso social" de uma nação pelo grau de emancipação feminina. Sobre o *Socialismo do prazer*, de Charles Fourier, cf. Konder, 1998.

Acrescentaremos uma última nota importante no "acorde teórico" de Walter Benjamin, que é a "nota Nietzsche"[34]. A influência de Nietzsche é visível no estilo de Walter Benjamin, que também privilegia em diversas oportunidades os aforismos e que utiliza constantemente as "metáforas". Também aparece através da influência que foi recebida pelas *Teses sobre o conceito de História* através do ensaio de Nietzsche intitulado "Sobre a utilidade e os inconvenientes da história para a vida" (1873). Em diversos aspectos evidenciados nesses dois ensaios estabelece-se uma sintonia entre Nietzsche e Benjamin, apesar da ausência de uma preocupação com as lutas sociais no primeiro: a crítica ao conceito mecanicista de progresso, a leitura da história em termos de descontinuidades, o ideal de uma História que deve unir pontos separados no tempo através de um esforço de criatividade a ser empreendido pelo historiador (e, no caso de Benjamin, também pelos militantes revolucionários) e, por fim, a noção de que o historiador deve "nadar contra a corrente" ou "escovar a história a contrapelo", em oposição à historiografia imposta pelos poderes dominantes ou pelas instituições alienantes.

Este seria o exemplo de um "acorde teórico", empregado para a compreensão da posição historiográfica e do pensamento de Walter Benjamin: Messianismo, Romantismo,

---

34. Constitui apenas um exercício de imaginação falar em uma "nota Nietzsche" já que, se fôssemos compará-lo com música, o que esse filósofo alemão teria trazido de contribuição à identidade intelectual de Benjamin poderia ser visto como uma sonoridade bastante complexa. Há em Nietzsche uma radical crítica do conhecimento e de um determinado padrão de racionalidade, mas há também um certo estilo literário-filosófico, além de um posicionamento ético de "afirmação da vida". Esses elementos adentram o "acorde Benjamin", através da "nota Nietzsche".

Materialismo Histórico e descontinuidade nietzscheniana são as suas notas de primeiro plano sonoro; o horizonte utópico, o sentimento trágico do mundo, a perspectiva ecológica e uma granulação existencialista, de acordo com a qual cada instante se encontra ainda por fazer, são os seus harmônicos e sonoridades que vibram por simpatia acústica. O exemplo de Benjamin serviu-nos, neste momento, apenas para ilustrar o recurso do "acorde teórico" como imagem útil para estabelecer uma compreensão acerca de uma determinada produção intelectual. Nosso próximo passo será o de analisar especificamente alguns historiadores ou pensadores que se posicionam de formas específicas diante da questão do relacionamento entre Objetividade e Subjetividade na produção do conhecimento histórico.

2 Plano de análise: motivações para nossas escolhas

A escolha dos pensadores que examinaremos atendeu a um plano de fundo específico, voltado particularmente para o interesse de nos colocarmos diante de algumas situações com vistas a testar a nova metodologia. Como se testa um modelo? Precisaremos contrapô-lo a certas situações-limite. Vimos, por exemplo, que os pensamentos autorais tendem a produzir movimentos acórdicos: quando não ocorre uma mudança mais definida e que chega a produzir a possibilidade da leitura de uma trajetória intelectual em fases (por exemplo, com relação a certa questão), ocorre pelo menos a tendência de um autor deslizar, ainda que discretamente, de um padrão para outro. O modelo da produção intelectual sintetizada por um acorde único é talvez uma exceção neste quadro de tendências. A "monodia absoluta" – se entendermos por esta expressão aquela identidade teórica de um autor que parece ser igual a si mesmo do princípio ao fim de sua trajetória, quase sem alterações – é tão excepcional quanto a "impermanência extremada", que ocorreria com um autor que muda radicalmente a cada obra, a cada palestra, a cada dia de trabalho.

Se há uma tendência geral para ocorrer a "variação diacrônica" na produção intelectual de um mesmo autor, uma vez que este estará inevitavelmente fadado a atravessar diferentes contextos, a ampliar os seus diálogos com a rede interautoral, e a entrar em contato com novos objetos e situações que de alguma maneira hão de interferir, em algum nível, na sua produção intelectual, podemos ainda nos perguntar por aquelas situações nas quais parecem ocorrer acentuadas "discrepâncias sincrônicas" em um mesmo autor. No limite, configura uma situação extrema o autor que se mostra radicalmente diferente de si mesmo em um único momento. Mas poderíamos perguntar se a "coerência absoluta", inclusive em um mesmo momento, não seria igualmente uma situação-limite. A "discrepância extrema" e a "coerência absoluta" ferem, cada qual a seu modo, a condição humana mais habitual, configurando-se em situações-limite. Não há nada mais humano do que alguma incoerência, perfeitamente administrável, da mesma forma que cada ser humano busca construir uma determinada unidade para a sua identidade.

Com uma reflexão inicial sobre o historiador Leopold von Ranke (1795-1886), poderemos examinar a situação em que um único acorde parece perdurar por toda uma vida intelectual, estabelecendo o que entenderemos como um "padrão monódico". A observação mais sistemática sobre Ranke, considerando o conjunto de sua obra e algumas passagens que possam ser esclarecedoras de seu pensamento, será também uma excelente oportunidade para examinar se ocorre de fato uma "quase coincidência" do "acorde pessoal" desse pensador com o paradigma historicista que ele mesmo ajuda a fundar (o que não ocorrerá sempre, conforme nos mostrará a "análise acórdica" de Karl Marx, nosso último autor analisado, cujo "acorde pessoal" se superpõe, mas não se confunde, com o "acorde" do paradigma que ele mesmo funda).

Com a "análise acórdica" do historiador Johann Gustav Droysen (1808-1884), teremos a oportunidade de verificar mais de perto que, no interior de um mesmo paradigma – no caso o Historicismo – podem começar a se afirmar desde cedo as divergências que permitem contrapor os diversos autores a ele pertencentes, e isto desde o primeiro momento da história do paradigma. Os vários autores que se movimentam em um ambiente teórico comum, e que estabelecem as suas formações acórdicas sobre uma base paradigmática convergente, serão ao mesmo tempo distintos entre si não apenas porque estão abertos à possibilidade de interpretar de maneiras diversificadas o paradigma no qual se inserem, como também porque o seu "acorde pessoal" será constituído de diversificadas "notas de influência" e "notas características". Aderir ao ambiente teórico-metodológico proporcionado por um paradigma não significa abrir mão das singularidades autorais. A introdução da "análise acórdica" do historicista Droysen permitirá estabelecer uma comparação com o historicista Ranke, mostrando como podem divergir dois pensadores pertencentes a um mesmo paradigma.

Já a "análise acórdica" de Max Weber (1864-1920) permitirá que nos situemos diante de um novo problema. Um "acorde pessoal" pode ser construído a partir da combinação ou da intermediação de dois paradigmas divergentes, no seio de um mesmo campo de conhecimento? Uma análise dos diálogos da postura acórdica de Max Weber com os paradigmas do Historicismo e do Positivismo favorecerão uma compreensão dessa possibilidade, em particular no que se refere à questão da dinâmica entre Objetividade e Subjetividade na construção do conhecimento histórico. Ademais, outra questão será examinada em Weber: a possibilidade de surpreender um "padrão acumulativo" no qual uma produção intelectual inteiramente coerente, do princípio ao fim de sua história, vai permitindo que novas "notas" agreguem-se ao acorde já estabelecido desde o início, e o fortaleçam até o final. O contraste entre a "coerência acumulativa" do "acorde Weber", em relação à "unidade monódica" do "acorde Ranke", permitir-nos-á examinar dois padrões acórdicos distintos.

Paul Ricoeur (1913-2005), filósofo que pode ser relacionado ao Historicismo, abre-nos a possibilidade de examinar o diálogo de um paradigma historiográfico – no caso o Historicismo – com paradigmas relacionados a outras esferas de conhecimento, tais como os paradigmas filosóficos do Existencialismo, da Hermenêutica e da Fenomenologia. Além do mais, será de particular interesse, para o nosso objetivo de favorecer a compreensão da construção de uma produção historiográfica, a especificidade de suas reflexões sobre a produção, difusão e recepção criadora do texto histórico.

A "análise acórdica" sobre o historiador Reinhart Koselleck (1923-2006), por outro lado, permitirá que estendamos a "análise acórdica" voltada para o exame da historiografia para uma "análise polifônica" dirigida à própria história, uma vez que aproveitaremos a percepção koselleckiana sobre a diversidade dos modos coletivos de sentir o tempo para entender o próprio devir histórico como uma "polifonia" a ser compreendida pelo historiador. Trata-se, conforme veremos oportunamente, de orquestrar, em um mesmo movimento, diferentes indagações sobre a própria história, ao mesmo tempo em que admitimos a diversidade de ritmos nas leituras historiográficas proporcionadas por cada questão.

Por fim, a "análise acórdica" sobre Karl Marx (1818-1883) irá coroar um processo de indagações que iniciamos com a "análise acórdica" de Ranke, uma vez que poderemos compreender o contraste entre esse "pensador polifônico" que é Karl Marx, e essa "trajetória monódica" que foi a de Ranke. Neste ponto, nosso ensaio experimental retorna sobre si mesmo. A perspectiva historiográfica de Karl Marx, ademais, situa-nos diante da possibilidade de entender que mesmo o fundador de um paradigma pode apresentar um "acorde teórico" singular, que se distingue da "base acórdica" do paradigma que ele mesmo fundou ou ajudou a constituir desde os primeiros momentos. A superposição de "acordes pessoais" às "bases paradigmáticas" será aqui o nosso universo de investigação.

II Ranke: possibilidades de um realismo historicista

O primeiro historiador que iremos examinar em sua relação com a pretensão ou não de alcançar uma objetividade historiográfica será Leopold von Ranke (1795-1886) – historicista do século XIX que, por ocupar a posição simbólica privilegiada de fundador da Escola Histórica Alemã, tem despertado o interesse de historiadores e analistas diversos, tal como Theodore von Laue em seu denso ensaio sobre *Os anos formativos de Ranke* (1950), ou Peter Gay, que lhe dedica o segundo capítulo de seu livro sobre *O estilo na História* (1974).

A nota mais grave do "acorde Ranke" vem da metodologia que ele e os pioneiros do historicismo alemão herdam dos teólogos e filólogos que desde há muito vinham desenvolvendo técnicas que prepararam, em parte, a instalação da Crítica

Documental[35]. Os historicistas, no entanto, levam muito além a crítica documental, porque à parte de se assenhorear de técnicas para a crítica externa, passam a atribuir à documentação um lugar fundacional para a análise histórica. A atenção central à fonte de época, e a uma metodologia que a permita abordar com maior precisão, constituiu o vértice de partida do ideário historicista, cumprindo fazer acompanhar essa atenção às fontes pela consciência

---

35. A crítica das fontes tem também uma história. Seus inícios são vários, uma vez que esta é uma história polifônica que inclui dentro de si outras histórias menores como a "história da decifração e percepção dos sentidos de um texto" e a "história da crítica da autenticidade documental". Esta última, por exemplo, terá origens que remontam à Idade Média, quando a cúria romana sob o pontificado de Alexandre III e Inocêncio III começa a empreender uma atenta e sistemática luta contra os falsos e falsários (LE GOFF, 1990: 543). Um momento a ser lembrado é aquele em que o humanista florentino Lorenzo Valla conseguiu desmascarar o mais célebre documento falso da história: a *Carta de Doação de Constantino*. Mas a mais significativa linha de avanços na precisão e eficácia da crítica documental vai se desenvolvendo no decurso do chamado período renascentista, e se afirma com os grandes eruditos do século XVIII. A Igreja e a crítica teológica certamente trouxeram o seu importante quinhão para os progressos na crítica documental, e no século XVII destacar-se-iam nomes como os padres jesuítas Jean Bolland (1596-1665) e Daniel van Papenbroeck (1628-1714), que em 1675 publicaria um texto para os *Acta Sanctorum* no qual discorria "sobre o discernimento do verdadeiro e do falso nos velhos pergaminhos" (LE GOFF, 1990: 543). Nesse texto, Papenbroeck lança dúvidas sobre alguns documentos atribuídos à época Merovíngia que estavam guardados nos arquivos da Ordem de São Bento – outro centro de crítica documental eclesiástica importante na época, e que rivalizava com os críticos jesuítas. Em vista disso, instala-se uma verdadeira guerra diplomática entre esses dois setores eruditos da Igreja Católica, e o monge beneditino Jean Mabillon (1632-1707) resolve replicar em 1681 com a obra *De re diplomática*, uma extensa obra em seis partes que pretendia estabelecer as regras fundamentais da diplomática (BELLOTO, 2002: 15-16). Marc Bloch, em seu ensaio *Apologia da História* (1949, póstuma) eleva a obra de Mabillon ao *status* de acontecimento que funda a própria crítica moderna dos documentos de arquivos. Por aí se pode ver a importância dos teólogos para esse aspecto da historiografia científica.

de que qualquer documento foi um dia produzido por seres humanos sujeitos a contextos históricos e interesses específicos[36].

Sem essa nota mais grave, a mesma que forneceu aos historiadores uma base metodológica que podia se postular como "científica" relativamente à análise de documentação histórica, Ranke e os primeiros historicistas não teriam conseguido impor o estatuto científico ao novo tipo de historiografia profissional que pretendiam apresentar como um modelo a ser seguido. Essa nota metodológica, por assim dizer, será fundamental em todos os historiadores que fundam o Historicismo, particularmente os ligados à Escola Histórica Alemã. Além da análise integrada das diversas instâncias do documento – entre as quais a autenticidade, a veracidade, os modos de análise da própria informação que iriam ser sofisticados gradualmente – a própria coleta de documentação e constituição de novos tipos de fontes (na época de Ranke, essencialmente arquivísticas e ligadas à política, à diplomática e às instâncias institucionais) foi um elemento que trouxe efetivamente um novo tônus àquela historiografia que agora se postulava como científica.

---

36. Hoje em dia, quando a exigência de trabalhar com fontes de época já se tornou um aspecto constituinte da própria matriz disciplinar da História, esquecemos a importância dos pioneiros historicistas na sua crítica quase agressiva àqueles que adentravam o mundo da prática historiográfica "escrevendo histórias a partir de outras histórias", sem trabalhar minimamente com fontes propriamente ditas. Sobre isto, cf. Gay, 1990, p. 76.

Ranke, ele mesmo, foi um desbravador arquivístico (Von LAUE, 1950: 34)[37]. Hoje, obviamente, o tratamento rigoroso das fontes, ao lado de sua centralidade em relação à análise historiográfica, já se incorporou à própria Matriz Disciplinar da História, de modo que já nem precisamos destacar esses aspectos no acorde historiográfico de qualquer historiador profissional. Mas devemos compreender, historicamente, o quanto essa atenção meticulosa ao documento e essa obsessão arquivística representaram em termos de um novo espírito que se agregava à historiografia profissional. Sobretudo, devemos compreender que não se tratava apenas de se imbuir de técnicas de precisão e crítica, mas também de trazer realmente a fonte histórica para um novo lugar na História: não mais ilustrativo, mas sim demonstrativo. Entre todos os historicistas, o pioneirismo de Ranke nessa direção foi particularmente importante. Dificilmente poderemos encontrar melhores palavras para expressar a importância pioneira de Ranke nessa matéria, do que este comentário de Arno Wehling (1973: 182) a respeito da primeira obra de Ranke, a *História dos povos romanos e teutônicos* (1824):

---

37. Costumamos pensar na nova historiografia que começa a se afirmar no século XX em termos de uma contribuição importante relacionada à expansão de possibilidades documentais, o que está certamente correto. Mas nem sempre é lembrado que nas primeiras décadas do século XIX, sobretudo com historiadores ligados à Escola Histórica Alemã, também assistimos a uma importante expansão documental. Ranke, por exemplo, foi o primeiro historiador a utilizar como fontes históricas as *relazioni* (relatórios secretos) dos "embaixadores" venezianos. Utilizou, em sua pesquisa sobre a história da Itália, um arquivo praticamente inexplorado, e também um novo gênero de documento histórico.

> Na verdade, esta foi a primeira vez que as fontes históricas passaram a integrar uma obra, no sentido que entendemos hoje: nem mero arrolamento de documentos, nem História invertebrada, opinativa, com a consulta eventual às fontes para que confirmassem a tese do autor[38].

O novo método histórico, segundo o ponto de vista rankeano – que logo iria se estender aos demais historiadores da Escola Alemã, e depois ainda mais amplamente para todo o universo paradigmático do Historicismo – foi bem explicitado em um texto de Ranke intitulado "Para uma crítica dos historiadores recentes" (1824; 1874)[39]. Nessa obra, a pretexto de analisar a historiografia de sua época, mas na verdade aproveitando para registrar com especial clareza o que ele considerava um método apropriado à nova historiografia científica, Ranke comenta sucessivamente, nesta ordem, os historiadores italianos, espanhóis, alemães e franceses.

Aqui veremos Ranke oferecer à comunidade dos novos historiadores científicos uma cuidadosa sistematização dos novos procedimentos de crítica historiográfica, avançando para além da rigorosa identificação das "fontes primárias" e

---

38. Arno Wehling aproveita este ponto de seu artigo ("Em torno de Ranke: a questão da objetividade histórica", 1973), para desenvolver uma comparação entre o historiador alemão e o historiador francês Adolphe Thiers (1797-1877), que àquela mesma época havia acabado de escrever o primeiro volume de sua *História da Revolução Francesa* (1823-1827). Wehling considera esse trabalho de Thiers a obra da época que mais se aproxima do trabalho de Ranke, mas ainda assim ressaltando que, em relação a Ranke, o historiador francês "fica a dever-lhe em quase tudo" (WEHLING, 1973: 183).

39. Em alemão: *Zur Kritik neuerer Geschichtschreiber*.

atentando para novas questões metodológicas, tais como a da necessidade de "isolamento das interpolações posteriores" que podem ter vindo a ser agregadas à documentação original – uma armadilha que ainda costumava capturar alguns dos mais notórios historiadores de sua época. Dessa obra de Ranke data a já hoje pouco usual classificação de fontes em "primárias" e "secundárias", ressalvando que mesmo destas últimas Ranke procuraria se beneficiar ao desenvolver confiáveis procedimentos que fossem capazes de extrair da documentação secundária as "informações primárias". Por fim, Ranke chamava atenção para a necessidade de considerar, mas também de submeter a uma rigorosa crítica, contextualizando-os atentamente, os próprios historiadores das diversas épocas, que até então vinham sendo tratados como autoridades pouco questionadas pela historiografia anterior. Um trabalho análogo, aliás, foi empreendido por Niebuhr com a desmistificação da absoluta confiabilidade que vinha sendo até então devotada aos historiadores da Antiguidade. Tratar os próprios historiadores antigos como vozes do passado a serem decifradas, e como produtores de textos a serem dissecados em seus interesses, veio a se constituir, a partir de Ranke e Niebuhr, em uma contribuição adicional da crítica historicista[40].

Se quisermos investir na imaginação de nossa metáfora poderemos nos aproximar mais desta "nota" do acorde rankeano que é a "Crítica Documental". Apuremos os ouvidos para

---

40. Para maiores detalhes sobre os procedimentos metodológicos de Ranke, cf. Wehling, 1973, p. 182-184.

captar a flutuação timbrística que se estabelece em torno dessa sonoridade, ou para perceber a granulação de inéditas indagações que passam a orbitar em torno da "nota metodológica" do acorde rankeano. Ali veremos perguntas que nunca haviam sido feitas antes pelos historiadores; ou, então, que eram feitas sem maior consciência e explicitação, envolvidas por uma prática. Os filólogos, hagiógrafos e paleógrafos dos séculos anteriores, para estabelecerem as regras da diplomática, já faziam algumas dessas perguntas e já tinham mesmo escrito os seus manuais (MABILLON, 1681). Mas os historiadores propriamente ditos nunca haviam sido tão explícitos quanto à necessidade de registrar tais procedimentos como se fossem "as regras do método", e tampouco as perguntas que deveriam ser feitas a um documento antes mesmo de se iniciar um trabalho sobre ele. Afinemos os ouvidos e apuremos a visão para enxergar de perto a "nota metodológica" do acorde rankeano, e lá veremos uma densa nuvem de novas perguntas que orbitam em torno daquilo que passaria a constituir efetivamente um novo método de crítica documental:

Essas perguntas podem parecer lugares-comuns nos dias de hoje, ou procedimentos já regularmente incorporados ao *métier* dos historiadores profissionais, agora que já passaram dois séculos após a revolução documental introduzida pelos primeiros historicistas alemães. Algumas dessas perguntas, todavia, somente são óbvias ou ingênuas na sua aparência. Perguntar "Quem é o autor", para um historicista, não era mais *apenas* buscar um nome, mas também o seu contexto, as circunstâncias nas quais este ou aquele indivíduo se

Figura 5. As perguntas introduzidas pela Crítica Documental

tornou "autor" de um documento (isso para o caso da documentação voluntária, tal como as crônicas, narrativas, discursos, relatórios, ou mesmo para o caso de certos documentos "involuntários" no que se refere ao desejo de transmitir informações para a posteridade, tal como os diários íntimos e a correspondência privada)[41]. Mais ainda, perguntar "quem é o autor", para os historicistas, era já perguntar pela primeira vez: "em nome de quem é exercida essa autoria?". "A que instituição ele se liga?" "A que Deus, de que religião ou facção, ele serve?" "A que classe ou ordem pertence o autor?" Niebuhr passou a perguntar isso quando leu, de uma nova maneira, as narrativas da Antiguidade Romana sobre os césares, trazendo a nu a intenção senatorial (pois os historia-

---

41. A dicotomia entre "fontes voluntárias" e "fontes involuntárias", também incluída na órbita da "nota metodológica" dos primeiros historicistas, refere-se à intenção ou não de um autor transmitir determinadas informações. A questão também já foi colocada em termos de caráter da circulação do documento: "público" ou "privado". Para melhor esclarecer a distinção entre fontes voluntárias e involuntárias, vamos considerar as anotações de Antoine Prost em seu livro *Doze lições sobre a História* (2008: 59-60): "Deste ponto de vista, a distinção clássica entre depoimentos voluntários e involuntários é pertinente: os primeiros foram constituídos para a informação dos leitores, presentes ou futuros. As crônicas, memórias e todas as fontes 'em forma de narração' incluem-se nessa categoria, assim como os relatórios dos presidentes de departamentos e regiões, as monografias dos professores primários para a *Exposição Universal de 1900*, além de toda a imprensa. Por sua vez, os depoimentos involuntários não têm objetivo de fornecer informações. Marc Bloch falava, de forma prazerosa, desses 'indícios que, sem premeditação, o passado deixa cair ao longo da caminhada': uma correspondência privada, um diário verdadeiramente íntimo, a contabilidade de uma empresa, as certidões de casamento, as declarações de sucessão, assim como objetos, imagens, escaravelhos de ouro encontrados nos túmulos micênicos, os restos de argila lançados em grotas do século XIV, ou os pedaços de metal encontrados nos buracos abertos pelos obuses [...]". É claro que boa parte dessas fontes involuntárias ainda não seria explorada por Ranke. Mas a questão da indagação sobre a intencionalidade já se colocava.

dores então eram senadores) de depreciar os "imperadores", todos expostos a partir de sua arrogância, de sua loucura, de suas taras, de sua crueldade e prepotência. Perguntar sobre o autor de uma nova maneira, não mais em busca de um nome, mas sim da rede que o envolve, foi uma contribuição decisiva do historicismo alemão, e o papel de Ranke e dos novos historiadores científicos foi particularmente importante nessa direção.

As perguntas que passam a constituir a nova Crítica Documental, conforme faz notar Antoine Prost (2008: 59), podem ser divididas em duas séries mais ou menos distintas (a "crítica da sinceridade" e a "crítica da exatidão"). Perguntar pela "sinceridade" de um autor é uma coisa, que remete às "intenções, confessadas ou não, do testemunho" (PROST, 2008: 59). Mas indagar pela "exatidão" do que ele ou o seu texto diz, é uma questão que já remete às questões objetivas que envolvem um autor e as suas circunstâncias[42]. Essa segunda série de questões indaga pelas *condições* que envolvem o pronunciamento desta ou daquela informação. A posição do autor, em relação aos fatos que ele relata ou sobre os quais pretende discorrer, permitiu a ele dispor de informações fidedignas, precisas, confiáveis? A inquirição acerca dos elementos e condições que poderiam ter produzido um certo afastamento do autor em relação à "informação verdadeira", ainda que essa obsessão pela verdade fosse uma ambição algo positivista, já vinha carregada de proce-

---

42. Prost acrescenta: "A primeira [a crítica da sinceridade] está atenta às mentiras; a segunda [a crítica da exatidão] está atenta aos erros" (PROST, 2008: 59).

dimentos historicistas – de reconhecimento de que qualquer documento é produzido pelos homens mergulhados no rio da própria história.

Por outro lado, o esquema acima esboçado revela um pouco mais sobre o tônus da crítica documental proposta por Ranke e pelos primeiros historicistas. A Crítica Documental dos primeiros historicistas pressupunha perguntas muito voltadas para a "informação", para a concepção do documento como "testemunho" de uma época ou de determinados acontecimentos. Quando perguntamos sobre a sinceridade de um autor em relação a determinada informação, ou quando indagamos sobre se um autor tinha razões (conscientes ou não) para deformar seu testemunho, podemos perceber que a *informação* é o centro da busca historiográfica. Queremos saber o que aconteceu no passado, e tomamos os textos que dele nos chegaram como *meios* para obter esse tipo de conhecimento. O mesmo ocorre com a série crítica da "exatidão" – isto é, a série que vai da crítica da veracidade e da coerência aos procedimentos de restituição das lacunas documentais. A identificação da "má-fé" ou do "erro" são preocupações muito próprias daqueles que pretendem checar rigorosamente a informação. Uma atenção mais sofisticada em relação a esse polo emissor do documento que pode ser um autor – ele mesmo capaz da mentira e sujeito ao erro – foi de fato uma conquista historiográfica.

Mais tarde, a fonte histórica passaria a ser tratada não apenas como "testemunho" ou como "fonte de informações", mas também como "discurso" a ser analisado e interpretado.

O Materialismo Histórico exigirá isso, e também os desenvolvimentos ulteriores do Historicismo. A fonte histórica, então, não será mais apenas um acesso a informações sobre acontecimentos; ela mesma se converterá em um acontecimento a ser analisado. Essa possibilidade de tratar a fonte como um discurso ainda não estava inteiramente madura na época de Ranke. De todo modo, indagar sobre a sinceridade autoral e pelo contexto social já coloca os historicistas do século XIX às portas da análise do discurso, ainda que eles não possam passar por essa porta que só seria mais propriamente atravessada pelos historiadores no século XX. Começamos com Ranke a indagar pela nacionalidade do autor, pela sua religião, ou mesmo pela sua posição política. Outras perguntas viriam no futuro, até que o próprio autor de um documento pudesse ser um dia tratado não apenas como fornecedor de informações, mas como o próprio objeto a ser analisado. Discretamente, Ranke já começa a fazer isso com a sua análise da historiografia de cada época. O paradigma que ele contribuía para instalar começava a liberar forças historiográficas irreversíveis.

A segunda nota rankeana, que acompanha a um intervalo próximo a sua rigorosa metodologia de coleta e análise das fontes, é aquela que faz nele ressoar o talento do hábil narrador de histórias. O estilo é um aspecto importante para a constituição da identidade historiográfica de Ranke, e é por isso que devemos considerá-lo, neste caso, como uma "nota do acorde". O historiador Leopold von Ranke nada fica a dever aos literatos de sua época, e Peter Gay o compara acertadamente a um verdadeiro "dramaturgo" que sabe preparar cada cenário para o momento em que cada personagem importante adentrará o palco da narrativa historiográfica no momento mais dramático e decisivo (GAY, 1990: 67). Em momento anterior, inclusive, já havíamos comentado que Ranke era também um atento leitor de "histórias", que soube aprender com a Literatura a habilidade de capturar a atenção do leitor e de revestir de arte a sua ciência histórica. Walter Scott (1771-1832), autor de *Ivanhoé* (1819) e outros romances históricos, era um de seus autores preferidos. Seu estilo, matizado por Ranke de modo a não interferir na cientificidade da historiografia de novo tipo que ele mesmo propunha, é também ele mesmo um harmônico oculto no "acorde historiográfico" de Ranke.

Vimos no terceiro volume que o Historicismo desenvolve-se historicamente na direção de um reconhecimento cada vez mais claro acerca do papel da subjetividade presente na operação historiográfica, tanto no que concerne às fontes históricas (produzidas por seres humanos e, portanto, interferidas por subjetividades), como no que concerne à posição do historiador que produz o conhecimento histórico (pois ele escreve a partir de um lugar, de um tempo, de uma perspectiva específica, de um jogo singular de circunstâncias). Quando o paradigma do Historicismo se completa, no fim do século XIX, já não será mais possível se falar em uma "neutralidade" do historiador. Mas Ranke fala nesta neutralidade, e este é um dos pontos mais polêmicos a serem analisados em sua posição historiográfica. Muitos enxergam uma "nota positivista" no "acorde Ranke". Há autores que chegam mesmo a classificá-lo como "positivista", o que a nosso ver não seria de modo algum correto[43].

Entre os filósofos, uma antinota que se insinua no "acorde Ranke", à maneira de um "terceiro ausente", é a do idealismo hegeliano. O acorde-Ranke estranha essa granulação sonora finalista e universalista, que destoa veementemente do empirismo rankeano. Uma influência forte, contudo, é a de Fichte (1762-1814)[44] e, através dele, Immanuel Kant, que

---

43. "É o caso do filósofo marxista polonês Adam Schaff em seu célebre livro *Verdade e História* (1971). Ali veremos, no princípio do cap. I do vol. 2, ele declarar: "a personalidade mais representativa da tendência positivista é certamente Leopold von Ranke. As suas palavras, segundo as quais incumbe ao historiador não a apreciação do passado, nem a instrução dos seus contemporâneos, mas apenas dar conta do que realmente se passou – *wie es eigentlich gewessen* – tornaram-se de certa maneira as palavras de senha da escola e permaneceram, contra ventos e marés, para numerosos historiadores" (SCHAFF, 1995: 101-102).

44. Johann Gottlieb Fichte (1762-1814) irá partir da filosofia de Kant e encontrar na "liberdade" o seu conceito fundamental, terminando por exercer bastante influência sobre os representantes do nacionalismo alemão, particularmente através da obra *Discursos à nação alemã*. Mesmo em Hegel podemos perceber a influência de Fichte, e mais tarde a reencontraremos em Marx. A trajetória filosófica de Fichte inicia-se com um texto fortemente kantiano intitulado *Crítica de toda revelação* (1791). No decorrer de sua filosofia, Fichte afirmará que "não existem limites insuperáveis à liberdade do homem, e que todo indivíduo, desde que deseje com adequada intensidade, pode ultrapassar qualquer obstáculo e se realizar plenamente". Isto, naturalmente, sintoniza-se bem com o papel que alguns dos setores historicistas atribuiriam ao indivíduo na história. Mais decisiva ainda seria a sua formulação, em *O Princípio da Doutrina da Ciência* (1797), um ensaio que procura interpretar a filosofia transcendental de Kant, de que a validade do ato cognitivo funda-se em uma atividade totalmente interior do sujeito pensante, independente do mundo. É precisamente esta a novidade da filosofia de Fichte, já que esta define o sujeito pensante não mais nos termos do "ser", mas sim como *atividade*. Segundo Fichte, todo indivíduo cria a si mesmo. O reconhecimento da subjetividade do historiador, recolocada em termos de uma *atividade* que produz o conhecimento histórico, um dos três pontos fundamentais do Historicismo, encontra com esta formulação de Fichte as suas sintonias. Para além desses desenvolvimentos filosóficos concernentes à autocriação do Eu, outra contribuição fundamental de Fichte para o ambiente filosófico que preparou o estabelecimento do Historicismo esteve nas suas reflexões sobre o papel da língua na formação de uma cultura, e no estabelecimento da identidade de um povo (no caso, o povo alemão). Essas proposições, sintetizadas no ensaio *Discursos à nação alemã*, também estarão sintonizadas com a base nacionalista sobre a qual se desenvolveria o Historicismo alemão.

é o seu harmônico oculto. Com relação às linhas de força presentes no ambiente filosófico de sua época, Ranke rejeitaria frontalmente a abordagem teleológica da história, que se encontra presente na maior parte dos "filósofos da história", inclusive Hegel. Além disso, na notória disputa entre o jurista e "historiador do Direito" Friedrich Savigny (1779-1861), que afirmava enfaticamente as singularidades de cada um dos diferentes períodos da história, e os partidários de Hegel (1770-1831), que viam a história como um desdobramento de uma única história universal, Ranke apoiou publicamente o primeiro. Nesse aspecto, portanto, coloca-se historiograficamente como um autêntico historicista. Por outro lado, também Ranke via na história o "dedo de Deus"[45], embora não utilizasse em qualquer momento a categoria do "milagre" para explicar a história (RANKE, 1964: 122). Ao mesmo tempo, se a história não era propriamente sagrada – nem no sentido das histórias teológicas, nem no sentido das histórias universais que nas "filosofias da história" eram secretamente conduzidas por Deus – em contrapartida o próprio historiador era uma figura sagrada. Dar proteção e segurança para um historiador realizar adequadamente o seu trabalho era granjear os favores divinos (RANKE, apud Von LAUE, 1950: 35).

45. Dirá Ranke em um texto de juventude: "Deus compôs um poema eterno; é tarefa do historiador lê-lo e traduzi-lo" (RANKE, 1964: 105). Em outra oportunidade, em uma carta escrita em 1820, ele escreve: "Deus habita, vive, manifesta-se em toda história. Cada ato dá testemunho dele; cada momento apregoa seu nome; mas, sobretudo, penso eu, nas grandes conexões da história. Ali ele permanece, como um hieróglifo sagrado" (RANKE, 1949: 18). Poderíamos pensar aqui em uma das proposições registradas na Parte V da *Ética* de Espinosa: "Quanto mais conhecemos as coisas singulares, mais conhecemos a Deus" (ESPINOSA, *Ética*, V – XXIV; 1992: 468).

Uma religiosidade perene, desta forma, traz uma coloração especial à visão de mundo de Ranke. Embora não com a intensidade de um devoto, e tampouco sem incorporar o timbre transcendental que víramos na filosofia da História de Hegel e que terminará por repercutir em alguns historicistas como Niebuhr, essa nota religiosa paira em algum lugar do acorde historiográfico de Ranke[46]. Sua educação protestante desde a infância, na região da Turíngia, fora, de fato, profundamente religiosa, e seu interesse pela história da Igreja está representado por sua *História dos papas nos últimos quatro séculos* (1834-1836). Ao lado disso, politicamente, Ranke se afirmaria como um "conservador", e na revista histórica que fundou – a *Historisch-Politische Zeitschrift* – costumava atacar as ideias relacionadas ao Liberalismo. Sustentava abertamente uma total lealdade ao estado-nacional prussiano, do qual era na verdade funcionário. Em 1841, Ranke foi nomeado para o cargo de Historiador Real da Corte Prus-

---

46. Em Ranke, os atos divinos não entram como explicação, e nem há milagres na sua História. Mas eventualmente sua escrita registra apartes religiosos ou morais, sobretudo nas obras de juventude, até o final da década de 1830. São sempre comentários coloridos por certo distanciamento (seu estilo sério e imparcial não lhe permite mais do que isso). Embora Ranke tenha recebido acusações de se referir mais do que devia à divindade, podemos acompanhar Friedrich Meinecke em sua afirmação de que as referências divinas na historiografia de Ranke estão muito longe de caracterizar uma concepção teológica da História (MEINECKE, 1982: 506). De todo modo a partir do final dos anos 1830, e até o final de sua produção, a nota religiosa vai perdendo a sua intensidade no acorde historiográfico de Ranke, ao menos no que se refere à escritura da história. Contudo, até o fim dos seus dias, Ranke conservou uma visão sagrada da figura do historiador, inclusive de si mesmo, e a prática historiográfica sempre foi exercida por ele de maneira literalmente monástica e assinalada pela sua solitária entrega aos estudos. Desbravar um arquivo, para Ranke, era uma tarefa sagrada: uma *missão*.

siana, o que sela definitivamente sua aliança com esse Estado, no qual nascera. Em 1865 receberia da Corte Prussiana o título nobiliárquico de Barão e, em 1882, tornou-se membro do Conselho Prussiano. Essa trajetória profissional e social contextualiza uma nota importante do "acorde Ranke", que é o seu nacionalismo posto a serviço de um estado nacional específico.

Naturalmente que, ao lado do nacionalismo, e enquadrando-o, existe um explícito eurocentrismo na historiografia de Ranke, bem explicitado na *História dos povos romanos e teutônicos* (1824)[47]. De resto, além dos interesses mais diretos de Ranke em trabalhar de acordo com os ditames da monarquia prussiana, é importante lembrar que o estado nacional surgia para Ranke como uma unidade lógica, somente comparável com a valorização da realidade europeia como uma segunda unidade historiográfica a servir de cenário para os historiadores. Desse modo, além dos nove volumes de sua *História da Prússia* (1847-1848), Ranke também escreveu uma *História da Inglaterra* (1859-1869), uma *História da França* (1852-1861), uma *História da monarquia espanhola*, e até mesmo uma *História da Sérvia e da Turquia no século XVII* (1879).

---

47. Esse eurocentrismo de Ranke seria particularmente criticado por Karl Lamprecht, por ocasião da polêmica que encaminhou em fins do século XIX. A fórmula da unidade do mundo românico-germânico, contudo, segue como uma das mais insistentes temáticas de fundo quando Ranke trata da história europeia como um todo, ainda que seu olhar historicista, em outros momentos, dirija-se à percepção das histórias nacionais, nas diversas obras que escreveu sobre a história específica de cada país: da Espanha (1827), da Prússia (1847-1848), da França (1852-1861), da Inglaterra (1859-1869), ou mesmo da Sérvia e Turquia no século XIX (1879).

A nota mais basilar do "acorde Ranke", que se impõe a todas as outras e se afirma com a mesma intensidade da nota que lhe dá uma sustentação metodológica através da implementação da Crítica Documental, é sem sombra de dúvidas (ainda que não completo) o Historicismo, do qual Ranke é considerado por muitos como um dos principais fundadores. A concepção historiográfica que sustenta a "nota historicista" de Ranke é a de que cada sociedade tem a sua singularidade (de modo que a *História da Prússia* não pode nem ser considerada um mero desdobramento da história universal, e nem ser escrita à maneira da *História da França*), e também a de que cada época é específica. Não haveria superioridade de uma época em relação a outra, pois segundo Ranke "toda Idade é próxima a Deus". Essa convicção de que cada sociedade e cada época apresentam algo de singular e único perpassa toda a obra de Ranke, e a converte em um exemplar para o Historicismo.

Estabelecida a sugestão desse acorde historiográfico inicial, poderemos prosseguir já na análise mais específica que nos interessa. Partiremos, para compreensão da posição de Ranke em relação à questão da relação entre subjetividade e objetividade, de seus dois aforismos mais célebres[48]. O primeiro aforismo, proferido no Prefácio do seu primeiro

---

48. Este caminho de análise é brilhantemente realizado por Peter Gay, no capítulo relacionado a Ranke de seu livro *O estilo na História* (1974).

livro, as *Histórias dos povos românicos e germânicos de 1494 a 1514* (1824), é o mais conhecido, e afirma a pretensão de "escrever a História como aconteceu". O segundo aforismo foi proferido em uma das palestras ao Príncipe Maximiliano, da Baviera. Ranke, a essa altura, afirma que "O historiador há de dar a todas as épocas, a todos os indivíduos, o que lhes é devido; e há de vê-los nos seus próprios termos".

Esses dois aforismos se complementam para dar uma visão tão clara quanto possível da posição de Ranke com relação à questão da objetividade histórica, à posição do historiador na produção do conhecimento histórico, e às suas possibilidades metodológicas. Quando Ranke diz que pretende contar os fatos tal como aconteceram, está reconhecendo a existência de uma realidade objetiva, exterior ao sujeito que produz a história-conhecimento, e também expressando a sua confiança de que essa verdade pode ser conhecida, analisada com a devida imparcialidade e, ainda mais, comunicada pelo historiador. Mas o segundo aforismo traz novos aspectos relativos à posição de Ranke, e permite complementar sua posição com relação ao conhecimento histórico. Qual o objeto do historiador? Que tipo de realidade deve ele examinar? Que tipo de história deve construir, em seu esforço de cientificidade?

O aforismo permite dar a perceber que Ranke enxerga a realidade histórica de maneira plural: não mais uma História única, universal, que relata a caminhada da Razão em direção à Liberdade, mas sim uma História múltipla, relativa às diversas nações. Sobre isto, aliás, é significativo o título de seu primeiro livro: *Histórias dos povos românicos e germânicos*. *Histórias*, e não *uma* História. Ranke enquadra-se aqui na tendência que seria predominante no historicismo do século XIX: a busca de escrever histórias nacionais, o que coincide com as necessidades políticas desse período em que se consolidavam em um novo mapa europeu, posterior à Restauração, os diversos Estados-Nação que desejavam construir pacientemente a memória nacional, promovendo para tal a montagem de grandes arquivos nacionais e promovendo alguns historiadores a posições importantes nesse projeto. O aforismo permite ainda perceber que Ranke reconhece a singularidade de cada época e, dentro desta, de cada nação, além de estar atento à peculiaridade dos diversos indivíduos que fazem a História. Não teremos aqui nem a História Universal, buscada pelo projeto iluminista, e nem a ideia de um homem universal, já que Ranke acentua a particularidade de cada experiência humana. A história, portanto, é particularizante, e não mais universalizante.

O primeiro aforismo, sobre a possibilidade de "contar os fatos como estes aconteceram", também ilumina a posição que deveria ser a do historiador na concepção historiográfica de Ranke. Trata-se de um historiador capaz de atingir algum tipo de neutralidade. Essa posição, reafirmada monodicamente na trajetória intelectual de Ranke, mas nuançando-se na segunda metade do século XIX, tal como veremos posteriormente, não era muito diferente da de outros historicistas como Niebuhr (1776-1831), ou mesmo Gervinus

(1805-1871)[49]. A prédica de neutralidade, aliás, produz uma ressonância imediata no estilo narrativo de Ranke, como bem notou Peter Gay em seu ensaio sobre esse historiador alemão. Em Ranke, a primeira pessoa está ausente da exposição. Para além disto, será um estilo sóbrio, que se afasta da literatura, e aliás no mesmo Prefácio às *Histórias dos povos românicos e germânicos*, ele renega qualquer pretensão de pintar "quadros literários". Em um texto de juventude, intitulado *Para uma crítica dos historiadores recentes* (1824), Ranke já se referia, aliás, à necessidade de retratar "a verdade nua, despida de quaisquer adornos" (1814: 28). Conforme se vê, a pretensão de atingir a verdade "crua" (sem temperos que falseiem o seu sabor) deve conviver com a exigência literária de apresentá-la "nua" (sem adornos). A sobriedade do estilo, aqui, é proposta como parceira necessária do ideal de

---

49. Georg Gottfried Gervinus é um historiador liberal declaradamente engajado em questões políticas, mas ainda assim, na sua obra *Grandes linhas da História* (1837: 93), ele postula alcançar uma escrita historiográfica "sem observar limites ou partidos". Contudo, tal como já observamos em capítulo anterior, ao fazer afirmações como a de que o historiador deve ser "um defensor natural do progresso, pois não se deve renunciar à defesa dos ideais de liberdade", implicitamente já deixava transparecer o seu ponto de vista liberal. O próprio Ranke parecia manifestar reticências com relação ao envolvimento da vida na historiografia do seu colega da Escola Histórica Alemã, uma vez que assim escreve no *Necrológio* (1871) que em homenagem a ele redigiu: "Gervinus repetiu frequentemente sua opinião segundo a qual a ciência deve penetrar a vida. Muito justo, mas, para que possa surtir efeito, a ciência não pode, sobretudo, deixar de ser ciência. Não se pode transferir para a ciência o ponto de vista que se tem na vida, pois, deste modo, a vida estaria atuando sobre a ciência, e não a ciência sobre a vida" (RANKE, 1872: 142). É particularmente interessante comparar esta posição de Ranke com a de Nietzsche, na sua *2ª consideração intempestiva* (1973), para quem precisamente a vida deveria atuar sobre a ciência (e a ciência tornar-se útil à vida).

objetividade metodológica e de neutralidade do sujeito que produz o conhecimento histórico. Ainda assim, devemos sempre relativizar essa declaração de intenções rankeana que propõe agregar um estilo sem adornos literários à revelação da verdade histórica, e, curiosamente, podemos surpreender em 1858 o historiador Johann Gustav Droysen, arquirrival historicista de Ranke, criticar neste último precisamente um estilo que "se aproxima dos romances de Walter Scott" (DROYSEN, 2009: 30).

É possível também entrever o método: um método que busca a objetividade, e que promove a cuidadosa sistematização da pesquisa, o que será fundamental para os objetivos de apreender a realidade dos fatos. Ranke, como se sabe, foi um dos primeiros responsáveis pelo estabelecimento de uma crítica rigorosa das fontes. Também advogava, como parte importante dos procedimentos, a sujeição dos resultados da pesquisa a um exame público. A contribuição mais importante, que já permite contrastá-lo com a historiografia iluminista (e que logo irá contrapô-lo a certos setores da historiografia positivista, no sentido filosófico), é o fato de que a fonte histórica é atravessada pela relatividade relacionada aos aspectos humanos e interesses sociais que produzem a documentação.

O documento histórico, dessa maneira, continua a ser visto como um testemunho dos acontecimentos e como fonte de informações objetivas, mas também começa a ser visto como atravessado por um discurso que o historiador deve desmontar, criticar, de ele desconfiar. Reconhecendo que as fontes textuais intencionais são produzidas por seres humanos com certos valores, intenções e interesses, Ranke dá o primeiro passo metodológico importante do historicismo, o primeiro passo em direção ao reconhecimento do relativismo humano. Embora daí se implique que também o historiador, sendo humano, tem os seus interesses, não avança, por outro lado, para um outro passo que só seria dado pelos historicistas relativistas da segunda metade do século XIX: o reconhecimento de que mesmo o historiador está incontornavelmente preso ao seu ponto de vista. Ainda que reconheça a relatividade humana, e os particularismos de cada homem (tal como foi tão bem expresso no segundo aforismo), o Leopold von Ranke dos primeiros tempos acredita plenamente que o historiador, no exercício de um método que deve buscar a objetividade, pode se neutralizar, analisar imparcialmente a História, "dando a cada um o que lhe é devido". Eis aqui a sua profissão de fé na Verdade Histórica.

Não se deve, por outro lado, exagerar a prédica de neutralidade em Ranke. Rigorosamente falando, a sua afirmação de que o historiador deve "narrar os fatos tal como aconteceram" vinha imediatamente depois do conselho de que "o historiador não deve julgar", e dirigia-se na verdade contra toda uma historiografia anterior – a historiografia teológica que imperara até inícios do século XVIII – a mesma que ambicionava "julgar a história". Nesse contexto, propor uma história que irá narrar os fatos tal como aconteceram relaciona-se à rejeição da tarefa de "juiz do Passado", que era tão típica da historiografia anterior que Ranke pretendia combater[50].

Também é necessário ressaltar outro aspecto: se o próprio Historicismo, como paradigma historiográfico, abriu-se para uma nova posição relativista na segunda metade do século XIX, também o velho Ranke já não parecerá, àquela altura, tão completamente seguro da tarefa de "contar os fatos tais como aconteceram", ou de "narrar a verdade nua e sem adornos". Em certa passagem de *História da Inglaterra*, escrita em 1860 (tit. II, p. 3), ele continua a afirmar o seu programa realista dos primeiros tempos, em uma impressionante persistência monódica. Mas já parece matizar a sua pretensão, mais afirmada como um forte *desejo* de neutralidade do que como uma tarefa a ser cumprida em toda a plenitude. Uma pequena nuance de reconhecimento das limitações do historiador separa dos aforismos iniciais este outro que diz: "eu gostaria de poder apagar o meu próprio eu, dando voz apenas às coisas que se manifestam por meio de

---

50. A tão propalada "imparcialidade rankeana", que causou mal-entendidos nas gerações seguintes, deve ser lida aqui à luz do segundo aforismo de Ranke, aquele que pretendia "dar a cada época o que a ela pertence". Trata-se então de uma espécie de "imparcialidade homérica", aquela à qual se refere Hannah Arendt em seu ensaio sobre "O conceito de História": "A imparcialidade, e com ela toda Historiografia legítima, veio ao mundo quando Homero decidiu cantar os feitos dos troianos não menos do que os dos aqueus, a louvar a glória de Heitor não menos que a grandeza de Aquiles. Essa imparcialidade homérica, ecoada em Heródoto, que decidiu impedir que "os grandes e maravilhosos feitos dos gregos e bárbaros perdessem seu devido quinhão de glória", é ainda o mais alto tipo de objetividade que conhecemos" (ARENDT, 2009: 81).

forças poderosas"[51]. Ranke parece reconhecer as dificuldades de "apagar o eu", embora continue predicando o esforço de neutralidade como um horizonte, na medida do possível, a ser observado pelo historiador. Em uma obra anterior, aliás, cronologicamente intermediária entre o jovem Ranke dos primeiros tempos e o velho Ranke que já reconhece as "dificuldades de anular o Eu", temos uma posição intermediária. Na *História alemã da Idade da Reforma* (1839-1847), Ranke reafirma o apelo à neutralidade ao observar que deve ser buscada a "presentificação da verdade completa", mas também já reconhece que essa verdade pode não estar inteiramente ao alcance do historiador. Contudo, logo em seguida, retoma a confiança objetivista ao afirmar que "a verdade só pode ser uma"[52]. Estas hesitações entre uma posição e outra, e as dúvidas já na fase final de sua produção intelectual acerca da possibilidade de "anular o eu", ainda que isto continue sendo desejável, mostra que mesmo Ranke acompanha discretamente o arco historicista que, na Alemanha, acena para os caminhos do relativismo historiográfico.

---

51. Essa passagem rankeana é comentada por Reinhart Koselleck em um ensaio intitulado "Ponto de vista, perspectiva e temporalidade – contribuição à apreensão historiográfica da história" (apud 2006: 164). Quanto à metáfora da "verdade nua e sem adornos", uma variação da expressão "verdade nua e crua", que remonta ao século XVIII e que até hoje tem forte sobrevivência na cultura popular, Koselleck encontrará precedentes no século iluminista, tal como uma afirmativa de Fenélon em uma carta de 1714, segundo a qual a História deveria ter uma "nudez nobre e majestosa".

52. Koselleck também entretece comentários sobre essa passagem, inserindo-a na discussão sobre a objetividade histórica de seu ensaio "Ponto de vista, perspectiva e temporalidade" (2006: 165).

A análise que pudemos empreender, apenas experimental e dedicada a um primeiro nível de aproximação, permitiu-nos pensar a produção de Ranke nos quadros de um Historicismo que ainda está por se completar no seu arco de desenvolvimento histórico. De igual maneira, Ranke trará consigo as suas especificidades: de um lado sua *religiosidade*, embora não devocional a ponto de interferir na sua perspectiva historiográfica; contraposta ao seu empenho em trazer um grau reconhecível de *cientificidade* ao seu ofício; de outro lado, o seu anti-hegelianismo no que concerne ao finalismo e universalismo das filosofias da história, mas ainda valorizando o Estado Nacional como cenário principal para o trabalho do historiador; por fim, a sua admiração pela filosofia de Fichte, com a consequente leitura do conhecimento como *atividade* marcada pela subjetividade do Eu, e ainda assim a pretensão de, na medida do possível, descrever uma verdade histórica "nua e sem adornos". Por fim, o instigante paradoxo de um programa de sobriedade estilística que é traído encantadoramente pela sua extrema habilidade de narrador de histórias. Ao lado disto, Ranke, com seu meticuloso trabalho nos arquivos e seu empenho em desenvolver uma rigorosa metodologia de análise e crítica documental, contribui ele mesmo para fortalecer os dois primeiros vértices da tríade de valores historicistas: o reconhecimento da singularidade de tudo o que é histórico, e a necessidade de pensar a especificidade das ciências humanas frente ao modelo metodológico das ciências naturais. Ranke, enfim, será mais corretamente classificável como um historicista (embora também existam os autores que, concentrando-se em certa leitura da "neutralidade" rankeana, o compreendam como uma espécie de historiador positivista). De todo modo, ainda que perfeitamente vinculado ao paradigma historicista, Ranke também apresenta o seu próprio "acorde teórico" (a sua visão de mundo composta de elementos diversos), bem como o seu "acorde historiográfico" mais específico. Propomos a metáfora do "acorde historiográfico", dessa forma, como uma maneira de relativizar a classificação dos historiadores no seio de um único paradigma.

III Droysen: os desdobramentos relativistas do Historicismo

O historiador que examinaremos agora é Johann Gustav Droysen (1808-1884), autor de uma importante *Historik*[53] que enuncia, já desde os textos produzidos em 1857 e 1858, uma série de posições que podem ser associadas mais decisivamente à virada relativista do Historicismo[54]. De outra

---

53. *Historik* corresponde a um conjunto de textos, na verdade de anotações e registros relativos a conferências proferidas por Droysen de 1857 até o final de sua vida, sob a forma de cursos de Teoria e Metodologia da História ministrados, em um primeiro momento, na Universidade de Jena e, mais tarde, na Universidade de Berlim (foram 17 séries desde o primeiro curso até o final). O conjunto de parte destes textos – em especial as duas primeiras versões do curso – encontra-se hoje coligido na obra *Historik* (organizada por Peter Leyh em 1977), que contém anotações da primeira versão do curso e de outras duas, estas menos alentadas. As primeiras anotações foram publicadas em 1858; mais tarde, Droysen acrescentaria novos textos, completando a edição hoje conhecida. No Brasil, uma parte desse material foi organizada por Julio Bentivoglio e publicada em 2009 pela editora Vozes com o título *Manual de Teoria da História*.

54. Para um bom estudo brasileiro sobre Droysen, cf. Caldas, 2004. Cf. tb. "Apresentação" de Júlio Bentivoglio para a tradução brasileira do *Manual de Teoria de História*, de Droysen (2009: 7-26). Cf. ainda Southard, 1995. Em alemão temos a obra ainda não traduzida de Wilfried Nippel, 2008.

parte, o exame da trajetória historiográfica deste importante historiador prussiano e luterano que foi Droysen – na verdade um dos historiadores mais avançados em sua época no que se refere ao desenvolvimento de uma consciência histórica relativista – também permitirá evidenciar certos limites ou demandas da historiografia predominante no século XIX, mostrando como esta ainda se achava, de certo modo, um tanto restringida por uma concepção estreita do "político", que pode ser contrastada com aquela que seria mais tarde desenvolvida pelos historiadores políticos da segunda metade do século XX, por ocasião de reintensificação de preocupações com a História Política que ficaria conhecida na história da historiografia como "retorno do político".

O exemplo de Droysen também se mostra importante para a nossa reflexão sobre as possibilidades de uso da noção de "acorde teórico" ou "acorde historiográfico". Através do caso de Droysen, veremos que um "acorde teórico" nem sempre encontra plenas oportunidades para se expressar livremente, pois frequentemente ele tem que se contrapor a um determinado "fundo", a uma cultura que é a de sua época, a um padrão historiográfico que predomina, a uma instituição que dita as demandas relacionadas ao que escrever, e assim por diante. Um "acorde teórico" tende a se contrapor, a partir da obra de determinado historiador ou filósofo, a um fundo harmônico que o modifica (uma instituição ou uma comunidade intelectual que com ele interage, por exemplo).

Poderemos vislumbrar, através da trajetória historiográfica de Droysen, um sutil jogo de tensões entre uma visão que já propõe a abertura temática da História e uma tendência mais geral que em alguma medida a comprime – considerando que boa parte da historiografia do século XIX apresenta a tendência a se limitar ao estudo da História (da) Política e aos estudos sobre a História dos Grandes Homens, ainda que desde aquela época já se tenha apresentado no horizonte historiográfico, mesmo que timidamente, uma História da Cultura[55]. Vale ainda lembrar que os meios historiográficos do

---

55. Jacob Burckhardt (1818-1897), por exemplo, foi um historiador suíço que contrapôs ao fundo harmônico da comunidade historiográfica de sua época um acorde próprio, que o faz um dos precursores da História Cultural. Um pouco depois, o historiador alemão Karl Lamprecht (1856-1915), professor universitário em Leipzig, iria contrapor o seu acorde historiográfico muito específico – que o levava a definir a história como uma ciência "sociopsicológica" – à tendência dominante nos meios universitários alemães, que preconizavam sobretudo uma história política. Essa contraposição não ocorreu isenta de ônus para esse historiador, que precisou expressar sua singularidade historiográfica envolto por certo isolamento. Examinando a Economia, o Direito, as tradições populares, a arte, Lamprecht estava em busca da identificação de uma "unidade espiritual germânica", o que traz também uma nota positivista para o seu acorde teórico, contra um pano de fundo francamente historicista que era o que predominava na Escola Histórica Alemã. De igual maneira, a rejeição da História Política o leva a outros caminhos, que antecipam a História Cultural, a História das Mentalidades e a História Econômica – sendo essa amplitude temática também uma nota que o faz destoar da maior parte dos demais historiadores alemães. Lamprecht, em 1897, já perguntava: "o que é a História Cultural"? Com relação à busca de uma unidade espiritual, além de se tornar o foco de uma controvérsia que o opôs aos ortodoxos historiadores políticos de seus meios universitários, Lamprecht veio a escrever uma *História alemã* (1905) na qual pretendia abordar o desenvolvimento da civilização através da sucessão de estágios ou fases caracterizados por "atitudes psicológicas dominantes", o que fazia pensar em uma espécie de "psicologia coletiva". Ora, essas singularidades – a busca de uma unidade social à maneira positivista, e a exploração de campos históricos para além da História Política – fazia com que o seu "acorde historiográfico" soasse tensamente contra a textura de fundo de um meio que tendia a uma outra harmonia historiográfica. Por outro lado, é preciso lembrar que, a partir de fins da década de 1880, já começa a despontar, em algumas universidades alemãs, um acirrado debate entre a maioria de historiadores políticos e um grupo menor de historiadores culturais (polêmica Schäfer x Gothein), de modo que o isolamento de Lamprecht também pode ser relativizado.

século XIX também são percorridos por historiadores que se mostram vinculados a determinado padrão de narratividade histórica que nem sempre se vê acompanhado de uma adequada problematização, esta que hoje é prevista como instância central para a produção do conhecimento histórico. Mas não é este o caso de Droysen, que em diversas oportunidades apresentou como escopo o projeto de se manter distanciado seja em relação à historiografia positivista, seja em relação à história meramente narrativa (GRONDIN, 1999: 141).

É evidente, deve-se ressaltar desde já, que a delimitação de boa parte da historiografia oitocentista a uma concepção mais estreita de História Política e, por vezes, a uma história factual, não é tão legítima e tão grave como foi pintada pelos manifestos produzidos por Lucien Febvre (1878-1956) por ocasião da emergência do movimento dos *Annales*. Febvre, assim como outros historiadores ligados ao movimento francês dos *Annales*, carregaram um pouco nas tintas e nos traços caricaturais com os quais pretenderam representar os seus "outros" historiográficos. Queriam, sobretudo, opor a "nova história" trazida pelos *Annales* a uma "velha história" representada na França pelos historiadores metódicos, que uniam na sua prática elementos historicistas e positivistas. Os metódicos, que foram liderados inicialmente por Gabriel Monod (1844-1912) e que seguiam uma tradição impulsionada pela sistematização proposta por Charles Seignobos (1854-1942) e Langlois (1863-1929), ocupavam então o poder nas instituições historiográficas francesas, e o empenho em abalar essas sólidas posições institucionais que eram ocupadas pelos metódicos pode explicar por que os *Annales*, conforme veremos em um volume posterior, radicalizaram o seu discurso. De certo modo, os historiadores dos *Annales* terminaram por favorecer a construção de uma espécie de mito sobre a exclusividade de uma história política, factual e narrativa no século XIX[56].

Posto isto, procuraremos examinar os dois lados da questão. Há uma novidade em alguns dos historicistas da segunda metade do século XIX que é extremamente relevante. Eles completam a tríade historicista de elementos que podem ser contrapostos ao padrão historiográfico positivista: reconhecem simultaneamente a subjetividade implícita em todo objeto histórico, a especificidade de cada ciência humana em relação às demais e por oposição ao padrão predominante nas ciências naturais, e avançam, por fim, para uma perfeita clarificação das subjetividades que afetam o historiador enquanto sujeito produtor do conhecimento histórico. Só isso, essa tarefa imprescindível de com-

---

56. Apenas para evocar a questão do predomínio da História Política no século XIX, podemos lembrar que, na Alemanha de fins dos anos 1880, já começava a se desenvolver um acirrado debate entre os partidários de uma História Política e os partidários de uma História Cultural. Essa polêmica foi encabeçada respectivamente pelos historiadores Dietrich Schäfer (1845-1929) e Eberhard Gothein (1853-1926). Ao mesmo tempo, já mencionamos o fato de que uma polêmica análoga também se desenvolveu na mesma época em torno das proposições de Karl Lamprecht (1856-1915), que se empenhou em trazer uma análise sociopsicológica para o centro da prática historiográfica, chegando a gerar uma controvérsia que ficou igualmente famosa e que se estendeu até as primeiras décadas do século XX. Tudo isto ocorreu muito antes da emergência da Escola dos *Annales*, mostrando que nem este debate foi uma novidade introduzida pelos historiadores dos *Annales*, e nem tampouco a historiografia do século XIX era exclusivamente política. De todo modo, não há como negar que os investimentos governamentais favoreciam francamente a historiografia política, tal como já teremos oportunidade de verificar.

pletar o paradigma historicista em seus três pontos principais, já faria de diversos dos historicistas da segunda metade do século XIX personagens fundamentais para o desenvolvimento da historiografia, tal como hoje ela se apresenta entre os historiadores profissionais. Por outro lado, não há como negar que se verifica, mesmo entre alguns dos historicistas mais avançados no sentido de perceber a complexidade da operação historiográfica, um nítido predomínio da História Política de tipo tradicional: mais uma "História (da) Política" do que uma "história política" tal como a compreendemos nos dias de hoje (uma história do poder e das relações de poder, em todas as suas formas). Em tempo: podemos falar em predomínio da História Política, mas não em exclusividade[57].

Se em alguns casos foi pertinente a crítica de "reducionismo político", desfechada pelos historiadores franceses

---

57. Há certamente uma minoria significativa que se empenhou em confrontar o modelo predominante, incluindo nomes como o do historiador francês Jules Michelet e o do já citado historiador suíço Jacob Burckhardt. Seria preciso também mencionar aqueles que, mesmo que levados pelas circunstâncias a escrever uma História Política vista de cima, perceberam que havia ainda uma outra História por se escrever: ao mesmo tempo voltada para outras esferas da atividade humana para além da política, e que considerasse não apenas o ponto de vista das elites. Veremos no *Historik* de Droysen algumas considerações a esse respeito. Também podemos lembrar aqui as palavras do historiador francês Augustin Thierry: "Ainda não temos história da França. [...] Falta-nos a história dos cidadãos, a história dos súditos, a história do povo" (THIERRY, 1820). Por outro lado, no que se refere ao padrão narrativo, Thierry aproxima-se de Ranke, e também preconiza como modelo para as narrativas historiográficas uma escrita historiográfica que saiba incorporar a fluência narrativa dos romances de Walter Scott (1771-1832), destacando em especial a sua obra-prima *Ivanhoé* (1819). Mais tarde, Droysen irá criticar Ranke por sua aproximação em relação a esse mesmo modelo narrativo. Com relação a Walter Scott, literato nascido em Edimburgo, este será por muitos considerado o criador do romance histórico.

dos *Annales* contra o metodismo francês e contra o setor mais tradicional do historicismo alemão, já a crítica em relação à factualidade (ausência de problematização histórica) somente pode ser aplicada contra parte da historiografia do século XIX, e certamente não para o caso de Droysen. Seria suficiente citar, deste historiador, a *História do Helenismo* (1833), que cria o próprio conceito de "Helenismo" e que propõe uma leitura original do período helênico não como uma decadência, tal como esse momento histórico vinha sendo tradicionalmente tratado, mas sim como uma renovação (BENTIVOGLIO, 2009: 14)[58]. Criar conceitos novos, e propor hipóteses inovadoras não é certamente apanágio dos historiadores factualistas, meramente

---

58. Além disto, podemos evocar aqui as palavras de Droysen em *Historik*: "O ponto de partida de toda pesquisa é a questão histórica" (DROYSEN, 2009: 46). Este princípio da operação historiográfica "com uma pergunta" é particularmente importante para uma história problematizada. Se os historiadores franceses Langlois e Seignobos, décadas depois de Droysen, cunhariam o notório dito que afirma que "sem documento não há História" (1898), já o historiador alemão parece antecipar o dito de Lucien Febvre que se tornará emblemático para os historiadores dos *Annales*: "sem problema, não há história" (FEBVRE, 1953). Com o *Historik* de Droysen, veremos já francamente delineada a ideia de que é dessa "questão histórica" inicial que "resultam quais os vestígios, monumentos e fontes que deverão ser mobilizados na busca de sua resposta" (DROYSEN, 2009: 48). O problema, enfim, precede o documento na operação historiográfica, o que contrasta com a posição explicitada pelo manual de *Introdução aos Estudos Históricos*, de Langlois e Seignobos: "Mas é desde logo evidente que, anteriormente a qualquer exame crítico ou interpretação de documentos, é indispensável saber se eles existem, quantos são e onde se encontram. Se pretendo abordar um ponto de história qualquer devo informar-me preliminarmente do lugar ou dos lugares em que se encontram os documentos necessários para tratá-lo, supondo-se que eles existam. Procurar e reunir os documentos é, pois, uma das principais partes do trabalho do historiador, a *primeira*, sem dúvida, do ponto de vista lógico" (1949: 15-16).

preocupados em "narrar os fatos". Mesmo Ranke problematiza as origens dos povos latinos e germânicos, não se limitando, na prática, a uma mera narração dos fatos. A estigmatização da historiografia do século XIX como factual, encaminhada pelo movimento dos *Annales* no século XX e também pela historiografia marxista do mesmo período, é apenas parcialmente justa e adequada, não se enquadrando nela alguns dos maiores nomes da historiografia alemã. Na verdade, veremos mais adiante um texto pioneiro do próprio Droysen, datado de 1858, em que esse historiador nascido na Pomerânia critica simultaneamente o "predomínio excludente da História Política" e o culto à "produção do puro fato" (historiografia ingênua, narrativa não problematizada). Essa crítica pioneira antecede em 45 anos a crítica de François Simiand aos "ídolos da tribo dos historiadores", dirigida contra os historiadores metódicos da França (1903), e em cerca de 70 anos a crítica dos historiadores dos *Annales* àquela que consideram uma "história política, narrativa e factual" do século XIX (1929).

Os indícios que revelam a preocupação de Droysen com uma história problematizada, e a sua reticência contra certos gêneros de história factual, são recorrentes em diversos dos seus escritos, nos quais o historiador alemão se põe a refletir sobre a prática historiográfica. Em um dos itens de *Historik* (n. 90), inserido na parte dessas anotações, que discute as "formas de apresentação da História" (Tópica), Droysen começa por refletir sobre uma modalidade de apresentação da História que denominou "história interrogativa" (DROYSEN, 2009: 79). Essa forma de expor o texto historiográfico (e na verdade de pesquisar os materiais que lhe deram origem) sintoniza perfeitamente com os modelos da moderna história-problema. Este modo de expor a história é definido por Droysen como uma "mimese do ato de procurar" (no item subsequente, Droysen falará na outra modalidade, narrativa, que corresponderia a uma "mimese do devir histórico", no sentido de que procura narrar os acontecimentos como se estivessem acontecendo na própria realidade histórica, tal como em um romance). Droysen acrescenta sobre a modalidade da "história interrogativa" – a sua "história-problema" – que "ela procede como se o que finalmente foi encontrado na investigação deve ser ainda encontrado ou melhor pesquisado" (2009: 79). Ou seja, uma história problematizada, interrogativa, deve colocar-se como uma história aberta, que não pretende encerrar-se em uma narrativa definitiva dos acontecimentos[59].

Também a narrativa meramente factual, ancorada na ilusão de que os fatos podem ser descritos tal como aconteceram, torna-se objeto da crítica de Droysen. O que pode salvar a modalidade da "exposição narrativa" (p. 80) é precisamente a compreensão de que "somente de modo aparente os "fatos" falam por si, sozinhos, exclusivamente, "objetivamente";

---

59. Uma das maneiras de produzir essa "história interrogativa" é descrita por Droysen: "[a história interrogativa pode começar por] procurar o resultado seguro a partir de uma incerteza, de uma pergunta, de um dilema, assim como o pleiteante procede diante de um tribunal quando precisa comprovar o fato subjetivo a partir do objetivo" (DROYSEN, 2009: 79).

eles seriam mudos sem o narrador que os deixa falar. Droysen coloca entre aspas as palavras "fatos" e "objetivamente". Está desfechando veladamente uma crítica visceral contra o notório dito de Ranke, muitas vezes mal compreendido, de que o objetivo dos historiadores deveria ser o de "narrar os fatos tal como estes ocorreram". A crítica se dirige simultaneamente contra o apego ao "puro fato" (a história factual), e contra as ilusões de objetividade ("não é a objetividade que é a melhor glória do historiador; sua maior justiça é buscar compreender", dirá Droysen). Dessa maneira, pode-se perceber que um historiador como Droysen – já pertencente à segunda fase do historicismo oitocentista e crítico, ele mesmo, do realismo rankeano – não foi nem um cultuador da história factual, e nem avesso à necessidade de construir uma história problematizada.

De todo modo, a escolha de Droysen para esta análise exemplificativa será oportuna para iluminar os problemas que estão envolvidos na expressão de determinado "acorde historiográfico" contra um fundo contrastante. Temos em Droysen um historiador bem sintonizado com alguns dos mais significativos avanços possíveis de seu tempo. Ele faz parte da vertente do Historicismo que caminha para um relativismo, para uma compreensão cada vez maior de que o historiador está ligado a subjetividades das quais não pode se separar, o que o opõe ao padrão de neutralidade proclamado pelo paradigma Positivista em sua mesma época. Dentro dos quadros da Hermenêutica, Droysen já representa um desenvolvimento da direção da intensificação do que mais tarde

Gadamer chamaria de uma "consciência histórica"[60]. Droysen já não é, por exemplo, um historicista como Ranke, autor do famoso dito de que só pretendia "narrar os fatos como eles se sucederam". Ele irá dizer, em um texto de 1857 intitulado "A objetividade do eunuco", que apenas aspira atingir "nada mais nada menos do que a verdade relativa ao seu ponto de vista". Da mesma forma, nas passagens mais acima citadas, será um crítico daquela história factual que se deixava iludir pela pretensão da total objetividade. Portanto, temos aqui um historiador que está acompanhando o desenvolvimento da reflexão sobre a historicidade do próprio historiador, que logo desembocará na filosofia historicista de Dilthey e, mais além, em Gadamer, já no século XX. Droysen é certamente um historiador avançado para a sua época. Muitos, como Jörn Rüsen e Reinhart Koselleck, o situam como inaugurador de "uma nova página da historiografia" ou da própria ciência histórica moderna (BENTIVOGLIO, 2009: 26). Essa posição peculiar de Droysen, como um historiador avançado para a sua época que precisa se colocar diante do pano de fundo da historiografia tradicional, e mesmo

60. Gadamer chegará a reelaborar a noção de "preconceito", que os iluministas e outros viam como algo que distorce a visão "correta" sobre algo. "O preconceito não é uma forma distorcida de pensamento que precisa ser lapidada antes de vermos o mundo corretamente." Para Gadamer, os preconceitos estão presentes em todos os entendimentos. Contra as reivindicações do Iluminismo de que a razão, separada da perspectiva histórica e cultural, representa um teste para a verdade, Gadamer alega que nós estamos irremediavelmente incrustados na linguagem e na cultura – e que o escape para uma certeza clara através do método racional é uma ideia absurda" (LAW, 2007: 12).

fazer simultaneamente suas críticas e suas concessões a ela, permite que destaquemos o seu acorde historiográfico contra a monodia mais tradicional da historiografia de sua época. Precisamente por causa dessa posição, que não está isenta de tensões, Droysen é uma boa escolha para testar os limites definidos pelas demandas de sua época.

Começaremos pela nota mais óbvia. O acorde historiográfico de Droysen traz na sua base mais fundamental um modelo historicista que já havia assegurado os três itens básicos do paradigma: a singularidade do objeto histórico, a especificidade da História no seio das ciências humanas e do pensamento científico em geral, e a historicidade do próprio historiador que se autoproduz como sujeito de conhecimento. Na verdade, a própria obra de Droysen contribui para a explicitação fundamental, típica dos setores mais avançados do Historicismo das últimas décadas do século XIX, de que a subjetividade do próprio historiador é de fato decisiva para a operação historiográfica, não constituindo um obstáculo à produção de um conhecimento cientificamente conduzido, mas a sua riqueza possível. A incorporação dos três vértices historicistas por Droysen aparece na sua articulação de três teorias que esse historiador alemão procura formular: a teoria da historicidade do mundo humano (que traz algumas marcas indeléveis oriundas da influência hegeliana), a teoria do conhecimento histórico, e a teoria do método histórico[61]. Ao lado de obras de História sobre temáticas diversas, Droysen procura desenvolver

61. O tônus fundamental do método histórico, para Droysen, seria o que ele chamou de "compreensão mediante a pesquisa".

mais sistematicamente uma reflexão sobre a articulação entre essas três teorias, revelando uma especial preocupação com o "pensar sobre a história" que já sinaliza a consolidação da Teoria da História como um âmbito disciplinar específico.

Quando consideramos a "nota historicista" de Droysen, base fundamental de seu acorde historiográfico, estamos já diante de um historicismo um pouco (ou bem) distinto em relação ao de Ranke, na verdade um historicismo "mais completo". A incorporação da consciência relacionada à historicidade do próprio historiador, em Droysen, é vinculada a um engajamento político, particularmente intensificado pelo contexto de participação na unificação política da Alemanha (que também tinha outros entusiastas entre os historiadores desta nova fase da Escola Alemã, tais como Sybel e Treitschke). Droysen já será um crítico contumaz do modelo historicista de Ranke, cuja figura dominara a primeira fase do historicismo alemão, precisamente no que concerne à ideia de "neutralidade". De Ranke a Droysen, o próprio Historicismo já havia mudado, incorporando uma nova instância relativista, e tornando-se mais completo em referência ao modelo teórico relacionado ao paradigma historicista, tal como o expusemos no último capítulo. De fato, Droysen procura explicitar em algumas oportunidades a plena consciência da historicidade do objeto e do sujeito histórico, por vezes claramente, outras vezes através de metáforas[62]. De igual maneira, sofistica-se

62. A escritura da História, conforme postula Droysen, inscreve-se nesta necessidade de registrar o transitório humano, de "fixar o fugaz, a onda luminosa, a onda sonora" (DROYSEN, 1977: 20).

com ele a consciência acerca da singularidade da História e das ciências humanas frente a outros campos de saber, atentando-se para a necessidade de que os historiadores compartilhem um método científico próprio. O "método histórico", então, deverá ser visto simultaneamente como distinto do "método especulativo" (filosófico ou teológico) e do "método físico" (modelo para a maior parte das ciências exatas e naturais). Dessa forma, aos três modelos diferenciados de método – o filosófico, o físico e o histórico – corresponderão três gestos primordiais distintos, definidores de cada um destes métodos: "reconhecer", "esclarecer" e "compreender" (DROYSEN, 2009: 41)[63]. Digna de nota, ainda, é a dimensão filosófica e ética que Droysen agrega ao sistemático trabalho do historiador com suas fontes históricas, ultrapassando assim a compreensão rankeana dessa instância da operação historiográfica como mera técnica, mera "crítica documental". Essa reflexão, pioneira – e por vezes interferida por uma discreta "nota romântica" – antecede toda uma reflexão hermenêutica posterior, que estaria a cargo de filósofos como Heidegger, Gadamer, Ricoeur:

> Cada ponto do presente é fruto de um vir a ser. O que ele era e como se formou é passado, mas é um passado que ainda se encontra de forma ideal nele.

---

63. Já Dilthey trabalhará com uma dicotomia que opõe essencialmente as "ciências naturais" e as "ciências humanas". De todo modo, a oposição entre "explicar" e "compreender" será por ele retomada. Com relação a Droysen, o conceito de "compreensão" adquire um sentido muito próprio. Dirá ele: "A essência do método histórico é compreender ao pesquisar" (DROYSEN, 2009: 38).

> Mas, somente no estado ideal, como traços apagando-se, brilhos latentes; afastados da consciência é como se não existissem.
>
> O olhar pesquisador, o olhar da pesquisa, é capaz de despertá-los, iluminá-los, fazê-los reviver, iluminando a escuridão vazia do passado.
>
> Não são os passados que se iluminam – eles não estão mais –, mas o que deles ainda não é passado no aqui e agora. Esses brilhos despertados estão para nós no lugar dos passados, eles são sua presença espiritual (DROYSEN, 2009: 37)[64].

A tríplice consciência acerca da historicidade e especificidade do objeto histórico, do método historiográfico, e do sujeito-historiador que produz conhecimento, é de fato o que permite que o arco historicista – ao menos no que se refere a historicistas mais relativistas como Droysen e Dilthey – encontre a partir de meados do século XIX o seu destino paradigmático, superando o realismo rankeano dos primeiros tempos da Escola Alemã. Ao pensarmos em Droysen como um historicista e como membro da Escola Histórica Alemã, devemos ter em mente, portanto, que o Historicismo de Droysen também pode ser já considerado outro que não o de Ranke e o dos historiadores associados ao seu modelo. Mas para não ocorrer uma multiplicação desnecessária e inviável de paradigmas, podemos compreender o Historicismo como

---

64. E, mais adiante: "Somente o que o espírito humano e a mão humana modelou, cunhou, tocou, somente esses traços produzidos pelo homem se iluminam novamente para nós" (DROYSEN, 2009: 38).

um paradigma que começa a se formar na passagem do século XVIII para o XIX, e que conhece um novo *momentum* um pouco depois de meados do século XIX, particularmente com a consciência de historicidade plena que é explicitada, possivelmente pela primeira vez, por Droysen (e logo depois por Dilthey). Droysen, inclusive, não se via – não queria se ver – como partícipe da mesma escola de Ranke: uma escola historiográfica que a historiografia habituou-se a chamar de Escola Histórica Alemã. No primeiro Prefácio de *Historik* (1858), parte do qual foi publicado em português com o título *Manual de Teoria da História* (2009), Droysen menciona mesmo a Escola de Ranke como apartada de si, e a denomina "Escola de Göttingen", louvando suas conquistas mas acrescentando uma série de críticas aos primeiros historicistas alemães:

> No campo de nossos estudos [a História], a Escola de Göttingen do final do século XVIII, e que agora está findando, ocupou-se com as questões gerais, que de tempos em tempos foram repetidamente tratadas. Procurou comprovar que a história seria "basicamente a história política" e que em torno desse núcleo se agrupam as variadas ciências elementares, auxiliares e outras da nossa área. Reconheceu-se então a essência da história em seu método, caracterizando-se este como "crítica das fontes" e como produção do "puro fato". Encontrou-se a meta determinante da nossa ciência na exposição artística e na "obra de arte histórica" [para Droysen, a pura narrativa] e celebrou-se como o maior histo-

> riador de nossa época aquele que, em sua maneira de exposição, mais se aproxima dos romances de Walter Scott [isto é, Ranke] (DROYSEN, 2009: 30).

É surpreendente o pioneirismo desse texto. Droysen, ao criticar a primeira fase de historiadores da Escola Alemã, prefere na verdade vê-los como uma escola que já está findando: a Escola de Göttingen (os historiadores que seguem o modelo de Ranke). Mas na verdade está criticando os historiadores de sua própria época. Ranke ainda viverá muito, só vindo a falecer em 1886. Inúmeros outros historiadores, de metade do século XIX em diante, seguirão ainda o seu modelo, e depois também, no próprio século XX, quando haverá mesmo em alguns momentos uma retomada do realismo rankeano e um culto à sua figura. A "história política" é a história predominante em sua época, e, em que pese que ele a critique claramente, mesmo ele terá de fazer concessões à história política nacional nos moldes requeridos pelo Estado Prussiano. Além da exclusividade da História Política, Droysen critica a "produção do puro fato". Antecipa, em anos, a crítica de François Simiand (1903) e de Lucien Febvre (1929, 1953) à "história factual". A "história narrativa", no modelo de Ranke, que no texto aparece oculto por trás da analogia com os romances de Walter Scott, será uma crítica da mesma qualidade e intensidade que o movimento dos *Annales* moverá contra a história narrativa que julgava ver, ou que de fato via, nos historiadores metódicos dos anos 1870. Johann Gustav Droysen, com sua *Historik* (1858), já nos apresenta definitivamente um novo padrão de Historicismo. Com ele, o Historicismo completou ou começou a completar o seu arco, tornando-se um Historicismo moderno, pronto a acenar com novas possibilidades para o século XX. Ao menos com Droysen e alguns outros historiadores, um ramo do historicismo parece se desdobrar em uma nova variante do paradigma historicista, em confronto com um outro grupo de historicistas que persiste no modelo realista de Ranke, configurando-se uma espécie de desdobramento polifônico desse paradigma.

Compreendida a nota fundamental do Historicismo de novo tipo, que é a base do acorde historiográfico de Droysen, avancemos, agora, pelas demais notas desse complexo acorde teórico. Entre as influências filosóficas, apesar da adesão radical de Droysen ao paradigma historicista, aparece a já mencionada influência de Hegel, de quem Droysen chegou a ser aluno – uma influência que se mostra mais intensa na primeira fase de seus estudos sobre a Antiguidade Helênica, e que também se expressa eventualmente no empenho de conciliar os valores historicistas com alguns conceitos hegelianos, dando origem a noções peculiares como a de "totalidade relativa" (DROYSEN, 1977: 23)[65]. Há ainda outras

---

65. O projeto historicista de Droysen apresenta matizes bem hegelianos na sua formulação mais geral. No início de *Historik*, encontraremos o empenho de Droysen em definir o método histórico a partir de uma interação dialética entre o "método físico" das ciências exatas e da matemática, e o "método especulativo", da filosofia. Ali encontraremos estas palavras, carregadas de uma conceituação extraída da dialética hegeliana: "Movimento e unidade são ambos momentos através dos quais o espírito é espírito, que através deles ele se polariza em direção a uma vivacidade incansável que se consumiria a si mesma sem a energia da unidade e que se afundaria morta sem o movimento constantemente ativo e periférico" (DROYSEN, 1977: 32).

influências filosóficas importantes, presentes no acorde teórico de Droysen. Fichte (1762-1814) que, de resto, é uma influência bastante recorrente entre os historicistas alemães, pode ser indicado como um filósofo que se inscreve na nota filosófica de Droysen, sobretudo no que concerne à noção de "liberdade" como aspecto essencial da história[66]. Há naturalmente a influência de Kant, que, aliás, conhece uma intensificação especial entre os historicistas alemães nas últimas décadas do século XIX[67], e também a influência

---

66. Em *Historik*, Fichte é mencionado por Droysen com relação à "liberdade integral do ser humano ético" (DROYSEN, 2009: 72).

67. Immannuel Kant (1724-1804) havia estabelecido, pela primeira vez na filosofia, uma distinção formal entre os fenômenos e a "coisa-em-si" (o *noumenon*), ressaltando que a "coisa-em-si" não poderia ser constituída em objeto para o conhecimento científico, tal como vinha pretendendo até então a metafísica clássica. Para Kant, a ciência deveria se restringir ao "mundo dos fenômenos", e para tal deveria se constituir a partir das formas *a priori* da sensibilidade (o tempo e o espaço) e pelas categorias do entendimento. Essas mesmas categorias aparecem explicitamente referidas no *Historik* de Droysen, se bem que o historiador alemão já procure adequar os seus conceitos de tempo e de espaço à sua perspectiva de um historicismo relativista: "Não é objetivamente que os fenômenos se dividem no espaço e no tempo; a nossa percepção é que os separa em vista do modo como eles parecem se relacionar mais ao espaço ou ao tempo" (DROYSEN, 2009: 35). Também se mostra, no *Historik* de Droysen, claramente formulada, uma distinção entre o "mundo das representações" e o "mundo exterior", combinando a perspectiva neokantiana e a filosofia da linguagem de Wilhelm Humboldt: "Assim, o espírito humano desenvolve sistemas de signo que, por efeito de correspondência externa, apresentam objetos, constituindo-se o mundo das ideias. Um mundo de representações, através das quais a mente, corrigindo-as, ampliando-as e aumentando-as por meio de novas percepções, toma posse do mundo exterior, tanto quanto pode possuí-lo, precisa possuí-lo, de sorte a concebê-lo e dominá-lo em função de seu saber, de sua vontade e de seu poder de transformação" (DROYSEN, 2009: 36-37). Com relação a referências explícitas a Kant, o item n. 82 refere-se à *Razão prática* (DROYSEN, 2009: 75).

romântica de Schelling (1775-1854)[68]. O próprio Droysen também referencia, no prefácio de 1858 para o *Grundriss der Historik*, a influência de Wilhelm Humboldt, particularmente no que se refere à sua teoria da linguagem e à sua "concepção do mundo que tinha seu centro de gravidade e sua força intensa no sentimento ético" (DROYSEN, 2009: 33-34). Com essas palavras, e comparando Humboldt a uma espécie de "Bacon das ciências históricas" (p. 33), Droysen reconhece em Wilhelm Humboldt (1757-1835) como que uma

---

68. Friedrich Schelling (1775-1854), ao lado de Kant e Hegel, tornou-se um dos grandes representantes do idealismo alemão. Schelling, que apresenta em seu próprio acorde teórico uma revivescência da filosofia de Spinoza, veio a se constituir também em uma influência importante sobre o Romantismo Alemão do século XIX, particularmente a partir de sua nomeação em 1798 para professor universitário em Jena, cidade na qual começa a dialogar com Schlegel e Novalis, que foram dois dos principais representantes desse movimento. A Universidade de Jena constituiu precisamente o primeiro espaço de atuação universitária de Johann Gustav Droysen. Deve-se notar ainda que mais tarde, em 1841, Schelling irá se tornar professor da Universidade de Berlim, a mesma em que também atuará Droysen em um segundo momento e, já nesta nova fase, Schelling (1858) passará a criticar veementemente as posições de Hegel, que sempre constituiu uma nota filosófica particularmente importante no acorde teórico de Droysen. Desta maneira, pode-se dizer que se modificam e retensionam-se em diversos momentos as relações do acorde teórico de Droysen com a nota de influência inspirada em Schelling, uma vez que a própria filosofia de Schelling sofre mutações importantes desde inícios até meados do século XIX. O ensaio *Sistema do Idealismo Transcendental* (1800), por exemplo, constitui uma influência importante sobre Droysen, ao discorrer sobre a "identidade entre sujeito e objeto" no processo de conhecer. Os últimos ensaios (1858) tensionam-se contra o hegelianismo que, no entanto, persiste em Droysen. Essa relação entre Schelling e Droysen é interessante para mostrar como podem se redesenhar as relações dialógicas entre dois pensadores, à medida que um ou outro, ou ambos, transformam-se nos vários momentos de sua trajetória pensante. Por isto, rigorosamente falando, um "acorde teórico" deve ser examinado em um momento singular, em um contexto definido, e repercutido por uma questão específica.

influência basilar em seu acorde teórico[69]. De todo modo, à parte essas outras influências, não há como não perceber que uma certa leitura de Hegel constitui a nota filosófica mais intensa no acorde teórico de Droysen. As categorias hegelianas e dialéticas da totalidade, do movimento (devir), da contradição, da superação da contradição através de reconciliação, são fundacionais no pensamento filosófico-histórico de Droysen. Por outro lado, a "nota hegeliana" modifica-se no interior do "acorde Droysen"; cada conceito adquire uma coloração ou um sentido próprio[70]. Seu idealismo é revisto de alguma maneira na percepção droyseniana de

---

69. Wilhelm Humboldt (1757-1835), que não deve ser confundido com seu irmão, o geógrafo e naturalista Alexander von Humboldt (1769-1859), foi o primeiro linguista a entender a linguagem humana como um complexo sistema regido por regras – um sistema que faz "usos infinitos de meios finitos" – com o que logra ultrapassar de maneira pioneira a tradicional visão da língua como mera coleção de vocábulos acompanhados de significados. Também se notabilizou por ter fundado, em 1810, a Universidade de Berlim, o que também faz com que seja considerado o fundador do moderno sistema educacional alemão. O texto que o coloca como fundador da educação universitária alemã é "Sobre a organização interna e externa das instituições científicas superiores em Berlim", que procura trazer uma base moral e ética às instituições ao discorrer sobre a sua importância para a educação nacional (1997: 79).

70. A concepção fundamental da filosofia da história de Hegel é sustentada por Droysen no item 83: "A história é a humanidade tornando-se um ser consciente de si mesmo" (DROYSEN, 2009: 75). Com relação à categoria da "totalidade", dirá Droysen: "O particular é compreendido no todo e o todo é compreendido no particular" (DROYSEN, 2009: 39). Sobre a categoria do "movimento", ele dirá: "O movimento incessante no mundo dos fenômenos nos permite conceber as coisas como estando em constante devir, seja esse devir visto como algo que se repete periodicamente, seja como algo que parece repetir-se e crescer por intensificação e acumulação contínuas. Naqueles fenômenos, nos quais se manifesta a nós um tal avanço, que se encontram em uma sucessão, o fator do tempo é considerado por nós como sendo decisivo. É isto que entendemos resumidamente como história" (DROYSEN, 2009: 35-36).

mundo histórico como um "mundo ético" (uma percepção que já apresenta de si mesma uma repercussão da nota Humboldt):

> A alternativa incorreta da visão de mundo materialista e idealista reconcilia-se na visão histórica, a visão para a qual o mundo ético nos conduz, pois a característica do mundo ético é que nele, a cada instante, se reconcilia aquele oposto, a fim de se renovar, e se renova a fim de se reconciliar (DROYSEN, 2009: 41).

É também hegeliana, mas com adaptações, a visão de Droysen sobre a caminhada da humanidade em direção a uma "finalidade das finalidades", bem como a sua visão particular sobre o "progresso da humanidade" (p. 76)[71]. De qualquer maneira, tem-se aqui um progresso que, no fim das contas, ocorre inevitavelmente, apesar dos eventuais retrocessos. Dirá ele:

> No mundo ético, as finalidades enfileiram-se uma à outra numa cadeia infindável de anéis.

---

71. A "nota do finalismo hegeliano" modifica-se em Droysen ao contato com a sua forte base historicista. De todo modo, como fará notar Hans-Georg Gadamer em uma passagem de *Verdade e método* (1960), "ele [Droysen] também não concebe a realidade da história como espírito puro. Comportar-se eticamente inclui, antes de tudo, que o mundo da história não conhece uma cunhagem pura da vontade sobre uma matéria maleável e que não oferece resistência. Sua realidade consiste numa concepção e configuração que o espírito deve gerar continuamente das 'finitudes constantemente mutáveis', às quais pertence todo aquele que atua. Dessa dupla natureza, Droysen consegue extrair consequências para o comportamento histórico num grau bem diferente" (GADAMER, 2008: 289).

> Cada um desses fins tem inicialmente o seu caminho e a sua formação própria; mas, simultaneamente, cada um deles condiciona o outro e é condicionado por este.
>
> Frequentemente, os fins se bloqueiam, perturbam, disputam entre si; muitas vezes, surgem aqui e ali, temporariamente, parcialmente, retrocessos; sempre, somente para depois disso, retomar o trabalho com arrancada mais intensa, com força propulsora aumentada, em novo ponto, em nova configuração, cada um impulsionando o outro e sendo impelido pelos demais (DROYSEN, 2009: 74)[72].

Interferida pelas outras notas do acorde teórico, a nota hegeliana adquire, portanto, uma singularidade própria e uma posição de destaque como "nota de topo" do acorde historiográfico de Droysen[73]. Esta expressiva nota hegeliana, que não havíamos encontrado em Ranke, e ainda que a mesma vá

---

72. Por outro lado, a finalidade última não pode ser conhecida empiricamente: "O fim mais elevado, o que condiciona incondicionalmente, aquele que move a todos, abrange a todos, esclarece a todos, este é o fim supremo, que não pode ser conhecido empiricamente" (DROYSEN, 2009: 74).

73. Há passagens de *Historik* mais claramente hegelianas: "O mistério de todo movimento é sua finalidade. Quando a interpretação histórica observa, no movimento do mundo ético, o seu desenrolar, reconhece a sua direção, vê o objetivo das finalidades a se realizar e a se desnudar, ela tira conclusões sobre a finalidade última, na qual o movimento se completa, na qual aquilo que move o mundo humano, impulsionando-o a seguir sempre em frente, sem parada, é paz, perfeição, presente eterno" (DROYSEN, 2009: 61-62). Em outro trecho, poderemos ler: "Toda evolução e crescimento é movimento em direção a uma finalidade que, realizando-se no movimento, quer chegar à consciência de si mesma" (DROYSEN, 2009: 74). De todo modo, Hegel é também referido explicitamente em alguns trechos do *Historik*, como o item n. 78, que se refere à "dialética" proposta pela "filosofia da história de Hegel" (DROYSEN, 2009: 73).

perdendo gradualmente a sua intensidade inicial no decorrer da trajetória intelectual de Droysen, une-se à sua base historicista, agora já completa, e também a toda a preocupação metodológica que se estampará no empenho desse historiador alemão em produzir obras de reflexão sobre a própria historiografia, tal como ocorre com os diversos textos reunidos na *Historik* (1881-1883). Droysen também continua a apresentar, como já veremos, a nota do "nacionalismo alemão", e seus interesses, particularmente a partir do momento de sua trajetória historiográfica em que começa a se mostrar mais engajado na própria história de sua época, começam a se deslocar do Helenismo e da Antiguidade para a produção de uma História Política de referências nacionais[74].

Será oportuno destacar, neste ponto, que a "religiosidade" também aparece como uma nota importante do "acorde historiográfico" de Droysen. Neste aspecto, ele não é tão diferente de Ranke. A influência da teologia protestante é uma nota quase tão importante no acorde historiográfico

---

74. Além de ser especialista em assuntos helênicos, Droysen era filólogo, e foi responsável pela tradução das obras completas de Ésquilo e Aristófanes. Em 1833 publicou a sua *História do Helenismo*.

75. Julio Bentivoglio, que escreveu uma excelente apresentação para a edição brasileira do *Grundriss der Historik*, de Droysen, registra estas palavras: "Destaca-se, na biografia desse autor, uma profunda ligação com a política e o Estado prussiano, bem como com a teologia protestante. Seu pai era pastor na Pomerânia e integrou as tropas do General Blücher que, em 1807, resistiam à invasão das tropas napoleônicas sem sucesso. Essa herança que aproxima religiosidade e nacionalismo e que na Alemanha conheceu momentos expressivos de convergência tanto no século XIX quanto no XX, urdiu na obra de Droysen um liame que não deve ser desprezado, manifesto nas passagens mais teológicas da *Historik* e na sua ênfase sobre as comunidades e os poderes éticos responsáveis pela formação do indivíduo e pelas conformações da história" (BENTIVOGLIO, 2009: 13).

de Droysen quanto a nacionalidade[75]. Não é à toa que, em uma passagem já mencionada do texto intitulado "A Objetividade do Eunuco", Droysen associa a sua consciência de relativismo à sua posição específica nesta superposição das notas relacionadas à religiosidade à nacionalidade e à política, afirmando que não aspira senão "deixar à mostra a verdade relativa ao meu ponto de vista; mostrando como minha pátria, minhas convicções políticas e religiosas, meu estudo sistemático me permitiram chegar a este ponto de vista" (DROYSEN, *Historik*, 1881; edição: 1977, 235-236).

Com relação à já mencionada "nota nacionalista" do acorde historiográfico de Droysen, esta se reveste de uma especial coloração política. Sua ligação com a Política o levou mesmo a se fazer eleger deputado pela Assembleia Nacional Alemã, na mesma época em que já havia assumido claras posições favoráveis ao movimento da unificação alemã e na qual elaborara, nas suas *Preleções sobre as Guerras da Liberdade* (1846), a sua justificativa para o projeto de unificação nacional sob a égide do estado prussiano[76]. De um lado, é precisamente a gradual intensificação dessa combinação de nacionalismo e política o que levará Droysen a migrar dos temas relacionados aos estudos clássicos e ao Helenismo, nos quais era um grande especialista, para a temática da história nacional. De outro lado, as próprias pressões dos meios acadêmicos que Droysen adentra como professor universitário o levarão a priorizar as temáticas nacionais.

76. Sobre isto, cf. Bentivoglio, 2009, p. 15.

A máxima obra de Droysen, em termos de monumentalidade, terminará por ser uma *História da política prussiana* [*Geschichte der preussischen Politik* – em 14 volumes, 1855-1886). Conforme já discorremos, não se trata de uma História Política no sentido moderno (uma História do Poder), e sim uma História (da) Política, que examina a Política de uma nação como objeto privilegiado, tanto no que se refere aos seus aspectos de relacionamento externo através da guerra e da diplomacia como em relação à política interna, voltada para o estudo das ações dos políticos dessa nação-estado. Enfim, tem-se aqui, por todos os lados, a Política vista de cima[77].

Na escolha de suas temáticas, Droysen terminará, portanto, por não destoar muito da historiografia que predominava em sua época (mas que, obviamente, não era exclusiva). Ele reconhecerá como função importante para os historiadores fornecer "ao Estado, ao povo, ao exército, a imagem deles mesmos", e delineará o estudo histórico como "fundamento para a instrução e formação política". Mais ainda, para Droysen, "o homem de Estado é o historiador prático" (DROYSEN,

---

77. Em sua obra teórico-metodológica – *Historik* – Droysen discute algumas formas da modalidade que chamou de "exposição narrativa". Uma delas, a "maneira monográfica", é descrita por Droysen como aquela que busca "mostrar como, em seu desenvolvimento e crescimento, uma formação histórica se fundamentou e aprofundou em si mesma e produziu, por assim dizer, o seu gênio" (2009: 89). Parece ser esse o modelo expositivo que Droysen adota nesta *História da política prussiana*. Também mostra elementos da maneira narrativa que ele categorizou como "catastrófica": "[uma narrativa] que mostra tendências, direções, interesses, partidos etc. – todos legítimos – engajados em uma batalha, de cujos momentos ou lados os opostos se apresentam lutando, vencendo ou se reconciliando. Ela mostra como de lutas entre titãs passam a existir um novo mundo e novos deuses" (DROYSEN, 2009: 81).

2009: 84). Assim mesmo, impressiona, em certas passagens da sua já citada obra teórica – os textos que constituirão *Historik* – a consciência, que já revelava Droysen, de que a História Política centrada no Estado não deveria ser o único objeto para o historiador, tal como queria por exemplo Hegel com a sua "filosofia da história", ao conceber o Estado como a realização suprema do Espírito, e tampouco como se depreende das propostas dos historicistas que se voltavam exclusivamente para a narrativa nacional. Droysen registra em *Historik* a seguinte passagem, que clarifica a sua própria posição:

> Eu espero ter provado que é insuficiente limitar a exposição da área da história ao Estado, como se dissesse que só haveria uma forma de apresentação, a saber, a narrativa. E eu acredito, que a perspectiva na variedade das formas de exposição é de muitos modos rica e apropriada para eliminar um preconceito sob o qual a nossa ciência verdadeiramente padece (DROYSEN, 1977: 280)[78].

O pensamento teórico aberto, proposto pela *Historik* de Droysen, tensionando-se contra as concessões temáticas que precisou fazer na sua própria *práxis* como historiador, mostra-nos que ele era também um historiador que precisava atender às demandas de seu tempo. Entre 1851 e 1852, por exemplo, publicou três volumes de uma *Biografia do Conde*

---

78. Se o Estado será, para Droysen, "a mais complexa das instituições dos poderes éticos", por outro lado ele reconhecerá que "cada entidade de porte exige autocontrole discursivo semelhante: por exemplo, o regime da Igreja, a gestão de indústrias, a organização de uma expedição científica etc." (DROYSEN, 2009: 84).

Yorck von Wartenburg – importante chefe militar prussiano da época das guerras contra a França napoleônica – o que também o situa dentro do quadro dos historiadores que contribuíram para a modalidade da História dos Grandes Homens. Examinar os grandes líderes políticos, narrando seus grandes feitos e procurando situá-los como peças-chave da política nacional, era de certo modo uma variação da História (da) Política. Essa modalidade de história também se fazia de encomenda: era uma exigência dos estados-nação, uma demanda de sua época. Assim mesmo, devemos contrapor o modelo de "História dos Grandes Homens" de Thomas Carlyle (1795-1881) ao modelo de Droysen[79]. Se ele conseguiu realizar na prática uma biografia não laudatória, essa é uma questão. Mas, de todo modo, podemos encontrar em um dos textos de *Historik* a sua posição sobre essa modalidade:

> As coisas seguem o seu rumo, apesar da vontade boa ou má daqueles por meio dos quais se realizam. Nos poderes éticos encontram-se a continuidade da história, o seu trabalho e seu prosseguimento, neles todos fazem parte, cada um em seu lugar; através deles, indiretamente também o mais inferior, o mais pobre, vive junto com a história.

79. O historiador escocês Thomas Carlyle sustentava a ideia de que a História poderia ser interpretada essencialmente através da vida dos heróis e dos chefes (1843), e essa abordagem historiográfica lhe valeu trabalhos como a *Vida de Schiller*, ou a *História de Frederico II da Prússia* (1858-1865). Por outro lado, curiosamente, Carlyle também se resignou a escrever biografias sobre personagens não tão importantes assim, como a de um escritor escocês, seu amigo, que lhe rendeu a *Vida de John Sterling* (1851). Depois que sua esposa morreu, em 1865, resolveu escrever a *Vida de Jane Welsh Carlyle* (1881). Também escreveu uma *História da Revolução Francesa* que teve grande repercussão na época.

> Mas também o maior gênio, o de maior força de vontade, o mais poderoso é apenas um momento nesse movimento dos poderes éticos, ainda que por sua posição seja um elemento especialmente importante e atuante. Como tal, e somente como tal, ele é interpretado pela história, não por amor à sua pessoa, mas pela sua posição e realização naqueles poderes éticos, pelo amor das ideias das quais foi portador (DROYSEN, 2009: 57)[80].

O grande homem de Droysen, portanto, tem o seu imprescindível valor individual, mas não está desligado da história em sentido mais amplo, da tradição na qual se insere, das forças políticas que deve mediar, do contexto quc o abrangc conjuntamente com inúmeros outros homens, cada um dos quais, aliás, "vivendo junto com a história". Se o grande homem pode ter um papel importante no redirecionamento da história, ao mesmo tempo ele também é impulsionado pela própria história através das irresistíveis forças históricas que ele chama de "poderes éticos" da história[81].

---

80. Na parte do *Grundriss der Historik* que aborda a "Tópica", isto é, os modos de apresentar a História, Droysen acrescenta comentários sobre os objetivos da categoria narrativa que ele denomina "biográfica": "mostrar como o gênio de uma personalidade de história [isto é, o espírito que o move: a nacionalidade, por exemplo] determinou o seu agir e seu sofrer desde o começo, como se manifestou e se testemunhou a si mesma simultaneamente" (DROYSEN, 2009: 81).

81. "Cada época é um complexo de concretizações de todos seus poderes éticos, não importando a intensidade ou a carência de sua fragmentação, ou o quanto o mais elevado ainda está envolvido pelo mais baixo (o Estado em forma de família etc.)" (DROYSEN, 2009: 58). Em outra passagem, Droysen registra: "O mundo ético é, em seu momento de constante mutação, uma confusão caótica interminável de negócios, estados de coisas, interesses, conflitos, paixões etc." (DROYSEN, 2009: 61).

Vale lembrar ainda que os lances pessoais da vida de Droysen revelam também essa íntima relação dos historiadores oitocentistas com os quadros institucionais do Estado-Nação e com a consolidação de seus principais interesses. É precisamente quando ingressa no Ensino Universitário, ao assumir em 1841 a cadeira de História da Universidade de Kiel, que Droysen desloca seus interesses historiográficos, antes devotados aos estudos da Antiguidade, para o âmbito das questões contemporâneas, tal como ocorre com as suas *Conferências sobre as Guerras de Libertação*, publicadas em 1846, que tratam das modernas guerras de Independência. Em seguida, sua transferência em 1852 para a Universidade de Jena irá impor novos rumos aos seus objetos historiográficos[82], agora impulsionados em direção ao estudo mais específico da política prussiana, sendo precisamente a partir deste período que inicia as pesquisas que o levarão a publicar, até a data de sua morte, a extensa *História da Política Prussiana*, com seus 14 volumes. Como recompensa aos serviços que prestava ao Estado-Nação como "historiador da política", em 1857 Droysen foi nomeado historiógrafo da Casa Real de Brandenburgo, o que exemplifica isto que era tão comum nesta época: a assimilação dos historiadores profissionais aos quadros dos estados-nação.

---

82. Foi, aliás, a sua posição com relação aos fatos políticos de sua época – particularmente a adesão à causa da unificação alemã, o que leva Droysen a abandonar Kiev, uma localidade na qual perdera força o projeto da unificação alemã sob a égide prussiana, em favor de Jena. As escolhas de Droysen relacionadas aos próprios cenários acadêmicos em que poderia desenvolver sua produção historiográfica, portanto, em muitos casos mostram-se desdobramentos de suas posições políticas em relação às questões de seu tempo.

É particularmente interessante perceber o contraponto entre os cursos de Teoria da História, que Droysen passa a ministrar a partir de 1857, e que já revelam em muitos pontos uma visão ampla e diversificada da História que mais tarde seria reivindicada por historiadores do século XX como suas (entre os quais os historiadores franceses do movimento dos *Annales*), e a *História da Política Prussiana*, um projeto que Droysen vai adaptando às demandas de sua época. As peculiaridades da política europeia na segunda metade do século XIX, em particular o processo da unificação da Alemanha e a guerra franco-prussiana, também contribuíram para favorecer certo padrão de temáticas na historiografia produzida por Droysen. Era preciso, nessa época, tomar uma posição; muitos cobraram de Ranke a responsabilidade pelo famoso "dito da neutralidade", que parecia propor a figura de um historiador distanciado das questões concretas de seu tempo (o que, tal como vimos, também não corresponde rigorosamente à verdadeira postura de Ranke).

Para além das pressões acadêmicas e da sedução das benesses institucionais estatais, há ainda um outro aspecto que pode favorecer o redirecionamento ou as escolhas de determinado historiador em relação a certo campo temático. As facilidades de produzir um bom trabalho, o acesso a arquivos e fontes de determinado tipo, o diálogo com uma rede historiográfica local já amadurecida em torno de determinadas questões contam-se entre os fatores que podem levar um historiador a fazer suas escolhas. No caso de Droysen, é oportuno lembrar que, ao se tornar historiógrafo oficial da Casa de Brandemburg em 1877, esse historiador alemão conquistou um acesso irrestrito aos arquivos prussianos. A sedução de trabalhar com um universo ainda inexplorado de fontes – a mesma que já vimos em Ranke ao descobrir o arquivo italiano ainda inexplorado das *relazioni* (relatórios secretos dos "embaixadores" venezianos) – deve ter atuado como um fator irresistível para o pesquisador Droysen. Ser o primeiro garimpeiro de determinada mina documental mostra-se com frequência um apelo particularmente forte para diversos historiadores. Dessa maneira, os caminhos de um historiador não são apenas definidos pelas pressões externas que contribuem para fechar o seu universo, mas também pelo fascínio pelos horizontes que o abrem. Essa complexa dinâmica entre pressões e expansões, entre fechamentos e aberturas, apresenta grande repercussão na operação historiográfica.

A trajetória de Droysen nos revela algo sobre os limites temáticos da historiografia do século XIX, com exceção das reflexões que vinham se desenvolvendo no nível de uma nova teoria da história pelo Materialismo Histórico, que obriga o olhar do historiador a se voltar para instâncias econômicas e sociais, e também ressalvadas algumas exceções como a do historiador Jacob Burckhardt (1818-1897), já bem direcionado para estudos históricos da Cultura. O que se favorecia essencialmente no século XIX – o que recebia incentivos concretos – era uma "História (da) Política" – da grande Política, entenda-se bem – e não ainda uma História Política no sentido moderno, esta que, a partir das últimas décadas do século XX, constituiria o que se passaria a denominar como uma Nova História Política.

IV Max Weber: a harmonização de paradigmas conflitantes

Max Weber (1864-1920) – um sociólogo que trabalhou diretamente com temáticas históricas[83] – parece em alguma medida se situar em uma posição intermediária entre um cientificismo de cunho tendente ao Positivismo, que acredita na

83. Max Weber (1864-1920) é um intelectual difícil de ser enquadrado em um único âmbito de estudos. É habitualmente referido como sociólogo, uma identidade que apenas assume ao fim de sua vida, mas diversos de seus trabalhos fazem dele também um historiador, além de jurista e economista. Entre temáticas diversas, que incluem estudos gerais sobre a Economia, as "formas de dominação", o fenômeno urbano através da história, pode-se indicar a "Sociologia da Religião" como um dos seus principais campos de interesses, que o leva a elaborar trabalhos minuciosos, tal como o ensaio postumamente publicado com o título *Hinduísmo e Budismo* (1921). Sua obra mais conhecida é a Ética *Protestante e o Espírito do Capitalismo* [1904-1905]. A obra teórico-metodológica que melhor sintetiza a sua concepção do conhecimento, conforme veremos mais adiante, é o ensaio *A objetividade do conhecimento nas Ciências Sociais* (1904). Passagens esclarecedoras também podem ser encontradas em *Conceitos básicos de Sociologia*, uma obra que tem sua primeira versão escrita em 1913, mas que só seria publicada postumamente, em 1925. Sobre os aspectos metodológicos em Weber, cf. Ringer, 2004. Sobre a relação entre Weber e a História, cf. Colliot-Thélène, 1995. Para uma leitura em maior profundidade sobre a *Sociologia de Max Weber*, cf. Freund, 1970; ou ainda MacRae, 1977.

possibilidade de alcançar resultados objetivos e únicos para um mesmo objeto de pesquisa sob determinadas condições de construção do conhecimento, e um Historicismo que já deixa entrever claramente uma posição relativista, pois admite uma complexa subjetividade do próprio sujeito de conhecimento, além da singularidade e historicidade do objeto de estudo das ciências sociais (rejeitando as generalizações e universalismos positivistas, para este caso)[84]. Em vista disso, não são raros os autores que situam Weber entre dois paradigmas – o Positivista e o Historicista. Por outro lado, se utilizarmos mais uma vez a metáfora do "acorde teórico", poderemos pensar no "acorde-Weber" como superposição de duas notas, a positivista e a historicista, entre outras influências filosóficas e posturas teóricas.

O reconhecimento da complexa subjetividade que atinge o próprio sujeito de conhecimento, além da cuidadosa atenção à historicidade de cada objeto de estudo pertinente às ciências sociais[85], faz com que Max Weber se aproxime solidariamente do Historicismo, e por isto estes devem ser considerados os dois elementos que constituem a nota fundamental de seu acorde

84. Naturalmente que as leituras sobre Weber se diversificam, e há mesmo neopositivistas que tentam convocá-lo integralmente para os quadros do Positivismo, como Talcott Parsons (1971: 38-39).

85. Em seu ensaio sobre *A objetividade do conhecimento nas Ciências Sociais* (1904), que é aquele no qual se encontra mais diretamente explicitada a concepção weberiana sobre a produção do conhecimento, Max Weber prefere se referir ao conjunto das ciências sociais e humanas como "ciências da cultura", uma designação que remonta a um dos pensadores que o influenciaram: Heinrich Rickert (1863-1936). Este havia utilizado a designação já em 1899, em seu ensaio *Ciências da Cultura e Ciências Naturais*, no qual se refere aos dois padrões de produção do conhecimento científico.

teórico. Dito de outra forma, esse duplo reconhecimento das intersubjetividades presentes simultaneamente no objeto da História e no sujeito que produz a História permitem que, de algum modo, possamos propor a ideia de que a base fundamental de Max Weber é o Historicismo, ou pelo menos um tipo de historicismo à maneira weberiana. Já o primeiro aspecto antes referido, o interesse em fixar a "neutralidade" como uma possibilidade e como uma exigência científica que se coloca ao cientista social, deixa entrever em Weber um traço Positivista[86]. A ambição de assegurar uma neutralidade científica à maneira positivista constitui, portanto, a segunda nota do "acorde Weber", embora uma nota bem menos intensa do que a nota historicista. Outra maneira de compreender essa delicada combinação, se não quisermos utilizar a metáfora do acorde, é a já mencionada possibilidade de visualizarmos Max Weber como um autor situado entre dois paradigmas, o do Historicismo e o do Positivismo, tal como propõem alguns autores.

Em um de seus mais conhecidos textos teórico-metodológicos, o ensaio *A objetividade do conhecimento nas Ciências Sociais* (1904) – escrito para integrar o editorial de abertura de uma revista por ele dirigida – Weber chega a explicitar a sua adesão à base historicista através do reconhecimento de que, de alguma maneira, ele mesmo pertence à "escola histórica alemã"; mas faz isto sem deixar de marcar muito claramente o seu distan-

---

86. Michael Löwi assim situa o que ele denomina uma *démarche* de Weber entre o Historicismo e o Positivismo: "sua teoria da *Wertbeziehung* das questões é de tendência historicista; sua teoria da *Wert-freiheit* (neutralidade axiológica ou "sem julgamentos de valor") das respostas é de orientação positivista" (LÖWI, 1994: 37).

ciamento em relação àquele ramo realista do Historicismo que pode ser referido ao modelo rankeano[87]. Assume, portanto, um alinhamento em relação ao ramo mais relativista do Historicismo. Também chega, no mesmo texto, a se posicionar no âmbito dos historiadores da cultura, por oposição aos "historiadores políticos"[88]. Este é o primeiro traço de sua identidade teórica assumido abertamente, mas há ainda outros.

Existe, ainda, um harmônico oculto em Weber. Muitos autores consideram a perspectiva de que boa parte da obra de Weber, ou ao menos uma parte importante, constitui uma resposta a Marx. Se a posição política de Weber o distancia do Materialismo Histórico, inegavelmente os problemas levantados por Marx e Engels constituíram perturbações importantes que motivaram o sociólogo alemão a buscar suas próprias respostas para determinadas questões sociais, para a questão da posição do cientista na sociedade, para os aspectos que concernem à teoria e metodologia envolvidas na produção de conhecimento nas ciências sociais. O diálogo de confronto em relação a Marx está por vezes explícito no estilo polemista tão

---

87. O texto *A objetividade do conhecimento nas Ciências Sociais*, é publicado em 1904, como editorial programático da revista *Arquivo para a Ciência Social e Política Social*, da qual Max Weber era um dos diretores. A esse texto voltaremos diversas vezes nesta tentativa de nos aproximarmos da identidade teórica de Max Weber. Com relação ao aspecto que foi ressaltado, a referência a uma adesão ao historicismo alemão, podemos encontrar nesse texto a seguinte passagem: "Se deduzirmos as consequências do que fica dito, chegaremos a um ponto em que as nossas opiniões talvez se diferenciem, num ou noutro aspecto, das opiniões de muitos representantes eminentes da escola histórica *à qual também pertencemos* [grifo nosso]" (WEBER, 2008c: 121).

88. "E, consequentemente, poder-se-ia reivindicar para o historiador da nossa disciplina o mesmo direito concedido ao historiador político [...]" (WEBER, 2008c: 122).

típico de Weber, mas também não serão raras as situações em que esse diálogo estará implícito na utilização de um vocabulário de referência[89]. Naturalmente que há pontos mais claros de confronto entre as posições de Weber e certas tendências apresentadas pelo Materialismo Histórico de sua época, sendo a principal delas a rejeição weberiana do determinismo, seja no aspecto sincrônico (a base que determina a superestrutura), seja no seu aspecto diacrônico (a possibilidade de se falar em um curso determinável dos processos históricos). Ao mesmo tempo, existe um ambiente de discussão em comum.

À partida, tal como ocorre com Marx, a preocupação de Max Weber com a base econômica da sociedade mostra-se central em boa parte dos seus trabalhos[90]. Ao mesmo tempo,

---

89. No ensaio *Causas sociais do declínio da cultura antiga* (1896), Weber utilizará expressões tipicamente marxistas, como "infraestrutura" e "superestrutura", mas sem incorporar os pressupostos deterministas.

90. Em cada uma das quatro fases de intensa produção bibliográfica de Max Weber, que se alternam com outras fases de vazio produtivo, há pelo menos uma obra importante que traz a Economia para o centro da análise. A fase inicial se inicia em 1891 com o ensaio *A História agrária de Roma e sua importância para o Direito Público e Privado*, e, passando mais tarde por um estudo sobre *O Estado Nacional e a Política Econômica* (1895), conduzir-se-á a outro ensaio importante acerca das "causas sociais do declínio do mundo antigo" (1896), na qual Max Weber examina o declínio do Império Romano relativamente à desagregação econômico-social das cidades, do trabalho escravista e do comércio externo. Depois disso, Weber conhecerá a sua primeira e mais grave crise produtiva, até que, depois de cinco anos, retomará seu trabalho produtivo em outras três fases nas quais haverá sempre um lugar importante para a análise econômica. Na fase produtiva de 1903 a 1906 destaca-se a célebre obra *A Ética protestante e o espírito do Capitalismo* (1904-1905); e na fase de 1911 a 1913, Max Weber produzirá *Economia e sociedade*. Na quarta e última fase produtiva, que se situa entre os anos 1916 e 1919, desenvolverá por fim três estudos em torno da temática da "ética econômica das religiões mundiais". A Religião, aliás, é outro dos grandes temas que atraíram a atenção científica de Max Weber, e não raro o sociólogo alemão tratou essa temática em diálogo com os aspectos econômicos.

a Alemanha, na época em que Weber exerceu a sua atividade acadêmica, estava particularmente agitada por movimentos sociais, e por isso o sociólogo alemão sentiu-se chamado a trazer uma resposta a essas inquietações sociais, o que o levou a dialogar implicitamente com o Marxismo, uma vez que uma vertente do Materialismo Histórico vinha sendo adotada por algumas das principais lideranças do movimento operário alemão nas primeiras décadas do século XX. Por fim, tal como para Marx, a questão da vida humana sob o Capitalismo foi certamente um dos grandes temas de estudo de Max Weber. Em Weber pode-se mesmo dizer que o grande tema que estará sempre presente, ou como objeto direto de estudo ou como preocupação e valor que motiva a escolha de uma diversidade de outros temas históricos, é o do moderno Capitalismo e de suas relações com uma forma específica de racionalidade e comportamento que ele mesmo produz[91]. As escolhas e motivações de Max Weber e Karl Marx, portanto, de alguma maneira se aproximam, e não é por acaso que muitos autores se empenharam não apenas em examinar o contraste entre esses dois autores paradigmáticos, como também as suas semelhanças

---

91. Mesmo quando aborda temas relacionados à Antiguidade, como no ensaio de 1909 sobre *As condições agrárias da Antiguidade*, não será raro encontrarmos passagens em que Weber explicita suas preocupações em examinar as relações do Capitalismo ou de alguma formação econômica que possa ser abordada em analogia com um certo padrão de comportamento e racionalidade. No estudo em questão, além da adaptação à Antiguidade da noção de "Capital", por vezes de maneira anacrônica, Weber também compara a burocracia antiga e a moderna, avaliando a sua influência sobre a economia da época.

e pontos de possíveis diálogos[92]. Vale lembrar que Weber registra, também no texto *Objetividade do conhecimento nas Ciências Sociais*, uma passagem particularmente elogiosa em relação a Marx, mas sempre desconfiada em relação aos usos equivocados que possam ser feitos de suas formulações teóricas. Começa por se desculpar por não ter abordado Marx especificamente naquele texto, mas prometendo concretizar a partir dali um verdadeiro programa de estudos sobre o pensamento de Marx e os desdobramentos do Materialismo Histórico:

> Intencionalmente, deixou de ser demonstrada a nossa concepção no exemplo de longe o mais importante de construções de tipo ideal: o de *Marx*. E isto para não complicar a exposição com a introdução das interpretações de Marx, e também para não antecipar as futuras discussões de nossa revista, nas quais se submeterão a uma análise crítica das obras escritas sobre esse grande pensador ou inspiradas nas suas doutrinas. Limitamo-nos a constatar aqui que *todas* as "leis" e construções do desenvolvimento histórico especificamente marxistas naturalmente possuem um caráter de tipo ideal, na medida em que sejam teoricamente *corretas*. Quem quer que tenha trabalhado com os conceitos marxistas conhece

---

92. Desde a primeira metade do século, com a obra *Weber e Marx*, de Karl Löwith (1933), surgiram tentativas de compreender interseções possíveis entre Weber e Marx, apesar de suas posições políticas bem diferenciadas e do debate nas ciências sociais que tendeu a opor radicalmente esses dois autores.

> a eminente e inigualável importância *heurística* desses tipos ideais, quando utilizados para compará-los com a realidade, mas conhece igualmente o seu perigo logo que são apresentados como construções com validade empírica ou até mesmo como tendências ou "forças ativas" *reais* (o que, na verdade, significa metafísicas) (WEBER, 2008c: 118-119).

Max Weber atribui às formulações teóricas de Karl Marx o estatuto de "tipos ideais" (conceito que se refere a um recurso metodológico weberiano no qual nos deteremos em maior profundidade mais adiante), e rejeita veementemente as intenções de compreendê-las como construções que anunciam algo como as "leis da história". O principal ponto de confronto entre o "acorde teórico" de Max Weber e este seu harmônico oculto, o Materialismo Histórico de Karl Marx, encontra-se certamente na rejeição weberiana da determinação unilinear da esfera econômica sobre as demais esferas da vida social (as esferas política, religiosa, jurídica, artística e outras). Hoje em dia, com mais de um século de rediscussões sobre a questão do determinismo a partir das diversas correntes teóricas que surgiram no interior do Materialismo Histórico – da Escola de Frankfurt à Escola Inglesa do Marxismo, apenas para mencionar duas das mais proeminentes posturas críticas – as posições de Weber parecem se aproximar de algumas correntes marxistas que também rejeitaram o padrão de determinação unilinear da "base" sobre a "superestrutura". Na época de Weber, no entanto, certos setores do Materialismo Histórico haviam engessado em doutrina alguns princípios com os quais Marx trabalhara de modo bem mais flexível. O chamado marxismo-leninismo estava a propor uma variação do materialismo histórico para o uso político; não tardaria a surgir a proposta stalinista para um determinismo econômico que deveria reger a noção de uma história que se encadeava em etapas necessárias. Max Weber, em 1905, estava particularmente preocupado em mostrar que as diversas esferas da vida social detinham um potencial de autonomia e uma lógica específica, e que nos vários momentos históricos essas várias esferas da vida social poderiam se articular de modos diferentes umas às outras. Dessa forma, o sociólogo alemão estava preocupado em restituir a complexidade ao jogo de interações dinâmicas que se estabelece entre as várias esferas – econômica, política, jurídica, artística, religiosa – e isso de acordo com cada contexto histórico, que pode trazer para a centralidade estas ou aquelas esferas e também apresentar novas formas de articulações entre elas. Essa defesa da complexidade histórica esteve por trás da obra mais conhecida de Max Weber: *A Ética protestante e o espírito do Capitalismo* (1905), e não há como negar que esse ensaio introduz o diálogo dissonante de Weber com um dos seus harmônicos ocultos, o Materialismo Histórico.

Existe ainda, por outro lado, outro aspecto fundamental que aproxima Weber mais a Marx do que aos tradicionais sociólogos positivistas, tais como Comte ou Durkheim. Enquanto Augusto Comte trabalhava com a perspectiva de uma "conciliação de classes", a ser conduzida sob a égide da burguesia industrial, e ao mesmo tempo em que Durkheim via na "divisão social do trabalho" uma forma de "suavização da luta pela vida"[93], Weber será sempre um analista do conflito. Na análise social, teremos entre alguns de seus temas preferidos os esquemas e formas de dominação e de perpetuação do poder, assim como a luta permanente do homem e dos grupos humanos no interior da sociedade e entre sociedades distintas, ou a própria luta pela existência em si mesma; na reflexão teórico-metodológica, teremos no reconhecimento e na análise dos valores irreconciliáveis uma das tônicas da perspectiva weberiana do conhecimento, apesar do dedicado empenho em buscar e sustentar a possibilidade de chegar a um tipo de conhecimento "objetivo" para as ciências sociais. Seja no que se refere ao âmbito social e político, à esfera das ideias ou à própria vida diária, a "luta" é um conceito inerente à análise weberiana. Essa perspectiva de aceitação do conflito como instância inevitável da vida humana e da história, embora dotada de suas especificidades para cada caso, aproxima Marx e Weber, ou também este último de alguns historicistas franceses do período da Restauração, como Thierry e Guizot, que já viam as "classes sociais em luta" como uma instância primordial a ser examinada pela

---

93. Cf. Cohn, 2008, p. 18.

História[94]. Por fim, a perspectiva weberiana de um devir atravessado por conflitos também aproxima o sociólogo de um filósofo que, àquela altura, já tinha se tornado bem conhecido: Friedrich Nietzsche. Seria este mais um de seus harmônicos ocultos?[95] De todo modo, o "poder" e a luta pelo poder, suas formas de perpetuação e de expressão, o

---

94. Mas é interessante notar que Max Weber tendia a sustentar que o ponto de partida da análise sociológica deveria ser a ação dos indivíduos ou do grupo dos indivíduos. Melhor situando este aspecto em relação à própria nomenclatura weberiana, a análise sociológica deve partir dos "agentes" que encaminham as "ações sociais". Gabriel Cohn, em sua "Apresentação" a uma seleção de textos de Weber, transcreve uma passagem de uma carta de Weber a Robert Liefmann, na qual o sociólogo alemão sustenta que "também a Sociologia somente pode ser implementada tomando-se como ponto de partida a ação do indivíduo ou de um número maior ou menor de indivíduos, portanto de modo estritamente individualista quanto ao método" (COHN, 2008: 25). A importância que Max Weber dará ao conceito de "ação social" – buscando compreendê-la de acordo com o "agente" e com tipo de "motivo" que desencadeia a "ação", em cada caso – sintoniza-se com esta perspectiva.

95. Entre encaixes e desencaixes, Nietzsche, da mesma forma que Marx, pode ser indicado como um harmônico – uma sonoridade oculta – no acorde teórico de Max Weber. Tal como ressalta Gabriel Cohn (1979), Weber considerava Marx e Nietzsche como os autores decisivos de sua época, e era preciso, portanto, tomar posição diante do pensamento de cada um deles (já Durkheim é francamente ignorado pelo sociólogo alemão). Em certa passagem de *Ciência como vocação* (1919), Weber evoca a autoridade da crítica nietzscheniana contra o positivismo ingênuo do progresso científico (2009: 42), e o seu "desencantamento do mundo" remete à imagem nietzscheniana da "morte de Deus". Sobre eventuais e possíveis influências de Nietzsche em Weber, cf. Owen, 1994. Naturalmente que são necessariamente ambíguas as interações possíveis entre o pensamento de Nietzsche e a identidade teórica de Max Weber, já que este último apresenta em seu acorde teórico uma "nota neokantiana" dotada de expressiva intensidade. Todavia, todo pensamento é complexo. Como dizíamos na abertura desta proposta de utilizar a noção de "acordes teóricos" para compreender pensamentos filosóficos e historiográficos, raros autores conseguem influenciar um outro autor como uma "totalidade". As "notas de influência" de um acorde teórico não são mais do que o nome indica: determinados aspectos do pensamento de um autor que podem influenciar a "identidade teórica" de um outro, e não necessariamente um autor inteiro, ou tampouco a totalidade de um sistema de pensamento.

papel do Estado nas sociedades modernas, tornam-se temas centrais para Max Weber. A atenção ao "político", ao lado da preocupação com a "economia" e da inclinação aos estudos sobre as formas de "religiosidade" e outros aspectos culturais, constituem a tríade temática fundamental de Max Weber, vindo a constituir uma nota proeminente do seu acorde teórico[96].

Traço importante da "identidade teórica" weberiana, de especial interesse para compreender a sua concepção historiográfica, é o que se refere à necessidade de um diálogo permanente entre o Presente e o Passado que está sendo analisado pelo historiador ou pela sociologia histórica. Já vimos

---

96. O poder e a economia frequentemente se imbricam na análise weberiana. Um dos exemplos mais evidentes, em seu próprio título, é o ensaio de 1895 intitulado "O Estado nacional e a política econômica". Nesse texto, Max Weber procurará mostrar como tanto o Estado em si mesmo como a política econômica são expressões da luta pela direção da sociedade alemã. Já a concomitante análise do conflito entre alemães e poloneses, lutando pela sua própria existência social nas fronteiras da Prússia, será instrumentalizada por Weber para sustentar sua própria posição com relação à necessidade de autonomia do estado nacional na sua contraposição a outros. Sobre esses aspectos, cf. a análise de Gabriel Cohn em sua "Apresentação" para a coletânea de textos de Weber (COHN, 2008: 17-18). Se uma das mais frequentes escolhas temáticas de Weber foi a de investigar a conexão entre o "político" e o "econômico", o sociólogo alemão também não deixou de trabalhar na conexão entre a religiosidade e a economia. O seu conjunto de estudos sobre *A ética econômica das religiões mundiais* atesta isto. Weber estudou em profundidade o hinduísmo e budismo (formas religiosas da Índia), e também o confucionismo e taoismo (formas chinesas). Por outro lado, a conexão entre religiosidade e economia também está presente em *Ética protestante e o espírito do capitalismo* (1905), obra na qual propõe a célebre hipótese de que haveria uma relação de causalidade entre a emergência de uma nova forma de conduta surgida da religiosidade protestante e a conduta racional capitalista na esfera econômica. A *Sociologia da Religião*, enfim, foi uma das modalidades sociológicas nas quais Max Weber terminou por se constituir em uma das principais autoridades reconhecidas por aqueles que se dedicam ao estudo social das formas religiosas.

esse ponto como um aspecto importante de certos setores do Historicismo, e também o encontraremos amiúde nas várias perspectivas teóricas ligadas ao Materialismo Histórico. Em Max Weber, será possível surpreender sempre, por trás das escolhas temáticas e problemáticas, a preocupação com alguma questão do presente do pesquisador que se impõe como motivação primordial para a determinação do tema da pesquisa e para o encaminhamento da mesma. Weber refletirá explicitamente sobre isto, conforme veremos a seguir, e também praticará esse diálogo de temporalidades na sua própria atividade de pesquisa e de reflexão sobre temáticas específicas. Não é por acaso que a primeira fase de sua produção, que trará títulos como *A História Agrária de Roma e sua importância para o Direito Público e Privado* (1891) e *causas sociais do Declínio da Cultura Antiga* (1896), enquadram cronologicamente o período no qual realizou uma minuciosa pesquisa sobre a situação agrária da Alemanha (COHN, 2008: 18). Não raro, o sociólogo Max Weber estará estudando um tema que reverbera no tema histórico que está sendo examinado concomitantemente pelo historiador Max Weber, e vice-versa. A escolha ou constituição de um objeto histórico, conforme veremos com a próxima nota, é para Max Weber ditada pelos valores do tempo presente e pelos interesses e pontos de vista do sujeito que produz o conhecimento, e o pesquisador das ciências humanas deve assumir essa ligação com plena consciência, o que certamente o vincula mais uma vez à perspectiva historicista.

Essa questão, aliás, é tão importante quanto delicada e complexa em Max Weber, pois para o sociólogo alemão o reconhecimento da repercussão dos valores e posicionamentos éticos do pesquisador nos primórdios do trabalho científico não significa que novas decisões éticas possam ser geradas como produtos finais do trabalho científico, e tampouco que a ciência deva ser colocada a serviço da política. Ou, ao menos, os seus resultados não podem ser determinados ou atrelados aos interesses políticos, não podem ser evocados como imperativos para impor tomadas de posição com relação a questões políticas. Tal como discutirá Weber em dois textos intitulados "Ciência como vocação" e "Política como vocação" (1919), a postura do cientista diferencia-se radicalmente da postura do político de ação, do homem prático. Embora o cientista tenha seu trabalho interferido inicialmente por juízos de valor, as suas conclusões não podem produzir juízos de valor, o que já ocorre necessariamente nos encaminhamentos a serem tomados pelo homem que exerce a atividade política. De igual maneira, se a ciência é interferida, à partida, pela política (pelas relações de poder e posicionamentos perante os vários poderes), na saída, a Ciência deve se considerar *apolítica*. Ademais, a ciência está capacitada para dizer o que se "pode fazer", mas não o que se "deve fazer". Em "Ciência como vocação", Weber registra um exemplo:

> Certamente uma coisa é tomar uma posição política prática, e outra coisa é analisar cientificamente as estruturas políticas e as doutrinas dos partidos. Se, em uma reunião política, discute-se a democracia, não se faz segredo da posição pessoal adotada e a necessidade de tomar partido de maneira clara se impõe, então, como um dever maldito. As palavras

empregadas em uma ocasião como esta não são mais instrumentos de análise científica, mas constituem apelo político destinado a solicitar que os outros tomem posição. Longe estão de serem relhas de arado para remexer o campo imenso do pensamento contemplativo, constituindo-se em gládios para conter os adversários ou, em outras palavras, meios de combate. Empregar palavras dessa maneira numa sala de aula seria torpe. Em um curso universitário, quando se manifesta a intenção de estudar, por exemplo, a democracia, procede-se ao exame de suas diversas formas, do devido funcionamento de cada uma delas, e indaga-se pelas consequências que uma e outra acarretam. A seguir, à democracia opõem-se as formas não democráticas da ordem política e tenta-se levar essa análise até a medida que o próprio ouvinte se ache em condições de encontrar o ponto a partir do qual poderá tomar posição, fundamentado em seus ideais básicos (WEBER, 2009: 45-46)[97].

A "nota de topo" do "acorde Max Weber", sob a qual se desenvolve uma harmonia que termina por assegurar a singularidade de uma obra extremamente original no que concerne à maneira de entender a produção do conhecimento

97. A tomada de posição, nessa e em outras passagens, coloca-se como uma escolha que se dá no plano ético, e nunca como decorrência de um imperativo científico. Em *Objetividade do conhecimento nas Ciências Sociais* (1904), Weber dirá: "uma ciência empírica não está apta a ensinar a quem quer que seja aquilo que 'deve fazer', mas sim, apenas aquilo que 'pode fazer' e – em certas circunstâncias – aquilo que 'quer fazer'".

científico, é a da "filosofia neokantiana"[98]. Desta, Max Weber extrairá em especial a sua distinção entre "fatos" e "valores", um aspecto que veremos ser bastante importante para a concepção de Weber sobre o jogo entre objetividade e subjetividade. Nesse aspecto, em particular, o autor que mais influenciou Weber, e que nesse sentido pode ser considerado um dos harmônicos presentes na nota neokantiana do "acorde Weber", foi Heinrich Rickert (1863-1936)[99].

---

98. Também poderemos ver Max Weber explicitar esse aspecto de sua identidade teórica no texto *A objetividade do conhecimento nas Ciências Sociais*: "Para aquele que [como ele mesmo] desenvolve até às suas últimas consequências a ideia fundamental da moderna teoria do conhecimento, baseada em Kant, segundo a qual os conceitos são e apenas podem ser meios intelectuais para o domínio espiritual do empiricamente dado, a circunstância de que os conceitos genéticos rigorosos são tipos ideais não constitui uma razão para que se oponha à sua construção. Para ele, dever-se-ia inverter a relação entre conceito e trabalho historiográfico: [...] os conceitos não são a *meta*, mas *meios* para o conhecimento das relações significativas sob pontos de vista individuais" (WEBER, 2008c: 122).

99. Heinrich Rickert (1863-1936) – um filósofo que, além da nota neokantiana, também apresenta em seu acorde teórico uma nota neofichteniana – foi aluno de Wilhelm Windelband, fundador da escola neokantiana de Baden. Mais tarde, Rickert seria professor de Martim Heidegger, além de ter influenciado a "sociologia compreensiva" de Max Weber. Rickert situa-se, portanto, na linha de desenvolvimentos da Hermenêutica que mais tarde teria em Hans-Georg Gadamer e em Paul Ricoeur outros de seus nomes importantes. O historicismo contemporâneo irá depender diretamente dessa linha filosófica. Por outro lado, a posição de Rickert situou-se, como a de Max Weber, a meio caminho das pretensões positivistas de objetividade científica, e do reconhecimento das subjetividades que afetam inevitavelmente o pesquisador de ciências humanas. Na verdade, Rickert foi crítico, em certo momento, daquilo que considerou, no historicismo de sua época, como excessos de relativismo. Com relação a esse aspecto, Rickert registra na sua *Introdução aos problemas de Filosofia da História* (1905) as seguintes palavras: "Tão logo é pensado em suas últimas consequências, o historicismo mostra ser uma forma de relativismo e de ceticismo e, como qualquer outro relativismo, se for levado a efeito de forma consequente, só pode conduzir a um total niilismo" (RICKERT, 1961: 134-135). Outra obra importante de Rickert foi *Ciência cultural e Ciência natural* (1899), na qual o filósofo desenvolve as suas considerações sobre os dois tipos de ciências. Com relação ao reconhecimento de Weber acerca da influência de Rickert, este aparece em alguns textos do sociólogo alemão. Cf., p. ex., Weber, 2008c, p. 97.

Rickert foi um dos fundadores da chamada "filosofia dos Valores", e também um dos membros mais destacados da Escola de Baden, que também contou em seus quadros com o nome de Wilhelm Windelband (1848-1915). Ao ressaltar que as ciências humanas e as ciências naturais não se distinguem pelo tipo de objetos de estudo a que se dedicam, mas sim pelo tipo de procedimentos adotados, Rickert acompanha a divisão que já havia sido proposta por Dilthey e Windelband entre as ciências naturais e as ciências humanas no que concerne ao padrão metodológico, reforçando a posição desses autores de que as ciências naturais utilizariam métodos *nomotéticos* (voltados para a descoberta de leis), e que as ciências humanas tenderiam ao emprego de métodos *ideográficos* (aqueles que buscam descrever ou apreender os fenômenos singulares)[100]. Por outro lado, enquanto Dilthey situava a oposição entre os dois tipos de ciência nos termos de "ciências naturais" e "ciências do espírito", Rickert preferiu opor o "natural" ao "histórico" (ou ao "cultural"), o que lhe permitiu refletir de maneira mais rica sobre campos de saber intermédios como o da Psicologia, que embora tivesse

---

100. Na verdade, aprimorando ainda mais a oposição proposta e dotando-a de uma marca pessoal que o fará distinguir-se tanto de Dilthey como de Windelband, para Rickert o que estaria realmente na base de oposição entre estes dois padrões metodológicos que acompanham os dois tipos de ciência – as nomotéticas e as idiográficas – seria contraposição mais visceral entre "ciências generalizantes" e "ciências individualizantes", particularmente no sentido de que, se ambos os tipos de ciências produzem conceitos, os conceitos produzidos pela História e outras "ciências idiográficas" seriam sempre e necessariamente revestidos de "valor", diferentemente dos "conceitos generalizantes" das ditas ciências naturais.

por objeto de estudo a alma humana, estaria em busca de leis como as diversas "ciências naturais"[101].

Para além dessa discussão sobre a especificidade das ciências humanas frente às ciências naturais, a principal contribuição de Rickert foi chamar atenção para o fato de que qualquer objeto de estudo nas ciências humanas, já de saída, é sempre definido por "valores" já trazidos pelo pesquisador[102]. Essa ideia se mostrará basilar para Max Weber, e ele irá aprofundá-la em novas direções: seria a partir de valores relacionados à nacionalidade, à religiosidade, e a outros aspectos, que um tema é escolhido para pesquisa. Portanto, não há neutralidade possível já desde a semente mais primordial que irá desencadear a produção de um conhecimento no âmbito das ciências humanas. Veremos mais adiante a solução que Max Weber dá para este dilema: como produzir um conhecimento objetivo, se desde já a própria escolha do seu objeto de estudos o pesquisador das ciências humanas e sociais está atravessado por subjetividades que orientam seus interesses de estudo? Essa pergunta, e a resposta que se pode dar a ela, repercutem como um insistente baixo *ostinato* no acorde teórico de Max Weber.

---

101. Os "territórios intermédios" do saber, situados na mediação ou no entrecruzamento anfíbio dos dois tipos de ciências, são discutidos por Rickert em *Ciências Culturais e Ciências Naturais* (1926: 22).

102. Rickert dá um passo importante no que se refere ao reconhecimento dos valores que interferem na produção do conhecimento nas ciências humanas. Mas, ao contrário de Max Weber, ainda irá se amparar na ideia de que existiriam alguns poucos valores universais, como a "verdade" ou a "liberdade", e que esses valores, aceitos por todos, permitiriam a constituição de uma certa base de objetividade. Weber rejeitará a ideia de que existam mesmo alguns poucos valores universais, e por isso buscará assegurar a objetividade por outras vias, conforme veremos adiante.

Quanto à metodologia weberiana, podemos lembrar aqui uma nota importante no acorde teórico de Weber: o "comparativismo". Frequentemente, Max Weber trabalhou metodologicamente com a comparação, além de também revelar uma tendência a escolher temas que podem ser classificados no âmbito da "sociologia comparada" ou da "história comparada". Desenvolveu pesquisas, por exemplo, sobre as cidades e outros tipos de formações urbanas em períodos diversificados, que vão da Antiguidade aos tempos contemporâneos. Interessou-se também pelos padrões de religiosidade, pelas formas de dominação política e por diversos outros assuntos que, de alguma maneira, sempre pôde abordar pelo método comparativo.

A questão que mais nos interessa no momento, tal como a proposta estabelecida no início deste capítulo, é a da interação entre subjetividade e objetividade no processo de produção do conhecimento, na História e nas demais ciências humanas. É nessa questão que iremos nos deter, pois a obra de Max Weber é extremamente rica em muitos outros aspectos e requereria muito mais espaço para discussão. Para a questão que nos interessa, é oportuno considerar que Max Weber procura dar conta da conquista de uma objetividade efetiva no processo de conhecimento através daquilo que, conforme o próprio sociólogo alemão postula, constituiria uma "neutralidade ética". Em algumas oportunidades, Weber se referirá a essa neutralidade ética como um "dever elementar de autocontrole científico" (WEBER, 2008c: 114). Este é o ponto exato no qual a abordagem weberiana e as ambições positivistas de neutralidade parecem se tocar.

Posto isto, a riqueza e complexidade da "identidade teórica" weberiana encontra-se no fato de que há nela muito mais pontos de contato com o Historicismo, do que com o Positivismo. Para utilizar a nossa metáfora do "acorde teórico", podemos dizer que a "nota historicista" é muito mais intensa em Weber do que a sua discreta "nota positivista". É assim que, sobre a consideração (historicista) acerca da necessidade de apreender o objeto social de estudo em sua singularidade, há textos diversos nos quais Weber estabelece como objetivo das ciências sociais o estudo da realidade sociocultural tal como ela é, em sua singularidade e originalidade. Trata-se de considerar tanto a historicidade do processo ou objeto examinado como de retratar a estrutura atualizada e específica das relações sociais que o envolvem (WEBER, 1965: 19). Além disso, e também firmando aqui a sua posição distanciada em relação a posturas mais marcadamente positivistas, Weber sustenta que o objetivo de uma ciência social não é atingir uma apreensão total da realidade social, encontrando um sistema rigoroso de leis que se mostre aplicável a tudo, mas sim examinar a cada vez um fragmento delimitado da realidade que, por sua vez, é resultado de um processo de seleção e interesse no qual interfere de algum modo a subjetividade do cientista social. Isto posto, o uso do método comparativo abre também a possibilidade de lançar transversalmente um olhar sobre fragmentos e contextos diversos, tal como o próprio Weber fez ao estudar a cidade através do tempo. Desse modo, em Weber o cientista social direciona um olho para a apreensão da singularidade do fragmento de realidade examinado, e outro olho para captar aquilo que se repete ou que se diferencia em uma série.

No que se refere às suas considerações mais gerais sobre o Método, Weber inscreve-se perfeitamente na tradição que vai encontrar em Wilhelm Dilthey (1833-1911) o seu desenvolvimento mais bem acabado entre os filósofos historicistas do século XIX. Os conhecimentos da natureza e da sociedade, como já se disse, são assumidos como de tipo diferente um do outro, e que, portanto, requerem metodologias, ou mesmo posturas metodológicas bem diferenciadas. Vigora no plano mais geral da metodologia weberiana a oposição entre as posturas da "explicação" e da "compreensão", conforme discutidas por Dilthey e, no plano técnico mais específico, afirma-se o contraste entre a tendência das ciências naturais ao quantitativo-mensurável e a tendência das ciências sociais e humanas à análise qualitativa, embora essa oposição não seja tão rigorosa, já que tanto o quantificável também pode ser encontrado entre os fenômenos sociais, como o qualitativo pode estar eventualmente referido às ciências naturais. Com relação ao sentido mais específico da "compreensão" como postura fundamental proposta por Max Weber para as ciências sociais, o método compreensivo teria por objetivo apreender o "sentido" de cada ação humana, extrair destas o seu conteúdo simbólico, compreendê-las como carregadas de sentido, e não como meros elos em uma cadeia de causas e efeitos. Trata-se de examinar, em uma palavra, a sua *interioridade*, o que de algum modo já o diferencia da postura durkheimiana de encarar os fatos sociais como "coisas".

Para a nossa discussão sobre o contraste entre Objetividade e Subjetividade nas ciências humanas, interessa-nos particularmente a mediação que se estabelece, na obra de Max Weber, entre o reconhecimento historicista da subjetividade do cientista social e a ambição positivista de neutralidade científica em última instância. Estes aspectos acham-se bem desenvolvidos em alguns textos de Max Weber, tal como no ensaio de 1904 intitulado *A objetividade do conhecimento nas ciências e políticas sociais*. Examinaremos essa questão em maior profundidade, uma vez que aqui, ultrapassando a nota neokantiana que lhe fora transmitida por Heinrich Rickert, aparece toda a originalidade do pensamento de Max Weber: os "valores" determinam inevitavelmente as "questões" da investigação; mas as "respostas" devem ser inteiramente "livres de julgamentos" (WEBER, 2008: 99-100)[103].

Apesar de admitir a subjetividade do sujeito de conhecimento, para Max Weber seria possível ao cientista social assegurar certo nível de "objetividade" relativo ao seu objeto através do método e da prática de um autoconhecimento,

---

103. Podemos evocar aqui as palavras de Michael Löwi a respeito da concepção weberiana (1994: 37), "os valores [na proposta weberiana] determinam as questões da investigação, mas as respostas devem ser estritamente *Wert-frei*; o objeto de pesquisa foi determinado a partir de um ponto de vista valorativo, mas a *démarche* concreta da pesquisa científica sobre este objeto é submetida a regras objetivas e universais, a um tipo de conhecimento de validade absoluta; os valores forjam os instrumentos conceituais, mas a forma de utilizá-los no estudo científico da causalidade é regida por normas gerais". Löwi cita ainda uma célebre frase de Max Weber em seu ensaio sobre "a objetividade científico-social": "na esfera das ciências sociais, uma demonstração científica, metodicamente correta, que pretende ter atingido seu objetivo, deve poder ser reconhecida como exata da mesma maneira por um chinês [...]", apesar de que este "não tenha nenhuma sensibilidade, interesse ou simpatia por nossos valores éticos e culturais" (WEBER, apud LÖWI, 1994: 38).

que lhe permitiriam separar conceitos de preconceitos[104]. Por outro lado, vale lembrar que, na esteira de Kant, Max Weber tinha a convicção de que todo conhecimento é parcial, produzido por um certo padrão que o historiador lança sobre o seu objeto com vistas a conhecê-lo. Em *A ética protestante e o espírito do Capitalismo* (1904-1905), ele tematiza uma relação entre esse dois termos (a "ética protestante" e o "espírito do capitalismo"), de modo que o conhecimento se produz precisamente nessa relação. Em diversos ensaios, além desse, é a relação entre "religiosidade" e "economia" o que confere o recorte problemático que irá impor uma direção ao problema[105]; em outros, o problema é o declínio de uma civilização ou cultura, ou a relação entre as formas de criação artística e as demais esferas da vida social[106]. Neste e em outros exemplos, a problemática construída pelo historiador ou cientista social mostra-se fundamental para a definição do que esse pesquisador poderá enxergar em uma determinada realidade ou base empírica examinada. Todavia, para muito além disto, Weber trabalha com o reconhecimento de que existem "valores" que motivam o próprio desejo e possibilidade

---

104. É interessante observar que esta "objetividade" que se atinge ao final do trabalho é sempre colocada entre aspas por Weber, o que é explícito no próprio título do ensaio *A objetividade do conhecimento nas Ciências Sociais* (1904).

105. O conjunto de estudos sobre *A ética econômica das religiões mundiais*, que recorta para as religiões da Índia e da China a mesma relação que já havia sido trabalhada em *Ética protestante e espírito do capitalismo* (1905), constitui mais um exemplo.

106. Temos como exemplo da primeira problemática indicada o ensaio *Causas sociais do declínio da cultura antiga* (1896), e como exemplo da segunda o ensaio *Fundamentos racionais e sociológicos da música* (1911).

do pesquisador pensar e aplicar determinada problemática a determinado campo de estudos. Sem as "ideias de valor", o que inclui as crenças pessoais, o pesquisador não estaria motivado ou mesmo capacitado para formular uma problemática (a não ser que decalcasse literalmente os valores de um outro) e muito menos teria meios para sequer selecionar, de maneira coerente, os elementos de uma realidade que se apresenta, à apreensão humana, extremamente complexa, múltipla, ou mesmo caótica:

> Por certo que sem as ideias de valor do investigador não existiria qualquer princípio de seleção nem conhecimento sensato do real singular e, assim como a *crença* do pesquisador na *significação* de um conteúdo cultural qualquer resultaria completamente desprovida de sentido todo o estudo do conhecimento da realidade *individual*, também a orientação da sua convicção pessoal e a difração dos valores no espelho da sua alma conferem ao seu trabalho uma direção. E os valores a que o gênio científico refere os objetos de sua investigação poderão determinar a "concepção" que se fará de toda uma época. Isto é, não só poderão ser decisivos para aquilo que, nos fenômenos, considera-se "valiosos", mas ainda para o que passa por ser significativo ou insignificante, "importante" ou "secundário" (WEBER, 2008c: 98).

Com relação a esse aspecto, poderemos já adentrar no âmago da problemática weberiana sobre o conhecimento. A perspectiva fundamental em Weber no que tange à busca de uma objetividade científica é a de que a escolha de um problema ou objeto de estudo é essencialmente subjetiva, guiada por interesses do indivíduo produtor de conhecimento de acordo com o horizonte de expectativas que lhe é oferecido pela sociedade, mas também em função dos valores que adquiriu no decorrer de suas próprias vivências e trajetória intelectual. Posto isto, uma vez selecionado subjetivamente o objeto de estudo, e definidas as condições de produção do conhecimento, para cuja delimitação também interferem fatores subjetivos do pesquisador, este poderia iniciar a sua prática de pesquisa e produção do conhecimento sob o signo da "objetividade", valendo-se das normas de cientificidade reconhecidas pela comunidade de especialistas ligados ao seu campo de saber e policiando-se a cada instante de modo a assegurar uma "objetividade final".

> É evidente, no entanto, que não devemos deduzir de tudo isto que a investigação científico-cultural apenas conseguiria obter resultados "subjetivos", no sentido em que são válidos para uns, mas não para outros. O que varia é o *grau de interesse* que se manifesta por um ou por outro. Por outras palavras: apenas as ideias de valor que dominam o investigador e uma época podem determinar o objeto de estudo e os limites desse estudo. No que se refere ao *método de investigação* – o "como" – é o ponto de vista dominante que determina a formação dos conceitos auxiliares de que se utiliza; e, quanto ao modo de *utilizá-los*, o investigador encontra-se evidentemente ligado às normas de nosso pensamento.

> Porque só é uma verdade científica aquilo que *pretende ser válido* para todos os que *querem* a verdade (WEBER, 2008c: 99-100).

Com a ambição de conquistar, ao final do processo de produção do conhecimento, um resultado que seria "objetivo", aceito universalmente, e mesmo no que se refere à pretensão de assegurar ao pesquisador um certo halo de neutralidade e distanciamento, a perspectiva weberiana já parece dialogar mais uma vez com o Positivismo Clássico. A posição teórica de Max Weber sobre a produção do conhecimento, de certa maneira, oscila de maneira original e criativa entre estes dois polos paradigmáticos que são o Historicismo e o Positivismo[107]. Aproxima-se do Historicismo no reconhecimento dos vários níveis de intersubjetividades; afasta-se dos setores mais relativistas ligados a esse paradigma e se aproxima do Positivismo quando adota a perspectiva de pretensão de "distanciamento e objetividade final" do cientista social (a "neutralidade" possível à produção do conhecimento social, embora em Weber esta seja relativa e apenas alcançável no último instante da operação historiográfica). Por fim, afasta-se mais uma vez do Positivismo quando desconsidera a busca de leis gerais como objetivo das ciências sociais, embora admita a importância de

---

107. Um dos textos de Max Weber que explicitam com maior clareza a sua teoria sobre a produção do conhecimento foi publicado em 1904, na revista *Arquivo para a Ciência Social e Política Social.* Referimo-nos ao pequeno ensaio "A objetividade do conhecimento nas Ciências Sociais" (WEBER, 2008c: 79-127), e é desse texto que extrairemos a maior parte das citações de Weber nos próximos parágrafos.

uma reflexão sociológica em termos de leis tomadas como *meios* para uma aproximação do "socialmente real"[108].

O diálogo de Max Weber com o Positivismo, ou mesmo com a sua matriz ancestral – o Iluminismo do século XVIII – é de todo modo bastante tenso e crítico. Da concepção geral iluminista, berço no qual se formaram os campos de saber que se propuseram a estudar a realidade social, Max Weber irá criticar a exagerada "fé otimista na racionalização teórica e prática do real" que, no contexto de entusiasmo geral da intelectualidade setecentista, terminou por "evitar que fosse descoberto o caráter problemático da perspectiva que ela pressupunha ser evidente" (WEBER, 2008c: 101). É contra essa ingênua falácia que Weber dirige os seus alertas, rejeitando frontalmente a possibilidade de os estudos da realidade social alcancem "um conhecimento monista [fundado em um princípio único] de toda a realidade e livre de qualquer 'contingência' individual, sob o aspecto de um sistema *conceitual*

---

108. Weber dirá: "Para as ciências da natureza as leis são tanto mais importantes e valiosas quanto mais *geral* é a sua validade. Para o conhecimento das condições concreta dos fenômenos históricos as leis *mais gerais* são frequentemente as menos valiosas, por serem as mais vazias de conteúdo. Isto porque quanto mais vasto é o campo abrangido pela validade de um conceito genérico – isto é, quanto maior a sua *extensão* –, tanto mais nos afasta da riqueza da realidade, posto que, para poder abranger o que existe de comum ao maior número possível de fenômenos, forçosamente deverá ser o mais abstrato e pobre de conteúdo. No campo das ciências da cultura, o conhecimento do geral nunca tem valor próprio" (WEBER, 2008c: 96). Da mesma forma, Weber chamará atenção para o fato de que a busca de leis não pode ser um objetivo das ciências humanas, mas apenas um *meio* para produzir este tipo de conhecimento: "[...] o conhecimento das leis sociais não é um conhecimento do socialmente real, mas unicamente um dos diversos meios auxiliares que o nosso pensamento utiliza para este efeito" (WEBER, 2008c: 96).

de *validade* metafísica e *forma* matemática" (p. 101). Mais ainda, chama atenção para os efeitos nocivos decorrentes das ilusões iluministas e depois positivistas no que concerne à crença ilimitada no progresso técnico, como se este fosse a outra face de uma evolução das ciências naturais e humanas rumo a uma compreensão cada vez mais precisa das leis gerais às quais não escapam mesmo as sociedades humanas[109]. Aqui, na crítica à noção ingênua de progresso, Weber deixa que reverbere em seu acorde teórico o seu "harmônico nietzscheniano"[110].

A questão da "subjetividade", por tudo isto, aparece em Weber de maneira bastante complexa. Weber é em parte um neokantiano e, embora não acredite que se possa abordar

---

109. Referindo-se à conexão iluminista entre o mito evolutivo do progresso técnico e a aproximação metodológica das ciências naturais e sociais, Weber registra, em *Objetividade do conhecimento nas Ciências Sociais* (1904), os seguintes comentários: "Qualquer progresso de princípio na formação de leis [de acordo com a concepção de mundo iluminista] era também, e podia sê-lo, um progresso na disciplina prática. Porque, quando os fins permanecem inalteráveis, a redução progressiva de questões práticas (um caso de doença, um problema técnico) a leis de validade geral e a consequente ampliação do conhecimento teórico ligam-se à ampliação das possibilidades técnicas e práticas e se identifica com ela" (WEBER, 2008c: 101-102). Na mesma sequência, Weber também empreende a crítica da perspectiva evolucionista que no século seguinte surgiu na Biologia e daí se alastrou para todo o conjunto de ciências, inclusive as ciências sociais.

110. Na mesma sequência, parece ser evocada em seguida uma imagem nietzscheniana, invertida por Weber de modo a produzir um efeito irônico contra o enquadramento de todas as ciências em uma lei geral evolucionista: "Quando a Biologia moderna conseguiu englobar igualmente os elementos da realidade que nos interessam historicamente [...] dentro de um princípio de evolução de validade geral, que pelo menos na aparência – mas não na realidade – permitia ordenar todo o essencial daqueles objetos dentro do conceito de um princípio de evolução de validade geral, dir-se-ia que, sobre todas as ciências, pairava ameaçadoramente o crepúsculo dos deuses de todas as perspectivas axiológicas" (WEBER, 2008c: 102). Em tempo, *O crepúsculo dos ídolos* (ou: "como filosofar a golpes de martelo") é título de uma das mais impactantes obras de Nietzsche (1888).

a realidade em si mesma, considera possível abordar aquele real que se oferece de alguma maneira à experiência sensível, precisamente a partir dos aspectos selecionados pelo sujeito de conhecimento de acordo com os direcionamentos impostos pela sua própria subjetividade. O sociólogo alemão utiliza em um de seus ensaios, aliás, uma metáfora que é particularmente esclarecedora para compreendermos tanto o viés neokantiano que paira sobre o seu acorde teórico, como para vislumbrarmos a nota fundamental de historicismo relativista que interfere na sua perspectiva sobre as ciências humanas. Os valores e pontos de vista que constituem o complexo de subjetividades inerentes ao pesquisador seriam como que "fontes de uma iluminação especial" que podem ser empregadas para a apreensão de certos aspectos da realidade. Contudo, conforme postula Weber:

> A realidade irracional da vida e seu conteúdo de significados possíveis são inesgotáveis, e também a configuração *concreta* das relações valorativas mantém-se flutuante, submetidas às variações do obscuro futuro da cultura humana. A luz propagada por estas ideias de valor supremas ilumina, a cada vez, apenas uma parte finita e continuamente modificada do caótico curso de eventos que flui através do tempo (WEBER, 2008c: 126).

Essa sentença, na qual parece ecoar o harmônico nietzscheniano oculto no "acorde teórico" de Max Weber, é profundamente anti-hegeliana. A menção à "realidade irracional da vida" é a antítese da célebre frase de Hegel de que "o real é racional, e o racional é real" (HEGEL, 1821). A frase "os conteúdos de significações possíveis são inesgotáveis" faz lembrar aquele famoso aforismo antipositivista registrado em 1885 por Nietzsche, segundo o qual "não há fatos, somente interpretações" (1996: 16-17), e certamente contraria mais uma vez a superposição hegeliana entre a realidade e a (única) explicação racional possível. O "obscuro futuro da cultura humana" não permite que se tenha em vista nada previsível, ao contrário do destino teleológico propugnado pelo otimismo da "filosofia da história" de Hegel (1830). O "curso dos eventos" é "caótico", o devir se modifica continuamente, como um irrequieto rio heraclitiano. Puro Nietzsche. Anti-Hegel. Por fim, um desfecho neokantiano:

> É preciso não dar a tudo isso uma falsa interpretação no sentido de considerarmos que a autêntica tarefa das ciências sociais consista em uma perpétua caça a novos pontos de vista e construções conceituais. *Pelo contrário*, convém insistir mais do que nunca sobre o seguinte: servir o conhecimento de *significação cultural de complexos históricos e concretos* constitui o único fim último e exclusivo ao qual, juntamente com outros meios, está também dedicado o trabalho de construção e crítica de conceitos (WEBER, 2008c: 126-127).

O real, na sua totalidade, é inapreensível; e, como diria Kant, sempre existirão aspectos da realidade que jamais poderão se tornar objeto de conhecimento para os seres humanos, que estão necessariamente limitados pelos seus aparelhos sensoriais e pelas subjetividades inerentes aos seus sistemas conceituais[111]. A história, ela mesma, mostra-se par-

---

111. Esse ponto merece um esclarecimento, pois nos leva a uma distinção fundamental entre Kant e Hegel. O problema fundamental filosófico para Kant é o do "conhecer" (e não o do "ser", como em Hegel). Ambos, Kant e Hegel, acreditam na existência de "universais" (que Kant chama de "categorias"). Mas eis a diferença: para Kant, a realidade em si mesma (a "coisa-em-si") não pode ser conhecida; o mundo, de fato, só pode ser conhecido a partir de dois tipos de categorias: as categorias derivadas da "experiência" (que são assimiladas através dos sentidos, como a "cor" ou o "som"), e as chamadas "categorias *a priori*", que não dependem da sensibilidade e já existem, na "estrutura da mente", previamente à "experiência". Categorias como "totalidade", "unidade", "diversidade' podem (precisam) ser utilizadas porque a mente humana já é constituída e organizada de certa maneira, a partir de certas "estruturas" que já existem em todas as mentes humanas, e que as levam a enxergar o mundo de uma certa maneira, a interpor-lhes um filtro que modifica a sua forma de perceber a realidade. Ao lado das categorias sensoriais, as "categorias *a priori*" obrigam a que enxerguemos o mundo de uma determinada maneira, sob a forma de suas aparências (fenômenos). A realidade não é percebida, para os kantianos e neokantianos, tal como ela realmente é; mas sim através das "categorias" que estruturam a mente e medeiam o processo de conhecimento – categorias que são, portanto, *subjetivas*. Desta maneira, existe para Kant uma distinção entre "conhecer" e "ser" que não existe para Hegel, um filósofo para quem os "universais" já existem fora de mente humana, como "condições para o existir", e para quem, consequentemente, o "conhecer" e o "ser" (a Razão e a Realidade) se superpõem e se equivalem. Esta distinção entre Kant e Hegel explica por que o "neokantianismo" ajustou-se perfeitamente a certos setores da perspectiva historicista. O Historicismo levou os historiadores a se empenhar cada vez mais em decifrar a mente e as categorias daqueles seres humanos que deixaram seus registros e discursos nas fontes históricas; e vimos que, com o tempo, os historicistas também voltaram esta perspectiva para si mesmos, passando a perceber que também os próprios historiadores também desenvolvem a sua reflexão sobre a História através de suas próprias categorias. A penetração de Hegel entre os historiadores também existe, mas é menos imponente que a de Kant; pode haver também a interferência das duas perspectivas, tal como vimos no acorde teórico de Droysen. Em geral, Hegel é assimilado por aqueles historiadores que advogam de alguma maneira, para além da técnica sistemática de crítica das fontes, o uso da "intuição" para captar a singularidade ou o *pathos* de uma época, grupo social ou indivíduo historicamente localizado. A intuição, conforme vimos no primeiro volume desta obra, permite que se atinja uma realidade sem se passar por uma série de mediações que são próprias da teoria e do método. Uma combinação entre neokantianismo e hegelianismo também pode ser encontrada no acorde teórico de Benedetto Croce.

cialmente insondável ao pesquisador e estende-se, para muito além de suas possibilidades de percepção, como uma "caótica e prodigiosa onda de acontecimentos". Regiões inteiras do que um dia foi vivido permanecerão inacessíveis ao conhecimento humano, e outras somente poderão ser acessadas sob os efeitos de uma luminosidade especial que muda de pesquisador a pesquisador, de cultura a cultura, de época para época. Mais do que uma realidade complexa e exuberante que apenas oferece ao homem uma pequena fração passível de ser apreendida, Weber ainda frisa o fato, indo para além do neokantianismo, de que "apenas uma parte finita da infinita diversidade dos fenômenos é significativa" (WEBER, 2008: 93-94)[112]. Uma realidade que já se oferece ao homem de modo limitado é acrescida de novas restrições, na medida em que, mesmo de tudo o que é passível

---

112. Rejeitando até à caricatura extremada a mera e gratuita descrição de fenômenos, Weber irá atribuir um papel importante para a explicação causal, embora não no sentido mecanicista e linear de alguns dos setores do Positivismo: "[...] só alguns aspectos dos fenômenos particulares infinitamente diversos, e precisamente aqueles a que conferimos uma *significação geral para a cultura*, merecem ser conhecidos, pois apenas eles são objetos da explicação causal" (WEBER, 2008: 94). O papel da causalidade nas ciências sociais, de acordo com Weber, não é um *fim* como em certos setores do Positivismo Clássico, mas sim um *meio*: "Onde quer que se trate de explicação causal de um 'fenômeno cultural' – ou de uma 'individualidade histórica', expressão já utilizada relativamente à metodologia da nossa disciplina, e agora habitual na lógica, com uma formulação mais precisa –, o conhecimento das *leis* da causalidade não poderá constituir o *fim*, mas antes o *meio* do estudo" (WEBER, 2009: 94). De fato, Weber chamará atenção para o fato de que, "'nas ciências da cultura', não teremos 'conexões regulares', no sentido estrito das ciências da natureza, mas sim 'conexões causais *adequadas*', o que o permite se contrapor à causalidade mecanicista proposta pelos positivistas nos termos de 'possibilidades objetivas'" (WEBER, 2008c: 95).

de ser conhecido, apenas uma nova fração é significativa. Mais ainda, essa atribuição de significação varia de maneira considerável de acordo com as épocas, culturas, escolas de pensamento[113]. Por fim, os próprios valores de cada pesquisador atuam como uma última, mas a mais fundamental, instância de restrições[114]. No entanto, é possível conhecer efetivamente algo. Esta possibilidade de conhecer, continua Weber, parte de uma escolha – uma escolha que é sempre determinada por certos valores subjetivos[115]. Mais ainda, é possível conhecer nas ciências sociais e humanas precisamente por causa dos valores e das intersubjetividades, que

---

113. "O fluxo do devir incomensurável flui incessantemente ao encontro da eternidade. Os problemas culturais que fazem mover a humanidade renascem a cada instante e sob um aspecto e permanece variável o âmbito daquilo que, no fluxo eternamente infinito do individual, adquire para nós importância e significação, e se converte em 'individualidade histórica'. Mudam também as relações intelectuais sob as quais são estudados e compreendidos. Por conseguinte, os pontos de partida das ciências da cultura continuarão a ser variáveis no imenso futuro, enquanto uma espécie de imobilidade chinesa da vida espiritual não desacostumar a humanidade de fazer perguntas à sempre inesgotável vida" (WEBER, 2008c: 100).

114. "Este caos só pode ser ordenado pela circunstância de que, em qualquer caso, unicamente um segmento da realidade individual possui interesse e significado para nós, posto que ele só se encontra em relação com as ideias de valor culturais com que abordamos a realidade" (WEBER, 2008c: 94).

115. A metáfora da luminosidade valorativa que "traz a nu" regiões da realidade caótica não deve nos confundir. A tarefa do cientista social, de acordo com a perspectiva weberiana, não é iluminar ou reproduzir através de um sistema de ideias uma realidade objetiva já dada (esse viés estaria mais próximo da concepção de Durkheim). A tarefa do cientista social, para Weber, é criar uma ordem racional para os diversos aspectos da realidade empírica que podem ser apreendidos pela pesquisa. O objeto de conhecimento não é surpreendido pela iluminação da análise, como se já existisse previamente; ele é constituído na própria análise.

deixam de ser obstáculos e passam a ser condições efetivas para a concretização deste tipo de conhecimento[116].

Escolhido o objeto de estudo pelo sujeito que produz o conhecimento, a partir dos valores que o permitem encontrar interesse em determinados objetos e não em outros, ou que o permitem até mesmo "enxergar" a possibilidade científica destes e daqueles objetos de estudo, o pesquisador também precisará constituir em seguida o seu aparelho conceitual, formular uma problemática, decidir sobre os materiais a partir dos quais estabelecerá a sua base empírica de investigação (o que, no caso da História, equivale a constituir suas fontes). Cada uma dessas ações, a cada instante que se repete, mostra-se novamente interferida pela subjetividade do pesquisador[117]. Como então enfrentar essa invasão de subjetividades em cada momento de sua operação científica? Para que o sujeito de conhecimento consiga ultrapassar de maneira satisfatória os diversos obstáculos oferecidos pela sua própria subjetividade – seus preconceitos, interesses sociais específicos, direcionamentos morais, maneiras prévias de conceber o mundo, "pontos de vista" – Max Weber propõe que se compreenda essa subjetividade, inicialmente, de forma bipartida, pois exis-

---

116. Aqui reverbera um discreto harmônico que remonta ao filósofo setecentista Giambattista Vico (1668-1744), e que reaparecerá no século XX em Gadamer (1900-2002) e em toda uma linha hermenêutica de pensadores que fortalecem seu pensamento a partir das vertentes relativistas do Historicismo. Precursor de todos, Vico, em sua *Ciência Nova* (1725), já alertava para o fato de que só podemos conhecer verdadeiramente – no âmbito de uma perspectiva que envolve a "compreensão" – aquilo do qual efetivamente participamos.

117. Para uma passagem de Max Weber que sintetiza sua reflexão sobre a interferência dos valores na pesquisa de ciências humanas, cf. Weber, 2008c, p. 98.

tiria de um lado uma espécie de subjetividade que favorece o conhecimento científico e, de outro lado, uma outra espécie de subjetividade que o compromete, e que, portanto, precisa ser descartada ou controlada.

Seria possível falar em um certo padrão de "subjetividades lógicas" que é útil ao conhecimento científico e às operações lógicas, e em um outro padrão de "subjetividades práticas" que apenas se mostra útil à vida comum, à esfera política, moral, e outras similares. Cada um dos dois padrões de subjetividade, para Weber, pode ser adequado ou não às várias esferas autônomas do ser humano no exercício das atividades necessárias à sua vida material, social e intelectual. Weber considera necessário, aliás, proceder a uma nova divisão da subjetividade humana em diversas esferas autônomas que teriam, cada qual, a sua lógica e procedimentos específicos (a esfera política, moral, afetiva, cultural, religiosa, e assim por diante).

Na subdivisão inicial que procura identificar dois padrões distintos de subjetividade, teríamos de um lado uma subjetividade lógica – habilitada a conhecer a sociedade de modo empírico, a apresentar soluções técnicas e a se limitar apenas à produção de "juízos de fato" – e de outro lado o segundo padrão de subjetividade: valorativo, ligado à vida prática e destinado a produzir "juízos de valor". Este último padrão de subjetividades, de acordo com as proposições de Max Weber, atenderia perfeitamente bem às esferas "afetiva", "política", "moral", bem como à "sociabilidade prática", mas somente o primeiro padrão – o da "subjetividade lógica" – seria adequado à produção do conhecimento científico ou de determinados saberes desenvolvidos pelos homens.

Será oportuno ressaltar que, a certa altura, parecem repercutir na argumentação weberiana os entrechoques produzidos pelas disputas entre as Ciências Sociais e a História que se dão no início do século XX, precisamente naquelas décadas em que Weber escreve os seus livros. De certo modo, ele relega às Ciências Sociais esta tarefa maior de conhecer a sociedade tal como ela se apresenta nos seus desenvolvimentos mais gerais, inclusive quando lida com temporalidades históricas anteriores, e à História propriamente dita reserva uma reflexão que, de maneira valorativa, já busca um certo "sentido" para a história. Na verdade, tanto a perspectiva historiográfica como a perspectiva sociológica, tal como Weber as entende, seriam importantes para esse pensador alemão. Em uma, a perspectiva histórica, a atenção volta-se para a singularidade de determinada configuração cultural e social, e para a possibilidade de entendê-la nos termos de um processo que conduziu a ela. Na outra, a perspectiva sociológica, emerge a abordagem comparativa com especial destaque, já que a sociologia histórica de Weber estará atenta para os elementos de uma configuração sociocultural que podem ser encontrados em outras épocas e lugares, ou então que possam ser contrastados, produzindo uma iluminação recíproca e que contribua para o esclarecimento das peculiaridades de cada uma das configurações sociais examinadas. De um modo ou de outro, a Sociologia, de acordo com essa perspectiva weberiana, alcança aqui uma dimensão mais geral. Em certa passagem de *Condições agrárias da Antiguidade* (1909), apenas para dar um exemplo, podemos surpreender Max Weber ressaltando que "por vezes fenômenos inteiramente desaparecidos da cultura antiga reaparecem em um mundo que lhes era alheio". Mas é importante destacar que o objetivo final da abordagem comparativa praticada por Max Weber, ao iluminar duas ou mais configurações históricas específicas, é sempre revelar o que é peculiar e singular a cada uma delas, de modo que, nesse aspecto em particular, a metodologia comparada vibra por simpatia com a "nota historicista" do acorde teórico do sociólogo alemão.

O livre trânsito pelas perspectivas histórica e sociológica também confere ao instrumental metodológico weberiano uma importante riqueza de possibilidades. A metodologia proposta por Weber, conforme já se disse, envolve tanto a análise qualitativa, em função da singularidade do fragmento de realidade examinado, como também a identificação de regularidades, modelos, tipos. São famosos os seus "tipos ideais", um recurso metodológico de acordo com o qual o cientista social irá elaborar, como construção compreensiva, um modelo abstrato que na verdade só existe no processo de produção do conhecimento, não coincidindo exatamente com a realidade, mas dela se aproximando e sintetizando seus aspectos essenciais. O tipo ideal, portanto, não é o objetivo final, mas apenas um meio ou recurso de elaboração do conhecimento; não se trata, enfim, de uma realidade histórica, mas sim de um horizonte de pensamento construído para se aproximar dessa realidade empírica. O próprio Max Weber, em seu texto sobre *A objetividade do conhecimento nas Ciências Sociais* (1904), esclarece o que seria, basicamente, o "tipo ideal":

> Obtém-se um tipo ideal mediante a acentuação unilateral de *um* ou *vários* pontos de vista, e mediante o encadeamento de grande quantidade de fenômenos

> isoladamente dados, difusos e discretos, que se podem dar em maior ou menor número ou mesmo faltar por completo e que se ordenam segundo os pontos de vista unilateralmente acentuados, a fim de se formar um quadro homogêneo de pensamento (WEBER, 2008c: 106)

O "tipo ideal" é, portanto, uma abstração útil, intuída em um primeiro momento a partir de certos indícios da realidade empírica e, ao mesmo tempo, aproximativa em relação à realidade ou ao que se pensa ser, por hipótese, a realidade social a ser examinada; trata-se, sobretudo, de um recurso para ser instrumentalizado durante a pesquisa, e para ser ou não incorporado, depois de eventuais reajustes, à exposição final estabelecida pelo texto a ser produzido pelo cientista social ou pelo historiador. Podemos entender o que pretendeu Max Weber com a criação desse recurso metodológico, e também compreender como esse recurso pode ser utilizado nas pesquisas e reflexões dos sociólogos e historiadores atuais, se tivermos igual clareza sobre o que o "tipo ideal" *não é*.

O próprio Weber é explícito a este respeito: o tipo ideal *não é* uma hipótese, mas sim um recurso que "pretende apontar o caminho para a formação de hipóteses" (p. 106). Tampouco o "tipo ideal" é uma média[118]. Na verdade,

118. Max Weber dá o exemplo das formações urbanas medievais, na história mais ampla das cidades na Europa Ocidental (assunto a que ele se dedicou com especial atenção, e cujos resultados aparecem em *Economia e Sociedade*). A construção conceitual que permite falar em uma "economia urbana medieval" não pode ser obtida pelo "estabelecimento de uma *média* dos princípios econômicos que realmente existiram em todas as cidades examinadas", mas antes, "é pela construção de um *tipo ideal* que, neste último caso, forma-se o conceito de 'economia urbana'" (WEBER, 2008c: 106).

o tipo ideal é o substituto compreensivo para uma realidade extremamente difusa, cuja descrição exaustiva e minuciosa, à parte o fato de ser obviamente impossível, resultaria em uma descrição caótica, eivada de contradições, habitada não por um padrão reconhecível, mas apenas pelos desvios desse padrão, uma vez que o que realmente existe são precisamente os desvios (isto é, as singularidades e as versões individuais para certa tendência cultural que inexiste no seu estado puro)[119].

Esse ponto merece algumas considerações. Weber está longe de ser um hegeliano. Para ele, o real não é racional, e o racional não é real, como queria Hegel[120]. Ao contrário, parece reverberar na percepção weberiana do mundo um "harmônico nietzscheniano". Weber reconhece que o mundo é complexo, ou mesmo caótico; chega a utilizar

119. "As 'ideias' que dominaram os homens de uma época, isto é, as que neles atuaram de forma difusa, só poderão ser compreendidas sempre que formem um quadro de pensamento complicado, com rigor conceitual, *sob a forma de um tipo ideal*, pois empiricamente elas habitam as mentes de uma quantidade indeterminada e mutável de indivíduos, nos quais estavam expostas aos mais diversos matizes, segundo a forma e o conteúdo, a clareza e o sentido" (WEBER, 2008c: 111). Em seguida a esses comentários, Max Weber oferece exemplificativamente o caso do "cristianismo medieval". Descrever o que seria isso de fato implicaria trazer à tona "um caos de relações intelectuais e de sentimentos de todos os tipos, infinitamente diferenciados e extremamente contraditórios" (Ibid.).

120. A célebre frase hegeliana de que "o real é racional, e o racional é real" aparece pela primeira vez na obra *Princípios da Filosofia do Direito* (HEGEL, 1821). De passagem, cumpre considerar algo sobre esta frase de Hegel. Para este filósofo, o "real" e o "existente" não correspondem à mesma coisa. O mundo que existe concretamente, formado por coisas individualizadas – esse mundo que "existe" aos olhos dos seres humanos – é o mundo das aparências. É a esse mundo constituído por aparências que percebemos como *existente*, ressalvando-se que não é ele o "real" a que se refere Hegel. Mas esta questão traz complexidade que não poderemos tratar aqui.

a palavra "caos" algumas vezes, e em certa ocasião menciona a "realidade irracional da vida" (WEBER, 2008: 126). A realidade vivida corresponde a um devir extremamente mutável, a forças diversas que se embatem, a singularidades que se afirmam. Essa visão do mundo histórico-social bem que permitiria um ponto de contato com a visão filosófica de Nietzsche sobre o mundo, e por isto utilizamos a metáfora de que o "harmônico Nietzsche" reverbera de alguma maneira no "acorde teórico" de Max Weber[121]. Contudo, a resposta que Weber dá a essa realidade que percebe como extremamente mutável, conflituosa, e mesmo caótica, é radicalmente distinta da resposta de Nietzsche, que pretende a cada instante chamar atenção para as descontinuidades. Max Weber, um espírito francamente sistematizador e tocado por um temperamento inclinado à racionalização, tenderá a atribuir ao pesquisador-pensador a tarefa de criar uma ordem teórica para o caos. O real não é racional, e o racional não é real. Mas isto não impede que a realidade caótica seja racionalizada, compreendida de uma forma sistemática por aqueles que a pensam, mesmo que a cada momento essa sistematização precise ser reelaborada, o

---

121. Naturalmente que a percepção weberiana do devir histórico não está isenta de ambiguidades. Ele deixa entrever em algumas oportunidades que, para uma civilização como a do Ocidente, seria possível falar nas diversas tendências de pensamento e sensibilidade correspondentes a cada época. Sua análise comparada da cidade termina por construir "tipos ideais" para a cidade antiga, a cidade medieval, a cidade moderna.

que, aliás, será tarefa diuturna de cada um que se dedique ao estudo da sociedade, ou mesmo, em um arco mais amplo, será tarefa de cada época científica que dará a tonalidade de uma nova fase da história do conhecimento[122].

A consideração de que o "tipo ideal" não existe efetivamente no seu estado puro, pois o que de fato existe em uma realidade histórico-social é um imenso e caótico repertório de variações e desencaixes que mais poderiam ser percebidos como "desvios" do que como "confirmações" do "tipo ideal", leva-nos, portanto, a este alerta final de que o tipo ideal *não é* a realidade. Tal como salienta Max Weber, é mesmo impossível encontrar na realidade – "em sua pureza conceitual" – o quadro fornecido pelo tipo ideal, e a atividade dos historiadores deve se defrontar precisamente com "a tarefa de examinar,

---

122. "Numa época de especialização, qualquer trabalho nas ciências da cultura, após ter-se orientado para determinada matéria através do seu modo determinado de colocar os problemas, e uma vez adquiridos os seus princípios metodológicos, verá na elaboração dessa matéria um fim em si próprio, sem controlar continuamente e de forma consciente o valor cognitivo dos fatos isolados pela sua referência às ideias de valor últimas e mesmo sem tomar consciência da sua ligação com essas ideias de valor. E é bom que assim seja. Mas um dia torna-se incerto o significado dos pontos de vista adotados irrefletidamente, o caminho perde-se no crepúsculo. A luz dos grandes problemas culturais deslocou-se para mais além. Então a Ciência prepara-se também para mudar o seu cenário e o seu aparelho conceitual, e fitar o fluxo do devir das alturas do pensamento. Ela segue a rota dos astros que unicamente podem dar sentido e rumo ao seu trabalho" (WEBER, 2008c: 127).

123. Seguindo com o mesmo exemplo das cidades medievais, Max Weber argumenta que será precisamente a tarefa dos historiadores verificarem "em que medida o caráter econômico das condições de determinada cidade poderá ser qualificado como 'economia urbana' em sentido conceitual" (WEBER, 2008: 106). Afinal, entre as inúmeras formações urbanas medievais algumas poderão ou não corresponder ao conceito de "economia urbana", e mesmo não serem consideradas autênticas *cidades* de acordo com essa perspectiva. Para conhecer o conceito e categorias da cidade propostas por Max Weber, cf. toda a Seção 7 de *Economia e Sociedade* (WEBER, 1999: 408-517).

em cada caso particular, a proximidade ou afastamento entre a realidade e o quadro ideal" (WEBER, 2008: 101)[123]. De outra parte, alguns historiadores e sociólogos também podem e devem criar novos tipos ideais para submetê-los a novas investigações empíricas, e isto será de fato um trabalho incessante daqueles que procuram compreender as realidades sociais.

Há ainda uma questão delicada acerca do que *não* deve ser o tipo ideal. Se por um lado o tipo ideal é assumido como uma abstração – isto é, como uma representação que não coincide com a realidade, mas que dela busca se aproximar – essa abstração precisa estar efetivamente ancorada em indícios, sinais ou sintomas da realidade que se pretende examinar. Desta maneira, a construção do tipo ideal pressupõe uma pesquisa prévia, uma demorada reflexão sobre elementos e o contexto que realmente constituem a realidade a ser examinada e, no caso da História, um olhar mínimo e prévio sobre as fontes que depois serão examinadas em maior profundidade. Além disso, a construção do tipo ideal impõe a necessidade de uma atualização, de uma construção permanente à medida que se avança na apreensão de novos elementos; em uma palavra: flexibilidade. Isto porque, se o tipo ideal for construído como abstração desencarnada que precede totalmente a pesquisa, e que ainda por cima pretende se impor à análise social de maneira demasiado rígida sem admitir ajustes posteriores, corre-se o risco de forjar uma realidade conceitual desencaixada, à qual mais tarde os elementos empíricos terão de ser adaptados de maneira mutiladora, forçando a realidade empírica a se enfiar em uma espécie de "leito de Procrusto". Weber utiliza essa metáfora para enfatizar o fato de que uma construção teórica, seja um tipo ideal ou um quadro conceitual, é sempre um *meio*, mas nunca um *fim* ao qual a realidade deve se ajustar de maneira forçada e a todo custo[124].

Posto isto, voltemos à questão da não coincidência rigorosa entre o "tipo real" e a realidade, uma vez que esta tangencia outra questão importante, à qual Weber também se refere. Se cada pesquisador ou cientista social seleciona fragmentos da realidade empírica em função de seus próprios valores, e também decide o seu quadro teórico e repertório de problemas a partir desses mesmos valores, ocorre que um pesquisador ou pensador sempre produzirá seu trabalho de modo diferente de outro pesquisador que venha a investigar uma temática análoga. A construção de um tipo ideal que

---

124. Procrusto era um salteador da antiga mitologia grega que costumava receber em sua casa, situada em uma floresta nas proximidades de uma estrada, viajantes cansados que pediam acolhida antes de seguir viagem. O bandido havia construído uma cama de ferro (o "leito de Procrusto"). Ao encontrar um viajante desavisado, Procrusto oferecia sua falsa hospitalidade, servia-lhe um bom jantar e o embebedava. Em seguida, estendia o viajante no leito de ferro, que em geral era menor ou maior do que o corpo da vítima. Ao ajustar a cabeça do viajante ao catre da cama, podia se dar que este fosse maior que o leito e que os pés ultrapassassem, do outro lado, o pé da cama. Procrusto então os cortava fora, de modo que o corpo do viajante se visse rigorosamente ajustado ao leito. Se, porém, o corpo do viajante era menor do que o leito, Procrusto também costumava fazer o seu ajuste, desconjuntando os pés da vítima de modo que, nessa nova forma mutilada, tanto a cabeça se ajustasse ao catre como os pés se ajustassem à outra borda do leito. Conta o mito que Procrusto morreu nas mãos do herói Teseu, ao tentar submetê-lo a esta prática, e que o herói decidiu aplicar-lhe o mesmo fim que sempre havia imposto às suas vítimas. O mito procura representar as situações em que já se tem um modelo previamente construído para, a partir daí, adaptar-lhe a todo custo a realidade empírica que se pretendia examinar. Max Weber vale-se da metáfora do "leito de Procrusto" em *A objetividade do conhecimento nas Ciências Sociais* (1904), ao se referir aos quadros conceituais demasiado rígidos dentro dos quais "a História deverá ser introduzida à força" (WEBER, 2008c: 110).

vise a uma determinada realidade ou problemática, portanto, pode se constituir em experiência única para cada cientista social. Inúmeros "tipos ideais" poderiam ser construídos em torno de uma mesma temática ou questão de estudo:

> Do mesmo modo que existem os mais diferentes "pontos de vista", a partir dos quais podemos considerar como significativos os fenômenos citados, pode igualmente fazer-se uso dos mais diversos princípios de seleção para as relações suscetíveis de serem integradas no tipo ideal de uma determinada cultura (WEBER, 2008c: 107).

O tipo ideal corresponde sempre a uma construção da imaginação do pesquisador, e não a um "exemplar" que deve "ilustrar" necessariamente à realidade; menos ainda, o tipo ideal será um exemplo extraído diretamente de uma lei que já havia sido deduzida antes. Posto isto, ainda que o tipo ideal e a realidade não se superponham, esta construção teórica deve ser, em todo o caso, "objetivamente possível" (WEBER, 2008: 107). Nesse aspecto em particular Max Weber passa ao largo da perspectiva positivista e se aproxima muito mais do Historicismo. De todo modo, acompanhando o que já dissera sobre a formulação provisória de "leis" nas ciências sociais – sempre um *meio*, e nunca um *fim* – Max Weber preocupa-se igualmente em frisar que o "tipo ideal" só adquire importância para as ciências que estudam a realidade social se for tratado como um "meio", e nunca como um "fim" que termina por se tornar o próprio objetivo e ponto de chegada da pesquisa. O tipo ideal, visto dessa maneira, deve interessar muito pouco ao Positivismo clássico, mas pode ser extremamente útil na mão dos historicistas (e, por que não acrescentar, dos materialistas históricos)[125].

Um dos exemplos mais notórios de aplicação dos tipos ideais, conforme veremos, pode ser encontrado no livro *A ética protestante e o espírito do capitalismo*, (1904-1905), no qual Weber relaciona esses dois tipos ideais e os coloca em interação. Essa obra emblemática dá-nos adicionalmente a oportunidade para discorrer sobre o fato de que outra "nota metodológica" importante no "acorde Weber" é precisamente a perspectiva de que a análise sociológica deve partir sempre dos "agentes" (indivíduos envolvidos em uma "ação social"). Se, em Weber, são autônomas e dotadas de "legalidades" específicas cada uma das diversas esferas sociais – a economia, a política, a religião, a esfera jurídica, a esfera da criação artística, entre outras – não é senão o "agente" aquele

---

125. "Quem for da opinião de que o conhecimento da realidade histórica deveria, ou poderia ser uma cópia 'sem pressuposições' de fatos 'objetivos', negar-lhes-á [aos tipos ideais] qualquer valor. E mesmo quem tiver reconhecido que, no âmbito da realidade, nada está isento de pressuposições em sentido lógico, e que o mais simples extrato de atas ou documentos apenas poderá ter algum sentido científico em relação a 'significações' e assim, em última análise, em relação a ideias de valor, considerará no entanto a construção de qualquer espécie de 'utopia' histórica [outra palavra de Weber para "tipo ideal"] como um meio ilustrativo perigoso para a objetividade do trabalho científico, e com mais frequência, como um simples jogo. E, de fato, nunca se poderá decidir *a priori* se se trata de mero jogo mental, ou de uma construção conceitual fecunda para a ciência. Também aqui existe apenas um critério, o da eficácia, para o conhecimento de fenômenos culturais concretos, tanto nas suas conexões como no seu condicionamento causal e na sua significação. Portanto, a construção de tipos ideais abstratos não interessa como um fim, mas única e exclusivamente como meio do conhecimento" (WEBER, 2008c: 108).

que se pode oferecer como ponto de confluência das várias esferas. O agente é o ser humano histórico-concreto que expressa a sua orientação social, de múltiplas maneiras, na sua própria trajetória vivida e em uma realidade extremamente complexa que o situa como partícipe de diversificados processos. Somente através da análise do agente e de suas ações sociais podem ser percebidas, para cada momento ou configuração histórico-social, as formas de interação entre as diversas esferas, as tensões que entre elas se estabelecem, os encaixes e desencaixes, os ajustes e contradições entre as várias formas de racionalidade e de "legalidade" que são próprias a cada uma das esferas. Além disto, se o agente é aquele que participa das várias esferas e que, portanto, pode ser constituído como objeto de análise, é também aquele que é capaz de conferir "sentido" às ações sociais.

Em *A ética protestante e o espírito do capitalismo* (1905), Max Weber procura examinar as afinidades e tensões entre o "sentido da ação religiosa" (a ética protestante, neste caso) e o "sentido da ação econômica" (o espírito do Capitalismo). Duas esferas autônomas – a política e a economia – irão encontrar nos "agentes" examinados o seu encaixe, o ponto de confluência no interior do qual poderemos ver aflorarem mútuas afinidades entre as duas esferas, e mesmo o estabelecimento de uma certa relação de causalidade que faz como que o espírito do Capitalismo derive de uma ética protestante, isto é, de uma certa forma de conduta relacionada a um contexto histórico-social específico.

Como apreender através desse agente que é partícipe de múltiplos processos, e que se encontra mergulhado na "onda caótica dos acontecimentos", aquilo que interessa à questão constituída pelo sociólogo ou pelo historiador? É aqui que se afirma, mais uma vez, a especial utilidade do recurso aos "tipos ideais". O "tipo ideal", como já se disse, é uma abstração que procura se aproximar da realidade, e que seleciona e organiza os elementos empíricos da realidade em torno de uma questão específica. O exagero de características é elevado aqui ao estatuto de artifício metodológico. Dessa maneira, o "tipo ideal", embora não coincida com a realidade, procura se aproximar dessa realidade como uma construção teórica que se mostra capaz de mediar alguns dos inúmeros "agentes" a partir de características em comum. Menos ou mais intensamente, mais convictamente ou menos apaixonadamente, existe um conjunto de agentes que parece partilhar características ou tendências que Max Weber reúne neste tipo ideal que é a "ética protestante". Certa conduta recorrente, a ser investigada pelo pesquisador em suas fontes, parece habilitá-lo a falar nesse tipo ideal. Sem perder de vista que está trabalhando com uma construção teórico-metodológica, o pesquisador habilita-se aqui a compreender uma dada realidade através do tipo ideal.

O tipo ideal, portanto, revela-se como um eficaz recurso que permite harmonizar a análise sociológica individualizada, que precisa apreender o agente na sua singularidade, e as regularidades sociais que podem ser percebidas. Se a ação social é produzida por agentes específicos, existem determinadas ações que parecem se repetir no tempo e em condições similares. Da mesma maneira, quando um determinado número de agentes compartilha um mesmo sentido atribuído a determinadas ações sociais, torna-se possível falar em uma "relação social", um conceito que também é empregado com frequência por Max Weber[126].

A percepção atenta do jogo de singularidades e recorrências delineia-se como outra nota metodológica importante para o acorde de abordagens weberianas. Se a realidade apresenta-se como um oceano de singularidades, ela também se mostra atravessada por recorrências. A Sociologia, tal como a delineia Max Weber, teria por finalidade examinar essas recorrências, enquanto à História ficaria relegada à finalidade de examinar aquilo que é singular. Obviamente que estamos aqui em um período que antecede a profunda revolução historiográfica que logo seria trazida por contribuições várias, como a da história serial proporcionada pela Escola dos *Annales*, ou como as análises sociais trazidas pelos novos marxismos. Este tipo de divisão de trabalho entre a Sociologia e a Historiografia dificilmente poderia ser aceito pela maior parte dos historiadores das décadas que se sucederam à morte de Max Weber. De todo modo, a incorporação pela História de objetivos que os sociólogos reivindicavam para si no início do século também explica

---

126. No limite, conforme Weber sustentará em seu ensaio sobre *A objetividade do conhecimento nas Ciências Sociais* (2008: 109), todos os conceitos que podem ser empregados nas ciências humanas são, à sua maneira, tipos ideais: não haveria nem possibilidade nem interesse que os conceitos utilizados pelos historiadores, por exemplo, fossem tão precisos como os conceitos a serem utilizados nas ciências naturais e físicas.

a assimilação crescente de Max Weber pela historiografia. A assimilação historiográfica do estudo daquilo que se repete e que permanece assegurou a Max Weber um lugar teórico importante entre os historiadores, já desde a década de 1930. Mas novas possibilidades de assimilar Weber estariam por vir.

O espectro renovado de Max Weber, se é que podemos utilizar essa imagem, tem adentrado a historiografia através de inúmeras portas. A partir de algumas correntes historiográficas que começam a se afirmar nos anos 1980, ouviremos falar cada vez mais falar em alguns retornos: o "retorno da narrativa", o "retorno da política", o "retorno do indivíduo". Uma perspectiva de análise social que reconhece a importância do indivíduo, e que até postula que a análise parta dos agentes sociais, tende a ser valorizada em um universo historiográfico que também passa a incluir abordagens como a da Micro-História. O próprio "retorno de Max Weber", compreendido esse autor como um clássico que é já referência para a historiografia, mas que tem possibilitado aos historiadores constantes reapropriações e releituras, é uma recorrência em diversos momentos da historiografia.

Já próximos do desfecho, podemos nos perguntar pela posição teórica weberiana diante do enigma da contradança entre objetividade e subjetividade nas ciências humanas. Será preciso fazer concessões à busca positivista pelo "puro fato", ou entregar-se ao entretecer de interpretações sobre interpretações que se dá no limite extremo do historicismo relativista, quando este já quase ameaça deslizar para o ceticismo ou para a libertação nietzscheniana? Max Weber, um estudioso do budismo, parece propor "o caminho do meio"[127]. Quase ao fim do seu ensaio sobre *A objetividade do conhecimento nas Ciências Sociais* (1904), ele registra este elogio ao equilíbrio do historiador Leopold von Ranke:

> Na nossa disciplina também existem cientistas que "cultivam a matéria" e outros que "cultivam o espírito". O apetite dos primeiros, ávido de fatos, apenas se sacia com massas de documentos, com tabelas estatísticas e sondagens, mas revela-se insensível aos manjares delicados da ideia nova. O requinte gustativo dos segundos chega a perder o gosto pelos fatos através de constantes destilações de novos pensamentos. O virtuosismo legítimo que, entre os historiadores, Ranke possuía em tão elevado grau, costuma manifestar-se precisamente pelo poder de criar algo de novo através da referência de certos fatos *conhecidos* a determinados pontos de vista, igualmente *conhecidos* (WEBER, 2008c: 127).

---

127. O "Caminho do Meio" (em sânscrito: *Madhyama Pratipad*) é uma das mais tradicionais expressões budistas; trata-se da estrada equidistante aos dois extremos, que se oferece àqueles que se propõem a dar seus primeiros passos em direção à Sabedoria ou, ao menos, em direção ao alívio de seus conflitos. Diz a tradição budista que Buda, certa feita, chegou a desmaiar de fome devido a seu rigoroso jejum. Somente recuperou a consciência quando foi alimentado por uma camponesa que passou perto do lugar onde jazia desacordado. Após meditar sobre esse acontecimento, Sidarta terminou por concluir que o excessivo rigor é tão danoso e ineficaz em termos espirituais quanto a excessiva indulgência, e a partir de então optou por seguir um "caminho do meio" – um caminho cuidadosamente equidistante dos extremos do rigor absoluto e da liberdade sem regras.

Terá sido Max Weber realmente bem-sucedido nas soluções que deu aos problemas da objetividade e da subjetividade para a produção de conhecimento no âmbito das Ciências Humanas? Qualquer julgamento acerca da eficácia de suas proposições estará sempre em aberto. Hans-Georg Gadamer (1900-2002), um filósofo inserido na grande tradição da Hermenêutica historicista, sustentará que, na sua "ascese metodológica", Weber não teria tido senão êxito em "contornar os problemas do Historicismo" (*Verdade e método*, vol. II, p. 451). A contribuição de Weber para a Teoria das Ciências Sociais, e os inúmeros estudos históricos e sociológicos através dos quais ele se empenhou em colocar em prática suas propostas teóricas, certamente sempre impressionarão os estudiosos de história das ciências no que concerne à sua integração em uma prodigiosa arquitetura intelectual. Muitos, mesmo em campos paradigmáticos adversos às soluções weberianas, não hesitarão em registrar respeito e admiração pelo conjunto das realizações de Weber no decurso de sua trajetória intelectual[128]. Outros, ainda, chamarão atenção para

---

128. Michael Löwy, sociólogo brasileiro que fará a crítica do modelo weberiano a partir de uma perspectiva marxista, registra as seguintes palavras elogiosas a respeito de Max Weber: "A *Wissenschaftslehrer* de Weber é um edifício imponente, cuja arquitetura rigorosa e coerência lógica impõem o respeito e a admiração. Não é por acaso que ele serve de ponto de referência obrigatório para toda tentativa séria de fundamentar ou refutar a tese da neutralidade axiológica das ciências sociais (os positivistas vulgares se contentam em repetir fastidiosamente as velhas receitas de Durkheim). Essa arquitetura não comporta nenhuma fissura lógica; é apenas se situando em um terreno externo à lógica abstrata de sua demonstração que se pode descobrir a falha nessa formidável couraça metodológica. É a partir de uma perspectiva de *sociologia do conhecimento* que se revela o calcanhar de Aquiles da teoria weberiana da ciência" (LÖWY, 2009: 47).

a "notável coerência de sua obra" (COHN, 2008: 10)[129]. Historicistas e Positivistas não cansarão de invocar a contribuição teórico-metodológica de Weber para seu próprio campo paradigmático. Max Weber, enfim, conquistou a posição de um clássico.

Podemos refletir sobre algumas lições extraídas dessa viagem imaginativa em torno das ideias de Max Weber, para o que concerne à ideia de utilizar o recurso metafórico do "acorde teórico". A trajetória intelectual extremamente coerente de Max Weber – que se dá ao lado do fato de que esse autor consegue harmonizar notas de influências diversas, que em outras situações poderiam ser mesmo incompatíveis – leva-nos a pensar de maneira mais consistente o recurso do "acorde teórico" ou do "acorde historiográfico". Seria interessante considerar sempre o "acorde teórico" não como um complexo de identidades que já está dado à partida, mas sim como algo que se constrói historicamente no decurso da trajetória intelectual de um autor. Nesses casos em que a identidade teórica de um autor parece permitir ser pensada como que harmonizada por um único acorde (e não gerando fases que al-

129. "Permitem [os textos de Max Weber] constatar a notável coerência de sua obra, na qual os temas e o modo de tratá-los vão ganhando forma ao longo dos anos, mas já estão claramente delineados nos seus primeiros trabalhos" (COHN, 2008: 10). Concordando com Gabriel Cohn, acrescentaremos que Max Weber é desses autores que apresentam uma produção intelectual para a qual poderíamos utilizar a metáfora do acorde que permanece sempre o mesmo na sua tríade fundamental, mas que vai agregando novas notas no decorrer da trajetória intelectual de seu autor, o que resulta em um gradual enriquecimento de tópicos e elementos que não deixam jamais de reforçar a consistência e coerência de um poderoso sistema de pensamento em construção. Max Weber não parece ter produzido rupturas em relação a si mesmo.

ternam distintos acordes, como no caso de Michel Foucault), mesmo assim parece ser sempre preferível pensar o acorde como uma construção histórica dentro de uma trajetória intelectual. Seria preciso examinar quando, na trajetória intelectual de um autor, uma nota é incorporada ao seu acorde teórico, ou perscrutar o ponto exato em que uma outra nota parece recuar para o silêncio provisório ou dá mesmo sinais de ter sido descartada. Seria preciso verificar quando esta ou aquela nota se torna mais intensa, e quando um outro traço ou uma outra "nota de influência" perde a sua intensidade, ou, ainda, quando este ou aquele outro "harmônico oculto" reverbera mais intensamente, e mesmo quando começamos a ouvir com maior insistência um *ostinato* temático.

Rigorosamente falando, um estudo como este deveria ser feito examinando passo a passo cada uma das obras de um autor, a sua correspondência, a documentação que o filia a determinados grupos e instituições, ou mesmo se tal fosse possível, fontes que porventura dessem acesso à sua agenda de leituras. Daria consistência a um trabalho como este um estudo mais sistemático das modificações de vocabulário nos textos de um autor, denotando a apropriação desta ou daquela influência ou a emergência de um determinado diálogo intertextual, ou ainda a realização de um exame mais aprofundado sobre os modos como se dá a recorrência de certos temas ou ideias, e das variações perceptíveis em uma série de obras. Com um trabalho de maior detalhe seria talvez possível imaginar a história de um "acorde teórico". Como se forma um "acorde historiográfico", a partir de seus elementos dispersos? Como surge uma harmonia a partir de algumas influências autorais ou de outros elementos, que seriam a princípio incompatíveis fora da unidade que lhes dá um autor ao incorporá-los? Poder-se-ia buscar investigar, igualmente, as imagens de um mesmo acorde: como determinado autor enxerga ou passa a enxergar a si mesmo, como ele pensa nos vários momentos de sua própria história a sua relação com cada um dos aspectos que nós mesmos imaginamos fazerem parte de seu "acorde teórico", ou como, por fim, ele explicita algumas coisas e silencia sobre outras. Este seria um trabalho de maior fôlego. Conforme sustentamos na abertura deste capítulo, neste momento, elaboramos um trabalho apenas experimental.

V Paul Ricoeur: a "consonância dissonante"

Encontros entre Historicismo, Hermenêutica e Fenomenologia

Para trazer mais um contraste às nossas reflexões sobre os usos da metáfora do "acorde teórico", abordaremos agora as posições de dois historicistas recentes – um filósofo e um historiador – ainda com relação às questões que se colocam no confronto entre a objetividade e a subjetividade na operação historiográfica. Nosso primeiro pensador para reflexão será Paul Ricoeur (1913-2005), filósofo historicista que produz seus textos nas últimas décadas do século XX e primeiros anos do século XXI. Em seguida, abordaremos a perspectiva de Reinhart Koselleck (1923-2006), um historiador deste mesmo período recente, e que desenvolve reflexões e pesquisas particularmente importantes sobre o "tempo histórico" e as instâncias ligadas à temporalidade, na História e na história.

Paul Ricoeur define como objetivo da História uma meditação sobre o viver humano no tempo, e aprofunda uma discussão que já vinha sendo encaminhada desde fins do século XIX pelos setores relativistas do Historicismo: a de que, ao lado da diferenciação entre Ciências Naturais e Ciências Humanas, existem posturas metodológicas próprias a cada um destes campos[130]. Por outro lado, para além da pertença às ciências humanas, era preciso também surpreender o conhecimento histórico na sua singularidade irredutível, e foi isto o que procurou fazer Paul Ricoeur, desde suas reflexões nos anos 1950, delineando a História como um gênero dialético por excelência, no qual se confrontam e interagem vários pares polares: o "Mesmo" e o "Outro" trazido de um passado distante, o "Presente" do historiador e o fenômeno do "Passado" a ser abordado historiograficamente, a "Explicação" e a "Compreensão", e, por fim, a "Objetividade e a Subjetividade" – uma polarização que o próprio Ricoeur buscará desconstruir ou rever como um processo complexo e circular[131]. Categorias como "tempo", "narrativa", "memória" –

---

130. Conforme veremos adiante, Ricoeur adota a terminologia diltheyniana que faz contrastar "Explicação" e "Compreensão". Contudo, será um crítico do tratamento desta relação como uma dicotomia de exclusões que adere de maneira simplificada a uma possível separação entre Ciências Humanas e Ciências Naturais, de modo que trabalhará com a proposta mais refinada de que "explicação" e "compreensão" são na verdade "complementares" nos processos de construção do conhecimento ligados às ciências humanas, e à História em particular (RICOEUR, 1955: 26).

131. Esses vários polos que se entretecem na dialética própria do texto historiográfico eram já arrolados por Paul Ricoeur em uma conferência de 1952 intitulada "Objetividade e Subjetividade na História", mais tarde incorporada a *História e verdade* (1955), o primeiro livro publicado pelo historiador francês visando uma temática diretamente relacionada ao fazer historiográfico. Mais tarde, Ricoeur acrescentará outros pares a serem considerados nessa relação dialética, tais como a interação entre Análise e Narrativa, e a dinâmica que se estabelece entre o Historiador e o seu Leitor. Estes pontos estarão mais discutidos em *Tempo e narrativa* (1983-1985), sua mais conhecida obra entre os historiadores.

e dentro deste último tema o sutil jogo das "lembranças" e "esquecimentos" – constituem alguns dos conceitos que fazem parte do repertório de Paul Ricoeur quando esse filósofo se debruça sobre as questões historiográficas, e uma especial atenção à teoria da recepção, à consideração do "leitor de história" como partícipe da criação historiográfica, será ainda uma nota importante do seu acorde historiográfico, conforme veremos oportunamente[132]. Esses aspectos ocupam posição central nos textos de Ricoeur que têm por temática central a História. Mas, isto é claro, há muito mais na filosofia de Ricoeur.

Antes de iniciar qualquer reflexão possível sobre este complexo e fascinante filósofo francês, teríamos que reconhecer que estamos frente a uma "identidade teórica" muito rica em diálogos com autores diversos e partilhada através de diversificados objetos de interesse, sem contar que não estamos diante de um autor monódico como Ranke ou de um pensador de coerente trajetória cumulativa como Max

---

132. O questionamento da dicotomia entre "autor" e "leitor" – no âmbito da Linguística, da Crítica Literária e da História da Literatura – será desenvolvido por autores como Mikhail Bakhtin (1929) e Paul Zumthor (1987). Na historiografia propriamente dita, essa discussão será também oportunizada por Roger Chartier (1982), mas bem antes deste por Michel de Certeau (1974), um autor a quem Paul Ricoeur citaria em diversas ocasiões, e que também pode ser considerado como uma discreta reverberação presente no acorde teórico de Paul Ricoeur, no que concerne às discussões historiográficas. No seu célebre artigo "A operação historiográfica" (1974), Certeau já procurava mostrar como as expectativas em relação ao leitor, e também em relação à recepção de um texto pela comunidade de historiadores, terminam por se reinscrever no lugar de produção do texto historiográfico.

Weber. Paul Ricoeur, um pensador múltiplo dentro de si mesmo, lidou criativamente com a incorporação, em sua identidade teórica, de perspectivas variadas como a Fenomenologia, a Hermenêutica e o Historicismo, da mesma forma como interagiu com o Existencialismo Cristão e com abordagens que vão da "filosofia reflexiva" à "filosofia analítica", e isto em momentos diversificados da sua trajetória intelectual. Examinou autores e práticas que se estendem da *Interpretação em Freud* (1965) à concepção historiográfica de Fernando Braudel (1983), elaborou estudos detalhados sobre filósofos diversos. Todas essas correntes e autores, e muitos outros, deixaram algo de si em Ricoeur – um autor que sempre soube criar algo de novo a partir de variadas "notas de influência"[133].

Conforme se disse no início deste capítulo, pensar um autor em termos de "acordes teóricos" seria apenas um exercício experimental, uma maneira de refletir sobre a complexidade de um autor através de uma metáfora. Para o caso de Ricoeur, precisaríamos examiná-lo em vários momentos, e também construir "acordes teóricos" para questões específicas, quando estas são tratadas por este filósofo

---

133. Estas palavras de David Pellauer (2007), logo na abertura do seu ensaio de apresentação da filosofia de Paul Ricoeur, são mais do que oportunas: "Os estudantes podem bem ficar perplexos ao se depararem pela primeira vez com a filosofia de Paul Ricoeur. Há tanto dela, se contarmos apenas o número de livros e ensaios. Ademais, se olharem para os livros em ordem cronológica, verão que Ricoeur acrescenta continuamente novos tópicos. Faz mesmo ajustes em sua maneira de filosofar à medida que descobre novos problemas e novos desafios ao que está criando" (PELLAUER, 2009: 11).

francês. Mas não podemos fazer isso neste espaço de texto mais reduzido, de modo que nos concentraremos principalmente na questão já selecionada – a da contradança entre objetividade e subjetividade na operação historiográfica – e também nos restringiremos a explorar, inicialmente, apenas uma das conexões que existem no interior da "identidade teórica" de Paul Ricoeur: o encontro entre Historicismo, Hermenêutica e Fenomenologia, motivado pelos diálogos com autores ligados ao Existencialismo na primeira fase de sua produção intelectual. Em um segundo momento vamos nos ater mais à fase de Ricoeur em que se torna visível uma [nova] "guinada para a Hermenêutica", e também procuraremos nos restringir às obras de Ricoeur sobre a História, iniciando com *Verdade e História* (1955), para daí chegar ao clássico *Tempo e narrativa* (1983-1985), mas também mencionando as reflexões sobre *Memória e História* que encontram novo impulso no início do novo milênio (2000). Por fim, para compor um espaço ainda mais delimitado, a certo momento desta exposição procuraremos nos ater apenas à "teoria da narrativa" de Paul Ricoeur, que é apenas uma de suas numerosas contribuições à História e aos vários campos do saber.

Restringir o nosso campo de ação será certamente uma estratégia adequada para evitar a dispersão através de uma obra e de uma contribuição teórica demasiado ricas. Buscar o "acorde geral" de Paul Ricoeur seria mesmo impossível, o que, aliás, devemos reconhecer que costuma ocorrer para a grande maioria dos pensadores, com exceção daqueles que são notavelmente monódicos ou cuja trajetória bibliográfica primou por uma coerência cumulativa[134]. Todavia, se quiséssemos buscar pelo menos alguma nota que estivesse presente em todos os possíveis "acordes teóricos" desse filósofo francês, talvez chegássemos à identificação de uma certa "consciência trágica a respeito da vida", que também já vimos presente no acorde teórico de Walter Benjamin, e que se mostra igualmente afirmativa para a formação da "identidade teórica" de Paul Ricoeur. Esta percepção de que "a vida pode ter uma dimensão trágica", intensificada por uma trajetória que "experimentou os altos e os baixos do século XX" (PELLAUER, 2009: 14), parece em Ricoeur ter sido particularmente acentuada por lances biográficos que não poderão ser recuperados aqui. Uma perspectiva cristã também constitui um traço significativo em sua identidade teórica, assim como a sua permanente crítica antitotalitária.

Uma das notas do acorde teórico de Paul Ricoeur, para a questão que examinaremos e para a conexão que elegemos, é constituída por um expressivo entremeado de influências existencialistas. Se vamos continuar tratando da relação entre

---

134. Nesta análise, construiremos um "acorde Ricoeur" em função da questão do confronto entre Objetividade e Subjetividade na operação historiográfica, o que envolve a teoria do tempo e da narrativa proposta pelo filósofo francês. Com vista a essa questão específica, o "acorde teórico" obtido encontrará sua constituição na interação de algumas notas: o Historicismo, a Hermenêutica, a Fenomenologia, a influência existencialista, o diálogo com as teorias da recepção, uma certa perspectiva cristã. Se tivéssemos outra questão, ou se nos ativéssemos a analisar uma obra específica como *A metáfora viva* (1975), outro seria o "acorde Ricoeur" (por exemplo, incluiríamos a "nota de influência" Cassirer, ou talvez Nietzsche). O "acorde teórico", enfim, muda de acordo com a questão examinada: ele é apenas metáfora para compreender certa conexão possível no universo mental de um autor que se coloca diante de uma questão.

Objetividade e Subjetividade, será oportuno pensar que autores foram incorporados por Paul Ricoeur, desde o princípio de sua formação filosófica, para lidar com essa questão filosófica. Martim Heidegger (1889-1976), Gabriel Marcel (1889-1973) e Karl Jaspers (1883-1969)[135] – tal como observa David Pellauer em seu pequeno ensaio sobre Paul Ricoeur – constituem uma influência especial no que concerne à maneira como Ricoeur irá desenvolver uma "crítica existencialista de

---

135. Martim Heidegger (1889-1976) tem como obra mais conhecida o célebre ensaio *Ser e tempo* (1927). Seu próprio acorde teórico traz a influência de Husserl, aliás uma "nota de influência" comum a quase todos os demais filósofos existencialistas. São explícitas ainda as influências de Kierkegaard e, a partir de 1935, a de Nietzsche, sobre quem escreveu um ensaio em 1961. A essas notas de influência, acrescenta a da Hermenêutica que vinha sendo desenvolvida por Dilthey, um autor que ocupará uma posição central em *Ser e tempo*, e não foi à toa que o próprio Heidegger descreveu seu método como simultaneamente fenomenológico e hermenêutico. Através de Dilthey, a "nota neokantiana" se faz presente no acorde teórico de Heidegger, apresentando especial intensidade nas obras que precedem *Ser e tempo* (como por exemplo na *História sobre o conceito de tempo*, de 1914). Por outro lado, o neokantianismo será também submetido à crítica por Heidegger, sobretudo os autores que radicalizam as teses de que "todos os objetos e mesmo o próprio mundo, compreendido também como objeto, existem de alguma maneira somente 'dentro' do sujeito ou enquanto construídos pelo sujeito" (PELLAUER, 2009: 20-21). Assim mesmo, Heidegger não acompanhará a virulenta crítica movida por Husserl contra o Historicismo (1911). Quanto a Gabriel Marcel (1889-1973), ele mesmo aceitou em certo momento a designação de "existencialista cristão". Entre suas obras de destaque, *Ser e ter* (1935) mostra-se importante para as questões de que tratamos por abordar diretamente a questão da oposição entre a pesquisa científica, orientada pela categoria do "problema", e a pesquisa filosófica, orientada pela categoria do "mistério". O *mistério do ser*, contudo, é sua obra de maior fôlego. Gabriel Marcel, cujo método aproxima-se do de Husserl, apresenta também afinidades com os existencialistas Kierkegaard e Karl Jaspers (1883-1969), este último vindo a constituir outra influência importante no acorde teórico de Paul Ricoeur. Jaspers chega à Filosofia através da Psicologia, e seu interesse, como o de Heidegger, foi também o de elaborar uma espécie de teoria da realidade. Sua obra de maior destaque foi *Filosofia* (1932).

Descartes", levando-o a questionar radicalmente a tradicional relação "sujeito-objeto" (PELLAUER, 2009: 21)[136]. Antes destes, encontraremos ainda o longínquo precursor do Existencialismo, o filósofo dinamarquês Søren Kierkegaard (1813-1855)[137], como uma nota de influência importante

---

136. As duas primeiras obras publicadas por Ricoeur são ensaios sobre Karl Jaspers e Gabriel Marcel (1947 e 1948). No ano seguinte, traduzirá a obra basilar de Edmund Husserl (1950) – *Ideias diretrizes para uma fenomenologia* – no mesmo ano em que publicará sua tese: *Liberdade e natureza: o voluntário e o involuntário* (1950). São anos, portanto, de coleta de notas de influência que passarão a adentrar a formação do primeiro acorde teórico de Paul Ricoeur, então produzido na combinação entre a Fenomenologia de Husserl e o Existencialismo. Um intervalo de cinco anos separa esses primeiros ensaios de *História e verdade* (1955), uma obra que fixa um interesse que será recorrente na sua futura produção bibliográfica: a História. A guinada para a Hermenêutica ocorrerá a partir de 1960, com diversos ensaios sobre a Interpretação, entre os quais o *Ensaio sobre Freud* (1965) e *O conflito das interpretações* (1969). Os anos 1980 trarão sua obra mais conhecida dos historiadores: *Tempo e narrativa* (1983-1985).

137. Soren Kierkegaard (1813-1855) foi um dos filósofos mais enigmáticos do século XIX e da história da Filosofia. Escreveu suas obras assinando-as através de inúmeros heterônimos – que representavam individualidades com seus próprios estilos e pontos de vista – e alguns destes heterônimos fizeram comentários sobre os outros. Um exemplo de comentário sobre si mesmo, ou entre seus heterônimos, pode ser dado com as obras *Migalhas filosóficas* (1844) e *Pós-escrito final não científico às migalhas filosóficas* (1846). Sua influência sobre o Existencialismo é assinalada por obras como *O conceito de angústia* (1844), na qual discute este conceito que seria basilar para o posterior desenvolvimento do Existencialismo, e *O desespero humano* (1849). No seu acorde teórico, o cristianismo corresponde a uma nota particularmente intensa, de modo que muitos a eles se referirão como um "existencialismo cristão". Como a mesma combinação entre cristianismo e existencialismo reaparecerá em Paul Ricoeur, reforça-se aqui a ligação entre esses dois filósofos. Obviamente que Kierkegaard desenvolveu um cristianismo crítico, particularmente dirigido contra a Igreja Luterana, forte na Dinamarca de sua época, o que fica claro no ensaio *Escola do Cristianismo* (1850), no qual analisa a degeneração do sentimento religioso. Esta e outras obras de Kierkegaard, tais como *Temor e tremor* (1843), serão mais tarde tomadas como uma influência importante pelo movimento do Anarquismo Cristão. Por fim, é importante ressaltar que o acorde teórico de Kierkegaard dificilmente poderia ser compreendido sem o concomitante conhecimento de alguns aspectos de sua biografia, sobretudo o amor não consumado por Regine Olsen, que terminou por ser a fonte de sua angústia existencialista.

no acorde teórico de Paul Ricoeur, sobretudo nos momentos em que ele discute a tradicional dicotomia cartesiana "sujeito-objeto". Esta relação, cuja linearidade tradicional é inteiramente rejeitada por Ricoeur, será mesmo um tema constante: de certa forma, o seu baixo *ostinato*. Lembraremos ainda que o diálogo de Paul Ricoeur com o Existencialismo se faz em especial através do existencialismo cristão, que remonta ao pioneirismo de Kierkegaard e atinge seu maior delineamento com Gabriel Marcel, ou mesmo com Karl Jaspers, um autor que, todavia, tinha a tendência a rejeitar o rótulo de "existencialista"[138]. Em Ricoeur, conforme já veremos, a centralidade que ele mesmo dá a sua autodefinição como "cristão" confere um cromatismo especial ao seu acorde teórico[139].

Isto posto, devemos ressaltar que Paul Ricoeur *não é* um existencialista cristão, mas apenas recebe uma influência forte dessa corrente. Este aparte é necessário, sobretudo se atentarmos para aqueles elementos essenciais que compõem a defini-

---

138. De todo modo, ainda que rejeitando a designação de "existencialista", Jaspers iria definir sua própria filosofia como uma "filosofia da existência". Quanto às influências ancestrais do existencialismo cristão, além da atribuição de influência ao próprio Kierkegaard, há autores que as remontam a Pascal (1623-1662), que já expressava a angústia existencial provocada pela "dependência do homem para com um Criador que permanece escondido e silencioso à Razão" (HUISMAN, 2001: 26).

139. Entre assuntos diversos a que se dedicou, não faltam no conjunto da obra de Paul Ricoeur obras tematizando o cristianismo ou a interpretação de textos bíblicos, estes últimos mais sob a perspectiva de Hermenêutica do que com base em qualquer perspectiva teológica. Cf. os *Ensaios sobre a interpretação bíblica* (1980). De qualquer maneira, a autodefinição como "cristão" foi tão importante para Ricoeur como para Kierkegaard ou Gabriel Marcel.

ção básica de Existencialismo. Se a questão da liberdade humana (como direito e como fardo), e a percepção do homem como projeto em construção (a existência que precede a essência) são elementos do Existencialismo compartilhados entre os autores atrás mencionados e Paul Ricoeur, já não encontraremos nesse filósofo francês a centralidade do conceito de "angústia". O Existencialismo, de uma certa perspectiva, traz sempre uma "angústia" para a centralidade de seu modo de sentir e de pensar. Em Kierkegaard, um pioneiro, já encontrávamos em uma posição central de suas preocupações filosóficas uma angústia específica, que era a "relação torturante entre a dúvida e a fé" (HUISMAN, 2001: 42). Em Heidegger, a angústia é trazida pela "consciência de finitude", à qual não pode escapar nenhum ser humano (1929-1930). Em Sartre (1905-1980), teremos como angústia existencialista a insustentável "consciência de liberdade" ("o homem está condenado a ser livre")[140], ou o irrenunciável poder (dever) de escolha ("o homem nada mais é do que aquilo que ele faz de si mesmo")[141]. Mas em Ricoeur não há propriamente uma angústia que seja central no conjunto de seu pensamento, apesar de ser visível, como já foi ressalta-

---

140. O sentido desta frase, registrada por Jean-Paul Sartre em *O ser e o nada* (1953), é o de que "ninguém é livre para deixar de ser livre". A liberdade, portanto, aqui também se abre como porta de entrada para uma possibilidade de angústia.

141. Dirá Jean-Paul Sartre em *O Existencialismo é um Humanismo* (1946): "A escolha é possível, em certo sentido, porém o que não é possível é não escolher. Eu posso sempre escolher, mas devo estar ciente de que, se não escolher, assim mesmo estarei escolhendo" (SARTRE, 1978: 254).

da, a presença de uma "consciência trágica sobre a vida". O Existencialismo, através de alguns autores específicos, é, todavia, uma importante "nota de influência" no acorde teórico de Paul Ricoeur. E os primórdios da crítica ricoeuriana ao "objetivismo cartesiano" são mais entretecidos a partir dessas primeiras influências existencialistas do que de quaisquer outras fontes.

Por fim, outra "nota de influência" que é incorporada pelo acorde teórico de Paul Ricoeur é aquela que o liga à moderna fenomenologia[142], em particular à fenomenologia de Edmund Husserl (1859-1938)[143]. Esta é uma nota que certamente se modifica ao ser agregada a um acorde como o de Paul Ricoeur, uma vez que a fenomenologia de Husserl passa a ter que conviver, aqui, com uma historicidade relativista que certamente lhe era estranha originalmente. De fato, a filosofia de Husserl tensiona-se contra o Historicismo, que lhe valeu uma acirrada polêmica para

142. A Fenomenologia se define a partir do empenho de descrever, compreender e interpretar os fenômenos que se apresentam efetivamente à percepção humana. Uma de suas contribuições centrais é a extinção da tradicional cisão dicotômica entre "sujeito" e "objeto", sendo com relação a este aspecto em particular que a Fenomenologia interessará à nossa tentativa de pensar um "acorde teórico" que se refira ao pensamento de Paul Ricoeur no que concerne à questão da dinâmica entre Objetividade e Subjetividade na produção do conhecimento histórico.

143. Com relação à influência da fenomenologia husserliana em Paul Ricoeur, devemos ressaltar que um atento ensaio sobre a fenomenologia de Edmund Husserl foi escrito por Paul Ricoeur em 1986 sob o título *A escola da Fenomenologia* (2009). Lembraremos ainda que Husserl também teve por discípulo Martim Heidegger, de modo que, por aí, podemos ver a rede de diálogos que se estabelece entre determinados autores.

a qual contribui pelo menos com dois textos particularmente virulentos[144]. Husserl se recusava com veemência a aceitar a insistência do historicismo na "historicização da filosofia", e a proposta historicista de considerar a não fixidez de toda forma cultural – inclusive de sistemas filosóficos como o seu próprio – levava Husserl a rejeitar o Historicismo de Dilthey[145]. Existe, portanto, uma tensão considerável entre o pensamento de Husserl e a proposta historicista de desenvolver uma "consciência histórica". Isso não impediria

---

144. Em 1911, Husserl havia publicado um artigo intitulado "Filosofia como Ciência rigorosa", no qual fustigava o Historicismo, em especial visando Dilthey. Na verdade, a vertente relativista do Historicismo já vinha sendo criticada agressivamente por Husserl desde um ensaio de 1900 intitulado "Prolegômenos à Lógica pura". O ponto de ataque de Husserl era precisamente o relativismo historicista na sua forma mais acabada, este que, com a intensificação de sua "consciência histórica", procurava mostrar que poderiam coexistir perfeitamente modos de pensamento radicalmente distintos uns dos outros, cada qual legítimo dentro dos seus próprios termos, o mesmo se aplicando às diversas épocas históricas. Em um de seus desdobramentos, a radicalização do relativismo historicista conduziria a admitir, ainda, que toda aproximação a modos de pensamento distintos do nosso já estaria condenada, de antemão, a não apreendê-los senão de maneira deturpada pelos nossos próprios hábitos de pensar. No limite, pensava Husserl, o Historicismo conduzia ao Ceticismo: "Também Dilthey rejeita o ceticismo histórico; porém, eu não posso compreender como ele consegue acreditar ter obtido razões tão decisivas contra o Ceticismo apenas a partir de suas instrutivas análises da estrutura e de sua tipologia das visões de mundo. Com efeito, uma Ciência do Espírito ainda meramente empírica não pode argumentar nem contra nem a favor do que quer que seja que erga uma pretensão de validade objetiva" (HUSSERL, 1965: 53). Martim Heidegger, contudo, um filósofo que foi tão influenciado por Husserl como o seria mais tarde o próprio Paul Ricoeur, foi o primeiro filósofo a incorporar em seu próprio acorde teórico essas duas notas que em outras situações teriam parecido incompatíveis: o Historicismo e a Fenomenologia de Husserl. A harmonização dessas duas notas também aparecerá na filosofia de Paul Ricoeur.

145. Conforme a opinião de Husserl, "o historicismo acarreta a transformação de cada filosofia em mera realização cultural, motivada por circunstâncias históricas particulares e condenada a desaparecer no curso da evolução posterior da humanidade". Cf. o artigo: "Husserl e a História", de Carlos Morujão (2009: 183).

que a fenomenologia de Husserl fosse assimilada, por exemplo, por Heidegger, um filósofo particularmente preocupado com o tempo e com as questões relacionadas à História, embora este filósofo alemão não pudesse deixar de criticar o programa de Husserl como uma fenomenologia desprovida de historicidade, uma questão que para ele seria tão cara como para Paul Ricoeur. De igual maneira, partindo de uma base inicial com a incorporação da Fenomenologia ao seu acorde, Ricoeur também não deixará de empreender a sua própria crítica ao modelo husserliano: nos anos 1980, depois de uma fase intermediária na qual a fenomenologia havia perdido um pouco a intensidade no acorde teórico de Ricoeur em função de seu diálogo (sempre crítico) com o Estruturalismo, a Fenomenologia retorna com toda a intensidade à "identidade teórica" de Paul Ricoeur, mas agora já assumida como uma "fenomenologia hermenêutica"[146].

Um breve vislumbre acerca dos ganhos e perdas de intensidade de uma "nota de influência" como a da fenomenologia, no acorde teórico de Ricoeur, mostra-se particularmente

---

146. A Hermenêutica, logo veremos, é o terceiro elemento que constitui a tríade acórdica de Paul Ricoeur. Quanto à combinação entre as duas vertentes através de Ricoeur, em 1986 o filósofo francês escreverá um ensaio em que propõe claramente uma combinação entre "fenomenologia" e "hermenêutica" para formar o novo conceito de "fenomenologia hermenêutica" por oposição à "fenomenologia transcendental" de Husserl. Esse ensaio, intitulado "Fenomenologia e Hermenêutica", foi publicado na coletânea de ensaios que leva o título *Do texto à ação* (1986). É interessante assinalar que, embora se empenhe em fazer um paralelo contrastante entre os dois modelos de fenomenologia – a "hermenêutica" e a "transcendental" – Ricoeur procura em um segundo momento de seu ensaio retornar a uma análise sobre os textos de Husserl para mostrar que a emergência de uma futura "fenomenologia hermenêutica" já estava implícita nos textos de Husserl. Desta maneira, a "fenomenologia hermenêutica" surge de *dentro* da "fenomenologia transcendental".

útil para que possamos perceber que a "identidade teórica" de um autor é frequentemente um complexo em transformação. Para utilizarmos a metáfora do "acorde teórico" com vistas a compreender pensamentos filosóficos e historiográficos, temos de compreender o acorde (sempre uma metáfora, não mais do que isso) como também um produto histórico: música que abandona e agrega novos elementos e que redistribui intensidades durante o tempo em que perdura. Com a exceção de alguns autores monódicos, um pensamento filosófico ou historiográfico dificilmente poderia corresponder a um acorde único: a metáfora ideal seria antes a da própria "música", que dentro de si contém acordes em sucessão, uns transformando-se nos outros à medida que a composição musical se apresenta no tempo.

Apenas para mostrar a historicidade envolvida na permanente construção e desconstrução do complexo de influências com as quais lidou Paul Ricoeur, incorporando-as e desassimilando-as em diversificados momentos, podemos citar a sua relação com o Estruturalismo no período em que essa corrente dominou o cenário intelectual francês, que correspondeu à década de 1960 e parte da década seguinte. Como em Ricoeur a nota de historicidade esteve sempre intensamente presente, e o tempo como instância de transformação sempre lhe foi fundamental, suas relações com o Estruturalismo sempre foram ambíguas. Ao mesmo tempo, o estruturalismo parece ser nota e contranota, se quisermos insistir na metáfora do acorde teórico. A incorporação da abordagem estruturalista como possibilidade para enriquecer a temática da "Interpretação Textual" – que foi outra nota permanente no circuito de interesses de Ricoeur – precisou conviver, por exemplo, com a crítica do filósofo francês a abordagens estruturalistas como a do antropólogo Claude Lévi-Strauss (1908-2009), por considerar que este desconsiderava de modo inadmissível o tempo, fundamental para perceber o jogo de permanências e transformações que tanto afeta as tradições e inovações como outros fenômenos sociais. Menos tensa foi a análise que desenvolveria sobre a apropriação historiográfica do estruturalismo que foi levada a cabo pelo historiador Fernando Braudel (1902-1985), registrada em uma das mais brilhantes passagens de *Tempo e narrativa*, uma obra já da década de 1980[147].

À parte as "notas de influência" que se mostram mais concentradas em certas fases da produção bibliográfica de Paul Ricoeur, como foi o mencionado caso do estruturalismo, pode-se dizer que a nota fundamental do acorde teórico desse filósofo francês, para além do Existencialismo que o liga a Heidegger e a outros filósofos, continua a ser o Historicismo – tratado aqui do ponto de vista de um filósofo, mas que revela profundo conhecimento acerca da pesquisa e da

---

147. "O que [ele] rejeita, entretanto, é a subordinação da diacronia – o desenvolvimento no tempo – à sincronia, fatia atemporal do sistema considerado. Ele acha que isso elimina qualquer possibilidade de mudanças de significado, uma vez que as estruturas descobertas são tidas não só como atemporais, mas também universais. Já o que Ricoeur enfatiza é o que começava a chamar de compreensão hermenêutica, que acreditava ter que enfocar as coisas exatamente da maneira oposta – isto é, para uma filosofia hermenêutica a diacronia é mais importante que a sincronia. Sem esse pressuposto não há como reconhecer a historicidade dos símbolos – e dos seus significados" (cf. PELLAUER, 2009: 81).

prática historiográfica[148]. O Tempo Histórico, a elaboração e recepção da Narrativa Historiográfica, a relação do trabalho historiográfico com os referentes reais e, enfim, o próprio jogo entre Objetividade e Subjetividade no fazer-se da operação historiográfica, estão entre os temas mais visados pela perspectiva historicista incorporada por Paul Ricoeur desde sua primeira obra sobre história, a coletânea *Verdade e História* (1955). Todavia, a obra clássica de Ricoeur sobre o tema, e que conquista uma visibilidade e aceitação definitiva entre os próprios historiadores, será o consistente conjunto de três volumes que compõem *Tempo e narrativa* (1982-1985), cujo traço mais singular seria resumido por François Dosse nos termos de um ensaio que se mostra bem-sucedido em "situar o discurso em uma tensão que lhe é própria, entre identidade narrativa e ambição de verdade" (DOSSE, 2001: 49)[149].

---

148. Em *Tempo e narrativa* (1983-1985), Ricoeur irá incorporar efetivamente análises de obras de historiadores como Braudel, Duby, Áries e outros, o que lhe dará uma legitimidade adicional entre os historiadores ao rejeitar a prática filosófica que era tão comum de refletir de fora sobre a História (cf. CHARTIER, 1988: 258).

149. É o contexto do descrédito gradual dos grandes paradigmas unificadores – as versões mais inflexíveis do Materialismo Histórico e o Estruturalismo – o que assinala na década de 1980 um contexto diferencial que não havia trazido suficiente visibilidade para a reflexão historiográfica de Ricoeur nos anos 1950, quando ainda vigorava o predomínio dos modelos estruturais e quantitativos entre os historiadores franceses. Em contrapartida, uma visibilidade inesperada para a reflexão historiográfica de Ricoeur acaba sendo favorecida pela emergência dos novos retornos (a narrativa, a história política, a biografia), e também a agitada polêmica em torno da Pós-Modernidade, afora a projeção crescente de novas abordagens historiográficas como a da micro-história. Por isto o sucesso, embora não tão imediato, de *Tempo e narrativa* (1983-1985), uma obra de reflexão filosófica sobre a história que dará muitas aberturas às novas tendências historiográficas. Os primeiros historiadores a discuti-la foram Michel de Certeau, Eric Vigne e Roger Chartier na própria década de 1980 (DOSSE, 2001: 73).

Mais tarde, ao seu circuito de preocupações historiográficas, Ricoeur acrescentaria um novo tópico: o da *Memória e esquecimento* (2000). Mas vamos nos ater, por enquanto, à reflexão mais direta sobre a dinâmica estabelecida entre objetividade e subjetividade, que se faz central neste recorte de análise.

O jogo que se estabelece entre Objetividade e Subjetividade na interpretação historiográfica de textos, bem como na tentativa de apreensão do *outro* temporal, leva-nos à terceira nota essencial do acorde teórico de Paul Ricoeur: a Hermenêutica. Há uma relação muito íntima entre a Hermenêutica e a vertente relativista do Historicismo, particularmente com os neokantianos que desenvolvem seus sistemas de pensamentos a partir de Dilthey; ao mesmo tempo, também os existencialistas da primeira metade do século XX firmaram aí uma relação bastante significativa, notadamente a partir de Heidegger, este filósofo que depois abrirá um expressivo caminho para Hans-Georg Gadamer (1900-2002), mas também para a concepção historiográfica de Ricoeur. Seja a partir de sua base na linha relativista do Historicismo, seja a partir de suas já discutidas influências existencialistas, pode-se dizer que Paul Ricoeur estabelece o seu encontro com a Hermenêutica fortalecido por uma dupla intensidade.

Será oportuno clarificarmos melhor o que vem a ser a Hermenêutica. O vocábulo tem sua origem em uma alusão ao deus Hermes, que na mitologia grega era o "mensageiro dos deuses", o que lhe conferia a regência da "comunicação" e da "linguagem". Na mitologia grega, Hermes passou a se responsabilizar não apenas pela comunicação entre os deuses, mas também em fazer chegar aos homens as mensagens provenientes do Olimpo; por isso, também se transformou no deus da tradução. A invenção da própria escrita seria atribuída a Hermes, bem como os processos e técnicas de decifração. Dessa forma, ao lado da função de "tradução", as funções de "tornar algo compreensível", e, finalmente, "interpretar", passaram a integrar o conjunto de atributos de Hermes. A partir dessa origem mítica de sua raiz, a palavra "hermenêutica" começou a ser utilizada para definir o campo de saber ou o conjunto de práticas e técnicas que, desde os teólogos antigos e modernos, vinham sendo empregados para a "interpretação de textos" (notadamente textos bíblicos). Todavia, o teólogo romântico Schleiermacher (1768- 1834)[150] terminaria por ampliar o campo de ação da Hermenêutica para a compreensão de outros objetos culturais, que não apenas textos e, por fim, para a compreensão

---

150. Friedrich Daniel Schleiermacher (1768-1834), teólogo alemão que nasceu na cidade de Breslau, desempenhou sua atividade religiosa em Berlim. Seu acorde teórico comporta influências de Schlegel, Herder, Kant e Fichte (sem mencionar as primeiras influências que recebe da Escola de Leibniz e Wolff). Sua ambição de fazer a teologia alcançar os setores intelectuais formados no Iluminismo o leva a rejeitar a autoridade literal das Escrituras (daí seu empenho em desenvolver a Hermenêutica como método de interpretação, inclusive para textos sagrados) e também a questionar a incorporação de milagres na narrativa historiográfica. Nota-se a influência de Kant na sua preocupação de ressaltar o direito do individuo de definir os termos de sua própria fé sem ser intimidado por nenhuma autoridade (Kant, em 1798, havia escrito *O conflito das faculdades*, obra na qual discorreu sobre uma questão análoga em relação à autoridade imperial). A contribuição mais importante de Schleiermacher, que o reinseriu mais tarde na história da Hermenêutica, foi a de ampliar o campo de ação desta que era apenas uma técnica para conduzir a interpretação de textos bíblicos.

de culturas inteiras[151]. Este é o momento decisivo no qual a hermenêutica abandona o estatuto de mero conjunto de práticas interpretativas que faziam parte do *métier* dos teólogos, para se tornar então um verdadeiro campo de estudos, a princípio ligado à Filosofia. Investida de uma nova amplitude, a Hermenêutica passaria a ser uma via para se aproximar daquilo que está apartado pela alteridade ou pela distância: daí que, com bastante naturalidade, a Hermenêutica terminou por ser adotada por alguns dos historicistas relativistas de fins do século XIX, entre os quais Wilhelm Dilthey, mas também pelos primeiros existencialistas. Por outro lado, com seus novos desenvolvimentos, a Hermenêutica também se abria à compreensão de que um mesmo texto (e portanto um mesmo processo histórico) poderia comportar diversos sentidos ou interpretações[152].

---

151. O que permitiu este *passing* foi a asserção de Schleiermacher de que "não há pensamento sem discurso", e de que não se pode "pensar sem palavras". Admitido isto, completa-se a expansão da Hermenêutica. Antes se dizia que, "onde houver linguagem, haverá interpretação". Com o entendimento de que todo pensamento processa-se a partir da linguagem, agora se podia dizer "onde houver pensamento, haverá interpretação". A Hermenêutica, desta forma, ultrapassa a "interpretação de textos", e passa a poder se associar à noção de "interpretação de modos de pensar". "Traduzir", para a moderna hermenêutica, não era mais apenas compreender uma linguagem através de outra; mas também compreender uma cultura através de outra; um modo de pensar através de outro; e, para o caso da História, compreender uma época a partir de outra.

152. Será mais uma vez notável a importância de Schleiermacher neste caso. O teólogo alemão preconizava que, a princípio, um texto possuía um sentido único intencionado pelo autor que o escreveu, devendo ser este o sentido a ser buscado pelo intérprete. Mas não havia como não supor a possibilidade que, de um mesmo texto, também se desdobrasse um número significativo de outros sentidos. Desta forma, abria-se aqui o caminho para uma hermenêutica centralizada no intérprete.

A Hermenêutica é, desta maneira, a terceira nota de especial intensidade que está presente no acorde teórico de Paul Ricoeur: aquela nota que relaciona sua filosofia com questões como a "interpretação", a "alteridade", a "compreensão da historicidade". Em particular, a confluência entre Hermenêutica e Epistemologia iria encontrar na filosofia de Paul Ricoeur um campo bastante profícuo. Questões filosóficas de natureza hermenêutica relacionadas ao conhecimento – "de que maneira o sujeito conhece a si mesmo" e "de que maneira o sujeito conhece outro sujeito, isto é, outras mentes humanas" – já vinham sendo tratadas desde o primeiro ensaio original de Ricoeur, a tese *Liberdade e natureza* (1950), e, naturalmente, essas mesmas questões terão uma incidência particularmente significativa quando, desde a década de 1950, o filósofo francês começou a pensar a História, este campo de conhecimento no qual o sujeito-historiador precisa conhecer "outras mentes" através das fontes históricas, e "a si mesmo", enquanto sujeito que produz o seu conhecimento a partir de um lugar específico e enredado por uma tradição. A atenta avaliação das intersubjetividades que afetam o historiador constituirá um aspecto que reforça a integração do pensamento de Paul Ricoeur à tradição historicista. O Sujeito produtor de conhecimento, aqui como em outros autores ligados à vertente relativista do Historicismo, será sempre examinado como um polo que extravasa os limites da individualidade e que passa a ser inscrito e reinscrito em um arco mais amplo de intersubjetividades que o transcende através de seu pertencimento a outras instâncias (a época, a nação, a religiosidade, a inserção social, a comunidade científica). Em

Ricoeur, porém, há ainda uma originalidade: além desse sujeito que produz o conhecimento através da escrita da história, os sujeitos do passado, trazidos à vida através das fontes, também fazem parte do polo "Sujeito", não se constituindo em objetos passivos que são analisados pelo historiador.

Deste modo, Paul Ricoeur reconstrói de uma nova maneira a tradicional relação entre sujeito e objeto na História, e redefine também o que é o Objeto da História. De acordo com sua proposta, os homens do passado – examinados pelo historiador – constituem tão parte do polo "sujeito" como o próprio historiador. O Objeto de estudo, uma época ou um processo, abre-se a uma análise na qual tomam parte ativa o historiador e os próprios sujeitos e vozes que chegam do passado através das fontes, uma vez que estas retroagem também sobre o historiador, que não trabalha com a sua documentação em uma via de mão única, analisando-a distanciadamente. No processo de produção do conhecimento, as fontes materiais e vestígios também vão imprimindo as suas direções aos caminhos a serem percorridos, obviamente que em interação com o próprio trabalho do historiador. Este, ao final do processo de produção do conhecimento historiográfico, também se vê transformado. Mas há mais. Para além do "sujeito-objeto" que é constituído pelos sujeitos do passado, também o leitor, o receptor do conhecimento histórico a ser produzido, é ele mesmo sujeito de produção do conhecimento[153]. Com isto, reúnem-se complementarmente os três mundos envolvidos

153. A "centralidade da leitura" já vinha sendo tratada por Paul Ricoeur como um tema fundamental para análise desde sua obra *Do texto à ação* (1986).

no processo de produção-recepção da narrativa: o "mundo do leitor", o "mundo do texto", e o "mundo do autor".

Incorporando essa perspectiva complexa em torno do Sujeito que produz a História-Conhecimento – um sujeito plural, que inclui o historiador, as vozes do passado e o leitor – a principal função da História passa a ser a de oferecer um caminho para que os homens tomem consciência de sua presença no tempo, e se estabelece assim um diálogo entre o Passado e o Presente que tem por objeto o vivido (do Passado e do Presente) e por resultado mais importante a troca de experiência entre estas instâncias. Mais do que em qualquer outra concepção historicista que trouxe a *Compreensão* para o centro do processo de elaboração do conhecimento histórico, o "compreender" torna-se aqui mais complexo, levando a um processo que inclui a "compreensão do outro" e a "autorreflexão sobre si mesmo" em um movimento circular que pode se estender indefinidamente entre as mediações do historiador, do leitor, e dos homens que fazem parte do passado vivido e que retornam através das fontes.

É preciso ainda, por fim, desmontar a dicotomia "Objetividade/Subjetividade" por dentro de cada um dos seus próprios termos. Paul Ricoeur se vale constantemente de sua habilidade de surpreender cisões no interior de categorias antes tratadas como únicas, e é assim que, no interior mesmo da categoria "subjetividade", o filósofo francês já procurava, desde as suas primeiras obras sobre a História, separar uma espécie de "boa subjetividade" – condição para a própria pesquisa que se desenvolve a partir do "eu investigador" – e uma subjetividade prejudicial, que adentra o processo de produção do conhecimento científico imiscuída em um "eu patético" que também acompanha, como uma sombra incômoda, o investigador. A "subjetividade cindida" de Paul Ricoeur, de alguma maneira, corresponde a um esforço análogo ao que já vimos em Max Weber, em sua tentativa de separar a categoria da "subjetividade" entre uma "subjetividade lógica" – que seria útil e mesmo necessária ao conhecimento científico e às operações lógicas – e uma "subjetividade prática", que abarca aquelas subjetividades que apenas se mostram úteis à vida comum, à esfera política, moral, e outras similares. A solução weberiana e a solução de Ricoeur, se não se aproximam nos seus desdobramentos, correspondem a estratégias similares para superar a tradicional dicotomia entre Objetividade e Subjetividade.

A posição dupla do historiador em relação ao seu objeto de estudo historiográfico, "dentro" e "fora" dele ao mesmo tempo, situa Paul Ricoeur em um território comum em relação a outros filósofos que se inscreveram na combinação entre a tradição hermenêutica e a herança historicista, tal como foi também o caso de Hans-Georg Gadamer (1900-2002)[154].

154. Na terceira de suas conferências que constituem a série depois publicada sob o título *A consciência histórica* (1996), Gadamer procura mostrar a posição dupla que o historiador tem em relação à tradição que examina historiograficamente e da qual extrai também os seus próprios valores e visão de mundo. O seu empenho em remover a oposição abstrata entre "tradição" e "pesquisa histórica" é análogo ao empenho de Ricoeur em rediscutir a dupla posição do historiador – "fora" e "dentro" – em relação ao seu objeto. Nos dois autores, essa dupla posição, a ser reconhecida, deve ser compreendida também como uma unidade circular, na qual as duas partes atualizam relações recíprocas. Encontraremos na conferência de Gadamer as seguintes palavras: "Para se proceder a uma hermenêutica histórica deve-se, consequentemente, começar por remover a oposição abstrata entre tradição e pesquisa histórica, entre história e saber. Tudo o que tradição viva, de uma parte, e a pesquisa histórica, de outra, carregam forma uma unidade efetiva que só pode ser analisada como uma rede de ações recíprocas" (GADAMER, 2006: 45).

Em vista de seu distanciamento temporal em relação à realidade a ser analisada, o historiador afasta-se do seu objeto, mas em função da sua "intencionalidade de conhecimento", um conceito que é retomado da fenomenologia de Edmund Husserl, impõe-se uma aproximação entre o sujeito e seu objeto (DOSSE, 2001: 77). Lidar com a ambiguidade entre as posições de Sujeito e Objeto, e entre as posturas de afastamento e aproximação que se estabelecem entre um e outro, veio a constituir uma nota comum aos autores que buscaram superar a dicotomia simplificada que opunha sujeito e objeto desde o *cogito* cartesiano[155]. Paul Ricoeur desfaz esta simplificação em diversos momentos de sua reflexão sobre a elaboração do conhecimento em geral, e do conhecimento histórico em particular. A granulação e dinamização da relação entre autor e leitor, ou entre historiador-produtor de conhecimento e leitor-consumidor de História, insere-se no mesmo impulso filosófico, conforme veremos mais adiante. Todavia, Ricoeur não será um difamador da objetividade; a intenção de objetividade, da parte do pesquisador, constitui um momento da operação historiográfica. Mesmo a tradicional oposição neokantiana entre "compreensão" e

---

155. O *cogito* cartesiano, expresso através da célebre fórmula "penso, logo existo" (*cogito, ergo sum*), tornou-se a base do procedimento racionalista implementado por Descartes. A frase aparece tanto no *Discurso sobre o método* (1637) como nos *Princípios de Filosofia* (1644). No decorrer de sua argumentação, exposta em *Discurso sobre o método* (1637), fica patente a divisão entre sujeito e objeto no processo de produção do conhecimento, uma dicotomia que começa a ser questionada no século XIX por Nietzsche, e depois pelos filósofos existencialistas. Ricoeur registrará sua crítica ao *cogito* cartesiano na obra *Filosofia da vontade* (1950), particularmente nos itens "A descrição do *cogito* e a objetividade científica" e "Descrição pura (ou fenomenológica) e mistério" (RICOEUR, 2009b: 25-36).

"explicação", difundida por Dilthey e já presente pioneiramente em Droysen, recebe em Ricoeur um tratamento complexo, que as faz complementares uma da outra no interior da operação historiográfica (1955: 26).

A intensa ação das intersubjetividades adentra em diversos momentos a operação historiográfica, tal como postula Ricoeur, e não recuperaremos esses momentos passo a passo porque eles coincidem, por exemplo, com as mesmas interferências que já vimos na análise da produção do conhecimento social em Max Weber. Há por exemplo, em primeiro lugar, a escolha temática, produzida na perspectiva de Weber por valores já trazidos pelo pesquisador, e que em Paul Ricoeur recebe a designaçao de "juízo de importância" (1955: 28). As conexões estabelecidas entre os elementos da narrativa, diante de uma miríade de possibilidades, também são orientadas pelos valores do historiador que constrói a sua intriga. Há ainda a alteridade que se estabelece entre o Mesmo e o Outro, pois o historiador precisará traduzir nas suas próprias chaves, e de seu tempo, esse Outro que lhe chega através das fontes e de suas ações em um presente que já não é mais o seu. Tornar o Outro histórico legível para o seu leitor é função do historiador, e isto implica lidar com subjetividades que vêm de uma outra época, com subjetividades que vêm de sua própria época através de uma linguagem que também é a sua, e com as suas próprias subjetividades autorais, manifestas no próprio processo de traduzir e de empreender esta mediação.

Atingir o Outro no seu âmago, ou ao menos em uma leitura que não o desfigure, e traduzi-lo para a linguagem contemporânea, na verdade para a "sensibilidade contemporânea", requer uma significativa "imaginação historiográfica". A intenção de verdade do historiador deve conviver com esse incontornável trabalho de imaginação sem o qual não se pode compreender o Outro; daqui a já mencionada observação de Ricoeur de que a "compreensão" se oferece à "explicação" como "complemento e contrapartida" (RICOEUR, 1955: 26)[156]. A subjetividade, para falar mais rigorosamente, torna-se intermediária necessária para a objetividade: condição necessária para que esta se produza efetivamente neste tipo de conhecimento que é a História, no qual o Outro-objeto já não está mais presente. A própria distância temporal não é mais sentida como obstáculo a superar, mas sim como possibilidade de estabelecer um tipo específico de conhecimento[157].

Por fim, o último nível que impõe à intenção de objetividade historiográfica a relação dialética com a subjetividade refere-se àquele aspecto a que já nos referimos outras vezes, e no qual não será mais necessário insistir, pois foi amplamente discutido por todos os historicistas relativistas a partir de Droysen e Dilthey: o fato inconteste de que o objeto visado pela história é o próprio homem ou os modos como a humanidade se apresenta e se transforma nesse homem – de

---

156. Ricoeur chama atenção para o fato de que o historiador sempre procura explicar o que pode ser conhecido acerca daquilo que realmente aconteceu. Ele não precisa dizer a verdade, e talvez isso não lhe seja possível; mas deve em todo o caso ser fiel e uma "intenção de verdade".

157. Hans-Georg Gadamer, este outro nome da moderna Hermenêutica de origem historicista, também apresentará uma posição próxima à de Ricoeur em relação a essa questão. Em *Verdade e método* (1960), ele dirá: "Na realidade, o que importa é ver na distância temporal uma possibilidade positiva e produtiva dada à compreensão".

modo que aqui o sujeito que produz o conhecimento histórico e o outro historiográfico a ser analisado encontram-se em um território comum. Historiador e realidade histórica a ser analisada, já ressaltamos alhures, encontram-se ambos mergulhados no próprio rio da história. As subjetividades do sujeito-produtor de conhecimento, do "outro histórico" do qual se faz objeto, e das fontes que os medeiam, acham-se unidas em um mesmo destino comum que é a sua humanidade.

Vamos nos concentrar a seguir em uma das principais contribuições de Paul Ricoeur para a reflexão historicista recente, aquela que se refere à reconciliação entre *Tempo e Narrativa Histórica*, sendo este o título de um de seus principais livros. Seu objeto de reflexão filosófica, nessa obra, é precisamente a relação entre "tempo vivido" e "narração" – ou, dito de outra maneira, entre "experiência" e "consciência". Para Ricoeur, a História seria simultaneamente lógica e temporal, de modo que surge com ela a possibilidade de integrar dialeticamente aspectos que antes pareceram inconciliáveis: o tempo estrutural ou lógico da análise historiográfica, e o tempo vivido apoiado na narrativa. Uma referência crítica de Ricoeur nesse momento é a Escola dos *Annales*, um movimento que discutiremos no volume 5 desta obra e que, em uma de suas vertentes, introduz uma nova maneira de pensar o tempo em termos de estruturas, e não de fluência dos acontecimentos. Confrontando-se contra toda uma tradição "estruturalizante" da historiografia francesa que reinara soberana entre 1945 e meados dos anos 1970, Ricoeur irá insistir que o discurso do historiador pertence antes de tudo à ordem das narrativas, embora um tipo especial de narrativa, e não a um gênero de discurso analítico que pretende não se alimentar do modelo narrativo[158]. Para Ricoeur, o não narrativo sequer existe. Mesmo a história de longa duração de Fernando Braudel, levada a efeito na sua emblemática obra *O Mediterrâneo e a época de Felipe II* (1966), aliás analisada cuidadosamente por Ricoeur, seria para o filósofo francês ainda uma meganarrativa que teria no próprio "Mediterrâneo" um "quase personagem"[159].

É o resgate do estatuto do modo narrativo, demonstrando que ele estaria presente mesmo nos discursos historiográficos que queriam explicitamente rejeitá-lo, o que Ricoeur colocará como um perturbador questionamento para alguns historiadores, e como uma instigante sinalização para outros que já buscavam com acentuada inquietude novos modos de expressão historiográficos para além dos que vinham sendo recomendados pelos paradigmas dominantes. A frase

---

158. É importante lembrar que, em 1971, em um livro intitulado *Como se escreve a História*, o historiador Paul Veyne já havia definido a História como uma "intriga". Nesse ensaio, Veyne buscou sustentar que a História consistiria basicamente em um gênero literário que, se produzia explicações, isto não tinha nada a ver com cientificidade, mas apenas com a maneira específica que a narrativa histórica encontrava para se organizar em uma "intriga compreensível". Há por outro lado uma diferença bastante acentuada entre Veyne e Paul Ricoeur. Para Veyne, a História corresponde a uma intriga puramente lógica (a "intriga aristotélica", por excelência); para Ricoeur, conforme veremos, a intriga histórica incorpora também a instância do vivido.

159. Em diversas oportunidades, Paul Ricoeur reinventa – a partir da incorporação do complemento "quase" a certas palavras – novos conceitos que se aproximam de uma determinada situação ainda que sem atingi-la plenamente: "explicação quase causal", "quase personagem", "quase intriga", "quase acontecimento" – eis aqui algumas palavras que habitam a flexibilidade de sua argumentação.

lapidar de que "toda história é narrativa", pronunciada por Ricoeur no seio de uma historiografia francesa que durante décadas cultivara o discurso de desprezo em relação ao factual, ao biográfico, ou mesmo ao tempo agitado da história política mais tradicional, invadiu como um raio inquietante a tranquilidade celeste de uma historiografia na qual os *Annales*, há muito, já haviam deixado de ser o raio perturbador para se tornar o para-raios do poder historiográfico instituído[160].

Ricoeur vinha com a sua reflexão filosófica e historiográfica perturbar até mesmo os mais sólidos castelos historiográ-

---

160. O chamado "retorno da narrativa" desponta na história da historiografia ocidental nos anos 1970. Todavia, quando se fala em um "retorno da narrativa", a entender pela argumentação que logo veremos desenvolvida a partir da argumentação de Paul Ricoeur, podemos estar diante de um "falso problema". É isto o que pensa Roger Chartier em seu artigo "A história hoje: dúvidas, desafios, propostas" (1994). Como poderia haver propriamente "retorno" se nunca houve a ausência da narrativa ou o verdadeiro "abandono" do modo narrativo na história da historiografia? De nossa parte, acreditamos que talvez se possa falar em um "retorno da consciência de narratividade". A primeira grande polêmica sobre este retorno da consciência de narratividade histórica foi provocada pelo artigo de Lawrence Stone intitulado "O retorno da narrativa" (1979). O historiador marxista Eric Hobsbawm irá polemizar contra Stone em um artigo de mesmo nome, publicado no ano seguinte na revista *Past and Present* (1980). A perspectiva de Stone sobre a história narrativa é distinta da que já veremos constituir a proposta de Ricoeur. Enquanto o historiador inglês opõe a "história narrativa" que estaria surgindo a certo modelo de "história científica", Ricoeur terá o cuidado de ressaltar que "toda história é narrativa", inclusive as modalidades ancoradas no cientificismo. A posição de Hobsbawm distingue-se tanto em relação à de Stone como à de Ricoeur: ele admite a "história narrativa" como um tipo de história diferente de outras, mas não para opô-la à história científica ou determinista, como faz Stone. Hobsbawm irá se expressar em termos de "alternativas" à disposição do historiador, o que não ocorrerá com Ricoeur, pois, para o filósofo francês, o historiador sempre estará fazendo, em algum nível, uma história narrativa.

ficos que haviam sido zelosamente construídos pela Escola dos *Annales*: a história quantitativa sob a regência de Ernst Labrousse, e a História de "longa duração" arquitetada por Fernando Braudel. Para Ricouer, mesmo a História mais estrutural, entre as que foram laboriosamente produzidas por alguns dos historiadores das primeiras duas gerações dos *Annales*, ou a História ainda mais coletiva, que apaga os heroísmos e ações individuais para construir uma história das lutas de classe e do seu diálogo com os modos de produção, seria narrativa. Essas "Classes Sociais", a "Sociedade", as "mentalidades de época", constituem de certa perspectiva "quase personagens", como nos mostra Chartier nos seus comentários sobre a contribuição de Ricoeur (2002: 86). Mais ainda, conforme argumenta Jacques Revel em seu ensaio de 1996 sobre "Microanálise e construção do social", até mesmo uma série de preços constituiria de alguma maneira uma forma de narrativa, uma vez que esta organiza o tempo e produz uma forma de representação (REVEL, 1996: 35)[161]. Essa percepção da longa duração como cenário para um teatro de longo alcance, e da "série" como universo de materiais que, de alguma maneira, já pressupõe um enredo, não teria

161. Na "História serial" o historiador estabelece uma "série" (de documentos ou de dados), e é essa série que passa a interessá-lo na feitura de seu trabalho historiográfico. François Furet, em seu *Atelier do historiador* (1991: 93), define a História Serial em termos da constituição do fato histórico em séries homogêneas e comparáveis. A "série" veio a se constituir no principal conceito para esse tipo de história, o ponto nodal em torno do qual a operação historiográfica se desenvolve. Para maiores esclarecimentos sobre a História Serial, cf. Barros, 2005, p. 47-51, e tb. Barros, 2007, p. 147-152. Voltaremos a essa questão quando abordarmos a temática das "Fontes Históricas", no volume 6 desta série.

atingido um acabamento tão refinado sem a contribuição de Ricoeur[162].

A consciência da narratividade (necessária) da História, reafirmada por Paul Ricoeur, apresenta implicações relevantes, sendo a mais importante delas assegurar o retorno do vivido, da sensibilidade e da ação humana a uma historiografia que nos casos extremos parecia quase se abstrair do homem. A inteligibilidade histórica, certamente necessária tal como haviam proposto os historiadores ligados aos *Annales*, não poderia, sustentará Ricoeur, excluir o vivido. O conhecimento histórico poderia apresentar um caráter lógico e estético, mas, ao mesmo tempo, na interação dialética entre o vivido e o lógico estaria o fundamento de uma História satisfatória e útil à vida. Privilegiar o vivido contra o lógico, ou vice-versa, conduziria em ambos os casos a formas insatisfatórias de História. Devolvida à própria vida, da qual saíra, a História não poderia se afirmar como atividade puramente intelectual – tal como proporá Paul Veyne em suas reflexões sobre a "História conceitual" (1974) – e deveria buscar "ensinar a viver". Percebe-se aqui que Ricoeur recupera, em uma de suas instâncias possíveis, uma função que já não vinha mais sendo enfatizada pela historiografia do século XX: a "História Mestra da Vida" – embora não uma mestra para os grandes estadistas e políticos, e sim para o próprio ser humano que vivencia cotidianamente o desafio de viver.

---

162. Mais adiante explicitaremos a argumentação de base que permite a Paul Ricoeur afirmar que "toda história é narrativa".

Outra implicação da proposta ricoeuriana de retomar a consciência da narratividade histórica foi a de colocar entre colchetes o determinismo, a ideia de que os caminhos da história já estão de alguma maneira traçados e que os homens teriam de se resignar a segui-los em pontilhado. A Narrativa, ao trazer no seu cerne as escolhas dos personagens que a habitam e que entretecem juntos o seu enredo, mostra-nos uma história na qual as decisões são tomadas na própria história, e não antes dela ou em algum ponto exterior que, tal como nas antigas teleologias patrocinadas pelas filosofias da história, impõem-se ao mundo histórico como um sol que já traz dentro de si todos os planos a serem realizados. A História não seria o estudo da execução de um plano que já está traçado, mas sim o "estudo da ação". Seguir uma história, e ao mesmo tempo constituí-la em História, implica para Ricoeur "compreender uma sucessão de ações, de pensamentos, de sentimentos que apresentam ao mesmo tempo determinada direção mas também surpresas (coincidências, reconhecimentos, revelações). A partir dessa perspectiva, a conclusão de um enredo histórico nunca é dedutível ou previsível" (1986: 177)[163].

Será preciso destacar aqui que, se a concepção de narrativa histórica proposta por Paul Ricoeur apresentou-se em termos de um confronto em relação às pretensões de "rejeição da narrativa" pela história estrutural, que ainda passava por ser dominante nos meios historiográficos franceses, por

---

163. Alguns dos textos de Ricoeur que mais atentam para essa presença da ação humana na história podem ser encontrados em *Du texte à l'action* (1986).

outro lado, o filósofo francês também guardou uma distância em relação às propostas historiográficas Pós-modernas que vinham se fortalecendo na década de 1980. Seu cuidado especial foi o de demonstrar a especificidade da narrativa historiográfica frente à narrativa ficcional, e não de confundir essas duas modalidades narrativas, essa alternativa que na época já surgia como um dos discursos historiográficos da pós-modernidade. Distanciado em relação a esta posição que não se incomodava em confundir História e Ficção, Ricoeur empenhou-se em mostrar que uma das singularidades da narrativa histórica era a de também se apresentar como um discurso cuja intencionalidade apontava para um referente real (ou existente) do Passado. Retomar a narrativa como uma dimensão fundamental para o discurso histórico não implicava, para Ricoeur, um mergulho na ficção. Quando muito, a narrativa histórica poderia reivindicar para si o "duplo estatuto de realidade e ficção"[164].

O potencial explicativo-narrativo trazido pela dimensão analítica da História, e a narratividade inerente à mesma – ambos orientados pela intenção de verdade – constitui em Ricoeur o ponto nodal que permite definir a História como um gênero (narrativo) específico[165]. Essa integração entre

---

164. Essa imagem é evocada por Ricoeur em um artigo de 1994, intitulado "História e Retórica" (p. 25).

165. A "intenção de verdade" adquire um significado sutil em Ricoeur. Motivado pelo compromisso de ser fiel ao passado, o historiador "gostaria que sua construção fosse uma reconstrução". Seu tratamento rigoroso das fontes, e o compromisso de trabalhar com as referências de realidade obtidas dos indícios, sintonizam com a sua intenção de verdade.

a experiência sublunar – o "vivido" – e a Lógica, expressa através da construção da "intriga", deveria constituir a base essencial do trabalho do historiador.

O monumental esforço de introduzir uma rigorosa reflexão em torno de uma dialética entre o vivido e a lógica é conseguido por Paul Ricoeur através de uma extraordinária erudição e capacidade de reflexão filosófica, sendo que ele praticamente retoma a História da Filosofia, relativamente às questões da temporalidade, para lograr êxito nessa empresa. Uma vez que oportunamente discutiremos as questões relacionadas ao "Tempo", deixaremos para aquela ocasião essa parte da reflexão desenvolvida por Paul Ricoeur. Por ora, lembraremos apenas que, entre o "tempo lógico" de Aristóteles e o "tempo da alma" de Santo Agostinho, Ricoeur irá construir a sua própria proposta de uma interação de perspectivas para a narrativa histórica. Esses dois modelos de tempo, o tempo exterior da intriga e o tempo interior da alma, são os dois polos a serem colocados em interação pela narrativa histórica proposta por Ricoeur, que busca acomodar o tempo interno agostiniano à intriga Aristotélica. Vejamos mais de perto esse singular ajuste.

O Tempo Interior de Santo Agostinho – que já havia sido abordado por Heidegger em uma conferência de 1930 – é um dos dois pontos de partida, se assim se pode dizer, da reflexão de Paul Ricoeur sobre a relação entre *Tempo e Narrativa*. Santo Agostinho havia rejeitado a antiga tese grega (reencaminhada por Aristóteles) de que o tempo correspondia a um "movimento dos astros", e introduz a noção de que "o tempo é interior, passando-se na alma", o que o permite impactar essa alma humana com uma tripla presença: do Passado, através da *Memória*; do Presente, através da *Visão*; e do Futuro, através da *Espera* (ou da "expectativa"). Esta experiência do tempo corresponde a uma profunda vivência humana, mas ao mesmo tempo trata-se de uma experiência não comunicável, porque impregnada de subjetividade.

Já com a *Poética* de Aristóteles (384-322 a.C), ao contrário, considera-se o modelo de tempo no qual as ligações internas da Intriga dão-se mais de forma lógica que cronológica (no caso, uma lógica do "fazer poético")[166]. O impasse entre o vivido e o lógico, entre Tempo e Narrativa, pode ser exemplificado, desta maneira, pela oposição entre Agostinho e Aristóteles, e é a partir daí que Ricoeur vai desenvolvendo a sua importante reflexão sobre a narrativa histórica. A concepção psicológica do tempo de Santo Agostinho oculta o tempo do mundo, e a concepção cosmológica do tempo de Aristóteles – considerado como movimento dos corpos – oculta o tempo da alma. O tempo da alma, e o tempo da natureza, por assim dizer, contrastam-se a partir destes dois ícones filosóficos, e o historiador não poderia realizar o seu trabalho a con-

166. A *Arte Poética*, escrita por Aristóteles por volta de 334 a.C, desenvolve-se em torno de uma discussão sobre a forma e aspectos estéticos relacionados a dois dos principais gêneros literários da Grécia Antiga: a tragédia e a epopeia (mas há evidências de que teria sido perdido um segundo volume dessa obra, que tratava da poesia iâmbica e da comédia). De algum modo, a *Poética* de Aristóteles foi o primeiro empreendimento, na história da filosofia, para realizar algo que nos dias de hoje se aproximaria do campo da Teoria Literária. O que estará interessando a Ricoeur nessa obra é a maneira como o filósofo grego via as relações entre tempo e narrativa.

tento se se limitasse a uma ou outra destas concepções[167]. O tempo torna-se "humano" precisamente quando é "organizado à maneira de uma narrativa", e a narrativa extrai o seu sentido exatamente da possibilidade de "retratar os aspectos da experiência temporal" (RICOEUR, 1983: 61)[168]. Temporalidade e Narratividade reforçam-se reciprocamente.

Antes de prosseguirmos, convém nos determos nas implicações mais amplas sobre o "narrar", sempre de acordo com as reflexões desenvolvidas por Paul Ricoeur em *Tempo e narrativa*. A narrativa é sempre constituída de uma trama que constitui seus diversos episódios e, além de ligá-los entre si, os coloca em relação com o enredo mais amplo, daí resultando uma totalidade significativa[169]. Todavia, essa trama que se estabelece para cada narrativa específica, seja ela qual for, parte, antes de mais nada, de materiais que já se encontram configurados previamente na própria língua. Já se encontram na própria estrutura e

---

167. É para suprir as incompletudes de uma e outra das duas concepções antitéticas do tempo, que surgem os diversos "conectores", tal como argumenta Ricoeur. Apenas para dar um exemplo, há o "calendário", uma composição mista que inclui medições e símbolos, e que busca estender uma ponte entre o tempo cósmico e o tempo vivido, terminando simultaneamente por "humanizar o tempo cósmico" e por trazer uma dimensão cosmológica ao tempo vivido. A essas questões voltaremos no capítulo que tratará das relações entre "Tempo e História", volume 6.

168. Como dirá Ricoeur: "a circularidade entre temporalidade e narratividade não é viciada, mas sim constituída por duas metades que reciprocamente se reforçam" (RICOEUR, 1983: 61).

169. Narrar implica uma competência que Ricoeur denominará "compreensão prática", e que corresponde a "dominar a trama conceitual no seu conjunto, bem como cada termo na qualidade de membro do conjunto" (RICOEUR, 1983).

materiais da língua todas as possibilidades narrativas, embora seja tarefa do falante ou do produtor de discursos selecioná-las e individualizá-las através de uma ação humana e de novos elementos que irão singularizar cada narrativa como única. Previamente a qualquer discurso narrativo que irá tomar forma, já existe na língua uma complexa e heterogênea "rede conceitual" que já traz dentro de si seus potenciais narrativos (Ricoeur irá chamá-los de "configurações pré-narrativas da ação").

Quando dizemos "Judas traiu Jesus", a palavra "trair" já contém dentro de si, por assim dizer, uma micronarrativa. Verbos como "trair", "amar", "trabalhar", "explorar", já nomeiam previamente certas ações humanas possíveis e tornadas possíveis de serem pensadas através da língua, da mesma forma que conceitos como "causa", "consequência", "ação", "reação", "luta", "aliança", e inúmeros outros, já se oferecem como conectores narrativos àquele que manipula a língua para comunicar. A possibilidade de figurar ações humanas em linguagem já está incluída na própria língua, e caberá ao construtor de narrativas acrescentar a esses materiais e situações que se disponibilizam na língua uma série de especificidades discursivas que darão a cada narrativa, em sentido estrito, uma configuração própria e singular. "Trair", narrativa presente na própria língua, transforma-se na "traição de Judas em relação a Jesus", especifica-se.

A narrativa é ainda constituída de uma história (ou de histórias entrelaçadas) não apenas sobre a "ação humana", mas também sobre os seus significados. Quando contamos uma história sobre como "Judas traiu Jesus", não estamos apenas relatando a sequência das ações humanas, mas também discutindo os seus significados. Podemos estender a narrativa e falar sobre as causas e consequências do ato de Judas, ampliar o seu tempo para além do vivido de cada um dos dois personagens envolvidos. Narrar é configurar ações humanas específicas, mas é também discorrer sobre significados, analisar situações. Inversamente, discorrer sobre significados e analisar são também formas de narrar, e é por isto que, tal como já foi ressaltado anteriormente, as modalidades historiográficas que se propõem a ser analíticas não conseguem escapar de serem também narrativas. Escolher elementos para constituírem uma "série" e comentá-los, conforme já foi exemplificado, é também narrar; e discorrer sistematicamente sobre a "exploração" de um sujeito coletivo, a classe operária ou um grupo historicamente localizado de camponeses, é também uma narrativa que, de resto, já continha uma narrativa prévia no próprio verbo "explorar".

É neste sentido que, acompanhando de perto as proposições de Paul Ricoeur, François Hartog assinala que, mesmo com a afirmação de novos regimes de historicidade no século XX, "a história não cessou de dizer os fatos e os gestos dos homens, de contar, não a mesma narrativa, mas narrativas de formas diversas" (HARTOG, 1998: 200-201). Ou, para retomar o próprio pensamento de Ricoeur, mesmo os regimes de historicidade que buscam insidiosamente excluir ou minimizar a presença da narrativa dos seus modos de escrita, o que de resto só é possível na aparência, ainda assim permanecem "tributários da inteligência narrativa". Isto porque, de um lado, existe uma inteligência narrativa estruturada na própria língua, e porque, de outro lado e também por isso, todo historiador que se põe a escrever um livro de História não pode senão visar à "compreensão narrativa" de seus leitores, isto é, sua capacidade de produzir e entender narrativas.

Deve-se ter em vista, por fim, que essa nova maneira de entender a "narrativa", e a "narrativa histórica" em particular, também pressupõe a redefinição de uma série de conceitos afins, tal como o próprio conceito de "evento". Para Paul Ricoeur, o evento não corresponde necessariamente ao "tempo curto", ao acontecimento pontual da chamada "história factual" ou da pequena narrativa cotidiana que é contada para um ouvinte. O "evento" é, na verdade, tudo aquilo que produz algum tipo de mudança no interior de uma narrativa: pode assinalar o início de um processo, demarcar o seu fim, produzir uma mudança de curso, agregar mais movimento a um processo em andamento, estancar este processo, ou acrescentar ao relato um novo elemento informativo. Quando se tem uma narrativa em escala ampliada, os cem anos de uma história imóvel ou quase imóvel podem corresponder a um único evento. Não é a extensão de tempo que define o evento, mas sim a sua qualidade, o seu poder de transformação ou de intensificação no interior da narrativa que o inclui. Portanto, a chamada "história de longa duração", ainda assim, é constituída de eventos; consequentemente, também aqui teremos uma narrativa. Onde existe "evento", existe narrativa; e onde existe narrativa, existem eventos. Se esses eventos se aproximam da escala cósmica na sua extensão ou duração, se o "vivido" se apaga aparentemente (mas nunca totalmente), o máximo que pode acontecer é que a totalidade construída pelo historiador adquira a aparência de uma "quase narrativa".

Quando os seres humanos parecem se apagar em função da distância em que os contemplamos, o personagem pode deixar de ser o comandante ou o marinheiro que limpa o convés de um barco; essa pequena embarcação pode então se transformar em um personagem no interior de uma narrativa que conta a história de muitos barcos que se movimentam no mar. As embarcações de vários tamanhos são ainda personagens, uma vez que por trás do seu movimento continuam existindo ações humanas e seus significados. Mas, se a escala se amplia ainda mais, e os barcos vão se tornando demasiado pequenos até ficarem quase irreconhecíveis, ainda poderemos enxergar o sulco que cada um deles deixa nas águas. Esses sulcos indicam movimentos em uma ou outra direção: talvez, na sua recorrência, indiquem rotas comerciais e, ainda aqui, algo estará sendo narrado. A interrupção do movimento depois de muitos e muitos anos, ou a sua mudança de rumo, podem ser entendidos como eventos nessa história de média ou longa duração. Pode-se dar, por fim, que contemplemos esse mar a tal distância que só vejamos a sua massa de águas azuis debater-se contra a solidez da terra que indica uma súbita mudança de ambiente, e que ainda mais além surpreendamos montanhas que passam a conformar um terceiro ambiente. Esse mar, esta terra costeira e aquelas montanhas talvez tenham se tornado, então, personagens em uma geonarrativa na qual os eventos serão acontecimentos de grandes proporções, tal como o gradual avanço do mar sobre a terra ou o seu recuo, ou como a mudança, depois de muito tempo, da folhagem que recobre a costa sob a regência de grandes mudanças climáticas. Também isto poderá ser uma narrativa – uma "quase intriga" – e o mar e a terra poderão ser concebidos como personagens inseridos em um enredo. Se este mar é o "Mediterrâneo", um nome que sempre que é pronunciado vem carregado de significados, também teremos aqui um "quase personagem".

Compreendidas as implicações mais extensas da possibilidade de narrar, e os sentidos mais ampliados que podemos atribuir à palavra "narrativa", retomemos em seguida as considerações de Ricoeur a respeito da construção específica da narrativa histórica. Vimos que, para Ricoeur, tanto a narrativa histórica como a narrativa ficcional buscam trabalhar com um "terceiro tempo", que é bem-sucedido em produzir uma mediação entre o tempo vivido e o tempo cósmico. Estaremos aqui, então, diante de um tempo histórico que é simultaneamente o tempo da experiência humana de cada indivíduo que integra a trama, mas que também o ultrapassa e a todos abrange em um arco mais amplo; no limite, além de constituir-se em tempo individual que se abre à narrativa de cada vivência, o tempo histórico é também a narrativa da espécie humana. Tempo individual e coletivo, o tempo histórico estará apto a expressar essas duas instâncias do vivido: a do indivíduo e a da espécie. Contudo, para cada narrativa efetivamente realizada, já configurada em elementos específicos que se singularizam em uma "trama", esse tempo encontrará o seu recorte. O tempo vivido vai encontrar o seu reconhecimento na intriga logicamente construída, isto é, no âmbito do tempo construído pela lógica narrativa do historiador. A intriga se apresenta como *mimese*, uma imitação criadora da experiência temporal que faz concordar os diversos tempos da experiência vivida (temos aqui a "concordância discordante", uma noção introduzida por Ricoeur e sobre a qual discorreremos mais adiante). Deste modo, enfim, a intriga agencia os fatos dispersos da experiência em um sistema, em uma totalidade de sentido.

A Poética – arte de compor intrigas que faz compreender e reconhecer o viver, e que até mesmo "ensina o viver" – é apresentada aqui como um modelo a ser seriamente considerado pela História. Uma narrativa histórica, ao produzir um relato sobre a ação humana acompanhado de um discorrer sobre os seus significados, pode contribuir para reconfigurar, em cada um dos interlocutores que a "compreendem", o seu entendimento sobre a ação humana e seus possíveis significados[170]. Para além do viver, a narrativa – e

170. Sustentará Ricoeur que as diversas tramas que são inventadas, seja no dia a dia, na ficção literária ou no modo narrativo da História, têm o papel primordial de ajudar a "configurar nossa experiência temporal confusa, informe e, em última instância, muda" (COSTA, 2007: 48). Desta maneira, conforme ressalta Arrisete Costa em texto que busca esclarecer o método hermenêutico de Ricoeur, "o mundo da ficção é um laboratório de formas em que ensaiamos configurações possíveis da ação para comprovar sua coerência e sua verossimilhança" (COSTA, 2007: 48). Podemos retomar também as palavras de David Pellauer sobre os modos como, de acordo com Ricoeur, esse aprender o viver através do "contar" e "ouvir" narrativas se verifica: "[A narrativa, quando compreendida] contribui para reconfigurar nosso entendimento da ação humana e suas possibilidades [...] [e tal ocorre porque] a narrativa enxerta novos elementos temporais às configurações pré-narrativas da ação e, através deles, à nossa compreensão tanto da ação humana quanto do próprio tempo" (PELLAUER, 2009: 101). Enfim, a narrativa nos ensina diuturnamente a "dialética do vir a ser, do ter sido, e do se fazer presente" (RICOEUR, 1983: 61).

só a narrativa – permite compreender acima de tudo o próprio "Tempo"[171].

"Compreender" volta a ser aqui, portanto, uma palavra-chave. Com relação à integração da notória querela entre compreensão e explicação nesse fazer histórico através da narrativa, Paul Ricoeur irá sustentar que, para a História, estabelece-se o domínio apenas relativo da compreensão narrativa sobre o explicativo, o que permite entrever a ultrapassagem da tradicional dicotomia entre esses dois polos, conforme já foi ressaltado (PELLAUER, 2009: 93). Compreender, explicar e narrar, no sentido estrito, entrelaçam-se, ainda que em proporções diferentes, quando se trata de configurar uma narrativa. Mesmo a explicação é, inclusive, "necessária e articulada pelos diversos elementos de uma narrativa" (COSTA, 2007: 50)[172]. "Compreender" e "Explicar" deixam

---

171. Ricoeur irá sustentar que "narrar é ressignificar o mundo na sua dimensão temporal, na medida em que narrar, contar, recitar é refazer a ação seguindo o convite do poema" (1983: 81). O tempo, do qual Santo Agostinho já se queixava que não era possível explicar em palavras o que é, embora todos acreditem saber o que seja, só poderia ser compreendido de maneira prática através do ato de narrar ou entender uma narrativa.

172. De fato, com vistas a distinguir a narrativa histórica da livre "narrativa ficcional", Paul Ricoeur registrará em *Tempo e narrativa* o seu alerta para o fato de que "a propriedade especificamente histórica da narrativa histórica é preservada pelos laços, por mais tênues e ocultos que estejam, que seguem ligando a explicação histórica à nossa compreensão narrativa, a despeito da ruptura epistemológica que separa a primeira da segunda" (RICOEUR, 1983: 228). Os liames necessários entre "explicar" e "narrar" – ou a impossibilidade real de que exista uma narrativa que aparte de si toda explicação – já haviam sido detectados, de maneira algo surpreendente, por Friedrich Schlegel no início do século XIX: "Já que se fala tão mal de hipóteses, dever-se-ia, pelo menos uma vez, tentar iniciar uma história sem hipóteses. Não se pode dizer que alguma coisa é, sem dizer o que ela é. Ao refletir sobre os fatos, já os estamos relacionando com conceitos, e certamente não seria indiferente saber quais sejam esses conceitos" (SCHLEGEL, 1964: 51).

de constituir para Ricoeur uma dicotomia de excludentes. De todo modo, "Compreender na narrativa", é esta a fórmula que se entrevê a partir de suas considerações[173].

Como se dá esse "compreender na narrativa" por dentro, no próprio entretecer da trama historiográfica? Com que tensões internas a esse fazer narrativo se precisará lidar? Ricoeur nos mostra que o historiador, através da intriga que constituirá a base de seu trabalho, tem diante de si a possibilidade de estabelecer uma concordância a partir das discordâncias da experiência vivida, ao "agenciá-las criativamente em uma totalidade de sentido" (REIS, 2006: 24)[174], fazendo-se notar mesmo que a "competição entre concordância e discordância" é um dos traços essenciais do "modelo trifásico" que estabelece a operação historiográfica (COSTA, 2007: 51)[175]. Para começar, existe acima de tudo, no próprio tramar da narrativa, uma tensão temporal a ser conciliada entre as dimensões cronológica e não cronológica (os já mencionados "tempo cósmico" e "tempo vivido-agostiniano"). Isso se dá precisamente

---

173. Podemos contrastar o sentido de "compreensão" proposto por Paul Ricoeur em *Tempo e narrativa* ao sentido de compreensão registrado por Gustav Droysen em *Historik* (1858). Para Droysen, "a essência do método histórico é compreender ao pesquisar" (2009: 38). Para Ricoeur, "compreende-se ao narrar".

174. Para uma compreensão em maior detalhe a respeito dos procedimentos narrativos de acordo com o modelo de Ricoeur, sugerimos dois textos de autores brasileiros: o artigo de José Carlos Reis intitulado "Tempo, História e Compreensão Narrativa em Paul Ricoeur" (2006) e o artigo "Explicação Histórica e compreensão narrativa: na trilha de Paul Ricoeur", de Arrisete Cleide de Lemos Costa (2008), que adicionalmente proporciona uma visão panorâmica do debate entre as teses narrativistas.

175. O modelo trifásico, conforme veremos mais adiante, corresponde à decomposição da operação historiográfica em três momentos diferenciados (mimeses 1, 2 e 3), conforme as proposições de Paul Ricoeur.

no momento em que a trama narrativa, ao buscar produzir um "todo significativo", extrai uma "configuração" de uma determinada sequência compreensível de eventos, conduzindo a esse "terceiro tempo" que é "marcado por uma espécie de concordância discordante" (PELLAUER, 2009: 101-102).

Se retomarmos, a atrás mencionada oposição entre o "Tempo Agostiniano" e o "Tempo Aristotélico", poderemos entender mais facilmente o que Paul Ricoeur tem em vista quando define o "concordante discordante" como base principal do tramar narrativo. A percepção agostiniana do tempo era aquela que o compreendia como um tempo interior, "tempo da alma" e, portanto, um tempo do vivido. O tempo visto dessa maneira não é um tempo único, universal e comum a todos. A própria alma de um único indivíduo não condiz com uma única percepção do tempo, pois aquele, em sua aventura pessoal, irá conviver necessariamente com diversos estados de espírito, variadas formas de confrontar o seu "campo de experiências" (o seu Passado) ao seu "horizonte de expectativas" (o Futuro)[176].

Para dar um exemplo, quando estamos empenhados em uma atividade desagradável, ou envolvidos por uma angustiante espera, a alma percebe a passagem do tempo como se este estivesse se desenvolvendo em ritmo lento – no primeiro

---

176. Esta definição do Passado como "campo de experiências" e do Futuro como "horizonte de expectativas" (ou "horizonte de espera"), foi desenvolvida pelo historiador Reinhart Koselleck (1979), conforme veremos no próximo item. Mas anteciparemos aqui essas noções, que Ricoeur conhecia bem, porque elas se ajustam particularmente bem à explicação sobre o sentido da expressão "Concordante Discordante" em Paul Ricoeur.

caso produzindo tédio e insatisfação, no segundo caso produzindo ansiedade. Quando a alma se envolve em uma atividade que lhe dá um especial prazer, em contrapartida, a alma sente o tempo como se este estivesse passando em um ritmo rápido. Tudo isto pode se passar com um mesmo indivíduo em dois momentos diferenciados de sua vida pessoal, e por aí poderemos compreender que o "tempo da alma" atravessa uma mesma história individual como se fosse capaz de assumir ritmos discordantes, produzindo sensações igualmente discordantes.

Com vistas a tornar mais complexo o exemplo, vamos imaginar agora que dois indivíduos diferentes assistem a uma mesma palestra. Um deles está entediado, e para ele o tempo no qual transcorre a palestra passa-se da maneira extremamente lenta; o outro está muito interessado no que diz o palestrante, e procura anotar cada uma de suas ideias porque sente que elas serão mesmo vitais para o seu desenvolvimento intelectual subsequente. Obviamente que neste segundo caso o indivíduo sentirá que a palestra passou rápido demais. A mesma palestra, portanto, produziu efeitos diferenciados em dois indivíduos distintos: em duas almas diversas envolvidas por estados de espírito diferenciados. Sabe-se também, através dos próprios estudos da Psicologia, que a relação de cada indivíduo com cada uma das instâncias de temporalidade – o Passado, o Presente, o Futuro – vai se modificando à medida que ele passa da infância à adolescência, desta à maturidade, e assim por diante. Esses exemplos e o anterior mostram que o tempo da alma é múltiplo, discordante mesmo no interior de um único indivíduo. Quando precisamos agenciar as experiências de diversos indivíduos, então, e este é o caso da construção de uma narrativa ou de uma intriga historiográfica, as discordâncias multiplicam-se. Mas há ainda mais.

Uma trama narrativa, por exemplo, precisa ser entretecida por diversos fios que são os vários destinos individuais, e acomodá-los em diversos episódios que, destarte, não poderão estar isolados e desconectados. Determinados *agentes* ou personagens podem ser constituídos à maneira de protagonistas que ocupam certa centralidade na trama maior; outros podem ter a seu cargo uma participação mínima, digamos que bastante "episódica", em uma trama. Uma determinada trajetória humana, dentro dessa narrativa, pode estar saturada de eventos importantes (e uns mais importantes do que outros); e outra trajetória pode contribuir com apenas dois ou três eventos, ou mesmo se reduzir a uma participação praticamente pontual. Essas vidas, ou as várias *ações*, por outro lado, se fossem surpreendidas no próprio devir histórico, estariam longe de evoluir como se fossem fios presos por um único feixe. Elas na verdade constituem trajetórias dispersas. Tudo se tornará ainda mais complexo se pensarmos também nos significados das diversas ações, e "pensar os significados" também vem a ser uma das imposições do ato de narrar. Os tempos envolvidos em cada *ação* também se modificam de acordo com os *objetivos* de cada agente. E, naturalmente, podemos imaginar que cada agente também é capaz de compreender as suas próprias ações e as de outros de modos diferenciados. Expor o que se passa na mente desses agentes, ou pelo menos atribuir um sentido a cada um de seus atos, é também uma tarefa daquele que constrói a intriga.

Em vista de toda essa diversidade, e de muitas outras complexidades para as quais poderíamos oferecer novos exemplos, pode-se dizer que o construtor de intrigas tem a tarefa de estabelecer um "concordante dos discordantes". Mais do que conciliar cada um desses elementos dispersos e discordantes em uma trama totalmente concordante, uma boa intriga precisa apresentá-los como necessários. A gratuidade deve desaparecer, e as ações dos vários agentes precisam ser unificadas através de uma relação *necessária* e em uma *totalidade* de sentido, ao mesmo tempo em que a própria diversidade de "tempos interiores" precisa ser cotejada com um segundo tempo capaz de mediá-las. Neste último caso, o narrador precisará contar com o recurso do "tempo lógico", aquele tempo ao qual poderemos nos referir como um "tempo aristotélico", se pensarmos nas considerações que esse filósofo grego registrou em sua *Poética*. Sem esse acordo entre os diversos "tempos discordantes" e um "tempo concordante" que os mediará, a narrativa não teria sucesso em ser compreendida.

Acresce que, ainda no que concerne à concordância dos "discordantes do vivido", o historiador não apenas se obriga a reestruturá-los como *necessários* em suas relações mútuas (uns em relação aos outros, como nas relações causais e de outros tipos), como também não pode se furtar à obrigação de apresentar como *verossimilhantes*, através da intriga histórica, os incidentes, eventos e episódios discordantes, introduzindo entre eles uma série de mediações que deve ser bem-sucedida em harmonizar os confrontos que se dão entre as ações dos diversos *agentes*. Será tarefa essencial do historiador-narrador tornar palatáveis para o entendimento, conferindo-lhes as qualidades da *necessidade* e da *verossimilhança*, a tensa dinâmica entre os *objetivos* e *meios* que permeiam cada uma dessas ações, as súbitas inversões de expectativas e reviravoltas, os resultados inesperados, a reordenação de alianças e rivalidades. A tudo isso, posto que tenha emergido do devir caótico do viver, é preciso agora trazer uma *ordem*, atribuir um sentido de *totalidade*, assegurar um estatuto de *verossimilhança*, articular em relações plausíveis de *necessidade*, sendo precisamente essa a tarefa do historiador que narra. Como se não fosse tanto, devemos ainda lembrar que a intriga pressupõe a necessidade de escolher o "estilo da narrativa", uma questão que foi examinada não apenas por Ricoeur, mas também por diversos outros filósofos e historiadores[177].

---

177. O retorno do reconhecimento da "narratividade da História", mesmo antes da brilhante análise de Ricoeur, já havia provocado nas últimas décadas do século XX uma corrida para descobrir os fundamentos estilísticos específicos da narrativa historiográfica. Seria a narrativa histórica uma Tragédia, uma Comédia, um Romance ou uma Sátira? Ou seria ela qualquer outra coisa? Um dos textos mais impactantes nessa direção foi o fascinante e controvertido ensaio de Hayden White sobre a *Meta-História* (1973), o qual parte da ideia de que uma obra historiográfica é fundamentalmente uma "estrutura verbal na forma de um discurso narrativo em prosa" (WHITE, 1992: 11). Em *Meta-História*, o historiador inglês procura identificar as figuras retóricas que fundam os quatro modos possíveis de narrativa que, para ele, limitam o campo de possibilidades autorais: a metáfora, a metonímia, a sinédoque e a ironia. O projeto de White é decifrar linguística e discursivamente filósofos da história do porte de Hegel, Marx, Nietzsche e Croce, e seus correspondentes no nível de produção de um conhecimento historiográfico: Michelet, Ranke, Tocqueville, Burckhardt. O que os une? A sinédoque, a metonímia, a metáfora, a ironia, respectivamente. Re-arrumados dessa maneira, relativamente aos quatro tropos poéticos que de alguma maneira regeriam as possibilidades de consciência histórica, o fundador do Materialismo Histórico se aproxima do pai do historicismo alemão, Leopold von Ranke, e Nietzsche se aproxima de Tocqueville! A análise, é preciso dizer, não é de fato tão simples assim, embora não possamos aprofundá-la neste momento. Para além disso, e entrecruzando com essas figuras de linguagem esses historiadores/filósofos, White registra os quatro modos de elaboração de enredo possíveis: o Romance, a Comédia, a Tragédia, a Sátira. Por fim, acrescenta ao seu sistema os quatro modelos de argumentação formal: o formismo, o organicismo, o mecanicismo, o contextualismo. O ensaio de Hayden White precede o de Paul Ricoeur em uma década, e provocou fortes reações na segunda metade da década de 1970, a favor ou contra.

Outro ponto importante no conjunto de reflexões de Paul Ricoeur sobre a narrativa histórica refere-se ao fato de que a própria escolha da ordem de acontecimentos, ou a simples decisão sobre que eventos mencionar, pode implicar trazer para uma narrativa determinados significados. Um suicídio, por exemplo, pode vir a se constituir em um evento no interior de uma narrativa ambientada na vida cotidiana de uma pequena cidade. Se, em meu relato, faço esse suicídio ser precedido imediatamente de um imenso desgosto por parte daquele que o praticará, automaticamente parece ter se estabelecido uma conexão entre as duas coisas, um elo narrativo. A disposição dos dois eventos em uma intriga, um depois do outro, produziu um significado. Os historiadores também lidam diuturnamente com decisões como essas. Precisam selecionar eventos e decidir em que ordem eles ficarão uns em relação aos outros. Por exemplo, os suicídios também podem vir a ser integrados em uma narrativa histórica, o mesmo se dando com os levantes populares. Se, porém, informo que no dia 24 de agosto de 1954 Getúlio Vargas suicidou-se com um tiro no peito, e logo em seguida acrescento que eclodiram vários levantes populares no país, estabeleci, apenas com esses dois eventos, uma relação. A não ser que o narrador acrescente que uma coisa nada teve a ver com a outra (o que, em todo o caso, tornaria despropositado os dois eventos terem sido mencionados juntos) o fato de um evento ter se seguido ao outro na narrativa, nesse caso, parece produzir uma relação de causalidade.

Muitas vezes os historiadores também criam relações entre eventos que estão muito distanciados um do outro no tempo cronológico. No tempo narrativo, porém, esses eventos podem ser situados um depois do outro e, desta forma, estabelece-se uma conexão, cria-se um significado. Pode ocorrer ainda que a narrativa apresente um evento situado em um determinado momento no tempo, e que depois seja apresentado um outro, cronologicamente anterior a este. Posso mesmo unir a vida e a morte de um determinado personagem em uma única sentença: "Em 1882, nasce, na pequena cidade de São Borja, Getúlio Vargas, o futuro presidente do Brasil, que 72 anos depois se suicidaria com um tiro no peito". Com essa simples sentença, estabeleceu-se um ponto nodal entre três momentos no tempo. A narrativa histórica (como, aliás, a da ficção) pode lidar com deslocamentos através do tempo, para a frente e para trás, aos saltos ou por degraus, e unir personagens distintos, separados um dos outros no tempo e no espaço, que talvez nunca tenham se encontrado pessoalmente ou ouvido falar um do outro. Em uma totalidade narrativa, essas vidas desligadas podem fazer sentido. O tempo da lógica narrativa, conforme veremos adiante, não corresponde necessariamente ao tempo cronológico aristotélico que avança para o futuro. Deslocar-se para frente, ultrapassando um certo horizonte de expectativas, ou deslocar-se para trás, explorando um determinado campo de experiências em múltiplas direções, é prerrogativa do historiador que constrói a sua narrativa. Nesses momentos o historiador, que sempre estará preocupado com o tempo cronológico para estabelecer as suas referências à realidade, poderá também lidar com esta propriedade que já vimos ser pertinente ao "tempo da alma", de Santo Agostinho.

Uma vez que a motivação inicial do presente texto foi a de refletir sobre as relações entre Objetividade e Subjetividade na operação historiográfica, é preciso destacar que, para Ricoeur, a narrativa histórica não pode se limitar a uma pretensão de vir a se constituir mera imitação do real, mesmo que isto fosse possível – tal como propunham os primeiros historicistas, os historiadores positivistas ou os metódicos. Ela (narrativa), embora apoiada em referências reais, deverá ser claramente assumida como uma construção do historiador (na verdade uma construção também do leitor), uma vez que a intriga já se coloca desde o princípio como "imitação criadora": representação construída pelo sujeito. Com a narrativa histórica proposta por Ricoeur, o que se busca não é, portanto, mostrar meramente o que se passou, mas sim estabelecer uma referência a esse vivido e depois retornar a ele. Emergindo do vivido, a narrativa a ele retorna, transformando-o e transformando-se em um único movimento, de tal maneira que se pode dizer que a narrativa histórica é uma reflexão do vivido sobre si mesmo, através das imprescindíveis mediações do historiador que constrói o texto, e da atividade recriadora do leitor que recebe e ressignifica a obra historiográfica, compreendendo, através dela, a si mesmo e ao mundo.

Neste ponto, retornaremos ao princípio de nossas reflexões sobre o "acorde teórico" de Paul Ricoeur, para em seguida avançarmos novamente nas teses do filósofo francês em torno da relação *Tempo e narrativa* (1983-1985). Quando nos empenhamos inicialmente em esboçar o que poderia ser, metaforicamente, o "acorde teórico" de Paul Ricoeur, havíamos frisado que a Hermenêutica constituía uma das três ou quadro notas mais essenciais desse acorde. A Hermenêutica fazia parte da tríade ou da tétrade fundamental desse acorde teórico, se considerarmos a tríade formada pelo Historicismo, pela Hermenêutica e pela Fenomenologia, e talvez se acrescentarmos a "nota de influência" existencialista no que concerne a uma rediscussão em torno das relações entre "sujeito" e "objeto" na produção do conhecimento. Naquela ocasião, pudemos compreender a Hermenêutica como uma ciência (ou campo teórico-metodológico) que aperfeiçoou a "Interpretação do Outro", partindo de uma história que se originara nas técnicas de interpretação do texto desde os filólogos e teólogos anteriores a Schleiermacher (1768-1834) e que, a partir desse teólogo do século XIX, também se expandira para a interpretação de outros bens culturais e de culturas inteiras. Esse aprimoramento da tradução, da decifração e da compreensão do "outro cultural" veio a encontrar no filósofo historicista Dilthey (1833-1911) o arcabouço que introduz uma Hermenêutica moderna, considerando ainda que esse filósofo alemão estende a Hermenêutica para a compreensão do "outro" de outras épocas, unindo Hermenêutica e Historicismo em uma única ponta. Depois, a Hermenêutica contemporânea segue adiante com Martim Heidegger (1889-1976), Gadamer (1900-2002) e também com Ricoeur.

Com tudo o que já vimos até aqui, torna-se possível agora compreender a nova coloração que Paul Ricoeur dará a esta nota essencial de seu "acorde teórico" que é a Hermenêutica. No acorde teórico de Ricoeur, em contato com as demais notas e sob a ação criadora do próprio Ricoeur, a Hermenêutica se transforma mais uma vez. A Hermenêutica estará agora muito longe de ser apenas a ciência ou campo de saber que originalmente examinava os sentidos e significados de um texto (como faz hoje a Crítica Literária), e avizinha-se simultaneamente daquelas ciências que se ocupam das leis ou estruturas ocultas que regem a "configuração de um texto" (como faz por exemplo a Semiótica Estruturalista), que se debruçam sobre os modos como se estabelece a recepção de um texto (como faz a Comunicação com a "Teoria da recepção"), ou que mergulham na aventura de compreender o funcionamento da própria língua (tal como faz a Linguística). A Hermenêutica proposta por Ricoeur toma para si um pouco de todas essas questões, e as insere em um único movimento, situando-as no interior de uma ambição mais ampla que é a de examinar as relações entre um texto e o viver. Mais do que isso, fiel à tradição que faz da Hermenêutica uma "ciência sobre o outro", a Hermenêutica de Paul Ricoeur procurará recolocar esse complexo de questões em um círculo eternamente renovado no qual adquirem a mesma importância os produtores de textos e os leitores (ou os artistas e os consumidores de arte), integrando-se todos em um movimento criador que parte do vivido e retorna a este mesmo vivido. Paul Ricoeur chamará a esse processo de "Círculo Hermenêutico" (uma expressão que já fora utilizada por Heidegger e Gadamer), considerando que, para ele, esse círculo apresenta três momentos (uma estrutura trifásica e móvel que retorna sobre ela mesma).

Ricoeur denominará esses três momentos do "círculo hermenêutico" de *mimeses*, uma vez que considerará cada um desses três momentos como instâncias criadoras e que colocam em ação o poder humano da imaginação e da representação do mundo[178]. Na *operação historiográfica* – isto é, no "círculo hermenêutico" dentro do qual o *historiador* vai buscar seus materiais historiográficos e instâncias narrativas no vivido para, a partir daí, construir uma "intriga historiográfica" com vistas a oferecê-la à atividade recriadora do *leitor* – essa mesma estrutura trifásica se estabelece. Em suma, também na narrativa historiográfica (como na narrativa ficcional) essa interação entre vivência e reconhecimento estabelece-se entrelaçando três momentos, que Ricoeur denomina mimeses 1, 2 e 3: (1) a *prefiguração* do campo prático, que se aproxima do Viver na sua versão mais indiferenciada, (2) a *configuração* textual desse campo (que coincide com o texto construído como intriga pelo historiador) e, por fim, (3) a *refiguração* pela recepção da obra (este último aspecto envolve o papel recriador do leitor que apreende a narrativa historiográfica, o que também ocorre para a narrativa ficcional)

---

178. A *mímese* – "imitação criadora" – é a base do modelo hermenêutico proposto por Paul Ricoeur, conforme ressalta Arrisete Cleide de Lemos Costa em sua excelente tese de doutorado intitulada *Uma Biografia Micro-Histórica: interpretação hermenêutica da narrativa na obra "O Queijo e os Vermes"*, de Carlo Ginzburg (COSTA, 2007: 48). Originalmente, na Grécia Antiga, a palavra significava "imitação" ou "representação", e Platão e Aristóteles a utilizaram no sentido de "representação da natureza". É oportuno lembrar ainda que, para o idealismo platônico (ilustrado pelo "mito das cavernas", incluído no livro VII da *República*) toda "criação" era na verdade a imitação de um mundo verdadeiro, que se encontrava oculto, uma vez que o próprio mundo físico não era mais do que um jogo de aparências. Quanto a Aristóteles, procurou especificar as diversas formas de mimeses; o Drama, por exemplo, seria uma "imitação da ação" (*Poética*).

Figura 6. As mimeses de Paul Ricoeur

Será particularmente interessante percebermos, através do esquema acima exposto, que a "mimese 2" desempenha um papel de mediação entre o leitor (que se situa na "mimese 3") e o próprio Viver (que corresponde à "mimese 1"). Dito de outra forma, o *autor*, através da "mimese 2" (configuração do texto) estabelece uma mediação entre as profundezas do Viver ("mimese 1") e a Vida do próprio *leitor* (que no momento da leitura ou audição de um texto encontra-se na "mimese 3"). Depois, o círculo se completa porque, aprendendo a viver através da compreensão da narrativa, o leitor a devolve ao próprio vivido. Esse processo não tem fim: é realmente um círculo, e se reinicia inúmeras vezes. Leitores diversos também poderão percorrer esse "círculo hermenêutico" através de um texto quantas vezes acharem necessário. Pode-se perceber, a partir dessa proposição de Paul Ricoeur, um novo papel social para cada texto. Não é sequer inútil ler um mesmo texto inúmeras vezes, pois a cada momento o leitor estará aprendendo de uma nova maneira a viver. Parodiando o dito popular "Navegar é Preciso", poderíamos dizer que "Ler é Preciso" (e "ler é preciso" porque "viver é preciso")[179].

179. Esta frase – "navegar é preciso; viver não é preciso" – é atribuída por Plutarco (46-12 d.C.) a Pompeu (106 a.C.-48 a.C.), general romano que costumava utilizá-la para motivar os marinheiros amedrontados que "recusavam viajar durante a guerra" (PLUTARCO. *Vida de Pompeu*). A frase teria passado à cultura popular, sendo muito proferida pelos antigos navegadores. Fernando Pessoa a retoma em um poema que intitulou "Navegar é Preciso". Acrescentará, em seus versos, a ideia de que "Viver não é Preciso / Criar é Preciso" ("viver não é necessário / o que é necessário é criar"). Poderemos aqui agregar a ideia de que "Ler" – que na Hermenêutica de Ricoeur equivale a "Criar" – também "é preciso". "Ler" é "Criar"; e "Criar" é "Viver".

Aquele que escreve ou lê narrativas (históricas ou ficcionais), vive. Quando não se é nem um leitor nem um autor (ou nem um expectador de filmes ou um cineasta), ainda assim precisa-se das narrativas como uma substância vital. A vida oferece diversos substitutos: contar e ouvir piadas poderia ser um; falar da vida alheia (a popular "fofoca") seria outro. Em cada uma dessas atividades – através das quais "aprendemos a seguir uma narrativa" – estabelecemos uma ligação com o vivido; melhoramos a nossa própria compreensão sobre a Vida[180].

Com essa brilhante solução que integra em uma "relação dialógica" estes dois agentes culturais que são o *autor* e o *receptor* de uma obra, e que unifica em um único movimento diversas questões que já vinham sendo tratadas por outros campos de saber (a Linguística, a Semiótica, a Crítica Literária, a Comunicação, e a própria História, para o caso das narrativas historiográficas), a Hermenêutica adquire

---

180. Hannah Arendt também teve uma percepção similar. Em um ensaio intitulado "Verdade e Política" (1967), ela registra o seguinte comentário: "Aquele que diz o que *légei ta eónta* – sempre narra uma história, e nessa história os fatos particulares perdem sua contingência e adquirem algum sentido humanamente compreensível. É perfeitamente verdadeiro que 'todas as desgraças podem ser suportadas se você as colocar em uma história ou narrar uma história a respeito delas', nas palavras de Isak Dinesen, que não somente foi uma das maiores contadoras de histórias de nossa época, mas também – e ela foi quase única quanto a esse aspecto – sabia o que estava fazendo. Ela poderia ter acrescentado que a alegria e a felicidade somente se tornam compreensíveis e significativas para os homens quando eles podem falar acerca delas e contá-las em forma de uma estória" (ARENDT, 2009: 323).

em Paul Ricoeur um novo objetivo, nunca antes formulado desta maneira. A finalidade da Hermenêutica deixa de ser apenas a compreensão de um texto ou de seus sentidos, e passa a ser a compreensão mais profunda de uma série de momentos e disposições através dos quais o *texto* (obra de ciência ou arte) irá brotar do âmago do próprio viver para ser construído por um *autor*, de modo a ser ofertado a um *leitor* que, através da compreensão recriadora da obra, irá se modificar no seu próprio viver (lembremos o que já foi dito sobre a narrativa: quando compreendemos cada narrativa que nos é contada, estamos aprendendo a viver, pois passamos a conhecer de uma forma cada vez mais melhorada as leis e disposições da própria vida, inclusive o tempo, que só pode ser compreendido dessa forma). É este o sentido último da proposição de Ricoeur de que, através do "círculo hermenêutico", o texto emerge do vivido e retorna a este mesmo vivido.

É também por isto que a Hermenêutica de Paul Ricoeur não se interessa pelo texto isolado, como ocorre com algumas correntes metodológicas que trabalham a Crítica Literária, pois frequentemente essas ficam presas no interior da "mimese 2" (o mundo do autor) notadamente quando o analista relaciona-se às correntes que procuram explicar o texto apenas por ele mesmo. Também as análises estruturalistas do texto ficam não raramente presas a certo setor da fronteira entre a "mimese 1" e a "mimese 2", uma vez que procuram de fato compreender cada texto a partir de estruturas profundas que estariam inscritas na própria língua (que está incluída na "mimese 1"), e que se projetam no texto ("mimese 2")[181]. Não há nenhum problema nisto, e também Paul Ricoeur trabalha com a perspectiva de que a língua já contém elementos "pré-narrativos", e que portanto a "narrativa configurada" atualiza esses elementos que já estavam pré-figurados na língua, dando-lhes um rosto, nomeando agentes, selecionando ações que já estão contidas na língua (isto é, construindo uma "intriga"). Desse modo, é possível enxergar em uma narrativa configurada os elementos que já se encontram pré-figurados na língua. Até aqui, não há maiores problemas. O problema é apenas quando se para por aí, ao menos na ótica da Hermenêutica Ricoeuriana. Esta, como se disse, não se interessa pelo texto isolado (preso à "mimese 2"), e nem pela análise que apenas se contenta em revelar as "estruturas profundas de um texto" (o caminho invertido que liga a "mimese 2" à "mimese 1" apenas através de um aspecto desta, que é a estrutura da língua). A Hermenêutica Ricoeuriana pretende enxergar o texto em articulação com a própria vida, seja no que se refere à sua ligação com a "mimese 1" (o viver pré-figurado), seja no que se refere à sua ligação com a "mimese 2" (o leitor que o recria). Na verdade, a Hermenêutica Ricoeuriana se interessa pelo texto como mediação entre

---

181. Segundo Roland Barthes, a análise estruturalista do texto é uma "atividade" que tem uma finalidade específica: "O fim de toda a atividade estruturalista, seja ela reflexiva ou poética, é de reconstituir um 'objeto', de maneira a manifestar nessa reconstituição as regras do funcionamento (as 'funções' desse objeto" (BARTHES, 1967: 58).

as mimeses 1 e 2 (entre o "vivido pré-figurado" e o "vivido refigurado pelo leitor")[182].

Pode-se notar, através do esquema visual que construímos, que a "mimese 2" (o território definido como texto confi-

---

182. A mesma crítica que foi feita às limitações da análise estruturalista em relação à sua "utilidade para a vida" (para parodiarmos o famoso título da *2ª consideração intempestiva* de Nietzsche), poderia ser feita pela Hermenêutica Ricoeuriana às análises que se limitam a tentar compreender o pensamento de um autor depois de levantar previamente o seu contexto social e político, e que, depois, param por aí. Quando fazemos apenas isto, ficamos também presos em certo setor da fronteira entre a "mimese 2" (o texto configurado pelo autor) e a "mimese 1" (o mundo social e político que fornece ao autor um horizonte ou mesmo uma "moldura" da qual ele não pode se libertar, e que condiciona os seus modos de expressão. Se pararmos por aí, deixamos de examinar a "mimese 3", isto é, de compreender que esse texto também visava a um leitor, como Mikhail Bakhtin (1929) e Paul Zumthor já colocaram muito bem (1987). Também deixamos de prestar atenção nos múltiplos modos como um leitor ou um consumidor se apropria, criativamente, de um texto ou objeto que a princípio lhe foi destinado, tal como Michel de Certeau também ressaltou com grande propriedade em seu livro *A invenção do cotidiano* (1980). Podemos fazer tudo isto. Uma análise complexa *deveria* buscar fazer tudo isto. Com relação ao último comentário desta nota, sobre Certeau, será oportuno lembrar as reflexões desse autor em seu livro *A invenção do cotidiano* (1980), no qual descreve o consumo como uma forma de produção. Assim, a reinterpretação dos discursos e propagandas pelas pessoas comuns, bem como as suas formas de escolhas e reapropriações em relação ao repertório de produtos que é oferecido pela indústria e comércio, inscrevem-se em operações criadoras que não fazem dos indivíduos comuns nem consumidores passivos nem espectadores alienados de propagandas. Ao se reapropriarem dos produtos impostos e re-empreenderem reutilizações e deslocamentos diversos, bem como reinscrições desses mesmos produtos em novos contextos, o homem comum dá ensejo, através de operações diversas, ao que Certeau denominou "reinvenção do cotidiano". As "táticas" inventadas pelo indivíduo comum confrontam-se, dessa maneira, com as "estratégias" veiculadas pela indústria cultural e pelos grandes sistemas de manipulação e dominação do mercado consumidor. Ao rediscutir a invenção criativa de táticas por parte das pessoas comuns, por oposição à ideia de que estas sofrem passivamente a manipulação imposta pelas estratégias produzidas no mesmo nível dos grandes sistemas culturais, Certeau ao mesmo tempo se reapropria e empreende a crítica da noção de *habitus* de Pierre Bourdieu (1974: 346), sociólogo com o qual estabelece um frequente diálogo teórico.

gurado pelo autor) se apresenta de fato como mediadora entre a "mimese 1" e a "mimese 3". Mas na verdade trata-se de um círculo – de um "círculo hermenêutico". Cada uma das mimeses pode ser intermediária entre as outras duas. É através do autor (ou melhor, do seu texto configurado), que o vivido ("mimese 1"), atinge o leitor. Mas é também através do vivido ("mimese 1") que o leitor se liga ao autor, ambos partilhando de uma mesma estrutura de saberes pré-figurados que estão na "mimese 1". Por fim, é através do leitor, que compreende a sua obra, que o autor (ou o texto do autor) pode retornar ao vivido ("mimese 1").

Para se falar francamente, o centro da análise ricoeuriana dificilmente é o *autor*, como tem ocorrido com quase todas as correntes de análise textual; o centro da análise proporcionada pela hermenêutica ricoeuriana é o *leitor*, pois este é o único que consegue participar das três mimeses, isto é, dos três momentos criadores. Na fronteira entre M2 e M3, o leitor "lê" o texto tal como está configurado. No seio da M3, ele "compreende" a narrativa. Na fronteira entre M3 e M1, o *leitor* devolve o texto ao vivido, incorporando o saber aprendido através dele ao seu próprio viver. O *leitor*, portanto, é o verdadeiro herói da hermenêutica ricoeuriana quando esta se dedica à análise dos textos. Sabemos que o leitor é também o herói da "Teoria da Recepção". Mas nesta, frequentemente fica-se preso apenas a uma relação que salta da "Mimese 3" (leitura) para a "Mimese 2" (autoria), procurando dar a perceber como as próprias expectativas do leitor interferem na própria prática autoral, que tenta se adaptar a um determinado universo de leitores em potencial.

Feitas essas considerações básicas, será conveniente, em seguida, percorrermos em detalhe cada um dos três momentos para entender bem o que é cada uma das três mimeses. Nunca é demais percorrer, de uma nova maneira, o "círculo hermenêutico". A "mimese 1", conforme foi dito, corresponde à "prefiguração do campo prático" – universo vivido no qual se agitam as ações e sentimentos humanos; ela contém, tal como foi frisado em momento anterior, uma "pré-narrativa", ou pré-narrativas possíveis que podem e precisam ser apreendidas pelo historiador-autor e, ao mesmo tempo, contêm em si mesma elementos que permitirão ao leitor, na experiência recriadora da "mimese 3", compreender e identificar-se com o vivido prefigurado. A "pré-figuração" é também uma "pré-compreensão do mundo", de modo que se exige do autor, da mesma maneira que logo se exigirá do leitor, uma "competência preliminar" que corresponde à "capacidade de identificar a ação em geral por seus traços estruturais", como também uma "capacidade secundária", que corresponde à "aptidão de identificar as mediações simbólicas da ação" (COSTA, 2007: 51). Assim, o vivido, no seu estado prefigurado, autonarra-se de alguma maneira, pois contém possibilidades e virtualidades narrativas dentro de si (basta lembrar aqui, além disto, o que já foi dito sobre os elementos pré-narrativos que já se encontram inscritos na língua e que permitem que se estabeleça um universo comum de comunicação e compreensão entre os diversos sujeitos que compõem uma dada comunidade discursiva).

Particularmente, qualquer texto que fale de homens, e de ações levadas a cabo por esses homens, terá de lidar com uma série de elementos pré-narrativos que se referem à "prefiguração do campo prático" (mimese 1). E é por isto mesmo que já foi ressaltado que, até nos textos historiográficos que evitam premeditadamente a narrativa na sua forma configurada, sempre estará presente ainda assim uma "quase narração". Se em toda ação existe uma "pré-narração", quando tentamos evitar ostensivamente essa narratividade, ao falar de seres humanos e suas relações, o máximo que conseguimos é retornar ao estágio pré-narrativo, ou seja, terminamos por configurar uma "quase narração" (o que teria sido o caso de muito da historiografia produzida pelos historiadores seriais e da longa duração).

Há outras coisas que se afirmam ou que se insinuam na "mimese 1", que é quando se restabelece a "prefiguração do campo prático". Além da língua, com suas estruturas que já fixam de alguma maneira os limites e o formato do que é possível dizer, também tramitam nesse "campo prático" os recursos simbólicos que podem ser compartilhados pelo autor e pelo leitor; além disso, insinuam-se aqui as estruturas inteligíveis, e espreita, sobretudo, o enigmático tempo, que não se deixará conhecer senão através de uma narrativa como a que está prestes a ser configurada. Ele está lá: sem se deixar definir, e por isto falharam até hoje todas as tentativas de definirem o Tempo, ele poderá ser mostrado através de uma narrativa que se realiza e que é compreendida. As dimensões temporais estão implícitas no "campo prefigurado". Também estão lá os conceitos da ação: "quem", "como", "por quê", e tantos outros. Todo esse complexo universo de elementos, esse vivido indiferenciado, esse véu de penumbras que recobre a possibilidade humana de agir e sofrer ações, precisa ser pré-compreendido pelos seres humanos, sejam eles autores ou leitores. Sem essa capacidade de pré-compreensão, sequer seria possível viver. Os loucos talvez a tenham perdido; ou quem sabe a terão ampliado. De todo modo, essa "compreensão prática", tal como a denomina Ricoeur, é condição necessária para se passar à etapa seguinte, a possibilidade de inventar ou compreender uma narrativa já configurada.

Chegamos então à configuração textual – ou à intriga construída pelo historiador (mimese 2). Os elementos indiferenciados da "mimese 1" aqui ganharão um rosto; a ação encontrará a carne de um discurso. O "quem", o "com quem" e o "contra quem" se incorporarão cada qual ao seu personagem. O "como" buscará o seu formato; o "por que" deixará de ser uma pergunta implícita para se tornar uma explicação concreta das ações que se desenrolarão na narrativa. No caso da narrativa historiográfica, o autor não inventará esses rostos, esses nomes de personagens e essas ações, mas as terá de encontrar dispersas pelas fontes. Uma primeira função da "mimese 2" (em nosso caso, o texto do historiador) será, aliás, a de ligar eventos separados em um todo compreensível. Para tal, a intriga irá estabelecer uma configuração lógica, e não uma sucessão cronológica, tal como já foi exemplificado anteriormente. Para além disso, o tempo a ser constituído pela intriga não prescindirá de realizar uma síntese, um acordo ou uma reconfiguração que abarca o "tempo cronológico" da sucessão episódica e o submete à ordenação lógica, esta que corresponde ao tempo narrativo propriamente dito, terminando por constituir, por fim, uma ordem que se tornará compreensível. Uma vez que a "mimese 2" clama pela reapropriação do leitor (que se dará somente na "mimese 3"), o historiador-autor deverá assegurar a inteligibilidade e receptividade do seu texto valendo-se de formas narrativas consagradas pela sua tradição cultural (a tradição textual ocidental, por exemplo, disponibiliza um certo número de paradigmas, alguns derivados de outras culturas, e outros nela mesma criados). Esses paradigmas são também aqueles com os quais o leitor estará familiarizado, e o autor precisa considerá-los. Inovar é possível; mas é preciso também trabalhar, alternadamente, com um repertório prévio de recursos já conhecidos.

Vale ainda lembrar, a respeito da questão dos objetivos da prática historiográfica, que a narrativa histórica, consubstanciada em intriga, não pretende, em Ricoeur, apreender o universal lógico dos filósofos, mas sim o particular "possível" e "verossímil". Tal como já postulava Aristóteles, tratamos aqui do "universal possível" da poesia. No caso da historiografia, ela tem as suas próprias regras para legitimar, ante outros autores-historiadores, e diante do universo de leitores, esse "possível" e esse "verossímil". Outro dado fundamental emerge daqui, permitindo contrastar as proposições de Ricoeur com a "história historizante", tal como era denominada pelos historiadores dos *Annales* que buscaram estigmatizar através desse rótulo os historiadores metódicos. A História, como já se deu a perceber, não pode conduzir a uma narrativa de forma meramente episódica, acontecimental, desconectada, gratuita (ou "factual", como diriam os historiadores dos *Annales*); ao contrário, o conhecimento histórico a ser produzido deve lograr constituir uma Intriga no sentido aristotélico, no qual o ordenamento lógico é que comanda o espetáculo dos acontecimentos. Todos os modos narrativos e estilos são possíveis. Mas, ao mesmo tempo em que parece querer se afastar do tradicional modelo de narrativa da história historizante, o historiador de Ricoeur também se distancia da atemporalidade estrutural e lógica – do tempo imóvel proposto pelos *Annales* através do enquadramento da longa duração e a partir da formulação de uma história-problema predominantemente analítica, radicalmente avessa à narrativa (embora essa não narratividade absoluta, conforme já visto, não seja efetivamente possível em função da própria estrutura pré-narrativa da língua).

Aspecto igualmente importante nas proposições de Ricoeur, conforme já vimos, é o papel do receptor – o leitor da intriga historiográfica –, o que em alguma medida o aproxima das teorias de recepção e outras correntes da análise comunicacional que recolocam o leitor de um texto em um lugar recriador. Já vimos, em todo o caso, que o "círculo hermenêutico" de Ricoeur vai além, mostra-se mais completo. O momento em que se dá essa convocação do *leitor*, na tríade ricoeuriana, é a "mimese 3". Uma função importante para o leitor afirma-se aqui. A narrativa histórica apresenta um elemento de controle sobre o seu potencial ficcional não apenas através da documentação que serve de base ao trabalho do historiador, mas também através do leitor, que da História espera sempre o verossímil e a intenção de verdade. De qualquer maneira, esse leitor irá aprender com a História não apenas fatos e elementos de uma realidade que um dia poderá ter existido; com a narrativa histórica, também aprenderá, mais um pouco sobre a vida. Aprenderá, por exemplo, sobre o tempo, ao qual não poderia ter alcançado de nenhum outro modo. O tempo não se deixa apreender conceitualmente, mas se deixa mostrar através da narrativa. Através do círculo hermenêutico o tempo passou de prefigurado a configurado, e por fim a refigurado pelo leitor.

O leitor é quem permite que a História retorne ao vivido – aspecto fundamental nas proposições ricoeurianas. A refiguração – reinvenção da intriga através da "compreensão" da mesma – é assim produzida pelo receptor da obra historiográfica, que se vê elevado a uma posição de coautor. Vale lembrar ainda que, através da apropriação particular da intriga, o leitor constrói sua identidade por contraste com a identidade de outros, estabelece reconhecimentos, compara situações com a sua própria experiência vivida, elabora uma "visão" de si mesmo, do mundo e do outro, bem como de suas relações recíprocas. Dessa maneira, acrescenta algo de si aos sentidos propostos pela intriga. A narrativa adquire precisamente o seu sentido pleno na intersecção entre o "Mundo do Texto" e o "Mundo do Leitor". O "Mundo Lógico do Texto", ofertado pela "mimese 2", e o "Mundo do Viver" da "mimese 1" (na verdade um viver que já podia ser pré-compreendido pelo leitor em sua própria vivência), produzem esse espaço de intersecção que se oferece à recriação leitora na "mimese 3". É dessa maneira que se pode dizer que a narrativa histórica parte do vivido e retorna a esse mesmo vivido.

A interpretação de um texto, naturalmente – e isto é também válido para a operação historiográfica de análise de fontes históricas – deve recuperar ou "compreender" essa ambiência produzida entre o "mundo do texto" e o horizonte dos seus leitores possíveis. De fato, é o próprio Ricoeur quem observa que "o que pode ser interpretado em um texto é a proposição de um mundo, de um mundo tal como posso habitá-lo para nele projetar um de meus possíveis mais próximos. É o que chamo de mundo do texto, o mundo próprio a este texto único". Eis aqui uma perspectiva rica para o Historicismo contemporâneo ao permitir integrar à dinâmica historiográfica entre Objetividade e Subjetividade o *autor*, o *leitor* de história, e as próprias *vozes históricas* que chegam ao historiador através de suas fontes.

Podemos retornar agora, mais uma vez, ao nosso "acorde teórico" (assim é o círculo hermenêutico). Tínhamos visto no início que uma das "notas de influência" absorvidas por Paul Ricoeur em seu "acorde teórico" era a Fenomenologia de origem husserliana. Como se sabe, a Fenomenologia corresponde a uma forma de filosofia ou disciplina que procura "descrever os fenômenos como aparecem à nossa consciência deles" (PELLAUER, 2009: 24). A Fenomenologia de Husserl, através da chamada "redução", pretende colocar entre colchetes qualquer discussão acerca da verdadeira realidade que estaria por trás dos fenômenos, que constituem aquilo que aparece à nossa percepção. Para a Fenomenologia de Husserl, seria pouco mais do que uma quimera o "mito das cavernas" de Platão, que propõe que existe um mundo mais verdadeiro, por trás dos fenômenos que são projetados nas paredes de uma caverna, e que, mesmo além deste mundo mais verdadeiro, existe um outro ainda mais verdadeiro que seria o "mundo das ideias". Não se trata de duvidar que um outro mundo exista, mais verdadeiro, mas simplesmente de decidir que não vale à pena discutir essa possibilidade. A Fenomenologia, enfim, interessa-se especificamente pelos fenômenos que "aparecem à consciência humana".

Paul Ricoeur havia incorporado em seu acorde essa "nota fenomenológica". Mas havia um problema. A Fenomenologia de Husserl era essencialmente a-histórica, e isso incomodava Ricoeur, assim como já havia incomodado Heidegger. Husserl (1911), inclusive, polemizou contra o Historicismo, mas não voltaremos a isto. Pensando de certa perspectiva, é de se compreender que Husserl pouco se interessasse pela História, pois tinha dificuldade de lidar com o conceito de "Tempo". Afinal, se a Fenomenologia lida apenas com os fenômenos que aparecem à consciência, que fazer do tempo? O tempo, tal como já dissemos antes, não se deixa apreender conceitualmente. Santo Agostinho já se queixava disso. "Se ninguém me perguntar [sobre o que é o tempo] eu sei; mas se eu quiser explicar a quem me perguntar, então eu já não sei" (*Confissão*, XI: 14-17). O tempo, adicionalmente, também não é um fenômeno que aparece à consciência diretamente. Por isto a dificuldade ou o desinteresse de Husserl de lidar com esse tema. Viria daí a sua aversão à historicidade, manifesta em sua Fenomenologia Transcendental?

A Fenomenologia, contudo, foi assimilada pelo "acorde teórico" de Paul Ricoeur. Lá já encontraria como nota fundamental o Historicismo. Talvez tenha contribuído para trazer ainda uma dissonância a esse encontro acórdico a "nota cristã" – afinal, o Cristianismo é uma religião histórica, que se realiza no tempo, e que situa o seu paraíso ou inferno de chegada no final dos tempos, conforme as obras. De todo modo, o Tempo não poderia deixar de ser uma preocupação para Paul Ricoeur. Magistralmente, ele encontrou na narrativa a solução. A narrativa é precisamente aquilo que permite que o tempo se mostre. Este não se deixa apreender conceitualmente, não surge à consciência como um fenômeno (mas apenas através de seus efeitos), e já há muito [tempo] que não é mais um deus. Contudo, o tempo se deixa mostrar através das narrativas. É através das narrativas – seguindo uma narrativa e compreendendo-a, ou mesmo criando uma – que podemos compreender efetivamente algo sobre o tempo. No acorde teórico de Paul Ricoeur, a Fenomenologia encontrava aqui o seu acordo com o Historicismo.

Dificilmente podemos deixar de nos surpreender com a genialidade dessa solução. Ela também nos ensina algo sobre os "acordes teóricos", que sempre insistimos em lembrar que constituem aqui apenas uma "metáfora de trabalho". Em um acorde teórico, uma nota se transforma em função da outra, tal como ocorre na música. Em uma harmonia musical, tudo pode ser conciliado de alguma maneira, desde que se tenha a habilidade do compositor. Uma dissonância, por exemplo, encontra o seu lugar em determinados acordes que se querem tensos. Ocorre também que, entre duas notas que juntas tenderiam a produzir uma sonoridade desagradável, possa ser interposta uma terceira nota que contribua para suavizá-las, ou mesmo para transformar a dissonância original em uma concordância – uma concordância nas discordâncias. É assim que podem ser construídos os acordes na música, e também os "acordes teóricos" e os "acordes historiográficos".

A princípio, não existem notas incompatíveis, desde que o compositor seja capaz de harmonizá-las. A mesma lição pode ser encontrada na palheta dos artistas visuais. Uma cor se transforma em presença de outra. Os pintores impressionistas, pontilhistas e fauvistas são mestres em deixar que as cores ajam e reajam umas sobre as outras. Os pontilhistas, por exemplo, constroem seus "acordes cromáticos" combinando pequeníssimos pontos contrastantes de cor, que à distância produzem um surpreendente efeito visual. Os fauvistas combinam cores fortes prontas a agir e reagir intensamente umas sobre as outras – cores cuja associação não teria sido pensada pelos impressionistas, com sua paleta suave e aveludada. Da mesma forma que na música, os "acordes cromáticos" da pintura também permitem que as cores se transformem umas diante das outras. Retomando mais uma vez a nossa metáfora dos "acordes teóricos", e à luz da mútua transformação que se deu com a Fenomenologia e o Historicismo no "acorde teórico" de Paul Ricoeur (e, antes disto, também com a transformação recíproca que envolveu a Fenomenologia e a Hermenêutica), podemos entender a importância da liberdade criadora de combinar elementos teóricos e metodológicos distintos e dotá-los de um inesperado sentido no interior de um novo acorde. Paul Ricoeur foi um mestre nessa arte de composição teórica.

Gostaria de finalizar, a respeito de Paul Ricoeur, com uma questão importante. Esse filósofo mostrou magistralmente que a História, de uma maneira específica, e também a Ficção, de um outro modo, são ambas imprescindíveis para a vida.

Para o caso da narrativa histórica, ela é imprescindível porque de um lado é "narrativa" e, de outro lado, porque é "histórica". Parodiando Nietzsche, podemos dizer que Ricoeur demonstrou a "utilidade da História para a vida". Um mundo sem narrativas – sejam históricas ou ficcionais – seria um mundo mais pobre, seria talvez um mundo no qual as pessoas teriam maior dificuldade em aprender a viver. Quando essas narrativas não estão escritas, configuradas sob a forma de texto impresso ou manuscrito, por exemplo, o ser humano precisa fabricá-las a partir da oralidade. Os povos ágrafos também não vivem sem narrativas, pois é através delas que também aprendem a viver. Mesmo os homens pré-históricos talvez estivessem desenhando nas paredes das cavernas as suas próprias narrativas. Aqueles mamutes sujeitos à ação da caça, cercados e flechados, de cuja carne desenhada parece escorrer um pequeno fluxo de sangue que simboliza a sua derrota, são possivelmente as narrativas de que os homens pré-históricos, ainda dotados de uma protolinguagem, talvez precisassem para viver. Quem as desenhou, mas também aqueles que a contemplaram, podiam aprender um pouco mais sobre a vida, e sobre o próprio indecifrável tempo, ao seguir com os olhos essas narrativas feitas com imagens. Narrar é viver.

Existe um belo romance de ficção científica escrito em 1953 por Ray Bradbury (n. 1920), posteriormente transformado em um filme extremamente interessante (1966)[183], que

---

183. *Fahrenheit 451*. Londres: Universal Pictures, 1966. Direção: François Truffaut. Roteiro: François Truffaut e Jean-Louis Richard. Elenco: Oscar Werner, Julie Christie, Cyril Cuzac, e outros. Duração: 112 minutos. VHS, som, cor.

fala de uma sociedade totalitária do futuro que aboliu os livros. Em *Fahrenheit 451*, entramos em contato com uma sombria sociedade distópica na qual a cultura escrita e a reflexão literária ou acadêmica foram consideradas a origem de todos os males, e em especial os livros. Mais do que a escrita, a leitura é o grande mal a ser extirpado. Os livros estão proibidos e, na verdade, também as "opiniões próprias", por serem consideradas antissociais e condutoras da infelicidade humana. Nessa sociedade que aboliu os livros, também o pensamento crítico foi suprimido através de uma brutal e continuamente reatualizada repressão policial, para além de uma persistente e eficaz propaganda visual-oral que é encaminhada pelos meios televisivos a serviço do governo e da sociedade totalitária. Por isto, todos os "livres-pensadores" são perseguidos. Mas não são tanto os escritores vivos aqueles que são considerados subversivos, já que, de resto, eles pouco são mencionados, e sim os *leitores*[184]. Os bombeiros, nessa época, têm por principal missão queimar os livros que, subversivamente, ainda insistam em sobreviver, escondidos em porões ou guardados por rebeldes que se recusam a aceitar passivamente a "morte da narrativa". As próprias casas

184. A ênfase no fato de que o crime maior é a leitura, ainda mais do que a própria posse do "objeto-livro" subversivo, é explicitada em um texto que depois Bradbury acrescenta no Posfácio de seu livro. Neste, o protagonista irá se surpreender com o fato de que um dos personagens (Beatty) – fanático defensor do sistema repressivo – possui em sua casa livros que utiliza como tijolos para uma moldura decorativa. O Capitão Beatty, comandante-geral do aparato repressivo, explicará em uma frase simples: "O crime não é ter livros; é lê-los!". Essa passagem, de todo modo, é inventada mais tarde por Bradbury; no enredo original, ser um leitor e esconder exemplares de livros são crimes que se superpõem.

nas quais são encontrados os livros ilegais devem ser incendiadas pelos bombeiros incendiários de *Fahrenheit 451*, e um deles, chamado Guy Montag, é o protagonista do enredo[185]. Originário de uma família tradicional de bombeiros, ele diligentemente executava o seu trabalho (ou parecia executar) com a plena confiança de que incendiar livros era a melhor coisa a fazer para assegurar a ordem e a felicidade social[186].

---

185. O título *Fahrenheit 451*, nome da corporação de bombeiros encarregada de atear fogo em todos os livros, corresponde à temperatura exata em que o papel de livro começa a queimar irreversivelmente (temperatura correspondente a 233° na habitual escala Celsius). Muitas interpretações foram propostas para esse livro, inclusive as que trabalham com a ideia de que se trata de uma alusão à censura e ao ambiente dos primeiros anos da Guerra Fria. Bradbury, o autor, declarou certa vez que a sua motivação em escrever o romance decorreu das suas angústias de viver em uma sociedade na qual "a televisão está destruindo o interesse pela leitura". De fato, a tensão entre texto e imagem é apresentada no livro, pois o único meio de comunicação permitido é precisamente a televisão. Aliás, conforme nos informa a versão escrita do romance, também os "quadrinhos" continuaram aceitáveis, assim como as revistas eróticas em 3-D. Embora Bradbury seja o próprio autor, a tese de que o principal foco do romance é constituído pela crítica a uma "sociedade televisiva mediocrizada" (2009, *Posfácio*), é somente mais uma das interpretações possíveis sobre o livro, de modo que dele nos apropriaremos para formular uma nova interpretação conforme as sinalizações que nos foram proporcionadas pela Hermenêutica de Paul Ricoeur.

186. Através de uma explicação do Capitão Beatty, o chefe dos bombeiros incendiários, ficamos sabendo como se deu a "morte social da narrativa", ao menos aos olhos do personagem. Um pouco paradoxalmente, o bombeiro-chefe, que fielmente representa os interesses dessa distopia totalitária, denuncia a ideologia que se esconde na "solução final" alcançada pela abolição da cultura livresca: as informações, desde que não levem a ideias independentes (ou a conhecimento) não estão proibidas; as imagens, torna-se permitido que livremente proliferem, notadamente quando contribuírem para uma feliz mediocrização social, e as "histórias em quadrinhos" constituem um resíduo narrativo que é permitido. Quanto aos intelectuais, sua morte parece ter sido decretada porque fomentavam, através da comparação, a baixa estima da grande massa de medíocres, tal como montanhas arrogantes e isoladas que destoam das singelas colinas. Na versão escrita, veremos o bombeiro-chefe declarar: "encha as pessoas com dados incombustíveis; entupa-as tanto com 'fatos', que elas se sentirão empanturradas, mas absolutamente brilhantes. Assim, elas imaginarão que estão pensando. Terão uma sensação de movimento sem saírem do lugar" (BRADBURY, 2009: 92-93; fala do personagem Beatty).

Tudo começa a mudar – ou, ao menos, torna-se aqui mais explícita uma mudança que já vinha ocorrendo com o protagonista – quando Montag lê acidentalmente uma das linhas de um livro que encontrara em uma casa que estava prestes a incendiar com seus companheiros de trabalho. A frase literária "o tempo adormeceu sob o sol da tarde" é literalmente o estopim que começa a provocar nele uma radical revisão de valores, e ele leva o livro apreendido para a sua própria casa, ao invés de queimá-lo conjuntamente com os demais. Na versão fílmica, aliás, a própria dona da casa na qual haviam sido encontrados os livros havia preferido queimar junto com os mesmos, o que imprime na mente de Guy Montag uma insistente pergunta, aparentemente sem solução: "O que poderia levar uma pessoa a se suicidar por livros, se eles eram reconhecidamente inúteis e mesmo nocivos à felicidade?" Para simplificar o enredo, que apresenta uma série de episódios e complexidades, anteciparemos a informação de que Montag acaba se tornando, ele mesmo, um subversivo que guarda livros no porão de sua própria residência, até que é descoberto e começa, ele mesmo, a ser perseguido. Por fim, vai ao encontro de refugiados que também amavam os livros e lutavam desesperadamente para evitar o desaparecimento das histórias e pensamentos que eles continham.

Um mundo sem narrativas é um mundo sem vida. Por isso, nessa sociedade, os guerrilheiros culturais resolveram salvar os livros decorando-os. Memorizam cada palavra um dia pensada pelo seu autor, e finalmente configurada em texto, com o fito de salvarem cada grande obra da perseguição material à qual todos os livros acham-se submetidos. Em uma floresta a salvo da repressão, o território dos "homens-livro", passeiam seres humanos que assumiram como nomes os títulos dos livros que decoraram. *As viagens de Gulliver*, de Jonathan Swift; *O príncipe*, de Maquiavel; *A república*, de Platão, e *Guerra e paz*, de Tolstoi"[187] – estes são alguns dos homens-livros e mulheres-livro que passeiam pelos bosques da liberdade livresca, por vezes absortos pelo sempre renovado esforço de reforçar a memorização de seus livros e de proferir através da recitação da sua ordem narrativa cada uma de suas palavras, por vezes se sociabilizando e trocando ideias que revelam que os próprios livros que incorporaram já transformaram radicalmente o seu viver ao lhes conferir uma sabedoria especifica de vida. O próprio protagonista, o ex-bombeiro Guy Montag, que foi convertido à subversiva causa livresca, irá assumir para si a alma dos *Eclesiastes*[188]. Outros preferem continuar infiltrados nas cidades, e a versão escrita do romance menciona até mesmo um pequeno povoado em Maryland que é habitado por apenas 27 pessoas que respondem pelos ensaios completos de Bertand Russel

---

187. Algumas adaptações surgem na passagem da versão literária para a versão fílmica. Nesta última, a floresta dos "homens-livro" serve de cenário para as caminhadas do *Diário de Henri Brulard*, do *Morro dos ventos uivantes*, das *Memórias de Saint-Simon*, ou de uma dupla de gêmeos que respondem pelo nome-título de *Orgulho e Preconceito*; além disto, ao invés de estar a cargo do líder do movimento revolucionário livresco, será uma charmosa jovem aquela que responde pelo nome de *República*, de Platão. As obras que acabamos de citar são de autoria, respectivamente, de Stendhal, Emily Bronte Saint-Simon, Jane Austin, Platão. Na versão fílmica aparece ainda, à maneira de uma homenagem, um homem-livro que incorporou uma das mais famosas obras de Bradbury, as *Crônicas marcianas*, escritas no final dos anos 1950.

188. Na versão fílmica, o livro que será incorporado pelo bombeiro Montag é um volume dos *Contos de mistério e imaginação*, de Edgar Alan Poe (1919).

(BRADBURY, 2009: 227). Continuando a viver secretamente nesse mundo povoado pela morte da narrativa, esses revolucionários se recusam a aceitar a rebelião das imagens banais contra a cultura livresca, e tampouco a "solução final" de uma sociedade mediocrizada que decretou o "declínio intelectual" (BRADBURY, 2009: 89).

Memorizando palavra por palavra o livro cuja guarda assumiu, cada um desses rebeldes irá capacitar-se para narrá-lo literalmente a qualquer hora. Alguns se tornam "vagabundos por fora, bibliotecas por dentro" (p. 216) e, na versão fílmica, o andrajoso *O príncipe*, de Maquiavel ensinará ao protagonista que "não se deve julgar um livro pela capa"[189]. Ressuscitar as narrativas e livros – sejam obras literárias, históricas ou ensaísticas – é este o trabalho secreto através do qual cada um dos rebeldes transfere um livro das páginas de um objeto impresso para o segredo da oralidade corporificada. Posteriormente, essa "memória de um livro" será repassada a um aprendiz mais novo que, após a morte do memorizador mais idoso, poderá conservar viva a tradição, até que possa chegar o dia em que os livros não sejam mais perseguidos, e então toda a literatura que foi memorizada poderá ser novamente

---

189. A vida imita a arte, ou se antecipa a ela. Alberto Manguel, em seu belo livro *Uma história da leitura* (1999), relaciona ao filme *Fahrenheit 451* um *insight* que tem a partir de uma experiência que lhe foi contada pelo filho de um ex-prisioneiro de campo de concentração, amante dos clássicos. "No período que passou no campo de concentração, [este homem] oferecera-se como biblioteca para ser lido por seus companheiros de reclusão. Imaginei o velho homem naquele lugar tenebroso, inexorável, desalentador, sendo abordado com um pedido de Virgílio ou Eurípedes, abrindo-se em uma determinada página e recitando as palavras antigas para seus leitores sem livros" (MANGUEL, 1999: 83).

transcrita em forma de um livro. Esse é o anseio de cada um dos rebeldes culturais de *Fahrenheit 451* – a sua utopia dentro da distopia. Por esse dia lutam e, para concretizá-lo, dedicam cada dia e noite de suas vidas. Há uma brutal guerra em andamento, envolvendo queimas e destruições, e nesse mundo no qual a tecnologia já está povoada por bombas nucleares, a guerra pode começar e acabar em um mesmo instante (BRADBURY, 2009: 222), de modo que o romance terminará com um acorde trágico e uma "nota de topo" levemente otimista, representando a esperança de que, ao fim de tudo, ocorrerá um "renascer a partir das cinzas". Mas não nos deteremos mais, neste momento, nesse belo enredo, pois ele já atendeu aos propósitos de nossa reflexão.

Nesse curioso e tenebroso futuro distópico, as narrativas foram incorporadas pelos seres humanos, encontraram neles a sua carne. O "mundo do texto" e o "mundo do leitor" acham-se assim superpostos, em cada ser humano que, mergulhado no seu vivido, memoriza um livro e torna-se uma "narrativa viva". Em uma sociedade na qual já não se pode mais aprender sobre a vida, o vivido encontrou uma forma de resistir heroicamente à "queima das narrativas". Trata-se de uma belíssima metáfora sobre as coisas das quais vimos tratando até aqui. Ou, ao menos, podemos ler essa história – essa bela narrativa – como uma metáfora para este fim, se assim o quisermos.

A contribuição de Paul Ricoeur, após essa aventura que empreendemos com vistas a nos aproximarmos de suas ideias e depois de exercitar essa pequena digressão sobre uma narrativa ficcional, pode ser aquilatada em suas tonalidades finais. Para além de uma inovadora reflexão sobre o Tempo Histórico e sobre as diversas instâncias que estão implicadas na configuração e leitura de uma narrativa historiográfica, o filósofo francês vem acrescentar mais um elemento à consciência histórica. Se a História possui uma função social, no sentido de contribuir para que as coletividades elaborem as suas identidades, reflitam criticamente sobre as desigualdades e diferenças que surgem em seu próprio seio, e desenvolvam uma leitura igualmente crítica acerca de sua memória e dos vestígios através dos quais se materializa o seu passado, também essa mesma História apresenta uma função direcionada ainda mais diretamente para a própria vida.

Construir uma narrativa histórica é ensinar a viver, não naquele antigo e majestoso sentido preconizado para uma "história *magistra vita*", que surpreendemos em boa parte dos autores antigos e também na tradição historiográfica da primeira modernidade que pode ser bem ilustrada pelas obras históricas de Maquiavel (1512; 1520). Não é porque "a história se repete", que podemos aprender com as narrativas historiográficas. Apenas essa expectativa, se fosse a única, já não repercutiria tanto em uma segunda modernidade na qual, tal como veremos no próximo item, o futuro histórico se apresenta predominantemente como uma surpresa, e não já como uma mera confirmação do nosso "espaço de experiências". Ainda assim, há uma outra "utilidade da História para a vida" que pode agora adquirir contornos mais precisos: uma utilidade que sempre esteve presente mas que, por vezes, foi ofuscada pelas mais espetaculosas funções de "educar os príncipes e políticos" (dos medievais a Maquiavel, e depois deste até a primeira metade do século XVIII), ou de fortalecer a identidade nacional e o sentido civilizacional (na historiografia política do século XIX e na história universal desse mesmo século). Renova-se, e nunca deixou efetivamente de existir, uma antiga utilidade da história para a vida, que também se viu um tanto ofuscada pela função de orientar a elaboração de uma conscientização social, tal como na História Social do século XX. Referimo-nos ao fato, tão bem demonstrado por Paul Ricoeur em *Tempo e narrativa* (1983-1985) de que a história, através de sua incontornável especificidade narrativa, ensina também a "viver".

Esse ensino que se volta para a vida, conforme fica implícito na análise de Paul Ricoeur, não se dirige a quaisquer tipos de elites ou de privilegiados intelectuais, mas a qualquer ser humano que tenha, ele mesmo, uma vida. Também não é prerrogativa deste ou daquele tipo de História, com rejeição de todos os demais. Podemos ler a quase narrativa de Braudel a respeito do *Mediterrâneo* (1949), a *História dos preços* de Labrousse (1943), ou as fascinantes narrativas sobre "trajetórias de vida" escritas pelos micro-historiadores mais recentes. Podemos voltar a Heródoto e Tucídides, ou ainda revisitar Ranke, Michelet e Burckhardt. Além do refinado saber que nos é trazido sempre de uma nova maneira pela ciência histórica, Ricoeur mostrou-nos de maneira exemplar que há também um tipo especial de saber que sempre nos é trazido pela arte da história. Este saber é a própria vida, à qual retorna por intermédio da ação revificadora do leitor. Como no romance *Fahrenheit 451*, o leitor dos livros de história é o verdadeiro herói, e não tanto os seus autores.

Se um dia as narrativas fossem proibidas, e os livros fossem impiedosamente condenados às fogueiras de uma nova Inquisição, possivelmente os livros de história estariam entre alguns daqueles que mais seriam buscados pelos rebeldes que lutariam por salvar do incêndio a cultura humana. Incorporar um livro de história, além de equivaler a incorporar uma narrativa e uma análise sobre a vida, é também recuperar uma parte importante de todo um "campo de experiências" que, de outra maneira, ficaria perdido para a humanidade.

VI Koselleck: o Historicismo e o enigma das temporalidades

A posição do historiador alemão Reinhart Koselleck (1923-2006) – ele mesmo passível de ser classificado no interior do paradigma Historicista – mostra-se bastante específica no que se refere à questão da dinâmica entre objetividade e subjetividade no trabalho historiográfico. Começaremos por lembrar, antes de mais nada, que a nota fundamental do acorde teórico de Koselleck é também o Historicismo, aqui levado às últimas consequências conforme a tendência predominante nas últimas décadas do milênio. Sua perspectiva historicista deriva de um viés que se assemelha ao do Presentismo, e que já tivemos a oportunidade de ver em um historicista como Benedetto Croce, autor da célebre frase "toda história é contemporânea". Ademais, o acorde historiográfico de Koselleck apresenta outra nota significativa formada pelo seu especial interesse pela chamada História Conceitual, uma modalidade da qual geralmente o nome desse historiador alemão é indicado como pertencente ao quadro dos seus fundadores.

As palavras e, sobretudo, os conceitos, têm uma história – esta perspectiva é transversalmente presente na obra de Reinhart Koselleck. Como emergem ou são constituídos os conceitos a partir de um determinado "campo de experiências" ou de deslocamentos e transformações que se dão no decurso da própria história? Mais do que isto, como esses mesmos conceitos conseguem impor transformações à própria história, constituir-se na sua própria carne, verterem-se em verdadeiros acontecimentos? Como eles se reagrupam em novas constelações, ou como redefinem os próprios ritmos da percepção dos seres humanos acerca da sua experiência da temporalidade? Como revelam, os conceitos, aquilo que há de mais humano, demasiado humano? Essas questões, mais do que as suas possíveis respostas, têm trazido certa identidade teórica à produção de Koselleck, e também a esse novo campo histórico que é o da História Conceitual (ou "História dos Conceitos")[190].

A "História dos Conceitos" situa-se também em uma confluência de campos históricos: em última instância, ao me-

---

190. No ensaio "História dos Conceitos e História Social", incluído em *Futuro Passado* (2006: 97-118), Koselleck já define a História dos Conceitos como um "campo particular de estudos", delimitado por exigências metodológicas específicas (2006: 104). Vale lembrar ainda que uma das mais monumentais realizações da História dos Conceitos correspondeu à obra coletiva, em oito volumes, coordenada por Reinhart Koselleck, Werner Conze e Otto Bruner com o título *Geschichtliche Grundbegriffe* [Conceitos Básicos da História]. Comentários sobre essa monumental obra coletiva, com direito à réplica do próprio Koselleck, pode ser encontrada em um ensaio de Melvin Richter intitulado "Avaliando um clássico contemporâneo: *Geschichtliche Grundbegriffe* e a atividade acadêmica futura" (JASMIN & FERES Jr., 2006: 39-53).

nos de acordo com a abordagem proposta por Koselleck, ela implica "construir uma relação entre a história das ideias e a história social como um campo de tensões" (CHIGNOLA, 2007: 52). Reinhart Koselleck, além de "historiador dos conceitos", é "historiador da modernidade" (e, mais especificamente, da "segunda modernidade", que seria aquela que se estabelece a partir do limiar que aflora em fins do século XVIII). Por isto, tal como observa Sandro Chignola em sua síntese sobre a perspectiva de história conceitual desenvolvida por Koselleck, esta almeja "restituir a complexa trama de acontecimentos que torna possível o uso linguístico contemporâneo" (2007: 53). Uma parcela importante do trabalho de Koselleck é dedicada a isso. Neste momento, contudo, abordaremos algumas questões mais fundacionais, básicas mesmo para a Teoria da História, não importa a qual temporalidade possam se aplicar.

Abordar os conceitos na História e no decurso da história implica questões particularmente importantes para a historiografia contemporânea. Conceitos existem na própria história (ou seja, expressos nas fontes históricas examinadas pelo historiador), e também na História (historiografia) que vai sendo construída pelo historiador à medida que ele entretece suas reflexões sobre a "história vivida" que lhe chega através dos vestígios do Passado. Dessa maneira, seria possível, ao historiador, considerar dois níveis de conceitos – dois planos através dos quais ele se movimenta em sua prática historiográfica: o plano das suas próprias reflexões e construções historiográficas, e o plano histórico que está sendo examinado:

> Quando o historiador mergulha no passado, ultrapassando suas próprias vivências e recordações, conduzido por perguntas, mas também por desejos e inquietudes, ele se confronta primeiramente com vestígios que se conservaram até hoje, e que em maior ou menor número chegaram até nós. Ao transformar esses vestígios em fontes que dão testemunho da história que deseja apreender, o historiador sempre se movimenta em dois planos. Ou ele analisa fatos que já foram anteriormente articulados na linguagem ou então, com a ajuda de hipóteses e métodos, reconstrói fatos que ainda não chegaram a ser articulados, mas que ele revela a partir desses vestígios. No primeiro caso, os conceitos tradicionais da linguagem das fontes servem-lhe de acesso heurístico para compreender a realidade passada. No segundo, o historiador serve-se de conceitos formados e definidos posteriormente, isto é, de categorias científicas que são empregadas sem que sua existência nas fontes possa ser provada (KOSELLECK, 2006: 305).

Em duas palavras, os historiadores lidam simultaneamente com os conceitos ou expressões que uma época passada elaborou para refletir sobre si mesma (e também sobre outras épocas), e com conceitos e categorias decorrentes de sua própria atividade científica como produtores de conhecimento historiográfico – sejam esses conceitos criados por eles mesmos ou por uma tradição que já está estabelecida na comunidade dos historiadores. Em decorrência do que foi dito, a História Conceitual apresenta naturalmente um duplo interesse, pois permite examinar a história e a própria História. Perceber os conceitos e suas metamorfoses como fenômenos que retratam e se tensionam contra a sociedade, e que, se de um lado elevam-se do fundo da história e da vida, por outro lado terminam por contribuir para redefini-la e por redirecioná-la, é um primeiro campo de análises[191]. Os conceitos, como objetos e sujeitos da história, permitem também que se redefina essa tradicional relação entre objetividade e subjetividade. Mas é possível ainda, como se disse, dirigir o olhar da História Conceitual para a própria Historiografia: dar a perceber como através dos conceitos vai se transformando a própria escrita da História. Há por fim a possibilidade de examinar as discordâncias e convergências entre a História e a história. Isto porque, tal como ressalta o próprio Koselleck, "a história dos conceitos mede e estuda essa diferença e convergência entre os conceitos antigos e as atuais categorias de conhecimento" (2006: 306).

---

191. Koselleck chamará atenção para este poder dos conceitos de transformar a história, isto é, de "criar experiência", em um de seus ensaios. Se os conceitos podem ser produtos de realidades históricas concretas, por outro lado há conceitos que, eles mesmos, criam novas realidades históricas. Nesses casos, "já não se trata mais de conceitos que classificam experiências, mas de conceitos que criam experiências" (KOSELLECK, 2006: 324). O historiador alemão, ainda nesse mesmo ensaio, dá o exemplo do conceito de "republicanismo", criado por Kant na obra *Paz perpétua* (1795) para expressar um "movimento" que se impulsiona em direção à República (2006: 69). O conceito, tal como indica Koselleck, "servia para antecipar teoricamente o movimento histórico e influenciá-lo praticamente" (p. 325). Logo depois, no século XIX e mais além, no século XX, surgiriam outros "conceitos de movimento" (o que, para Koselleck, já constitui aliás um traço da modernidade). "Socialismo", "democratismo", "liberalismo", "comunismo", "fascismos" – eis aqui uma série de conceitos que passam a "influir diretamente no acontecer político" (p. 325).

A atenção koselleckiana às mudanças leva-nos ao próximo ponto do nosso acorde. Outra "nota temática" típica desse historiador alemão, conforme veremos logo a seguir e mais além, é o estudo do "Tempo" e das diversas instâncias da "temporalidade". O esforço de compreender o tempo em suas múltiplas facetas, históricas e historiográficas, é um *ostinato* em Koselleck. O "tempo", mas também a "alteridade", constituem conceitos basilares para a perspectiva koselleckiana. É através desta tríade de noções: a linguagem, a alteridade e o tempo, que Reinhart Koselleck tem produzido um novo tipo de história. De todo modo, é ainda o Historicismo que veremos na base de seu acorde teórico.

Com relação ao jogo historiográfico que se estabelece entre a Objetividade e a Subjetividade, Koselleck desenvolveu uma singular perspectiva de que cada Presente não apenas reconstrói o Passado a partir de problematizações geradas na sua atualidade – tal como propunham os *Annales* e outras correntes do século XX –, mas também de que cada Presente ressignifica tanto o Passado (referido na conceituação de Koselleck como "campo da experiência") como o Futuro (referido conceitualmente como "horizonte de expectativas"). Mais ainda, cada Presente concebe também de uma nova maneira a *relação* entre Futuro e Passado, ou seja, a *assimetria* entre essas duas instâncias da temporalidade, e não é por acaso que o título de sua mais conhecida coletânea de ensaios é *Futuro Passado – Contribuição à semântica dos tempos históricos* (1979).

Constitui a contribuição mais notável de Koselleck para a Teoria da História a apurada percepção dessa tensão que sempre se estabelece entre o "espaço de experiência" e o "horizonte de expectativas", uma tensão própria da elaboração do conhecimento historiográfico e mesmo das múltiplas leituras sobre o fenômeno da temporalidade que vão surgindo em cada época, inclusive no nível das pessoas comuns que vivenciam os padrões disponíveis de sensibilidade diante do tempo que lhes são oferecidos no momento em que vivem.

Para Koselleck, assim como para outros historiadores e filósofos que refletiram mais recentemente sobre o tempo, são construções essencialmente humanas – coletivas e individuais – as sensações acerca do tempo, da passagem do tempo, do ritmo de aceleração ou desaceleração do tempo, bem como as concepções sobre o Passado, o Presente, o Futuro, e também sobre as relações entre essas instâncias da temporalidade. Não é desconhecida de ninguém a percepção, através de nossa própria vida individual, de que as sensações diante do tempo mudam nas diversas fases da vida humana que chamamos de "infância", "adolescência", "maturidade", "velhice" ("terceira idade"). Em uma e outra dessas fases, o tempo parece se acelerar (sensações que, ademais, são interferidas pela própria experiência específica de cada um, ou pelas circunstâncias que afetam cada vida em cada período). De igual maneira, as relações temporais e as ressignificações do Passado e do Futuro também constituem *construções coletivas*, que se superpõem às experiências individuais.

Um exemplo interessante é-nos lembrado por Hannah Arendt, autora à qual ainda retornaremos. A filósofa nos mostra como, entre os antigos romanos (e distintamente dos gregos), o Passado passa a adquirir o peso de uma *autoridade*. Os acontecimentos do passado, para os antigos romanos, remetiam a *exemplos* a serem reverenciados e também a momentos de uma história que remontava, no seu instante mais remoto, à "fundação de Roma" – o grande evento politicamente sacralizado e que trazia todos os sentidos possíveis para a grandeza romana. Entre os romanos, o passado deixa de ter a leveza de um ensinamento e a urgência de uma preservação da memória (como entre os gregos) e passa a adquirir o peso de uma autoridade que deve interferir no mundo dos vivos. Através da tradição, o Presente precisa ser diuturnamente "religado" a esse Passado que se acha sacralizado por um grande momento fundador, estabelecendo-se então uma *religio*[192]. Concomitantemente, nesse ambiente mental em que o Passado sacraliza-se e adquire autoridade sobre os vivos, o homem "idoso" passava a adquirir um novo significado nessa sociedade, como faz notar Hannah Arendt:

> Eis por que a idade provecta, distintamente da simples maturidade, continha para os romanos o próprio clímax da vida humana; não tanto pela sabedoria e experiência acumuladas, mas porque o homem

---

192. Para os romanos, o momento fundador, que justifica e impõe sua autoridade sobre todos os outros, foi a fundação de Roma (e é somente por isso que ela é chamada de "a cidade eterna"). Para os cristãos, que retomam aos romanos pagãos a tríade que une Autoridade, Tradição e *Religio*, o grande momento fundador é a morte e ressurreição de Cristo. Tanto para os romanos, como para a Igreja Católica que se estende a partir do período medieval, a existência de um momento fundador, bem situado no tempo, torna-se primordial. Nos tempos contemporâneos, conforme veremos até o final deste capítulo, essa *religio* – "religação com o Passado" – mostra-se rompida na percepção mais corrente do tempo.

> velho crescera mais próximo aos antepassados e ao passado. Ao contrário do nosso conceito de crescimento, em que se cresce para o futuro, para os romanos o crescimento dirigia-se no sentido do passado. Se se quiser relacionar esta atitude com a ordem hierárquica estabelecida pela autoridade, visualizando essa hierarquia na familiar imagem da pirâmide, é como se o cimo da pirâmide não se estendesse até às alturas de um céu acima (ou, como no Cristianismo, além) da terra, mas nas profundezas do passado terreno (ARENDT, 2009: 166)[193].

As civilizações e as diversas sociedades, em momentos distintos de sua história, reconstroem as suas diversas formas de perceber, apreender, compreender, sentir e ressignificar o tempo. Veremos oportunamente que Koselleck desenvolveu um trabalho extremamente importante tanto na pesquisa histórica sobre os modos de perceber e sentir o tempo, como no que se refere ao desenvolvimento de uma base teórica e metodológica a partir da qual os historiadores pudessem operacionalizar seus estudos sobre a história da percepção humana do tempo.

Vamos nos ater, em seguida, à abordagem teórico-metodológica proposta por Koselleck para lidar com as diversas questões suscitadas pelo tempo. Comecemos pelos seus dois conceitos fundamentais. A "experiência" e a "expectativa" são apresentadas por Koselleck como duas categorias históricas

---

193. Os comentários de Hannah Arendt a respeito encontram-se no seu ensaio "O que é a Autoridade" (1957), republicado na coletânea *Entre o Passado e o Futuro* (2009: 127-187).

(duas categorias para uso da Teoria da História, melhor dizendo) que "entrelaçam passado e futuro" (KOSELLECK, 2006: 308). Não abordaremos aqui uma série de considerações extremamente relevantes de Koselleck sobre o "tempo", uma vez que voltaremos a elas em um volume posterior; todavia, é oportuno salientar que tem sido considerada uma das mais significativas contribuições historiográficas recentes esse esclarecimento koselleckiano, através das categorias da *experiência* e da *expectativa*, de que cada uma das temporalidades – o Passado, o Presente e o Futuro – pode imaginariamente se alterar, contrair ou se expandir conforme cada época ou sociedade, modificando-se também a maneira como são pensadas e sentidas as relações entre elas[194].

Será interessante compreendeer, antes de mais nada, o próprio sistema conceitual proposto por Koselleck para lidar com as três temporalidades (Passado, Presente, Futuro). Por que um "espaço de experiência"; e por que um "horizonte de expectativas"? A *experiência* pertence ao Passado que se concretiza no Presente, de múltiplas maneiras: através da memória, dos vestígios, das permanências e, para os historiadores, das fontes históricas. Talvez não haja definição mais precisa do que aquela que é trazida pelo próprio Koselleck:

> A experiência é o passado atual, aquele no qual acontecimentos foram incorporados e podem ser lembrados. Na experiência se fundem tanto a elaboração

---

194. "O tempo histórico não apenas é uma palavra sem conteúdo, mas uma grandeza que se modifica com a história, e cuja modificação pode ser deduzida da coordenação variável entre experiência e expectativa" (KOSELLECK, 2006: 309).

> racional quanto as formas inconscientes de comportamento, que não estão mais, que não precisam estar mais presentes no conhecimento. Além disso, na experiência de cada um, transmitida por gerações e instituições, sempre está contida e é preservada uma experiência alheia. Nesse sentido, também a história é desde sempre concebida como conhecimento de experiências alheias (KOSELLECK, 2006: 309-310).

Já as *expectativas* – que visam o Futuro – correspondem a todo um universo de sensações e antecipações que se referem ao que ainda virá. Nossos medos e esperanças, nossas ansiedades e desejos, nossas apatias e certezas, nossas inquietudes e confianças – tudo o que aponta para o futuro, todas as nossas expectativas, fazem parte desse "horizonte de expectativas". As expectativas, além disto, não apenas são constituídas pelas formas de sensibilidade com relação ao futuro que se aproxima, mas também pela curiosidade a seu respeito e pela análise racional que o visa. A expectativa, enfim, é tudo aquilo que hoje (ou em um determinado Presente) visa o Futuro, crivando-o das sensações as mais diversas. É por isto que Koselleck lembra que, tal como a *experiência* (essa herança do passado) se realiza no Presente, "também a *expectativa* se realiza no hoje", constituindo-se, portanto, em um *futuro presente.*

Embora a *experiência* associe-se comumente ao Passado Presente, e a *expectativa* ao Futuro Presente, é importante atentar para a já mencionada afirmação de Koselleck de que essas duas categorias "entrelaçam o Futuro e o Passado". Elas não se opõem uma à outra, como em uma dicotomia qualquer; e de fato "experiência" e "expectativa" estão sempre prontas a repercutir uma na outra. São categorias complementares, visto que a experiência abre espaços para um certo horizonte de expectativas. Mais ainda, uma experiência ou o "registro de uma experiência" referido a um passado remoto pode produzir, em outra época, expectativas relacionadas ao futuro. Koselleck, no texto mais elucidativo acerca desse sistema conceitual, fornece um exemplo extraído da própria história conhecida. O exemplo é autoesclarecedor:

> Podemos citar um exemplo simples: a experiência da execução de Carlos I abriu, mais de um século depois, o horizonte de expectativas de Turgot, quando ele insistiu com Luís XVI que realizasse as reformas que o haveriam de preservar de um destino semelhante. O alerta de Turgot ao rei não encontrou eco. Mas entre a Revolução Inglesa passada e a Revolução Francesa futura foi possível descobrir e experimentar uma relação temporal que ia além da mera cronologia. A história concreta amadurece em meio a determinadas experiências e determinadas expectativas (KOSELLECK, 2006: 308-309).

Outro aspecto particularmente interessante relaciona-se aos dois conceitos que se agregam a "experiência" e "expectativa". Tentemos compreender por que um "*espaço* de experiência" e um "*horizonte* de expectativas". A partir dos conceitos fundamentais de Koselleck, vamos construir uma possibilidade de explicação e entendimento de como funcionam as imagens do "espaço" e do "horizonte" nessas duas noções criadas por Koselleck para favorecer uma compreensão mais complexa acerca das temporalidades.

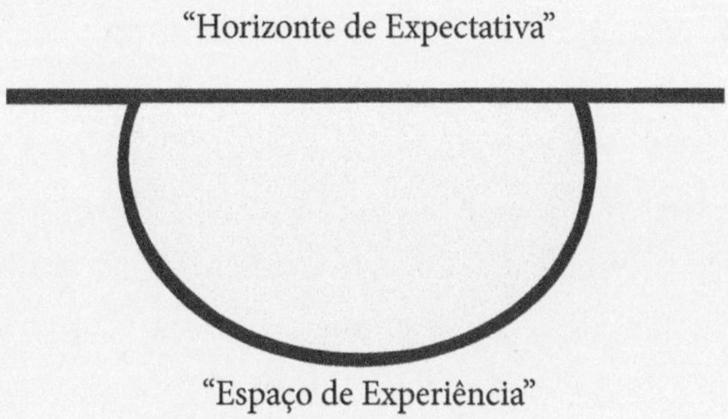

O "Passado Presente" pode ser melhor representado como um espaço porque concentra um enorme conjunto de coisas já conhecidas. Pensemos na figura acima como uma possibilidade de representação. Ela é composta de uma linha horizontal que representará o horizonte de expectativas, e de um semicírculo colado a esta, que representará o campo de experiências. Existe uma infinita região do Passado que não é conhecida, e que, na verdade, jamais será conhecida. Podemos entender este Passado incognoscível, do qual jamais saberemos nada a respeito, como estando fora do semicírculo. Aquilo que não deixou memória, ou cujas memórias já pereceram; aquilo que não deixou vestígios, nem fontes para os historiadores; aquilo que não está materializado no presente a partir das permanências, das continuidades, da língua, dos rituais ainda praticados, dos hábitos adquiridos, tudo isso faz parte de uma experiência perdida, que se situa fora do semicírculo. O que está dentro do semicírculo, contudo, corresponde ao "espaço de experiência". Tudo o que ficou do que um dia foi vivido, e se projeta hoje no presente de alguma maneira, está concentrado nesse espaço que é fundamental para a vida, e particularmente vital para os historiadores – pois estes só podem acessar o que foi um dia vivido através desse espaço de experiências que se aglomeram sob formas diversas, e dos quais eles extraem as suas fontes históricas. Tal como esclarece Koselleck, a experiência elabora acontecimentos passados e tem o poder de torná-los presentes e, neste sentido, está "saturada de realidade" (2006: 312)[195].

Pode-se pensar ainda na transferência de elementos do "campo de experiência" para aquele espaço indefinido do passado que já se torna inacessível. Memórias podem se perder, fontes podem se deteriorar e se tornarem ilegíveis, arquivos podem se incendiar, rituais podem deixar de serem praticados e tradições podem passar a não mais serem cultivadas. Quando morre um indivíduo, certamente o mundo perde para esse espaço exterior algo do que poderia ser conhecido, do que estava efemeramente situado dentro do semicírculo e que jamais poderá ser recuperado. A História Oral, uma modalidade mais recente das ciências históricas, apresenta, aliás, uma conquista extremamente

---

195. Reinhart Koselleck assim justifica sua escolha da metáfora espacial para o campo da "experiência": "Tem sentido se dizer que a experiência proveniente do passado é espacial, porque ela se aglomera para formar um todo em que muitos estratos de tempos anteriores estão simultaneamente presentes, sem que haja referência a um antes e um depois" (KOSELLECK, 2006: 311).

importante para a historiografia, e mesmo para a humanidade. Através dessa abordagem histórica, é possível fixar o que um dia irá perder, pois as memórias podem ser registradas em depoimentos, gravados ou anotados, e as visões e percepções de mundo de indivíduos que um dia irão perecer também podem encontrar o seu registro. É possível imaginar que algo que também parecia estar no espaço exterior também venha um dia para dentro do semicírculo, nos momentos em que os historiadores descobrem novas fontes, ou mesmo novas técnicas para extrair de fontes já conhecidas elementos que antes não pareciam fazer parte do "espaço de experiência".

Qualquer Passado, qualquer coisa que hoje está no interior deste semicírculo que é o "espaço de experiência" ou o "Passado Presente", assim como ainda aquilo que se perdeu para fora dele, mas que um dia também foi vivido, já correspondeu outrora a um Presente. Nosso presente, cada instante que vivenciamos, logo se tornará um passado, o mesmo ocorrendo com o futuro que ainda não conhecemos. Por isto mesmo, a cada segundo, a cada novo presente, o *espaço de experiência* se transforma. O que podemos acessar de um vivido e de uma experiência que nos chega do passado revolve-se constantemente, reapresentando-se a cada vez de uma nova maneira[196]. As próprias experiências já adquiridas podem se modificar com o tempo, e Koselleck dá o exemplo dos acontecimentos

---

196. Em *Futuro Passado* (1979), no ensaio em que discute os conceitos de "espaço de experiência" e "horizonte de expectativas", Koselleck toma emprestada uma imagem de Christian Metz: "o olho mágico de uma máquina de lavar, atrás do qual de vez em quando aparece esta ou aquela peça colorida de toda a roupa que está contida na cuba" (KOSELLECK, 2006: 311).

relacionados à ascensão do Nazismo, em 1933, entre os quais o incêndio criminoso do Parlamento Alemão. "Os eventos de 1933 aconteceram de uma vez por todas, mas as experiências baseadas neles podem mudar com o correr do tempo; as experiências se superpõem, impregnam-se umas das outras" (KOSELLECK, 2006: 312-313)[197].

Quanto ao "Futuro Presente" (este Futuro que ainda não ocorreu, mas cuja proximidade ou distância repercute no Presente sob a forma das mais diversas expectativas), este é representável por uma linha. Na verdade, é representado por uma linha porque é efetivamente o que está para além dessa linha, correspondendo àquilo que ainda não é conhecido. Temos apenas uma "expectativa" sobre o futuro, mas efetivamente não podemos dizer como ele será. Por isso a metáfora do horizonte – o extremo limite que se oferece à visão, e para além do qual sabemos que há algo, mas não sabemos exatamente o que é. Sempre que nos aproximamos do horizonte, ele recua, de modo que nunca deixará de persistir como uma linha além da qual paira o desconhecido, que logo se tornará conhecido porque se converterá em presente. Conforme as próprias palavras de Koselleck, "horizonte quer dizer aquela linha por trás da qual se abre no futuro um novo espaço de experiência, mas um espaço que ainda não pode ser contemplado; a possibilidade de se descobrir o futuro, embora os prognósticos sejam possíveis, depara-se com um limite absoluto, pois ela não pode ser experimentada" (KOSELLECK, 2006: 311).

---

197. Koselleck ainda acrescenta: "E mais: novas esperanças ou decepções retroagem, novas expectativas abrem brechas e repercutem nelas. Eis a estrutura temporal da experiência, que não pode ser reunida sem uma expectativa retroativa" (2006: 313).

Entre essas duas imagens se comprime o Presente, este tênue momento de difícil representação visual que parece se comprimir entre o espaço concentrado que representa o Passado (e que logo se incorpora a ele) e a linha fugidia que representa o Futuro – essa linha eternamente móvel (pois rapidamente o que ele traz, tão logo se torne conhecido, transforma-se por um segundo em Presente e logo depois passa a ser englobado pelo interior do semicírculo que corresponde ao "espaço de experiência", (quando não se perde no Passado incognoscível situado fora do semicírculo).

É importante ressaltar ainda que o "Passado Presente" e o "Futuro Presente", ou o "campo de experiências" e o "horizonte de expectativas", não constituem conceitos simétricos – ou "imagens especulares recíprocas", tal como alerta Koselleck (2006: 310). Imaginariamente, o campo de experiência, o Presente, e o horizonte de expectativas podem produzir as relações mais diversas, e assim ocorre no decorrer da própria história. Há épocas em que o tempo parece aos seus contemporâneos se desenrolar lentamente, e outras em que parece estar acelerado, em função da rapidez das transformações políticas ou tecnológicas[198]. Existem períodos da

---

198. "O que antes marchava passo a passo, agora vai a galope", dizia o escritor nacionalista e poeta Ernst Moritz Arndt (1769-1860) em 1807 (KOSELLECK, 2006: 289). De igual maneira, inúmeros autores do século XIX, investigados por Koselleck, parecem se manifestar acerca dessa nova sensação de aceleração temporal que é típica da modernidade, tal como o poeta e historiador Alphonse de Lamartine (1790-1869), na seguinte passagem de *História da Restauração* (1851): "Não há mais história contemporânea; os dias de ontem já parecem estar sepultados bem fundo nas sombras do passado" (LAMARTINE, 1851: 1). É também este o caso do historiador alemão Georg Gottfried Gervinus (1805-1871), que em sua *Introdução à História do século XIX* (1853: 174) observava que os movimentos do século XIX "sucedem-se no tempo quase em progressão geométrica". Sobre isto, cf. outro ensaio de Koselleck, intitulado "Modernidade", incluído em *Futuro Passado* (2006: 267-303).

história, crivados de movimentos revolucionários, nos quais os agentes que deles participam desenvolvem a sensação de que o futuro é aqui agora, tendo se fundido ao presente. Em outros, inclusive, o futuro parece permanecer "atrelado ao passado", tal como naqueles em que as expectativas do futuro não se referem a este mundo, mas sim a um outro que será escatologicamente trazido pela redenção dos tempos[199]. As fusões e clivagens que se estabelecem imaginariamente entre as três temporalidades – Passado, Presente e Futuro – podem aparecer ao ambiente mental predominante em cada época, e às consciências daqueles que vivem nessas várias épocas, de maneiras bem diferenciadas.

Para Koselleck, o tempo histórico é ditado, de forma sempre diferente, pela tensão entre expectativas e experiência (2006: 313). Há por exemplo ações e práticas humanas que são constituídas precisamente dessa tensão, tal como ocorre com a elaboração de "prognósticos", que sempre exprimem uma expectativa a partir de um certo campo de experiências (portanto, a partir de um "diagnóstico"). Diz-nos também o historiador alemão que "o que estende o horizonte de expectativa é o espaço de experiência aberto para o futuro", o que se pode dar de múltiplas maneiras, conforme a relação estabelecida entre as duas instâncias (2006: 313). Como se disse, em cada época pode haver uma tendência distinta a reavaliar a tensão entre

---

199. Koselleck dá o exemplo de um dos períodos da história europeia, anterior à segunda metade do século XVII, no qual "a doutrina cristã dos últimos dias impunha limites intransponíveis ao horizonte de expectativa". Nesse caso, continua o historiador alemão, "a revelação bíblica, gerenciada pela Igreja, envolvia de tal forma a tensão entre experiência e expectativa que elas não podiam separar-se" (KOSELLECK, 2006: 315).

o *espaço de experiência* e o *horizonte de expectativas* (ou entre o Passado e o Futuro, através da mediação do Presente).

Apenas para ilustrar com uma das hipóteses de Koselleck, na modernidade "as expectativas passam a distanciar-se cada vez mais das experiências feitas até então" (2006: 314); em contrapartida, em todo o ambiente mental predominante no Ocidente até meados do século XVII, o futuro parecia permanecer fortemente atrelado ao próprio passado (2006: 315)[200]. Poderíamos mesmo pensar em duas representações para os dois momentos da história das sensibilidades europeias em relação ao tempo, já que, no período propriamente moderno, "o espaço de experiência deixa de estar limitado pelo horizonte de expectativa; os limites de um e de outro se separam" (KOSELLECK, 2006: 318)[201]:

---

200. Isso não quer dizer, obviamente, que não haja diferenças entre os grupos sociais e ambientes diversos com relação aos modos de perceber o tempo e de vivenciar as relações entre o "espaço de experiências" e o "horizonte de expectativas". Koselleck admite que "essa constatação, de uma transição quase perfeita das experiências passadas para as expectativas vindouras, não pode ser aplicada de igual maneira a todas as camadas sociais" (KOSELLECK, 2006: 315).

201. Koselleck procura traçar o esboço histórico dos elementos que presidem essa mudança nas relações entre "espaço de experiências" e "campo de expectativas", que começa a se explicitar na segunda metade do século XVII e se acentua no decorrer do século XVIII. Três dos principais elementos aqui presentes serão a nova noção de progresso, a ocorrência de inovações tecnológicas em ritmo mais rápido, e a consequente sensação de "aceleração do ritmo temporal". Sobre o desenvolvimento do conceito de progresso. Koselleck procura mostrar como se torna cada vez mais recorrente a ideia de que "o futuro será diferente do passado, vale dizer, melhor". A produção intelectual de filósofos como Kant (1784) estará a partir daí a serviço dessa nova ideia de um futuro melhor, e que não pode ser previsto apenas "olhando para o passado" com base na ideia de que o mesmo sempre retorna, tal como ocorria com a velha ideia de uma História "mestra da vida" em Maquiavel (1512). "O 'progresso' é o primeiro conceito genuinamente histórico que apreendeu, em um conceito único, a diferença temporal entre experiência e expectativa" (KOSELLECK, 2006: 320).

"Horizonte de Expectativa"

"Espaço de Experiência"

"Horizonte de Expectativa"

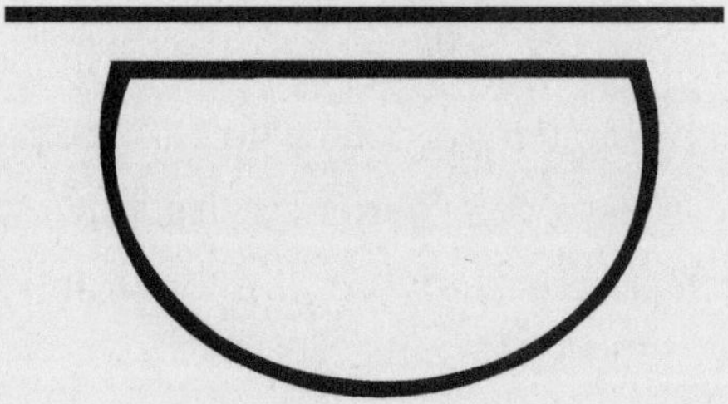

"Espaço de Experiência"

O fenômeno de cesura potencial entre a contemporaneidade e a tradição – culminando com a sensação coletiva de uma "cisão entre o Presente e o Passado" que se atualiza a cada novo instante – já vinha sendo objeto de reflexão filosófica e de estudo mesmo antes de Koselleck, embora tenha sido esse historiador quem deu a forma conceitual mais bem acabada a esse fenômeno tipicamente contemporâneo. Apenas como exemplo, podemos lembrar um texto de Hannah Arendt (1906-1975), que traz o significativo título de *A quebra entre o Passado e o Futuro* (1954), no qual poderemos encontrar passagens como esta:

> O problema, contudo, é que, ao que parece, não parecemos estar nem equipados nem preparados para

esta atividade de pensar, de instalar-se na lacuna entre o passado e o futuro. Por longos períodos em nossa história, na verdade no transcurso dos milênios que se seguiram à fundação de Roma e que foram determinados por conceitos romanos, esta lacuna foi transposta por aquilo que, desde os romanos, chamamos de tradição. Não é segredo para ninguém o fato de essa tradição ter-se esgarçado cada vez mais à medida que a época moderna progrediu. Quando afinal rompeu-se o fio da tradição, a lacuna entre o passado e o futuro deixou de ser uma condição peculiar unicamente à atividade do pensamento e adstrita, enquanto campo de experiência, aos poucos eleitos que fizeram do pensar sua ocupação primordial. Ela tornou-se realidade tangível e perplexidade para todos, isto é, um fato de importância política (ARENDT, 2009: 40)[202].

---

202. Hannah Arendt (1906-1975) – filósofa e teórica política alemã, cuja condição de judia torna-se fundamental para a determinação de sua identidade teórica – apresenta entre as "notas de influência" de seu acorde teórico a de Karl Jaspers e a de Martim Heidegger. Com este último teria não apenas um envolvimento intelectual, como também passional, o que traz tensões inesperadas à sua biografia, já que Heidegger aderiu ao Nazismo em um determinado período de sua vida, ao mesmo tempo em que Hannah Arendt seria perseguida pelas autoridades nazistas por ser judia. No exílio francês, conheceu mais de perto o crítico literário e filósofo marxista Walter Benjamin, uma amizade que também deixará as suas marcas na sua identidade teórica. Quando recuamos aos textos de juventude de Hannah Arendt, podemos perceber, desde aquela época, a sua admiração por autores como Søren Kierkegaard e o próprio Franz Kafka, aos quais dedicou textos que depois seriam incluídos em *Compreender: formação, exílio e totalitarismo* (1932; 1944). Sua obra-prima, *As origens do Totalitarismo* (1951) é produto de uma profunda reflexão política e filosófica e de tudo o que viveu, até o segundo pós-guerra, tanto intelectualmente como na experiência concreta da vida difícil que lhe foi imposta pela perseguição nazista. Nessa obra, Hannah Arendt aproxima de forma pioneira o Nazismo e a versão Stalinista do Comunismo. Depois publicará *A condição humana* (1958) e *Da revolução* (1963), outra obra ímpar na história da Teoria Política.

Hannah Arendt, nesse pequeno ensaio filosófico no qual antecipa intuitivamente algumas das proposições de Koselleck para a compreensão da complexa relação entre as três temporalidades, também indica outro autor que, pioneiramente, já havia antecipado as mesmas questões em plena década de 1920. Uma pequena e enigmática narrativa do escritor tcheco Franz Kafka (1883-1924), incluída na série "Notas do ano 1920" e depois publicada em *A grande muralha da China* (1946), descreve um sonho no qual um indivíduo (chamado no conto de "ele") defronta-se em um caminho linear com dois adversários que representam respectivamente as forças do passado e do futuro. Um empurra-o para a frente, ajudando-o a enfrentar o "Futuro". O outro lhe bloqueia o caminho e, na verdade, ajuda-o na luta contra o "Passado". Arendt descreve a extraordinária percepção kafkiana dessa situação complexa que é exposta sob a forma de um enigma:

> Há, portanto, duas ou mesmo três lutas transcorrendo simultaneamente: a luta de "seus" adversários entre si, e a luta do homem com cada um deles. Contudo, o fato de chegar a haver alguma luta parece dever-se exclusivamente à presença do homem, sem o qual – suspeita-se – há muito as forças do passado e do futuro ter-se-iam neutralizado ou destruído mutuamente (ARENDT, 2009: 36)[203].

203. Hannah Arendt acrescenta esta passagem a seus comentários sobre o "enigma da temporalidade" apresentado por Kafka: "Esse passado, além do mais, estirando-se por todo seu trajeto de volta à origem, ao invés de puxar para trás, empurra para a frente e, ao contrário do que seria de esperar, é o futuro que nos impele de volta ao passado. Do ponto de vista do homem, que vive sempre no intervalo entre o passado e o futuro, o tempo não é um contínuo, um fluxo de ininterrupta sucessão; é partido, ao meio, no ponto em que 'ele' está; e a posição 'dele' não é o presente, na sua acepção usual, mas, antes, uma lacuna no tempo, cuja existência é conservada graças à 'sua' luta constante, à 'sua' tomada de posição contra o passado e o futuro" (ARENDT, 2009: 37).

Essa extraordinária percepção kafkiana do tempo, antecipando em décadas a sistematização koselleckiana em torno dos conceitos de "espaço de experiência" e "horizonte de expectativas", consegue sintetizar sob a forma do sonho e do enigma a chave da historiografia recente para enfrentar os desafios e dilemas do tempo. Essa historiografia recente logrou perceber, depois de uma longa estrada de certezas e incertezas que fora trilhada pelas reflexões historicistas, que as "relações entre temporalidades" a serem enfrentadas não apenas pelos historiadores, mas também pelas pessoas comuns de uma determinada época, envolvem sempre uma complexa relação em três âmbitos distintos: do Presente com o Passado (e sua recíproca), do Presente com o Futuro, e, por fim, uma relação entre Futuro e Passado. É no interior desse enigma que o historiador constrói o seu território.

Mais ainda, o enigma das temporalidades – decifrado em parte por Koselleck, intuído por Arendt, e poetizado por Kafka – revela uma tensão criadora entre esse tempo complexo do vivido e uma certa imagem do tempo, já impressa de longa data na sensibilidade temporal de um homem ocidental que aprendeu a imaginar o tempo como um fluxo retilíneo e contínuo:

> Kafka descreve como a inserção do homem quebra o fluxo unidirecional do tempo, mas, o que é bem estranho, não altera a imagem tradicional conforme a qual pensamos o tempo movendo-se em linha reta. Visto Kafka conservar a metáfora tradicional de um movimento temporal e retilinear, "ele" [o homem que se situa na lacuna de tempo enfrentando o Passado e o Futuro] mal tem espaço bastante para se manter, e sempre que "ele"

> pensa em fugir por conta própria, cai no sonho de uma região além e acima da linha de combate [...] (ARENDT, 2009: 37).

Às dificuldades de pensar o tempo humano, *complexamente*, no interior de uma simples imaginação linear e unidirecional, Hannah Arendt (2009: 37) irá contrapor a interessante possibilidade de imaginar que a presença do homem vivente e pensante, ao invés de se inserir passivamente em uma estrutura linear rígida, já a "deforma", produzindo não apenas movimentos para a frente e para trás, mas também um encontro de temporalidades em "ângulo"[204].

Ao invés de:

Essa outra imagem do tempo

204. "O que há de errado com a estória de Kafka, com toda a sua grandeza, é que dificilmente pode ser retida a noção de um movimento temporal e retilíneo quando o fluxo unidirecional deste é partido em forças antagônicas, dirigidas para o homem e atuando sobre ele. A inserção do homem, interrompendo o contínuo, não pode senão fazer com que as forças se desviem, por mais ligeiramente que seja, da sua posição original e, caso assim fosse, elas não mais se entrechocariam face a face, mas se interceptariam em ângulo. Em outras palavras, a lacuna onde "ele" se posta não é, pelo menos potencialmente, um intervalo simples, assemelhando-se antes ao que os físicos chamam de um paralelogramo de forças" (ARENDT, 2009: 38).

Não estamos distantes, com essas intuições filosóficas de Hannah Arendt a respeito da dinâmica das temporalidades, das proposições elaboradas por Reinhart Koselleck com vistas a compreender a interação entre as três temporalidades, ao lado da interação destas com o próprio homem. Trata-se, evidentemente, apenas de uma representação, destinada a clarificar a complexa interação entre estas três forças envolvidas no confronto das temporalidades: aquela que vem do Passado (e, ao mesmo tempo, aponta para o "espaço de experiências"); aquela que parece vir do Futuro (e, ao mesmo tempo antecipa o "horizonte de expectativas"); e, por fim, o próprio "Homem", instaurado com sua práxis e seu pensar nessa enigmática lacuna do tempo que é o Presente, e que se autoproduz como força que interage com essas duas instâncias.

Podemos nos perguntar por que, somente no século XX, teriam finalmente amadurecido as condições para se lançar um olhar mais complexo sobre as temporalidades: primeiro intuitivamente através da imaginação poética e onírica de Franz Kafka, depois através da reflexão de filósofos como Hannah Arendt e, por fim, através da cuidadosa sistematização conceitual elaborada por historiadores como Reinhart Koselleck. A percepção crescente do avivamento das contradições entre Passado, Presente e Futuro – não mais apenas em pensadores perspicazes, mas mesmo da parte das próprias pessoas comuns – talvez tenha se intensificado extraordinariamente com o advento dos totalitarismos no século XX, que trouxeram perplexidades inéditas a todos aqueles que vivenciaram (mesmo que através da memória e da História) os períodos das guerras mundiais e também a instalação posterior de novos totalitarismos[205].

Com a contemporaneidade – aqui entendida como este "breve século XX" (para utilizar a expressão de Hobsbawm) – ter-se-ia iniciado um novo viver coletivo para o qual Hannah Arendt acredita identificar um inédito modelo de sensibili-

205. Esta é a opinião de Hannah Arendt (um pouco distinta da de Koselleck). Para ela, conforme o seu ensaio *A Tradição e a Época Moderna* (1956), "nem as consequências no século XX nem a rebelião do século XIX contra a tradição [Marx, Nietzsche e Kierkegaard] provocaram efetivamente a quebra em nossa história. Esta brotou de um caos de perplexidades de massa no palco político e de opiniões de massa na esfera espiritual que os movimentos totalitários, através do terror e da ideologia, cristalizaram em uma nova forma de governo e dominação. A dominação totalitária como um fato estabelecido que, em seu ineditismo, não pode ser compreendida mediante as categorias usuais do pensamento político, e cujos "crimes" não podem ser julgados por padrões morais tradicionais ou punidos dentro do quadro de referência legal de nossa civilização, quebrou a continuidade da História ocidental. A ruptura em nossa tradição agora é um fato acabado. Não é o resultado da escolha deliberada de ninguém, nem sujeita a decisão ulterior" (ARENDT, 2009: 54). Mais adiante, Arendt também aproximará o século XIX do período anterior e o contrastará, como um período mais amplo, a essa nova era que será o século XX, e que surge de uma ruptura catastrófica e irreversível: "Em si mesmo, o evento assinala a divisão entre a época moderna – que surge com as Ciências Naturais no século XVII, atinge seu clímax político nas revoluções do século XVIII e desenrola suas implicações gerais após a Revolução Industrial do século XIX – e o mundo do século XX, que veio à existência através de uma cadeia de catástrofes deflagrada pela Primeira Guerra Mundial" (ARENDT, 2009: 54).

dades que se acha crivado de perplexidades, e que já define uma nova época, cuja característica mais saliente está na sua diuturnamente reeditada "impermanência". A grande característica de nossa contemporaneidade seria precisamente esta "perda de fundamento do mundo" da qual nos fala Hannah Arendt em seu ensaio *O que é a Autoridade* (1958):

> [o mundo], com efeito, começou desde então a mudar, a se modificar e transformar com rapidez sempre crescente de uma forma para outra, como se estivéssemos vivendo e lutando com um universo proteico, onde todas as coisas, a qualquer momento, podem se tornar praticamente qualquer outra coisa (ARENDT, 2009: 132).

Recuando mais além, por outro lado – e à parte o fato de que somente na segunda metade do século XX iria amadurecer uma sistematização das novas sensibilidades perante o tempo –, pode-se dizer que a sensação de que "tudo de novo é possível" remonta à própria Revolução Francesa, às portas do século XIX e, portanto, daquilo que Koselleck chamou de "segunda modernidade". Não é senão por isso que Tocqueville (1805-1859), perplexo como tantos outros de seus contemporâneos, pronuncia outra enigmática frase, na qual afirma: "Desde que o passado deixou de lançar a sua luz sobre o futuro, a mente dos homens vagueia nas trevas" (TOCQUEVIL-

LE, 1945: 331)[206]. Dessa maneira, Koselleck apresenta como uma de suas descobertas historiográficas mais surpreendentes a percepção de que a grande ruptura dá-se efetivamente na curva do século XVIII para o século XIX, e não propriamente com as incontornáveis catástrofes e a nova aceleração tecnológica do século XX, ainda que estas tenham intensificado extraordinariamente o ritmo de mudanças históricas que faz com que uma geração não se reconheça mais na que lhe precedeu, ou mesmo na qual cada década parece já introduzir uma nova época totalmente distinta da anterior.

Koselleck, de fato, tem dois méritos importantes na história da reflexão historiográfica e filosófica que tem procurado trazer alguma ordem a essa perplexidade humana diante das intrincadas relações entre as temporalidades. Antes de mais nada, ele deu a perceber que o fenômeno que atualmente inscreve em todos os indivíduos modernos essa brutal "consciência do novo" não foi apanágio do século XX, mas que o mesmo remonta, na verdade, ao século XIX – ao período que, mostrando neste aspecto uma identidade com o próprio século XX, já pode ser denominado como

---

206. No caso, Tocqueville refere-se à perda de uma confiança na tradição e na ideia de retorno das experiências humanas – essa ideia que, um dia, permitira mesmo conceber a história como "Mestra da Vida", no sentido de que se pensava que o tempo sempre oferecia o retorno de situações análogas às que um dia já haviam acontecido. Além disso, Tocqueville certamente se refere, com igual angústia, a esse fenômeno que marcará a cultura ocidental na "curva do século XVIII", e sobre o qual o Michel Foucault de *As Palavras e as Coisas* (1966) falou nos termos de um "desvanecimento do solo do pensamento clássico" (FOUCAULT, 2002: 536).

uma "segunda modernidade" (distinta da "primeira modernidade" que seria a que se inaugura com o século XVI)[207]. Em segundo lugar, nenhum outro pensador recente conseguiu fornecer um quadro conceitual tão eficaz para pensar essa nova ordem de problemas, sendo esta uma contribuição definitiva de Koselleck para a historiografia recente.

Podemos nos perguntar, e buscar uma tentativa de resposta a título experimental, se haveria alguma possibilidade de conciliarmos a percepção koselleckiana de ruptura tempo-

---

207. Neste ponto, Arendt diverge de Koselleck, uma vez que a filósofa ainda percebe as mentalidades e sensibilidades do século XIX como fortemente ligadas à Tradição, sem ter ocorrido ainda o rompimento entre o Presente e o Passado. Hannah Arendt traz nesse caso, para o centro de sua análise, o Romantismo, com sua "exaltada glorificação e consciência da Tradição" (ARENDT, 2009: 53), e apenas situa como experiências relativamente isoladas as rebeliões contra a tradição que foram empreendidas por Marx, Nietzsche e Kierkegaard. Ela dirá que esses três autores "situam-se no fim de uma tradição, exatamente antes de sobrevir a ruptura" (ARENDT, 2009: 55). Dessa maneira, estes pensadores, para Hannah Arendt, situam-se em um limiar, mas ainda imersos na era anterior: "Kierkegaard, Marx e Nietzsche são para nós como marcos indicativos de um passado que perdeu sua autoridade. Foram eles os primeiros a pensar sem a orientação de nenhuma autoridade, de qualquer espécie que fosse; não obstante, bem ou mal, foram ainda influenciados pelo quadro de referência categórico da grande tradição" (ARENDT, 2009: 56). À parte a riqueza da análise de Hannah Arendt, podemos acompanhar a percepção koselleckiana – amplamente amparada em pesquisa de fontes de época – de que a ruptura dá-se na verdade no século XIX, e de que o setor do Romantismo que recupera tradições anteriores seria não mais que uma reação ao choque da Modernidade, uma melodia de contraponto, em nossa linguagem. O Historicismo também é favorecido por esse intenso interesse romântico pela história, e é de fato um movimento ambíguo, que bebe nas duas fontes (a da Modernidade e a da reação romântica à Modernidade). O Michel Foucault de *As palavras e as coisas* (1966) também percebe o mesmo corte que Koselleck; mas, de uma maneira bem original, interpreta o surgimento do intenso interesse oitocentista pela história como uma maneira de reagir à inédita "fragmentação do espaço onde antes se estendia continuamente o saber clássico". A nova historiografia teria sido inventada por esse homem do início do século XIX que "achou-se vazio de história", mas que já se entregava à tarefa de reencontrá-la (FOUCAULT, 1999: 510-511). É nesse momento também, sustentará Foucault, que o "homem" – essa "invenção recente" – adentra o campo dos saberes (p. XXI). A sua "arqueologia" identifica, aqui, uma ruptura.

ral à altura da "segunda modernidade" (na curva do século XVIII para o XIX), e a percepção kafkiana de Hannah Arendt, para quem a ruptura dá-se, na verdade, com as catástrofes que iniciam o "breve século XX". Não poderia a Música, mais uma vez, auxiliar a História?

Poderemos desenvolver um novo padrão de leitura do devir histórico se considerarmos que a realidade é "polifônica", isto é, que ela não avança em blocos unificados, produzindo rupturas de tipo arqueológico (em camadas que se sucedem). Ao contrário, poderíamos entender que o devir histórico (ou a sensibilidade humana diante desse devir) apresenta na verdade uma natureza musical, impulsionando-se a partir de melodias que se entrelaçam e que se contraponteiam, umas convergindo com outras, outras em relação de divergência. Vamos enfatizar apenas o caso da História das Ideias. A "melodia do Progresso" começa a ressoar no século XVIII e atravessa triunfante o XIX, apenas assistindo a eventuais críticas divergentes que partem de filósofos como Nietzsche e Kierkegaard; somente no século XX surgem as incertezas mais consistentes, no âmbito da produção intelectual e também em nível da coletividade, diante dessa frase melódica triunfal, e poderíamos de fato nos encontrar com Hannah Arendt (1954) – mas também com Walter Benjamin (1940), Theodor Adorno (1966) e tantos outros – na percepção de que se estabelece de fato uma ruptura com as catástrofes introduzidas pelas guerras mundiais e pela emergência de totalitarismos que trazem como ponto culminante de perplexidades os absurdos concretizados em *Auschwitz*[208]. A "melodia do Progresso", desde então – se não desaparece de fato, sobretudo por causa das sempre incessantes descobertas tecnológicas que prosseguem aceleradamente com o século XX –, ao menos passa a ter de conviver com a sua nova coirmã, a "perda de confiança no Progresso". Começa a ficar mais claro, para muitos, que o "progresso tecnológico" e o "progresso social, político, espiritual ou moral" são coisas bem distintas.

Essa quebra – coligada a outras quebras atinentes aos âmbitos Social, Político e Demográfico – foi o que permitiu a Eric Hobsbawm expressar-se nos termos de um "breve século XX", anunciador de uma *Era dos Extremos* (1979)[209]. Hannah

---

208. "A exigência que Auschwitz não se repita é a primeira de todas para a educação. De tal modo ela precede quaisquer outras que creio não ser possível nem necessário justificá-la. Não consigo entender como até hoje mereceu tão pouca atenção. Justificá-la teria algo de monstruoso em vista de toda a monstruosidade ocorrida. Mas a pouca consciência existente em relação a essa exigência e às questões que ela levanta provam que a monstruosidade não calou fundo nas pessoas, sintoma da persistência da possibilidade de que se repita no que depender do estado de consciência ou de inconsciência das pessoas" (ADORNO. *Educação Após-Auschwitz*, 1995: 104).

209. Eric Hobsbawm, em seu brilhante ensaio sobre *A Era dos Extremos* (1994), irá perceber esta nova frase musical – na verdade uma orquestração de algumas frases musicais distintas, já que seu campo de interesses não é apenas a História das Ideias e a História Cultural, mas também a História Social e a História Política – como uma frase melódica em três partes. Mas, ao invés da metáfora musical que estamos empregando, utiliza a metáfora iconográfica do "tríptico" e a metáfora culinária do "sanduíche": "Nesse livro, a estrutura do breve século XX parece uma espécie de tríptico ou sanduíche histórico. A uma Era de Catástrofe, que se estendeu de 1914 até depois da Segunda Guerra Mundial, seguiram-se cerca de 25 ou 30 anos de extraordinário crescimento econômico e transformação social, anos que provavelmente mudaram de maneira mais profunda a sociedade humana que qualquer outro período de brevidade comparável. Retrospectivamente, podemos ver esse período como uma espécie de Era de Ouro, e assim ele foi visto quase imediatamente depois que acabou, no início da década de 1970. A última parte do século foi uma nova era de decomposição, incerteza e crise – e, com efeito, para grandes áreas do mundo, como a África, a ex-URSS e as partes anteriormente socialistas da Europa, de catástrofe. À medida que a década de 1980 dava lugar à de 1990, o estado de espírito dos que refletiam sobre o passado e o futuro do século era de crescente melancolia de *fin-de-siècle*. Visto do privilegiado ponto de vista da década de 1990, o breve século XX passou de uma curta Era de Ouro, entre uma crise e outra, e entrou num futuro desconhecido e problemático, mas não necessariamente apocalíptico" (HOBSBAWM, 2001: 15-16).

Arendt, ao escrever na primeira metade dos anos 1950 os seus ensaios sobre a "Quebra entre o Passado e o Futuro", está ainda muito próxima à primeira fase (e justamente a mais catastrófica) dessa inquietante frase melódica trazida pelo breve século XX e dada a ler por Eric Hobsbawm no fim do segundo milênio (1994). Por isso é brutal a percepção de Hannah Arendt acerca de uma quebra da tradição que teria lançado o mundo no território sempre por construir do "imprevisível", e talvez no próprio redemoinho do absurdo, tal como fora brutal a percepção de Walter Benjamin sobre a inexistência real de progresso, em meio às ondas mais revoltas do vendaval nazista (1940).

A melodia da "sensibilidade diante do Progresso", todavia, desenvolve-se paralelamente à melodia da "sensibilidade em relação ao Antigo e ao Novo". Essa segunda melodia, que nos fala ou canta sobre a sensibilidade humana diante da tradição e do novo, nos oferece, de fato, uma "quebra de ligadura" à altura da curva do século XVIII para o XIX: uma cesura que parece encerrar uma frase musical e iniciar uma outra que será assinalada pela coligação entre a "Revolução Francesa" e a "Revolução Industrial", como tão bem nos mostrou Koselleck (1971) em uma sistemática pesquisa que recolheu um grande número de indícios de um novo modo de sensibilidade perante as transformações no tempo desde os inícios do século XIX. Na História das Ideias do século XIX, começam a surgir tantos registros de percepções e depoimentos perplexos relacionados à sensação de que o tempo se acelerou e de que o novo é trazido a cada instante (não mais o retorno do "mesmo" sob novas formas, mas literalmente o "novo"), que não há como acompanhar Koselleck na sua análise de que existe um corte que, de fato, permite falar em uma "segunda modernidade" para o período que se introduz com o século XIX e que adentra o século XX.

Entendemos que Hannah Arendt, nas suas análises sobre a "Quebra entre o Passado e o Futuro" (1954-1958), deixa que se confundam as cesuras melódicas que se referem à "quebra da tradição" (a nova sensibilidade perante a "aceleração do tempo" que foi identificada por Koselleck para o início da "segunda modernidade", no século XIX), e a "quebra na confiança em relação ao Progresso", a mesma que encontra uma afirmação eloquente na obra de Walter Benjamin, em especial as suas *Teses sobre o Conceito de História* (1940). Arendt deixou que se confundissem, na sua análise, as "mudanças de sensibilidade em relação ao tempo" e as "mudanças de sensibilidade em relação à evolução espiritual da humanidade". Koselleck fala-nos do primeiro aspecto, e por isso o seu corte situa-se na instituição de uma "segunda modernidade" no início do século XIX. O fascínio da maior parte dos pensadores e da sociedade diante dos avanços tecnológicos é ainda uma terceira coisa que, em determinado momento, parece se entrelaçar com a sensação de "progresso social" (século XIX), mas que mais adiante começa a se defasar da mesma, sobretudo quando as guerras mundiais começam a mostrar que a tecnologia pode ser utilizada como instrumento para a destruição em massa, ou seja, como instrumento para a barbárie. O descrédito em relação a todos os valores, que é ainda uma outra coisa que não a mera ruptura em relação à tradição clássica, constitui ainda uma nova melodia.

As inúmeras melodias do devir histórico não se encerram, contudo, neste contraponto entre a "melodia dos modos de sentir o Antigo e o Novo" e a "melodia da sensibilidade humana diante das noções de Progresso e Decadência". Se quisermos examinar o mundo da criação artística, talvez não possamos encontrar senão na curva do século XIX para o XX o sentimento inédito do "Modernismo", um pouco com os impressionistas e, sobretudo, com os fauvistas, cubistas, expressionistas, e todos os movimentos que começam a mudar a face da História da Arte em torno da passagem entre os dois séculos que, sob a perspectiva koselleckiana, constituem a "segunda modernidade". A História da Arte, enfim, tem seus próprios ritmos. O "novo artístico" para a Música, para a Pintura, para a Arquitetura, para a Literatura, propõe outra frase melódica, que não é nem regida pela "melodia da Tradição e do Progresso", nem pela melodia dos padrões de "sensibilidade perante o Tempo". Este é apenas um pequeno exemplo porque, na verdade, seria necessário pensar o devir histórico a partir de inúmeras melodias que se entrelaçam polifonicamente. Vivemos no fluxo de uma interminável polifonia, essa é a metáfora que estamos propondo para compreender o fluir histórico e também a diversidade das percepções historiográficas.

A análise polifônica também obriga a que façamos uma distinção entre as sensibilidades que afloram predominantemente na produção intelectual de uma época, e as sensibilidades que se tornam coletivas, isto é, fenômenos de massa. Esta é uma outra perspectiva a ser considerada pela "análise polifônica", sobretudo quando deixamos de nos restringir apenas à História Intelectual, e passamos a considerar a História Social e a História Cultural.

Para finalizar, e para retornar à nossa análise sobre a contribuição de Koselleck, podemos extrair algumas implicações derradeiras acerca do fato de que os dois conceitos koselleckianos sobre os quais atrás discorremos – o Passado que se concretiza no Presente visto como "espaço de experiência", e o "Futuro Presente" visto como "horizonte de expectativa" – tornaram-se de fato extremamente importantes para a historiografia recente. Hoje podemos, a partir dessas noções, pensar melhor nas temporalidades, uma relação certamente mutável de acordo com as várias épocas, com as várias culturas, e com os vários posicionamentos historiográficos. Como se disse, há épocas em que o "espaço de experiência" parece se fundir com o Presente, ou dele se destacar; e há outras épocas que concebem o presente como uma linha grossa ou como uma linha fina que precede o futuro, e há ainda outras cujo "horizonte de expectativas" é tão agitado e vivido com tanta intensidade, que se chega a pensar que já se está vivendo o futuro.

As perdas de sensação de historicidade em certos momentos ou no interior de certas visões de mundo que surgem na história, tal como se diz que teria ocorrido com o Pós-modernismo, podem encontrar uma explicação plausível a partir de conceitos como estes. De igual maneira, a partir da reflexão e das pesquisas de Koselleck, passou-se a explicar melhor o enigmático fenômeno da "aceleração do tempo". Essa crescente impressão de que as mudanças vão se dando cada vez mais rapidamente – uma percepção que começa a despontar desde os últimos anos do século XVIII e que, cada vez com maior intensidade, torna-se um traço mesmo da segunda modernidade – pode ser hoje entendida com maior clareza, precisamente em função do aparato conceitual desenvolvido por Koselleck[210]. Este mesmo aparato conceitual, enfim, permite também que hoje os historiadores possam perceber melhor as mudanças históricas nos modos de sentir as três temporalidades – Passado, Presente e Futuro.

No que concerne à questão da verdade histórica, e das possibilidades de se estabelecer um conhecimento histórico objetivo, esta proposta teórica logra incidir sobre estas questões de maneira particularmente original. Cada Presente, ao ressignificar as duas outras instâncias temporais, a sua relação mútua, e a relação desta "relação" consigo mesmo, apresenta, por assim dizer, uma verdade histórica específica. A verdade histórica de nenhum Presente é superior à de outro, sendo apenas "diferente". Contudo, o Presente mais

---

210. A percepção do radicalmente "novo" a partir do século XIX, dando a impressão de que começavam a ocorrer coisas até então nunca vistas, começa a ser recorrente em diversos autores oitocentistas que foram amplamente examinados por Koselleck, alguns dos quais citados em nota anterior. Uma passagem de *Democracia na América* (1835), de Tocqueville, ilustra bem a perturbação causada em muitos intelectuais pelos novos tempos extremamente acelerados: "Embora a revolução que está se processando na condição social, nas leis, nas opiniões e nos sentimentos dos homens esteja ainda bem longe de se achar concluída, seus resultados, contudo, já não admitem comparação com nada que o mundo tenha antes testemunhado. Remonto-me, de época a época, até a mais remota antiguidade, porém não encontro paralelo para o que ocorre diante dos meus olhos; a partir do momento em que o passado cessou de lançar sua luz sobre o futuro, a mente do homem vagueia na obscuridade" (TOCQUEVILE, 1945: 331).

recente pode conhecer em visão panorâmica a verdade histórica dos Presentes anteriores, e com isto termina por deter maior potencial de riqueza comparativa para contrastar com a sua própria verdade histórica. O que foi aqui dito para épocas, obviamente, pode ser referido também a sociedades distintas em um mesmo período, mas para simplificar continuaremos a tratar a questão nos termos coletivos mais abrangentes.

O "outro" – no caso o "outro presente" – é na perspectiva de Koselleck sempre uma fonte de riqueza com vistas à possibilidade de ampliar o autoconhecimento. Uma vez que o Presente mais recente conhece, por hipótese, mais "outros" Presentes com suas próprias representações originais (aquelas que lhes foram legadas pelas fontes e evidências), ocorre que é o Presente mais recente aquele que apresenta maior potencial de diálogo com as várias alteridades temporais que o precederam. Um maior número de interlocutores, na perspectiva de Koselleck, possibilita não apenas uma mais afinada visão de conjunto das temporalidades anteriores, como também um mais aprofundado conhecimento de si. Existe, conforme se pode perceber, certo otimismo na perspectiva proposta por Koselleck. Nenhum Presente é superior aos outros que o precederam, mas de todo modo a perspectiva de cada novo Presente se amplia: a sua verdade histórica, se pudermos utilizar aqui esta noção, pode enriquecer-se mais consideravelmente em vista do maior número de diálogos com outros Presentes que se lhe tornaram conhecidos. Eis aqui uma perspectiva que, ao abarcar o Relativismo, não deixa de conservar uma expectativa otimista relacionada à progressiva acumulação do conhecimento histórico; ou, se não isto, ao menos uma progressiva acumulação de perspectivas históricas a considerar. Por outro lado, a abordagem do tempo aplicada por Koselleck à História Conceitual nestes seus estudos mais recentes, nos quais pretende perceber verdadeiras "camadas de tempo", tem sido também submetida à crítica por autores diversos, entre os quais Kari Palonen (2002: 150-202)[211].

---

211. Além desta obra, uma crítica mais sintética aos paradigmas de "progresso" e "aceleração" desenvolvidos por Koselleck foi elaborada por Kari Palonen, no ensaio "Tempos da política e temporalização conceitual: um novo programa para a história conceitual", incluído em *História dos Conceitos: diálogos transatlânticos* (JASMIN & FERES Jr., 2007: 31-43). Na avaliação de Palonen, a perspectiva apresentada por Koselleck constitui uma "visão unidimensional do tempo" (PALONEN, 2007: 32).

VII Karl Marx: a análise histórica a serviço de uma causa

Karl Marx (1818-1883), ao lado de Friedrich Engels (1820-1895), foi um dos fundadores do terceiro paradigma que surge no século XIX (cap. I do vol. 3). A sua menção aqui, ao final deste volume no qual tratamos de experimentar o recurso à metáfora dos "acordes teóricos" e de refletir mais pontualmente sobre a questão das relações entre Objetividade e Subjetividade na historiografia, justifica-se em função do fato de que os dois fundadores do paradigma do Materialismo Histórico aprofundam ainda mais o reconhecimento das intersubjetividades que afetam o sujeito produtor de conhecimento. Uma vez que, para o Materialismo Histórico, a história é examinada como história das lutas de classe e, antes disto, como história dos modos de produção sobre os quais se desenvolve essa luta, aqui não existe propriamente uma Verdade Universal a ser encontrada pelo historiador, no sentido que propunha o Positivismo. De alguma maneira, ao acrescentar a "posição de classe" como aspecto fundamental que constitui a intersubjetividade do historiador, o Materialismo Histórico não deixa de se apresentar como uma espécie de Historicismo radical.

Como paradigma, o Materialismo Histórico apresenta o seu próprio mega-acorde teórico, conforme pudemos ver em capítulo anterior. Materialismo, Dialética e Historicidade radical são as suas três notas dominantes. Essa base é lançada por Marx e Engels desde a sua obra madura, e as variações vão surgir a partir das diversas interpretações acercas dessas instâncias, de seu peso, de suas relações recíprocas. Uma nota adicional, que é a da perspectiva política de atingir o Socialismo, não é rigorosamente obrigatória, embora seja extremamente frequente entre os materialistas históricos, e há muita discussão em torno de como deve ser desenvolvida a práxis que se volta para esse objetivo, o que remete a interpretações sobre os modos como são ou devem ser conduzidas as lutas de classe.

Mas o nosso objetivo neste momento não é examinar a "harmonia teórica" que funda o Materialismo Histórico nas suas primeiras formulações, mas apenas tecer algumas considerações ainda introdutórias sobre o "acorde teórico" de Karl Marx, específico desse filósofo, economista e historiador que irá, com Engels, fundar o novo paradigma. Além da já citada base do próprio Materialismo Histórico, que é na verdade estabelecida pela primeira vez por Marx e Engels, podemos nos perguntar, antes de mais nada, como se apresentam, em Marx, esse "materialismo", essa "dialética", essa "historicidade radical", como se afirmam no seu pensamento a perspectiva socialista ou o conceito de "luta de classes". Estaremos interessados aqui em perceber um movimento da acórdica teórica de Marx, no interior do próprio paradigma que ele estava fundando conjuntamente com Engels a partir da quarta década do século XIX.

A Dialética de Marx é extraída de Hegel, uma influência autoral que, desta maneira, faz-se soar intensamente em seu "acorde teórico" seja como nota ou como uma antinota oculta, com relação à qual o fundador do Materialismo Histórico explicitou algumas vezes tanto comentários depreciativos como também os seus mais sinceros agradecimentos[212].

---

212. Apenas como exemplo, no Posfácio para a segunda edição alemã de *O capital* (escrito em janeiro de 1873), Marx registra a enorme importância da dialética de Hegel para a filosofia e para o seu próprio trabalho. Por outro lado, temos sempre que ter em mente que Marx nunca foi um "discípulo" de Hegel. Ele não se via como um hegeliano (essa questão não se colocava para ele desta forma e, ao lado de ter assimilado a Dialética de Hegel e mesmo o seu estilo de linguagem na primeira fase, Marx constantemente fez comentários críticos e mesmo depreciativos acerca de Hegel). Todavia, é inegável que Marx estava mergulhado na corrente de discussões e autores que mais tarde se convencionou chamar de "jovens hegelianos". Alguns destes foram "discípulos" de Hegel (ou no sentido de "ex-alunos", ou de "herdeiros" que assumem uma herança). Outros, como Marx, não foram discípulos de Hegel, embora possam ser considerados também "jovens hegelianos", no sentido que estavam mergulhados nessa corrente que passa a dominar a filosofia alemã depois de Kant. A outra alternativa, que se desvia da corrente filosófica mais habitual, mas que à época ainda não chegara a constituir uma corrente própria, era aquela que partia de Schopenhauer (1788-1860), que já em 1819 publicara *O mundo como vontade de representação*, e que mais além abrirá espaço para outra linha de pensamento, a de Nietzsche. Schopenhauer, em seus *Fragmentos sobre a História da Filosofia*, já registra uma crítica veemente contra a corrente do idealismo representada por Hegel, Fichte e Schelling (2007: 28-42). Mas é ainda uma voz isolada. De outra parte, fora o hegelianismo, havia ainda na época o Positivismo religioso, e havia a filosofia romântica, mais voltada para as discussões estéticas. Estas eram as alternativas que se colocavam no período de formação de Marx, e contra essas alternativas é que ele vai construindo um novo paradigma, mas o qual só se delineará mais claramente a partir de fins de 1844. Hegel, de todo modo, deve ser considerado em nossa metáfora como nota e "antinota" que acompanha e é a principal referência de Marx. Para uma leitura da complexa e angustiada relação de Marx com a influência de Hegel, cf. Seigel (1978).

A percepção hegeliana de que o mundo, em todas as suas facetas, constitui um processo – o que traz a historicidade para o centro da reflexão filosófica – constitui a contribuição da qual Marx e Engels extrairão todas as suas consequências[213]. As instâncias fundamentais da dialética hegeliana – a totalidade, o movimento, a mudança a partir do encontro dialético das contradições – são todas reapropriadas pelos fundadores do Materialismo Histórico. O principal ponto de cisão, conforme já vimos no terceiro volume desta coleção, é que a de Hegel é uma dialética *idealista*, na qual temos um mundo que começa a se movimentar a partir do espírito e das ideias, enquanto que a de Marx é uma dialética *materialista*, que sustenta a hipótese de que todo movimento histórico se impulsiona a partir da base material de uma sociedade, ou de suas condições imediatas e efetivas. Dito de outra forma, se em Hegel o espírito situa-se no início e no centro do movimento da história, em Marx esta centralidade será ocupada pela "atividade de produzir o mundo"[214].

---

213. Em *Anti-Duhring* (1878), Engels dirá: "A filosofia alemã foi completada por Hegel, o qual, pela primeira vez – esse é o seu grande mérito – concebeu o mundo da natureza, da história e do espírito como um processo, isto é, como um mundo sujeito à mudança" (ENGELS, 1990: 22).

214. Assim André Gorz sintetiza a dialética hegeliana: "Para Hegel, com efeito, a História é a progressão dialética por meio da qual o espírito, inicialmente estranho a si mesmo, toma consciência e posse do mundo – que, na verdade, era o próprio espírito existindo fora e separado de si – até retomá-lo completamente em si e unificar-se com ele. Os avatares dessa progressão são etapas que, em razão da sua contradição interna, são necessariamente levadas a "passar para" a etapa seguinte, até a realização da síntese final que é ao mesmo tempo o sentido de toda a História anterior e o término da História" (GORZ, 1987: 28).

Há, ainda, outra oposição importante que afasta Marx da filosofia de Hegel – esta que é considerada pelo fundador do Materialismo Histórico como ponto culminante de todo um padrão do pensamento ocidental que precisaria, dali em diante, ser superado. Sobretudo a partir das *Teses sobre Feuerbach* (1845), veremos Marx apresentar mais claramente a proposta de uma "filosofia da ação", por contraste com aquela "filosofia da contemplação" que seria a de Hegel e de outros filósofos. "*Transformar* o mundo (mas sem deixar de interpretá-lo)" mostra-se aqui contraposto a "Interpretar *contemplativamente* o mundo". Com alguns ajustes nas próprias palavras de Marx, isso é o que nos dirá essencialmente a 11ª *Tese sobre Feuerbach*. Podemos contrapor essa célebre postura de Marx à que Hegel expressa na igualmente notória passagem de *Introdução à Filosofia do Direito* (1821) em que Hegel evoca a metáfora da Coruja de Minerva (figura mítica que o filósofo utiliza como símbolo para a própria Filosofia)[215]:

215. Minerva era a deusa latina equivalente à deusa grega Athena, filha de Zeus (na verdade, Athena nasce literalmente, pronta e já de armas em punho, de uma terrível dor de cabeça de Zeus, mas esta é outra história). Athena era a deusa da sabedoria, e a coruja era o seu animal de estimação. A escolha mítica de tal animal para acompanhar a deusa da sabedoria atém-se a inúmeros aspectos: de um lado, a coruja está sempre alerta, e é capaz de enxergar na escuridão; de outro lado, é capaz de girar a cabeça quase que completamente, o que simboliza a capacidade de enxergar todos os lados de uma questão. A coruja, desta forma, é capaz tanto da visão concentrada – aquela que se dirige a um só ponto – como a de explorar a visão total periférica. Isto a torna um símbolo igualmente eficaz para aquilo que Kant, na *Crítica do Juízo* (1790), chamará de "mentalidade alargada": a capacidade de pensar situando-se na posição de outros.

> Quando a filosofia chega, com sua luz crepuscular, a um mundo que declina, é porque alguma manifestação de vida está prestes a desaparecer. Não vem a filosofia para renová-la, mas apenas para reconhecê-la (HEGEL. *Introdução à Filosofia do Direito*, 1821).

A cisão entre Marx e Hegel, portanto, dá-se pelo menos de uma dupla maneira: em relação à sua maneira (idealista) de ver as coisas; e em relação à sua maneira (contemplativa) de estar entre as coisas[216].

Além da apropriação materialista da Dialética, outra nota de destaque no pensamento de Marx é a apropriação dialética do Materialismo que, para o fundador do "materialismo histórico", deve buscar superar o que ele mesmo denominou como "materialismo vulgar", da mesma forma que também se busca superar o materialismo de Ludwig Feuerbach (1804-1872), um autor que exerceu sobre Marx uma marcante influência no que concerne à crítica da religião. Mais adiante, veremos o lugar específico que o "materialismo" desempenha no pensamento de Marx e no Materialismo Histórico, configurando-se em algo bem diferenciado tanto do materialismo puro de autores como La Mettrie e Holbach – esses ilumi-

---

216. Esses aspectos, em conjunto ou em separado, produzem também outras diferenças entre os dois autores. Por exemplo, como a dialética de Hegel é uma dialética idealista, as "totalidades" que se sucedem na série de círculos dialéticos que atravessam a história são etapas da consciência universal, ou também etapas da ampliação da liberdade humana. A Dialética de Hegel, conforme já vimos anteriormente, explica a realização da consciência e da liberdade na história. Em Marx, que propõe uma dialética materialista, as "totalidades" que se sucedem são os "modos de produção". Outros desdobramentos mais podem ser pensados na contraposição entre a Dialética Hegeliana e a Dialética de Marx.

nistas franceses que simplesmente postulam a materialidade absoluta da vida humana, e não mais do que isso – como também do materialismo de Feuerbach, que se mostra fundamentalmente como uma crítica à religião e ao Cristianismo em particular[217].

Marx dialogou com inúmeros pensadores de sua época e de outras épocas e se valeu de diversas contribuições teóricas anteriores, em muitas ocasiões readaptando-as e mesmo invertendo-as para seus próprios fins. Seu acorde teórico também possui as suas antinotas, com as quais, por outro lado, não deixa de dialogar. A leitura marxiana de uma história que deveria levar *necessariamente* ao Socialismo, e seu ativo engajamento nos projetos políticos que pudessem acelerar o alcance desse objetivo, obriga a mencionar, antes de mais

---

217. A partir de 1830, uma corrente filosófica materialista havia se fortalecido na Alemanha, particularmente entre os "jovens hegelianos" que, após a morte de Hegel, procurariam submeter à crítica o idealismo do velho mestre. A corrente filosófica materialista havia sido em parte estimulada em reação ao Positivismo idealista (que, na historiografia, também abrira um espaço de contraposição para o já discutido paradigma historiográfico do Historicismo). Nesse contexto, os filósofos alemães de tendência materialista haviam reintroduzido nos quadros da filosofia um olhar voltado para os antigos materialistas dos séculos XVII e XVIII, retomando filósofos ingleses ou escoceses como Francis Bacon (1561-1626), Locke (1632-1704) e David Hume (1711-1776), ou então franceses como Diderot (1713-1784), La Mettrie (1709-1751) e Holbach (1723-1789). Mais além no passado remoto, os novos filósofos materialistas da Alemanha também identificavam como um precursor do Materialismo – como uma espécie de "iluminista da Antiguidade" – o filósofo grego Epicuro (342-241 a.C). O próprio Karl Marx defendera como Tese de Doutorado o tema *A diferença entre a filosofia da natureza em Demócrito e em Epicuro* (1840-1841). É nesse ambiente de emergência de uma filosofia materialista, entre alguns dos filósofos ligados à esquerda hegeliana, que se destacará a obra de Feuerbach (1804-1872), cuja crítica ao idealismo de Hegel se firmará, em particular, com o ensaio *Teses preliminares para a reforma da Filosofia* (1842).

nada, a influência da rede de propostas socialistas já existente sobre a proposta específica de Marx para um mundo socialista e para os meios de alcançar esse tipo de sociedade. Sua proposta específica de desenvolver o que chamou de "socialismo científico", por exemplo, o leva a se contrapor ao pensamento de autores que qualificou como "socialistas utópicos"[218].

Assim mesmo, iremos encontrar em Marx influências de um socialista utópico como Saint-Simon[219], ou ao menos dos saint-simonianos da primeira geração subsequente a Saint-Simon, herdeiros intelectuais desse filósofo francês e responsáveis pela redação do tratado *A exposição da Dou-*

---

218. Mais tarde, Engels fixará esta contraposição no título de um de seus livros: *Do Socialismo Utópico ao Socialismo Científico* (1880). Os principais "socialistas utópicos" criticados por Marx e Engels são Saint-Simon, Robert Owen e Charles Fourier, mas, a este último, Engels chega a dedicar certa simpatia ou condescendência: "Fourier criticou as relações sociais existentes com tanta agudeza, graça e humor, que a gente perdoa gostosamente suas fantasias cosmológicas, que também se baseiam numa genial visão do mundo" (ENGELS. Carta a Marx, apud KONDER, 1998: 53). Sobre Fourier, cf. nota n. 33 deste livro.

219. Claude-Henri de Rouvroy, o conde de Saint-Simon (1760-1825), foi entre os socialistas utópicos um daqueles que mais deixou seguidores no século XIX (os saint-simonianos), além de ter entre seus admiradores escritores românticos como Victor Hugo e George Sand. Suas ideias aparecem pela primeira vez na *Carta de um habitante de Genebra a seus contemporâneos* (1802). Preconizava uma civilização pacifista, uma sociedade industrial administrada coletivamente, e um governo conduzido por cientistas. Antecipa a temática marxista do homem ativo que altera a realidade à sua volta, entre outras. Ao final de sua vida, termina por deslizar para a idealização de uma utopia religiosa, que ficará registrada em seu último livro, *Nova Cristandade* (1825), publicado no mesmo ano de sua morte. Augusto Comte, que iria fundar o Positivismo, também trabalhou em um primeiro momento junto a Saint-Simon, abandonando em seguida as suas ideias para começar a construir o seu próprio sistema. Para mais sobre Saint-Simon, cf. ainda a nota 22 deste livro.

trina de Saint Simon[220]. Georges Gurvitch (1961: 11-21) e Raymond Aron (2008: 264-272) estudaram essas possíveis influências. No mínimo, há sintonias entre os saint-simonianos e Marx, tanto nos objetivos de atingir uma sociedade sem dominação de classe como na descrição da sociedade industrial do século XIX[221]. Mas os métodos de Marx para atingir essa meta – e a ideia de "revolução" – são estranhos aos saint-simonianos, como aliás ocorre com a maior parte daqueles autores a que Marx se referiu como "socialistas utópicos", pois estes preconizavam a possibilidade de sensibilizar e convencer políticos e industriais a colaborarem para a implantação do socialismo. Na perspectiva saint-simoniana, os proletários terminam por assistir passivamente à sua libertação, sem se tornarem sujeitos de sua própria transformação.

Existe também uma diferença entre saint-simonianos e marxistas no que se refere à visão histórica dos antagonismos de classes através das várias épocas, embora haja uma coincidência com muitos dos pares arrolados por Marx e

220. Entre eles, os nomes de maior destaque são os de Bazard (1791-1832) e Enfantin (1796-1864). Ambos, após uma fase inicial de práticas revolucionárias entre os carbonários franceses, terminam por migrar, respectivamente em 1828 e em 1825, para o saint-simonismo.

221. Raymond Aron registra as seguintes ideias em comum: "[...] o raciocínio de que a guerra teve um papel no passado que deve desaparecer na sociedade industrial é um tema saint-simoniano que se encontra, sem dúvida, no pensamento marxiano. Assim, as relações do sistema de produção e do estado, as etapas da história, os antagonismos característicos do devir histórico, a oposição entre o governo das pessoas e administração das coisas são todos temas saint-simonianos que efetivamente passaram para o pensamento marxiano. Tornaram-se elementos da visão histórica de Marx" (ARON, 2008: 268).

Engels no *Manifesto Comunista* (1848). Contudo, enquanto os saint-simonianos viam na história uma atenuação progressiva da exploração do homem pelo homem, e por isto insistiam na perspectiva evolutiva ao acreditar que o antagonismo "a si mesmo devora pouco a pouco" (*Doctrine*, 1924: 311), já Marx entenderá que a última fase do antagonismo de classes – que corresponde ao confronto entre proletários e capitalistas – seria a mais extremada de todas, e por isso a revolução deveria ser o seu desenlace necessário[222].

Esse ponto nos coloca em sintonia com outra nota importante do "acorde Marx", que é o papel da classe trabalhadora na sua visão teleológica da história. O socialismo não é uma *meta*, mas sim um *destino* da humanidade. Para Marx, ele ocorrerá necessariamente (ao contrário do que pensarão mais tarde alguns setores do marxismo ocidental, embora não a maior parte de suas correntes). Marx acreditava profundamente que o proletariado tinha por missão de classe conduzir a história ao advento do socialismo, ou ao menos demonstra acreditar nisso na maior parte de suas obras. Esse momento que se conduziria ao último dos antagonismos de classe – aquele que opunha burguesia e proletariado – é compreendido por Marx como o momento supremo que ao mesmo tempo resume toda a história

---

222. Outras coincidências entre os saint-simonianos e Marx podem ser notadas, tal como, por exemplo, a similaridade do conceito marxiano de "práxis" com o conceito saint-simoniano de "prática".

anterior e corresponde ao seu término, que coincidiria com a própria implantação da sociedade sem classes. Melhor dizendo, esse *telos* não seria propriamente o fim da história, pois, tal como sustenta Marx em *Contribuição para a crítica da economia política* (1859), com o fim dos antagonismos de classe encerra-se na verdade a "pré-história da humanidade". Com o Socialismo instalado definitivamente por todo o mundo humano, nos dirá Marx, é que se inicia a verdadeira história. De todo modo, esta é a história (ou a "pré--história") para Marx: um grande processo dialético que se inicia com progressiva tomada de posse da Natureza e que se encerra com o Socialismo (o último dos "modos de produção") e com o fim definitivo dos antagonismos de classe.

Essa perspectiva teleológica (a história que aponta para um fim necessário) é uma característica do pensamento marxiano, isto é, do pensamento de Marx, que não é necessariamente um pressuposto do Materialismo Histórico, e tampouco inerente ao próprio Marxismo enquanto programa de ação política que se desenvolveu nas décadas subsequentes (ainda que, de fato, a ampla maioria das correntes marxistas-leninistas tenham efetivamente adotado essa mesma teleologia que aponta para o socialismo como inevitável destino humano). Marx, sustentaremos aqui, apresenta as suas próprias especificidades, que o diferenciam de outros materialistas históricos. André Gorz, em um polêmico ensaio intitulado *Adeus ao proletariado* (1980), afirmará por exemplo que a teleologia marxiana do proletariado nada mais seria do que "uma surpreendente condensação sintética das três correntes dominantes do pensamento ocidental: o cristianismo, o hegelianismo e o cientificismo" (GORZ, 1987: 28)[223].

Uma tal teleologia, ao pretender se contrapor cientificamente ao idealismo hegeliano, à escatologia cristã, e ao romantismo utópico, precisou constituir uma base segura para a compreensão da história humana. Fornecer os elementos necessários para compreender cientificamente o mundo humano tornou-se o principal objetivo da reflexão econômica em Marx, que desde cedo foi levado a dialogar e a se contrapor com a Economia Política Clássica. Os diálogos e contraposições de Marx se deram de modos diferenciados em relação a cada um dos autores que podem ser agrupados no ambiente comum da Economia Clássica (Marx separa os verdadeiros "economistas clássicos", como Adam Smith ou Ricardo, dos "economistas

---

223. O Cristianismo, uma religião escatológica por excelência, é também histórico: com ele (e talvez com o Judaísmo) o tempo é pela primeira vez delineado como um vetor que aponta para um ponto específico no futuro: um *telos* que coincide com o Juízo Final. O Hegelianismo, conforme já vimos, possui também o seu *telos*, que é o momento supremo em que o espírito se coloca diante de si (deste outro aspecto de si mesmo do qual estava apartado, e que corresponde ao mundo manifestado) e o reintegra, concretizando a realização triunfal da Razão e da Liberdade. No Materialismo Histórico de Marx o *telos* é a apropriação coletiva do mundo, sob a ação revolucionária do proletariado que, a partir daí, instala definitivamente o Socialismo sobre a Terra. Cada uma dessas concepções – o Cristianismo das Igrejas oficiais, o Hegelianismo de Hegel, o Materialismo Histórico de Marx – são caracterizados, por assim dizer, por um Profetismo. Cada um dos profetas ligados a essas concepções – Cristo, Hegel ou Marx – anuncia o advento de algo novo, que ao mesmo tempo concretizará o fim da história, tal como ela é conhecida, e instituirá uma vida mais plena e verdadeira. Em Marx, obviamente, o Profetismo é contrabalançado pelo Cientificismo.

vulgares", como Malthus). Essa nota que se ergue do fundo da Economia Política, sobretudo através da assimilação e superação da contribuição economicista de David Ricardo (1772-1823), tornar-se-á soberana e fundamental no acorde de Marx a partir do final de 1844, quando o centro de sua análise passa a ser o trabalho e seus interesses voltam-se quase que exclusivamente para o estudo da economia capitalista e da história desse período[224].

Ao lado desses diversos diálogos, o fundador do Materialismo Histórico também precisou estar atento aos historiadores

---

224. David Ricardo (1772-1823), conjuntamente com Adam Smith (1723-1790), que o precedeu em uma geração, praticamente funda a Economia Política Clássica. Sua obra-prima foi o ensaio *Princípios de Economia Política e Tributação* (1817). A importância da obra de Ricardo pode ser medida a partir das influências que deixou em três desdobramentos do pensamento econômico oitocentista: a própria Economia Política Clássica, a economia marxista e a economia marginalista. Suas maiores contribuições referem-se ao desenvolvimento da "teoria do valor-trabalho" e da "teoria da distribuição" (relação entre lucro e salários). É tributária desta última a análise que Marx desenvolve em *O capital* (1867), acerca da distribuição do produto coletivo da sociedade capitalista entre a classe fundiária (através da renda da terra), a classe dos trabalhadores assalariados (através do salário), e a classe capitalista (através dos lucros do capital). Essa análise, clari-cartesiana em Ricardo, é examinada por Marx em suas consequências morais, já nos *Manuscritos econômico-filosóficos* (1844), mas sobretudo em *O capital* (1867). Com relação à sua própria época, Ricardo representou a posição mais liberal possível, tanto no plano econômico como no plano político, posicionando-se em defesa do livre-comércio internacional – o que lhe valeu a inevitável oposição de economistas conservadores como Thomas Malthus (1766-1834), que se alinhavam mais claramente aos interesses da burguesia inglesa e do Estado britânico. Por isto, Marx chama a este último Malthus de "economista vulgar" e de "sicofanta" (no sentido de lacaio das classes dominantes), ao mesmo tempo em que identifica Ricardo com o ponto máximo de "verdade científica" que um economista poderia atingir enxergando o mundo a partir do viés da burguesia capitalista.

e, mesmo que sem deixar de criticá-los com veemência, é dos historiadores franceses da Restauração, tais como Guizot (1787-1874) e Thierry (1795-1856), que Marx retomará, para novos fins, o conceito de "luta de classes"[225]. Esta habilidade de Marx em reutilizar, em seu próprio "acorde teórico", outras "notas", de origens diversas e assimiladas para novos fins, foi examinada anteriormente, no capítulo desta obra que correspondeu ao Materialismo Histórico (cap. I. do vol. 3).

A mais forte "nota de influência" que incide sobre o "acorde teórico" de Marx, mas especificamente o Marx da segunda fase (de fins de 1844 em diante), não poderia deixar de ser o seu diálogo com Engels. Um e outro destes dois autores – Marx e Engels – não se tornariam aquilo que terminaram por vir a ser se não fosse a influência que um exerceu sobre o outro. É a partir do final de 1844 que veremos Marx deixar seu "acorde teórico" se interpenetrar pelas ressonâncias de Engels, uma vez que em agosto daquele ano se dá o encontro que termina por selar a amizade e cooperação futura entre

---

225. Em uma carta de Marx a Joseph Weydemeyer, datada de 5 de março de 1852, está registrada a seguinte passagem: "No que me concerne, não me cabe o mérito nem de ter descoberto a existência das classes nem da luta de classes na sociedade moderna. Muito antes de mim, historiadores burgueses tinham descrito o desenvolvimento histórico da luta de classes e economistas burgueses tinham representado a sua anatomia econômica. O que eu fiz de novo foi [...] provar que a existência das classes está ligada a determinadas fases históricas do desenvolvimento da produção [...]". Deve-se lembrar, além disso, que, também com o revolucionário Gracchus Babeuf (1760-1797), aparecerá a noção de que o movimento da história se processa através da "luta de classes". Marx e Engels, inclusive, reconhecerão em Babeuf um precursor do comunismo.

os dois fundadores do Materialismo Histórico[226]. O que vemos então é um verdadeiro ponto de inflexão na harmonia teórica de Marx. O viés econômico-social de Engels, e seu interesse e experiência em relação à situação dos trabalhadores de fábrica, teriam forte efeito catalisador para as ideias de Marx. Não que Marx não tivesse até então interesses pela economia, e os *Manuscritos Econômico-Filosóficos* (1844) – com sua tábua de matérias voltada em boa parte para aspectos econômicos – atestam precisamente esse duplo interesse pela Filosofia e pela Economia[227]. Mas, com Engels, Marx

---

226. Marx e Engels haviam se encontrado pela primeira vez em novembro de 1842; mas, como atesta Francis Wheen em sua biografia sobre *Karl Marx* (1999), aquele encontro havia sido frio e desconfiado de parte a parte (WHEEN, 2001: 75-76). Em agosto de 1844, contudo, quando se daria o segundo encontro, algo mudara. A atitude de Marx em relação a Engels passaria "da desconfiança à curiosidade respeitosa" (WHEEN, 2001: 76). Explica-se isto porque Marx lera e ficara impressionado com os originais do livro que Engels logo publicaria: *A situação da classe trabalhadora na Inglaterra* (1845). Também impressionara a Marx o contato com alguém que realmente conhecia o ambiente das fábricas, mesmo que do ponto de vista patronal. Engels era filho de um industrial do algodão, mas se rebelara contra a sua própria posição social ao entrar em contato com a vida real dos trabalhadores fabris. Agora estava ali, autor de um livro que trazia a economia para o centro dos estudos históricos e sociais, e que procurava compreender o ponto de vista da classe trabalhadora e pensar a favor dela. O encontro com Engels, e com essa obra inicial do seu companheiro de lutas, seria decisivo para Marx. Sobre o encontro entre Marx e Engels, cf. tb. Konder, 1999, p. 38-39.

227. O Primeiro *Manuscrito*, que impera sobre os demais, trata do "Trabalho Alienado". O Segundo *Manuscrito* (do qual se perdeu uma grande parte que seria extremamente importante, inclusive como um elo para a compreensão mais adequada do Terceiro *Manuscrito*, aborda "A relação da propriedade privada"; por fim, o *Terceiro Manuscrito* discute sucessivamente "A propriedade privada e o trabalho", "A propriedade privada e o comunismo", "Necessidades, produção e divisão do trabalho", "Dinheiro", e encerra-se com uma "Crítica da Filosofia Geral e Dialética de Hegel", um tema bem típico da primeira fase. Devemos lembrar ainda, conforme registramos em outra nota, que foi no ano que precede a elaboração dos *Manuscritos* que Marx fará os seus primeiros avanços concretos no aprendizado autodidata de Economia.

aproxima-se de uma nova vivência, relacionada ao mundo do trabalho industrial na sua verdadeira concretude, e com essa vivência transmitida por Engels ele se identificará. Isto repercutirá diretamente em sua obra.

Veremos mais adiante que Marx, até àquela altura de sua trajetória intelectual, ocupara-se essencialmente do problema da alienação humana nas suas diversas formas (inclusive no trabalho, mas também na religião, na política, nas próprias relações ecológicas do homem com a Natureza). Ao mesmo tempo, seu viés era mais filosófico, seus interesses mais abrangentes, sua tonalidade mais intensamente humanista[228]. Ao entrar em contato intelectual com o livro *A situação dos trabalhadores na Inglaterra*, de Engels, Karl Marx perceberia, ou julgaria perceber (conforme se dê ou não se dê crédito à sua escolha ou descoberta) que a alienação produzida no mundo do trabalho era efetivamente o ventre materno de todas as alienações – a raiz do "estranhamento" que lançava no sofrimento e na inconsciência o homem comum do mundo moderno[229].

---

228. Dessa primeira fase, temos como última obra – escrita entre abril e agosto de 1844 – os já mencionados *Manuscritos Econômico-Filosóficos* (obra não publicada senão em 1932). Nesse último mês de agosto de 1844, quando acabara de acrescentar os últimos comentários ao *Manuscrito*, Marx encontra-se pela segunda vez com Engels (mas trata-se na verdade do primeiro encontro no qual os dois percebem que realmente têm algo em comum, pois no encontro de novembro de 1842 haviam se mantido distanciados, desconfiados mesmo). A partir daqui entramos em uma segunda fase do pensamento marxiano.

229. Outra obra de Engels que foi de vital importância para a consolidação da segunda fase do pensamento marxiano foi o *Esboço de uma crítica da Economia Política* (1844), publicado nos Anais Franco-Prussianos (ENGELS, 1981: 56-81).

Embora Marx continuasse a se preocupar com questões de toda ordem que dissessem respeito à humanidade e à cultura, a partir daí ele passaria a estudar principalmente o trabalho e as relações socioeconômicas na sociedade capitalista. Sua tonalidade mostra-se agora mais abertamente revolucionária; o engajamento político é ainda mais assumido como aspecto incontornável a ser incorporado à própria produção teórica, do que nos dará indício a célebre frase que encerra as *Teses sobre Feurbach* (1945): "Até hoje os filósofos interpretaram o mundo; cabe a nós transformá-lo"[230]. Breve, com Engels, seria redigido o *Manifesto Comunista* (1848). Mais além, viria a organização da Internacional dos Trabalhadores (1864). Mas, sobretudo, esse engajamento político crescerá proporcionalmente à capacidade de demonstração científica, que em *O capital* (1867) alcançará o seu apogeu. A irresistível combinação de denúncia revolucionária e rigorosa demonstração cientí-

---

230. Essa práxis diretamente orientada para a transformação da realidade, incorporando a ciência como instrumento de libertação e transformação social, irá retornar a partir daqui em vários textos de Marx. Em *Miséria da Filosofia* (1847), ele mencionará esta ciência que "produzida pelo movimento histórico, e que se vincula a ele com pleno conhecimento de causa, deixa de ser doutrinária e se torna revolucionária" (MARX, 1982: 119). A meta de lançar mão da filosofia e da ciência para transformar o mundo, e não mais para apenas interpretá-lo, torna-se uma tônica para o novo período – uma das marcas de uma nova figuração acórdica na produção intelectual de Marx. Lukács, em seu ensaio *O jovem Marx*, sustentará que ocorre de fato uma mudança qualitativa importante no pensamento marxiano, naquele mesmo ano em que se encontram os dois fundadores do Materialismo Histórico. Com relação a isto, o filósofo húngaro afirmará que "Marx só realizou a passagem para a definitiva concepção científica do socialismo proletário no decorrer de 1844" (LUKÁCS, 2009: 165).

fica fará dos textos econômicos da fase madura de Marx um caso único na história das ideias. Este será o tônus da segunda acórdica de Marx[231].

Pode-se dizer que a proximidade do "acorde Marx" com o "acorde Engels" termina por modificar mutuamente as duas "identidades teóricas". Em Marx, a influência do viés e da experiência com o mundo do trabalho, trazida por Engels, contribuirá para dotar a sua reflexão teórica de um novo centro

---

231. Marx, obviamente, sempre fora um pensador politicamente posicionado, e sua breve atuação jornalística na *Gazeta Renana*, entre 1842 e 1843, produzira artigos sempre caracterizados pela denúncia e crítica social, a tal ponto que, neste último ano, o jornal seria fechado pelos censores do governo prussiano. Mesmo na *Introdução à crítica da Filosofia do Direito em Hegel* (1843), sua primeira obra de fôlego logo após a Tese de Doutorado sobre *Epicuro* (1941), ele já fala na Revolução e atribui ao proletariado uma centralidade nesse processo (o proletariado como "coração da revolução"). Mas algo mudará a partir do final de 1844. Nesse momento ele iniciará a parceria com Engels, e também conhecerá a "Liga dos Justos" (futura "Liga dos Comunistas"). Agora a sua perspectiva teórica faria do envolvimento político e militante um aspecto a ser necessariamente integrado à própria *praxis*, um conceito que também adquire maior centralidade no pensamento marxiano a partir das *Teses sobre Feuerbach* (1845). De resto, isso não quer dizer que não encontremos nos *Manuscritos Econômico-Filosóficos* de 1844 momentos de surpreendente impacto em termos de denúncia social. Nos *Manuscritos*, Marx por vezes vale-se do discurso dos próprios economistas burgueses para trazer a nu suas consequências morais. A crueldade da racionalização capitalista é, por exemplo, exposta neste trecho que Marx extraiu dos próprios economistas burgueses: "A taxa mínima e única necessária para o salário é a subsistência do operário para nutrir uma família e para que a raça de operários não se extinga". Algo familiar? A amoralidade do Capitalismo já era posta a nu nos *Manuscritos* de 1844. Mas nos textos econômicos da maturidade, a argumentação sobre a Mais-Valia, uma das maiores descobertas de Marx, revelará o funcionamento do próprio Capitalismo. A denúncia torna-se científica, não mais meramente apaixonada. Textos como *Salário, preço e lucro* (1865), e diversas das demonstrações de *O capital* (1867), são obras de arte da demonstração científica, e alguns desses textos são de uma claridade cartesiana.

de gravidade[232]. Da alienação em geral ele passa a se interessar pelo estudo mais específico do modo de produção capitalista. Ato contínuo a esse intensificado interesse de Marx pelo Presente – por aquela época moderna na qual a alienação e a exploração do homem pelo homem atingiram a sua maior intensidade e sofisticação – é o interesse concomitante pela História. Esta não mais abandonará Marx e, a partir daí, tudo nele será uma interpretação histórica. As *Teses sobre Feuerbach* (1945) já revelam essa inflexão. Mas, antes disto, como sinal da mudança de fase, impressiona o fato de que, apenas quatro meses após seu encontro de agosto de 1844, Marx e Engels já tinham produzido seu primeiro livro em coautoria: *A Sagrada Família* (1844)[233]. Logo viriam *A ideologia alemã* (1946) e o *Manifesto Comunista* (1948). Percebe-se também, no contraste entre os dois períodos, uma notável mudança de estilo, já que Marx abandona uma linguagem filosófica, nem sempre fácil de ser lida, em favor de um estilo claro e

---

232. Nos meses que precedem o segundo encontro com Engels, Marx já vinha travando contato com líderes trabalhistas, e isto explica a sintonia que logo ocorreria ao perceber que Engels já estava avançado em uma reflexão sobre a situação dos trabalhadores. Nos *Manuscritos econômico-filosóficos* (1844), encontraremos a seguinte passagem: "Para eles [os operários organizados] a fraternidade humana não é uma frase oca, e sim uma verdade; de suas fisionomias endurecidas pelo trabalho nos chega o brilho da dignidade humana".

233. *A Sagrada Família* (1944), obra publicada em novembro do mesmo ano em que Marx e Engels se encontraram pela segunda vez, já procurava desfechar uma crítica frontal aos "jovens hegelianos" (tal como ocorreria com *A ideologia alemã*, de 1946). O título da obra ironiza dois dos mais influentes jovens hegelianos, os "irmãos Bauer" (Bruno e Edgar). Mais tarde, Marx e Engels insistiriam nessa ironia do "sagrado" com os títulos dos capítulos de *A ideologia alemã* (1946): "São Bruno" (Bruno Bauer), "São Max" (Max Stirner), e assim por diante.

direto. Ele mesmo, em algumas oportunidades, irá zombar do estilo algo obscuro que em alguns momentos traspassa obras anteriores – um estilo literário um tanto hegeliano – e talvez a sua opção pelo novo estilo, pautado por uma linguagem mais clara e direta, menos interferida por volteios filosóficos e digressões, tenha sido uma das razões do seu próprio desinteresse em publicar os *Manuscritos econômico-filosóficos*, que só viriam a público em 1932[234].

O encontro entre Marx e Engels pode ser interpretado em termos de um encontro entre a razão e a empiria, respectivamente. Marx desenvolvera a sua teoria, que culmina com a percepção do proletariado como classe revolucionária, a partir da reflexão exclusivamente intelectual, isto é, dos desdobramentos de uma lógica genialmente conduzida a partir de uma certa leitura do hegelianismo que se fizera inseminar pela perspectiva do Materialismo de inspiração feurbachiana, e também por uma sensibilidade aflorada pelo contato com as ideias socialistas que, naqueles anos, vinham adquirindo projeção seja através das atividades revolucionárias de homens como Louis-Auguste Blanqui (1805-1881), seja através das elucubrações utópicas de pensadores como Saint-Simon (1760-1825) e Charles Fourier (1772-1837). Conforme observa André Gorz em seu livro *Adeus ao proletariado* (1980),

---

234. A influência da "nota Engels" também merece aqui um crédito, pois Friedrich Engels detinha uma peculiar capacidade de abordar questões complexas tornando-as mais acessíveis a um nível mais aberto de competência leitora. Depois da morte de Marx, inclusive, Engels se dedicará bastante à vulgarização do marxismo para um público leitor ampliado. De todo modo, essa habilidade de clareza literária trazida por Engels também influenciou Marx a partir de 1844.

"para o jovem Marx, não era a existência de um proletariado revolucionário o que justificava sua teoria; era, ao contrário, sua teoria que permitia predizer o surgimento de um proletariado revolucionário e estabelecia sua necessidade". "O primado, [enfim], pertencia à filosofia" (GORZ, 1987: 31).

Ora, com Friedrich Engels dera-se precisamente o contrário. Obrigado por sua inserção familiar a gerenciar as fábricas de seu pai, um rico industrial de Barmen, na Alemanha, Engels ficara extremamente impressionado com a miséria dos trabalhadores submetidos ao trabalho fabril. Ao mesmo tempo, ao assumir a direção de uma das fábricas de sua família em Manchester, Engels entrara em contato com a realidade empírica trazida pelo trabalho na fábrica, e de suas observações sobre os trabalhadores é que partira a elaboração de seu livro *A situação das classes trabalhadoras na Inglaterra*, que seria publicado em 1845[235]. Essa situação foi extraordinariamente rica: a razão, aprimorada por Marx a partir de uma cuidadosa crítica materialista do Hegelianismo e motivada pela percepção intelectual da cadeia de alienações que sujeitavam o ser humano, encontrava-se com a empiria, trazida por Engels com seus contatos com a realidade da fábrica. Esse encontro entre razão e empiria

235. Engels fará questão de ressaltar o papel de sua experiência mais direta com os trabalhadores de fábrica já no prefácio de seu livro *A situação das classes trabalhadoras na Inglaterra*: "Durante vinte e um meses tive a oportunidade de conhecer de perto, por observações e relações pessoais, o proletariado inglês, suas aspirações, seus sofrimentos e suas alegrias – ao mesmo tempo em que completava minhas observações recorrendo às necessárias fontes originais. Tudo o que vi, ouvi e li está reelaborado neste livro" (ENGELS, 2008: 41).

não poderia deixar de beneficiar um e outro de seus portadores, pois cada um dos fundadores do Materialismo Histórico pode se completar com o que o outro trouxera a esse encontro histórico de duas das maiores personalidades do século XIX.

Prossigamos, agora, na reflexão sobre a complexidade da identidade teórica de Marx. Será igualmente interessante atentar para os "harmônicos ocultos" do "acorde teórico" desse filósofo alemão. Um harmônico, conforme já discutimos, é uma "nota oculta" que, de alguma maneira, faz repercutir a sua secreta influência em notas que pertencem à parte estrutural ou audível de um acorde. Na Música, uma série de harmônicos sempre faz parte de uma nota musical, qualquer que ela seja, embora só os possamos escutar através de uma qualidade *timbrística* que se agrega ao som, e não como uma "nota" bem delineada, audível pelo ouvido comum. Em nossa metáfora, o harmônico é aquela nota que um autor não percebe ou não revela. Pode ser uma nota que ele superou ou pretende ter superado, e a qual esse autor utiliza como um contramodelo a ser criticado insistentemente; mas pode ser ainda uma nota contra a qual ele luta, mas que de algum modo retorna ressonante sobre ele. Alguns autores chamam atenção para o Romantismo presente em Marx que, de resto, sempre foi espírito livre pronto a criticar o romantismo conservador de pensadores como Chateaubriand (1768-1848) ou Schelling (1775-1854). Certos analistas se perguntam se algumas das ilusões marxianas com relação à rapidez que esperava das transformações políticas rumo ao socialismo não seriam ressonâncias da excitação romântica de seu tempo. Será o Romantismo um "harmônico oculto" no pensamento de Marx?[236]

Outro "harmônico" presente no "acorde teórico" de Karl Marx parece ser o "cientificismo" – aquele mesmo que erigia as ciências puras como modelo a ser seguido por todos os campos de conhecimento, e que se encantava com o grande número dos avanços tecnológicos proporcionado pela expansão da Revolução Industrial para todo o continente europeu. Leandro Konder, um dos mais brilhantes pensadores marxistas brasileiros, assim rediscute o cientificismo presente em Marx:

> Marx procurou se insurgir contra a mitificação da ciência, contra a visão da ciência como um saber "imparcial", "descomprometido", posto acima da histó-

---

236. Uma análise brilhante sobre isto é desenvolvida por Leandro Konder na primeira parte de seu livro *O futuro da filosofia da práxis* (1992: 21-23). Konder aborda o sentimentalismo exacerbado de um Karl Marx que, em algumas cartas, revela que acreditava piamente que a revolução proletária estava já às portas da Europa em 1848, depois em 1870. Depois de transcrever trechos de três cartas bem exemplificativas (e a correspondência de um autor sempre constitui ótima fonte para percebermos os seus "harmônicos ocultos"), Leandro Konder registra as seguintes palavras sobre as exageradas e até ingênuas expectativas de Marx a respeito do que ele pensava ser o iminente triunfo da revolução proletária ainda na sua época: "Para entendermos o timbre romântico dessas expectativas desmesuradas, devemos lembrar que o Romantismo exasperava os anseios, enfatizando, dramaticamente, as energias da subjetividade" (KONDER, 2006: 23). Podemos inclusive comparar as expectativas de Marx relacionadas ao seu projeto socialista com a dos "socialistas utópicos", que ele mesmo criticava. Na geração anterior à de Marx, Charles Fourier (1772-1825) – o idealizador dos "falanstérios" que nunca passaram de uma ideia utópica nos seus escritos – também concebia o seu próprio projeto como perfeitamente realizável no tempo de sua própria vida.

> ria. Contudo, a reação, por mais vigorosa que tenha sido, não foi suficiente para lhe permitir a criação de uma concepção de ciência capaz de funcionar, tranquilamente, como alternativa para aquela que rejeitava (KONDER, 2006: 25-26).

Um último traço, imprescindível para apreendermos a identidade teórica de Karl Marx, é a arreligiosidade de seu sistema de pensamento. Bem entendido, arreligiosidade, conforme postularemos, não é um corolário necessário do Materialismo Histórico enquanto paradigma historiográfico, ainda que a designação "materialismo histórico" possa nos levar a pensar o contrário (já voltaremos a isto). Sequer o ateísmo é também necessário ao "pensamento marxista" (compreendido como sistema de ideias que acompanha o programa de ação política voltado para as metas de estabelecimento do comunismo)[237]. Mas em Marx, ou seja, no pensamento "marxiano" (o pensamento teórico pessoal, específico do pensador Marx – em uma palavra, o "materialismo histórico de

---

237. Estaremos sempre lembrando uma distinção com a qual abrimos o capítulo do vol. 2 desta série dedicado ao paradigma do Materialismo Histórico. Uma coisa é o Materialismo Histórico, compreendido como um paradigma teórico-metodológico, como um sistema para compreender o movimento da História, a economia e a sociedade. Outra coisa é o Marxismo, que corresponde a um programa político que visa ao estabelecimento do socialismo (este que, no Ocidente, assumiu a forma específica do chamado "marxismo-leninismo, mas partindo-se em inúmeras correntes que implicam formas de agir diferenciadas e em variações em torno do que deveria ser o socialismo). Pode-se utilizar o Materialismo Histórico para compreender a história sem nenhuma necessidade de se aderir a alguma das correntes do Marxismo-Leninismo. Por fim, outra coisa é o pensamento marxiano, a especificidade do pensamento de Marx (um materialista histórico que, aliás, declarou em certa oportunidade de que "ele mesmo não era marxista").

Marx"), o ateísmo tornou-se uma nota de fisionomia bem saliente no seu acorde teórico[238].

Vamos nos deparar com o ateísmo de Marx já desde as suas primeiras obras. Em *Contribuição à crítica da Filosofia do Direito de Hegel* (1843), Marx já registra frases emblemáticas, que delineiam a sua convicção de que a religiosidade ou a pertença a alguma igreja sejam entraves para a luta do homem contra a "alienação": "A religião é apenas o sol ilusório em torno do qual se move o homem enquanto não se move em torno de si mesmo". A frase mais conhecida, certamente, é aquela que diz "A religião é o ópio do povo". Podemos encontrar as duas citações na seguinte passagem:

> É este o fundamento da crítica irreligiosa: o homem *faz a religião*, a religião não faz o homem. E a religião é de fato a autoconsciência e o sentimento de si do homem que, ou não se encontrou ainda, ou voltou a se perder. Mas o Homem não é um ser abstrato,

---

238. É importante fazermos aqui uma distinção entre o "acorde teórico pessoal de Marx" e as opiniões pessoais de Marx, constituintes de sua vida privada. A questão de que tratamos é que o "ateísmo" desempenhará um papel constituinte – *estruturante* – no sistema teórico de Marx. Não se trata de uma questão de reconhecer ou não que o indivíduo Marx era ateu na sua vida privada, mas sim que o seu sistema teórico depende deste ateísmo. Esse ponto será sempre importante. O que pensa um filósofo ou historiador na sua vida privada não importa muito aqui, mas sim o que este pensador traz para o seu sistema de pensamento, como elemento que ajuda a estruturá-lo. Por exemplo, a filosofia de Descarte não incluía a religiosidade. Isso não impede que Descartes tenha sido um cristão convicto. Hobbes "morreu imerso em mortal temor do fogo do inferno" mas, de fato, "o seu medo das chamas do inferno não exerceu a menor influência na sua construção do governo como o 'Leviatã', um deus mortal atemorizador de todos os homens" (ARENDT, 2009: 103 e 108). Enfim, esses autores (Descartes e Hobbes) não trazem a sua "religiosidade" para o seu acorde teórico; há autores que também não trazem o seu "ateísmo" para o seu acorde teórico. Mas Marx certamente o traz.

acocorado fora do mundo. O homem é o *mundo do homem*, o Estado, a sociedade. Este Estado e esta sociedade produzem a religião, uma *consciência invertida do mundo*, porque eles são um *mundo invertido*. A religião é a teoria geral deste mundo, o seu resumo enciclopédico, a sua lógica em forma popular, o seu *point d'honneur* espiritualista, o seu entusiasmo, a sua sanção moral, o seu complemento solene, a sua base geral de consolação e de justificação. É a *realização fantástica* da essência humana, porque a essência humana não possui verdadeira realidade. Por conseguinte, a luta contra a religião é, indiretamente, a luta contra *aquele mundo* cujo *aroma* espiritual é a religião.

A miséria *religiosa* constitui ao mesmo tempo a *expressão* da miséria real e o *protesto* contra a miséria real. A religião é o suspiro da criatura oprimida, o ânimo de um mundo sem coração e a alma de situações sem alma. A religião é o *ópio* do povo.

A abolição da religião enquanto felicidade *ilusória* dos homens é a exigência da sua felicidade *real*. O apelo para que abandonem as ilusões a respeito da sua condição é o *apelo para abandonarem uma condição que precisa de ilusões*. A crítica da religião é, pois, o *germe* da *crítica do vale de lágrimas*, do qual a religião é a *auréola*.

A crítica arrancou as flores imaginárias dos grilhões, não para que o homem os suporte sem fantasias ou consolo, mas para que lance fora os grilhões e a flor viva brote. A crítica da religião liberta o homem da ilusão, de modo que pense, atue e configure a sua realidade como homem que perdeu as ilusões e reconquistou

> a razão, a fim de que ele gire em torno de si mesmo e, assim, em volta do seu verdadeiro sol. A religião é apenas o sol ilusório que gira em volta do homem enquanto ele não circula em torno de si mesmo. Consequentemente, a *tarefa da história*, depois que o *outro mundo da verdade* se desvaneceu, é estabelecer a *verdade deste mundo*. A *tarefa* imediata *da filosofia*, que está a serviço da história, é desmascarar a autoalienação humana nas suas *formas não sagradas*, agora que ela foi desmascarada na sua *forma sagrada*. A crítica do céu transforma-se deste modo em crítica da terra, a *crítica da religião em crítica do direito*, e a *crítica da teologia em crítica da política* (MARX. *Contribuição à Crítica da Filosofia do Direito de Hegel*, 1993: 77-78)[239].

Marx acredita que a religião é simultaneamente expressão da alienação humana e instrumento para conservar o homem comum alienado da realidade e de si mesmo (já abordaremos, em maior detalhe, a temática da "alienação" em Marx). A religião tem uma função ideológica nas sociedades às quais ela se adapta, e historicamente encontraremos a Igreja cristã a agir como um dos poderes mais atuantes na história das sociedades ocidentais. Podemos entender que Marx, ao confrontar todo um sistema de dominação que assumia determinadas características em sua época, tenha frisado bas-

---

239. É importante registrar que Marx considerou a *Crítica à Filosofia do Direito de Hegel* (1843) como aquela de suas obras na qual ele realiza a passagem definitiva ao seu ponto de vista materialista ulterior. Essa observação encontra-se no prefácio da *Contribuição à crítica da Economia Política* (1859). Sobre isto, cf. tb. os comentários de Karl Korsch em seu ensaio de 1923, *Marxismo e Filosofia* (2008: 48).

tante a posição antirreligiosa, o que faz mais nas primeiras obras do que nas últimas. Não apenas Marx, mas os pensadores mais revolucionários do século XIX procuraram fazer a crítica da religião com vistas a despertar o homem para algum aspecto da sua realidade social ou individual que, em um mundo inebriado ou anestesiado pelo aroma da religiosidade, poderia permanecer ainda oculto por muito tempo. Criticar a religião é deslocar o problema humano para o aqui e agora. Foi assim que pensaram Marx, Nietzsche, ou Freud, apenas para indicar três nomes revolucionários na história do pensamento ocidental.

A ideia de que a sensibilidade religiosa contribui necessariamente para uma inação política neste mundo não é, contudo, senão uma posição pessoal de Marx, uma característica de sua concepção filosófica específica. O Materialismo Histórico, como arco maior de possibilidades, não é de modo algum incompatível com a religiosidade. A dificuldade de pensar a concomitância entre materialismo (histórico) e religiosidade não é mais do que um derivado da aparência mais comum e banal trazida pela própria palavra "materialismo". Devemos entender que a palavra materialismo tem um papel totalmente diferenciado no "materialismo histórico" e naquele outro âmbito de concepções filosóficas que, conforme a própria designação inventada por Marx, podemos entender como "materialismo vulgar".

Apenas um modelo de materialismo exclusivamente mecanicista (o "materialismo vulgar", conforme a designação de Marx) seria necessariamente incompatível com a religiosidade. Um exemplo pode ser dado com o sistema de compreensão do homem que foi desenvolvido pelo médico e filósofo francês La Mettrie (1709-1751), no ensaio *O homem máquina* (1748), no qual os seres humanos são descritos como "sistemas mecânicos autodeterminados"[240]. Dizer que o homem não é mais do que matéria e impulsos físico-químicos proporciona, de fato, uma certa concepção de materialismo que talvez se mostre efetivamente incompatível com a maior parte dos sistemas religiosos.

Outro exemplo do materialismo iluminista foi o *Sistema da Natureza* (1770), do Barão de Holbach (1723-1789), que insistiu na ideia de que "não havia necessidade alguma de recorrer aos poderes sobrenaturais para explicar a formação das coisas"[241].

---

240. Julien Offray La Mettrie (1709-1751) foi um dos primeiros filósofos autenticamente materialistas do Iluminismo francês. No período de seis anos, entre 1745 e 1751, La Mettrie produziu uma obra perturbadora, que afrontou os padrões de religiosidade predominantes na época – a *História natural da alma* (1745). Em virtude das reações de governos, instituições religiosas e da própria sociedade a esta e às suas outras obras de cunho materialista – *O homem máquina* (1747) e *O homem planta* (1748) – La Mettrie viu-se forçado a migrar sucessivamente da França aos Países Baixos, e daí ao Império Austro-Húngaro. Os desenvolvimentos éticos de sua concepção materialista o levaram a adotar uma espécie de epicurismo moderno, que aparece nos ensaios *Discurso sobre a felicidade* (1748), a *Voluptuosidade* (1748), e *A arte do gozo* (1751), fora uma obra que discorre diretamente sobre o próprio *Sistema de Epicuro* (1750).

241. Paul-Henri Tiry, o Barão de Holbach (1723-1789), desempenhou um papel importante no Iluminismo francês, pois, tendo herdado propriedades na França (era alemão de nascimento), logo as disponibilizou para os encontros dos filósofos iluministas. Como filósofo, notabilizou-se por seu ateísmo confesso. Em *Cristianismo desvelado* (1761), o Cristianismo é apresentado como um entrave ao possível progresso moral da humanidade, o que provocou reações de Voltaire, um filósofo deísta, apesar de bastante crítico em relação à sociedade francesa de sua época. *O contágio sagrado* (1768) e *Teologia portátil* (1768) seguiram na mesma direção. Em 1770 ele publicaria sua obra mais célebre, o *Sistema da natureza*. Contra a argumentação antideísta de Holbach, Voltaire escreveu o verbete "Deus", de seu *Dicionário Filosófico* (1764).

Até aí, não se estabelece ainda uma incompatibilidade necessária entre esse sistema e a opção religiosa. Mas ocorre que Holbach também tangenciou a corda da antirreligiosidade ao apregoar que o ateísmo seria pré-requisito para qualquer teoria ética válida. Como ser feliz, sob o sistema de exigências preconizado pelo Cristianismo? E como ser moral sem ser feliz? Essas perguntas foram percutidas pelo Barão de Holbach em um meio social francamente cristão (os filósofos enciclopedistas constituíam na verdade uma exceção, e ainda assim muitos eram deístas). Através de Holbach, e também de La Mettrie, o materialismo iluminista assumiu uma face tão perturbadora para a sociedade francesa que precede o período revolucionário, que tanto um como outro desses filósofos preferiram publicar suas obras ateístas como anônimos ou sob pseudônimos[242].

Já em um ambiente filosófico totalmente distinto, teremos as abordagens antirreligiosas propostas pela filosofia materialista que começa a ser retomada por parte dos jovens

---

242. O *Sistema da Natureza* (1770), de Holbach, foi publicado sob o pseudônimo de Jean-Baptiste de Mirabaud. Enquanto isto, aas obras materialistas de La Mettrie aparecerão protegidas pelo anonimato. Mesmo assim, embora Holbach tenha escapado de perseguições em função de sua riqueza e posição social elevada, La Mettrie precisou se exilar em outro país duas vezes. Outro materialista francês que também sofreu penalizações foi Claude Adrian Helvétius (1715-1771), que após publicar *Do espírito* (1758) – uma obra na qual afirmava que "todas as ideias não passam de afecções dos sentidos" – teve seu livro admoestado pela Sorbonne e queimado pelo Parlamento (no ano seguinte, em 1759, o livro também seria condenado formalmente por uma carta apostólica emitida pelo Papa). Com isto, a obra surpreendeu tornando-se um *best-seller* e esgotando em um único ano 20 edições, por toda a Europa. Helvétius decidiu, todavia, não publicar em vida mais nada do que viesse a escrever. Ainda assim, na ocasião em que foi publicado um de seus livros póstumos – o ensaio *Do homem, das faculdades intelectuais e de sua educação* (1772) – também esta obra foi condenada pelo parlamento francês e queimada publicamente.

hegelianos, na Alemanha das décadas de 1830 e 1840. Entre estes, também Ludwig Feuerbach (1804-1872) trilhou caminhos que viabilizaram uma incompatibilidade incontornável entre "materialismo" e "religiosidade", pois desenvolveu a argumentação de que Deus e o mundo espiritual não são mais do que formas que o homem encontrou para projetar o melhor de si mesmo para fora de si[243]. Feuerbach é abordado por Marx com bastante simpatia nas obras iniciais, tal como ocorre nos *Manuscritos econômico-filosóficos* (1844) e também em *A Sagrada Família* (1844), esta última já escrita em parceria com Engels. Nas *Teses sobre Feuerbach* (1845), uma obra de apenas duas páginas e meia, mas que é particularmente demarcadora de uma nova posição na produção intelectual marxiana, é o momento de explicitar a superação da sua modalidade de materialismo. Embora Marx tenha se conservado sempre, pessoalmente, na posição ateísta, veremos a seguir que a dimensão "materialista" do Materialismo Histórico se refere a uma outra coisa, que não a mera crítica da religiosidade e do clericalismo.

Tanto o materialismo dos iluministas franceses como o materialismo de Feurbach, já uma novidade para a época, mostravam-se de fato incompatíveis com a ideia de religiosidade.

---

243. Ludwig Feuerbach (1804-1872), que tomou para seu principal tema filosófico a desmistificação da religião e da ideia de um mundo espiritual como criações humanas, iniciou sua polêmica atividade filosófica em 1831, com a publicação de *Pensamentos sobre a morte e a imortalidade*. Na segunda parte de *Sobre a Filosofia do Cristianismo*, Feuerbach discute precisamente a religião como forma de alienação que projeta os conceitos do ideal humano em um ser supremo. "Deus é a mais alta subjetividade do homem, abstraída de si mesmo" (dirá ele em *Essência do Cristianismo*, 1841).

Nesses casos, o ateísmo fazia parte do próprio sistema preconizado. Mas qual o papel do "materialismo", devemos perguntar agora, no próprio "Materialismo Histórico"? Se abstrairmos a posição ateísta pessoal de Marx, poderemos ver que se trata aqui tão somente de sustentar que a história se produz e se coloca em movimento a partir das realidades *materiais* mais imediatas. As condições materiais da existência humana, e os modos como o homem produz a sua própria existência, são os pontos de partida do processo dialético, tal como sustenta o Materialismo Histórico. A contraposição aqui não é em relação à religião ou à especulação sobre a existência de uma dimensão espiritual para além deste mundo. O Materialismo Histórico contrapõe-se, na verdade, ao Idealismo Dialético de Hegel, que situa em um movimento do espírito o fluxo ativo do movimento histórico-dialético. Para o Materialismo Histórico, as transformações históricas começam nas bases materiais da existência humana, e depois atingem os níveis mais abstratos. Para o Idealismo Dialético, à maneira de Hegel, o ponto de partida é o espírito, a razão, o mundo das ideias.

A existência de uma outra realidade – espiritual – não inviabilizaria de modo algum a possibilidade de compreender a história a partir do paradigma do Materialismo Histórico – desde, é claro, que não pensemos que Deus e os anjos costumam descer à Terra para interferir na história através de milagres e mudar os rumos dos acontecimentos. Voltaire, por exemplo, era deísta; mas acreditava que, depois de ter criado o mundo, Deus o abandonara ao seu próprio livre fluir. Poderíamos perfeitamente imaginar uma compatibilidade possível do pensamento de Voltaire com o Materialismo Histórico, que só surgiria um século depois. O fato de existir um deus ou uma outra realidade, espiritual, não significa que a história não se processe a partir de um movimento no qual as condições materiais de existência vão dando a tônica da organização social e dos desenvolvimentos históricos subsequentes. Provavelmente, se Deus tivesse criado o mundo e o abandonado à sua própria sorte, como propunha Voltaire, poder-se-ia perfeitamente argumentar que este acabaria por se organizar e por se mover de acordo o mesmo fluir previsto pelo Materialismo Histórico.

O "materialismo" do Materialismo Histórico não é, como dissemos, incompatível nem com o deísmo nem com qualquer forma de concepção religiosa. A história coletiva (história do mundo, e não história de cada indivíduo) tem seus rumos ditados pelo estágio das condições materiais de existência do homem, pelo embate entre forças de produção e relações de produção, pelas lutas de classe que se estabelecem a partir das condições materiais sobre as quais se estabelecem as sociedades humanas. Não é mais do que isto o que diz o Materialismo Histórico com relação ao desenvolvimento dialético da história.

Pode-se ser ateu e advogar um entendimento da história de acordo com o Materialismo Histórico. Pode-se ter uma inserção religiosa qualquer e ter a mesma visão historiográfica. Em contrapartida, pode-se ser ateu e sustentar qualquer outra concepção do funcionamento da história.

Pode-se inclusive ser marxista – isto é, agir com vistas ao estabelecimento de uma civilização socialista – e ser ao mesmo tempo religioso. A história das ideias e dos movimentos sociais mostraria isto de maneira contundente. O exemplo mais eloquente é aquele que empreendeu uma combinação de Teologia e Marxismo, a partir da Teologia da Libertação – um movimento de ideias e de ações sociais que contribuiu para mudar a história da América Latina. Homens como Leonardo Boff, Hugo Assmann e Gustavo Gutiérrez, entre outros, investiram criativamente nesta possibilidade. As Comunidades Eclesiais de Base (CEBs) e as Pastorais – movimentos sociais de grande importância para o desenvolvimento das lutas sociais e da organização política de esquerda nos países da América do Sul e da América Central – estabeleceram profundo diálogo com a Teologia da Libertação. Muitos de seus dirigentes, senão a maioria, eram ligados a esse movimento de ideias que une religiosidade e marxismo em uma concepção única.

Muito antes desse movimento, conforme vimos mais atrás, o materialista histórico e marxista Walter Benjamin (1892-1940) propôs uma combinação análoga ao unir em seu acorde teórico-prático um misticismo de origem judaica, um messianismo trágico, e o Materialismo Histórico como concepção fundamental de todo o seu pensamento. No Brasil, temos o caso do educador Paulo Freire (1921-1997), materialista histórico e marxista, sempre intensamente ligado a movimentos sociais e com as mudanças políticas, mas que em nenhum momento abriu mão de sua religiosidade católica. Com a sua *Pedagogia da Libertação*, aliás, ele também influenciou as Comunidades Eclesiais de Base[244].

Feita essa digressão, podemos entender que o "ateísmo" e a posição "antirreligiosa" constituem de fato uma nota do acorde pessoal de Marx, mas não é inerente ao paradigma do Materialismo Histórico, que ele mesmo fundou com Engels e que se abriu posteriormente a inúmeras variações e desdobramentos internos. Este é um dos exemplos mais evidentes de que o "acorde teórico" de um pensador deve ser distinguido (ainda que superposto) em relação ao paradigma no qual o autor em questão se inclui, e que talvez até mesmo tenha contribuído para fundar. Um paradigma, quando é instituído, escapa ao seu autor original: torna-se algo mais amplo, pois a partir desse impulso inicial passará a ser uma construção intelectual coletiva e a se oferecer à comunidade de pensadores e praticantes do campo de saber como uma base sobre a qual poderão ser desenvolvidos novos encaminhamentos teóricos e mesmo novas variações da visão de mundo proposta pelo paradigma no seu momento original. Dessa maneira, um mesmo paradigma, com suas notas fundamentais, pode admitir a superposição de inúmeros outros acordes teóricos que não são necessariamente coincidentes ou mesmo similares aos dos pensadores que fundaram o paradigma.

---

244. Paulo Freire, além de inúmeras obras que o tornaram um dos maiores nomes da pedagogia mundial – entre os quais a *Pedagogia do oprimido* (1968) – também escreveu sobre temas como *Os cristãos e a libertação dos oprimidos* (1979). Ao mesmo tempo, seu Marxismo (no sentido de ação política) era fortemente ancorado na concepção do Materialismo Histórico, e ambos interagiam perfeitamente com o seu Catolicismo.

Devemos separar a base paradigmática, de um lado, dos elementos singulares que constituem o pensamento específico de um autor associado a esse paradigma. Marx e o Materialismo Histórico não se confundem. Eles se encaixam, um se constitui a partir do outro no momento inicial. Mas o Materialismo Histórico sobrevive a Marx, pois segue sendo uma construção coletiva. Na verdade, mesmo Marx pode retornar depois de sua morte para continuar contribuindo de maneiras inesperadas com o paradigma que criou, não apenas porque podem surgir novas interpretações sobre o seu pensamento, mas também porque podem ser publicados textos do próprio Marx que até então tinham permanecido inéditos. Isto ocorreu com os *Manuscritos econômico-filosóficos* de 1844, que só foram publicados em 1932, com a versão completa de *A ideologia alemã* (1846), que também seria publicada em 1932, e com os *Grundrisse* (1858), que foram publicados postumamente em 1939. Na época em que esses textos vieram à luz para o público editorial, contribuíram para impor novas transformações tanto no âmbito do Materialismo Histórico como no âmbito do Marxismo (politicamente falando). É surpreendente, na história das ideias, como os pensamentos de um autor podem retornar sucessivamente para transformar mais uma vez o campo teórico para o qual um dia haviam contribuído, mostrando que qualquer autor relevante permanece sendo uma força viva no mundo teórico, mesmo que já não esteja mais presente no mundo físico.

Com essa última nota poderíamos, talvez, nos darmos por satisfeitos com relação a este delineamento do nosso "acorde Marx". Trata-se de um acorde teórico que, antes de tudo o mais, ergue-se sobre a base segura do paradigma do Materialismo Histórico (o qual, obviamente, o próprio Marx ajudou a constituir, com Engels, nas suas primeiras formulações). Mas, em seguida, o "acorde marxiano" conquista novas alturas, e a partir desse ponto recebe as singularidades e as influências que já são específicas de Karl Marx. Entre elas, ressoa o "ateísmo" que recobre a base materialista, mas também o diálogo tenso com os socialistas utópicos, afora o jogo quase edipiano de assimilação e rejeição da influência de Hegel. Altissonante, afirma-se o profundo diálogo com os economistas políticos "autênticos" (secundado pelo desprezo dos economistas políticos "vulgares"); e, sobretudo, o fraterno diálogo teórico com Engels (que nem sempre foi um diálogo tão fraterno no plano prático da vida). Essas "notas características" e "notas de influência", timbradas por "harmônicos ocultos" entre os quais poderiam ser propostos o "Romantismo de Marx" e o seu assumido "cientificismo", devem ainda ser acrescidas dos temas mais percorridos pelo nosso autor (uma questão à qual já retornaremos). E, claro, a teleologia – a crença em um "fim da história" (ou da pré-história) que finalmente conduziria à sociedade sem classes – pode ser imaginada como a "nota de topo", a cereja sonora neste sistema de pensamento ao qual se agrega uma forma específica de conceber a práxis.

Talvez fosse o caso de encerrar aqui a nossa descrição do "acorde Marx", mas ocorre que não é possível deixar de lembrar um "terceiro ausente". Poderemos agregar uma rápida reflexão sobre esta *blue note* do "acorde Marx" que seria o

Anarquismo[245]. O diálogo de Marx com os anarquistas sempre foi particularmente tenso; e a personalidade centralizadora do fundador do Materialismo Histórico talvez não permitisse outra coisa. Com Proudhon (1809-1865), um dos primeiros pensadores daquele século com tendência ao anarquismo, Marx teve uma relação que em um momento inicial beirou a amizade, mas que logo confluiu para o ódio teórico causticamente expresso em *Miséria da Filosofia* (1847). Com Mikhail Bakunin (1814-1876), outro anarquista que terminou por rivalizar com Marx por ocasião da organização internacional do movimento dos trabalhadores, a relação não foi menos ambígua[246].

---

245. O Anarquismo, convém sempre lembrar, significa ausência de coerção ou de qualquer forma de imposição autoritária, e não "ausência de ordem". O sistema idealizado pelo Anarquismo seria o Socialismo Libertário, no qual haveria um peso idêntico entre a igualdade e a liberdade, que só poderia ser alcançado com a abolição do Estado e de todas as práticas e formas de autoridade. Um ponto de distanciamento claro entre anarquistas e "socialistas de origem marxista" estaria na rejeição de estruturas autoritárias de transição, pelos primeiros. De igual maneira, os anarquistas rejeitam as estratégias de uso instrumental do estado para alcançar seus objetivos. A práxis do anarquista erige-se em torno do princípio da "ação direta" de todo indivíduo livre, e suas estratégias e táticas entretecem-se em torno do princípio da 'Ajuda Mútua". O Internacionalismo é proposto como um horizonte mais amplo de ação, no sentido de que os sentimentos de nacionalidade, em boa parte das ocasiões, são empregados para aprisionar cada indivíduo na própria rede estatal que o anarquista pretende combater.

246. Os confrontos entre Bakunin e Marx irão ocorrer quando o primeiro se filia, em 1868, à Associação Internacional dos Trabalhadores. A polarização do movimento entre as duas lideranças – a de Bakunin e a de Marx – irá se dar em 1872. Após o confronto final entre os dois líderes, os anarquistas agrupados em torno de Bakunin decidem fundar a sua própria Internacional, que teria o seu primeiro congresso em Saint-Imier, ainda em 1872. As obras de Bakunin mais conhecidas são *Estado e Anarquia* (1873) e *Deus e o Estado* (1882).

Curiosamente, a utopia de Marx, ao fim das contas – uma vez encerrada definitivamente a pré-história capitalista e após uma transição na qual seria necessária alguma organização centralizada imposta pelo proletariado (Marx chega a falar na "Ditadura do Proletariado") – conduziria à "Sociedade sem Classes", coroada por uma "Sociedade sem Estado"[247]. Este desenvolvimento é consequente na lógica marxiana, uma vez que para o fundador do Materialismo Histórico o Estado é sempre o instrumento de dominação de uma classe sobre as outras. Como conciliar uma "Sociedade sem Classes" com alguma forma de Estado, sem que

247. Quanto à "Ditadura do Proletariado", Marx já menciona este conceito nos quatro artigos que darão origem ao livro *Luta de classes na França* (1850), e mais tarde o retomará em *Guerra Civil na França* (1871), agora tratando a "Ditadura do Proletariado" como uma estrutura necessária de transição. Mais tarde, alguns dos marxistas subsequentes irão abrir o caminho para o desenvolvimento teórico e prático do Socialismo Totalitário, e, para Lênin, "a Ditadura do Proletariado é já a ditadura do Partido Comunista". Esse conceito bolchevique do "partido único", reforçado pela corrente do marxismo-leninismo que conduziria à implantação do socialismo soviético, vê-se agregado por uma outra força de apoio: se em Marx o proletariado deveria se emancipar por si mesmo, para Lênin a emancipação do proletariado deveria ser uma tarefa realizada pela "vanguarda do proletariado", que vem a ser o núcleo do Partido Único. Nesse ponto, o Marxismo-Leninista assume uma posição claramente autoritária, que não é inerente ao Materialismo Histórico como paradigma historiográfico ou sociológico. Por isso precisamos distinguir muito claramente o Materialismo Histórico como instrumento de análise, ou mesmo de transformação da realidade, do Marxismo enquanto programa de ação política – este que teve no chamado marxismo-leninismo a sua versão autoritária, e justamente a que predominou na implantação do socialismo real em várias realidades políticas do século XX. No que se refere à "Ditadura do Proletariado", Stalin a teria transformado no fim em si, e passa a concebê-la não mais como transição, e sim como o Socialismo já realizado. Com relação à oposição entre Marxismo e Anarquismo, este é o ponto inconciliável, pois o estabelecimento de uma Ditadura do Proletariado sob a forma de um Estado Totalitário, mesmo que provisório, seria incompatível com o programa do Socialismo Libertário.

este não se torne uma nova forma de dominação de classe, contradizendo, portanto, a própria ideia de uma "sociedade sem classes"?

Esta pergunta chega a perturbar a lógica marxista, e gera efetivamente outras: como preconizar meios autoritários para a conquista do poder e para a sua manutenção, em um período de transição, se o fim é uma "sociedade sem Estado"? Essa pergunta, vista por muitos como uma contradição que precisaria ser enfrentada pelo sistema de pensamento de Marx, não chega a ser formulada por ele. Mas estará na base da crítica anarquista ao programa de ação política proposto por Marx e, principalmente, por gerações posteriores de marxistas, no sentido político do termo. De qualquer maneira, Marx chega a sonhar com o momento em que a "administração das coisas" poderia tomar o lugar do governo, e mesmo da ação política. Nesse mundo, nessa secreta utopia que curiosamente dialoga com os mais puros ideais anarquistas, o trabalho obrigatório poderia mesmo não mais existir. Sob o Socialismo, a produtividade do trabalho se tornaria tão grande, e as forças produtivas se desenvolveriam tão livremente (o que inclui o desenvolvimento tecnológico) que o trabalho poderia, por assim dizer, abolir a si mesmo. Ao menos, o trabalho nesse novo mundo não devoraria o tempo muito maior que deveria ser dedicado ao lazer, à arte e à sociabilidade, e de maneira nenhuma poderia ser imposto autoritariamente aos membros dessa sociedade sem classes.

Marx encontra-se aqui discretamente, no mundo de seus sonhos, com Charles Fourier (1772-1837), o socialista utópico que também sonhava com um mundo no qual o trabalho pudesse ser exercido livremente e mesmo ludicamente. Paul Lafargue (1842-1911), o polêmico genro de Marx e autor do delicioso livro *O direito à preguiça* (1880), também sonhava com essa dimensão utópica que poderia realizar os secretos anseios aristotélicos de "um mundo onde os fusos trabalhassem sozinhos"[248].

O mundo utópico de Karl Marx (e de Paul Lafargue), situado para muito além do "fim da história", corresponde a uma realidade social na qual cada homem poderia se tornar também um artista. Desapareceriam as distinções, tão comuns na sociedade capitalista (e na verdade em todas as civilizações já conhecidas), entre o trabalho intelectual e o trabalho manual. O trabalho deixaria de ser fonte de sofrimento e, tal como se disse, até mesmo desapareceria sob essa forma mais tradicional, compulsória, para ser substituído pelas atividades que deveriam ser feitas sem imposição, nessa

---

248. Paul Lafargue (1842-1911), jornalista e ativista franco-cubano, casou-se com a segunda filha de Marx, Laura. Os dois resolveram pôr fim às suas vidas em um pacto de suicídio aos 69 anos de idade. Entre outras realizações autorais, Lafargue publicou um livro para facilitar a divulgação e assimilação das ideias apresentadas por Marx em *O capital*, intitulando-o *Capital – Extratos*. Publicou também inúmeras obras, mas nenhuma fez tanto sucesso como o seu primeiro livro: *O direito à preguiça* (1880) – uma obra que procura realizar uma crítica ao *Direito ao trabalho* (1848), e que parte de uma citação da *Política* de Aristóteles na qual o filósofo grego dizia que "os escravos só não seriam necessários em um mundo no qual os fusos trabalhassem sozinhos". Para Lafargue, esse mundo, se é que não chegara ainda com a *Revolução Industrial*, estava prestes a se realizar. Seria o caso, então, de administrar o ócio, e não de concentrá-lo nas classes burguesas por contraste ao excesso de trabalho que era imposto à classe trabalhadora. A obra foi publicada originalmente no semanário *L'Egalité* (1880), e depois reeditada em 1883.

nova realidade na qual a "administração das coisas" substituiria o governo estatal[249].

No *gran finnale* pós-revolucionário, através desta *blue note*[250] utópica que colore discretamente a teleologia marxiana – mas apenas como um "fim" que se admite à maneira de "predição" para um futuro talvez longínquo, no caso de Marx – pode-se dizer que o fundador do Materialismo Histórico e os anarquistas terminam por se encontrar. Mas a questão que evidentemente os separa seriam os meios para atingir a *blue no*te libertária, e Marx sempre foi visto como um "autoritário de esquerda" pelos anarquistas oitocentistas – esses

---

249. Este ponto nos oferece uma das contradições ou discrepâncias do pensamento de Marx que têm sido notadas por alguns autores. A contradição marxiana entre a valorização do trabalho na história humana e o desejo utópico de aboli-lo é formulada por Hannah Arendt, no ensaio "A tradição e a época moderna" (1956), nos seguintes termos: "Se o trabalho é [para Marx] a mais humana e mais produtiva das atividades do homem, o que acontecerá quando, depois da revolução, 'o trabalho for abolido' no 'reino da liberdade', quando o homem tiver logrado emancipar-se dele? Que atividade produtiva e essencialmente humana restará?" (ARENDT, 2009: 51).

250. No Jazz, a *blue note* é uma nota que não consta da escala diatônica tradicional (por exemplo, pode ser obtida uma *blue note* a partir do rebaixamento da 5ª nota de uma escala heptatônica tradicional no sistema escalar ocidental). Essa utilização das *blue notes* empresta um molho especial à sonoridade do Jazz. A expressão "nota azul", todavia, foi empregada pela primeira vez pelo pintor oitocentista Delacroix, para se referir metaforicamente aos efeitos da música de Frederic Chopin, seu contemporâneo, e esse mesmo compositor também remonta à "nota azul", em uma carta, a ela se referindo como uma nota especial, que proporciona o máximo de surpresa. O psicanalista lacaniano Alain Didier-Weill (1999: 33) retoma essa mesma expressão para falar do sujeito da escuta musical que, "dividido pela tensão produzida entre a harmonia e a melodia", pode escutar além do que está presente na música e alcançar "uma certa nota - ainda não presente - no nível da qual a tensão entre a sincronia harmônica e a diacronia melódica poderia ser resolvida". Sobre a utilização da metáfora da "nota azul" na Psicanálise, cf. Didier-Weill, 1997 e 1999.

revolucionários cuja crítica mais visceral era voltada contra o cerceamento à liberdade, talvez ainda mais do que contra a violência imposta pela propriedade. A cisão profunda entre anarquistas e marxistas seria reeditada sucessivas vezes na história dos movimentos sociais. Para o próprio Marx, de todo modo, a utopia de uma sociedade sem Estado não era colocada senão como uma "predição", de maneira que estava muito distante a sua crença efetiva na possibilidade de sua realização em um primeiro momento.

Com esse primeiro panorama de características encerramos a primeira aproximação em relação ao pensamento específico de Marx, e nos preparamos para, em seguida, examiná-lo em um aspecto específico. Todavia, será útil ainda registrar alguns alertas importantes. Estes traços mais gerais que procuramos apresentar sobre o pensamento de Marx, obviamente, apresentam apenas um dos vieses de análises possíveis e, quando muito, podem apenas favorecer uma primeira aproximação desta vasta e complexa obra. Por outro lado, conforme já assinalamos no início deste volume, frequentemente podemos compreender a obra de um autor – e não será uma exceção a obra de Karl Marx – em termos de "fases" que se sucedem. Em nossa metáfora, conforme as diversas fases perceptíveis na produção intelectual de um autor divirjam menos ou mais umas das outras, podemos mesmo conduzir a nossa imaginação teórica a se expressar em termos de "acordes que se sucedem". Um autor pode passar de uma "configuração acórdica" a outra, conforme já mencionamos na abertura deste volume, e isto não é nem um pouco incomum na história das ideias. Também pode passar de um "acorde" a outro que apresenta diversas "notas em comum", o que permite utilizar a nossa metáfora tanto para identificar permanências como descontinuidades.

Outro aspecto importante deve ser colocado. Também as leituras sobre a obra de um autor em "fases" – ou em termos de "acordes" que se sucedem – podem se modificar de acordo com o problema que estamos por examinar na obra deste ou daquele autor. Por exemplo, mais adiante refletiremos sobre as temáticas e objetos de interesse em Marx, o que nos permitirá uma certa leitura de sua produção intelectual – abrindo espaço para compreender essa produção a partir de determinada divisão em fases do seu pensamento especificamente *com relação àquela questão*. Mas se nosso interesse fosse investigar nesse autor uma questão distinta, como por exemplo a "intensidade da esperança revolucionária", a obra de Marx permitiria então outra leitura acerca de suas fases (ou seja, "uma outra música").

Jacques Attali (2007: 183), ao combinar uma bem articulada narrativa sobre a trajetória de vida de Marx, incluindo as condições de sua vida privada, com uma atenta leitura da sua relação com a práxis revolucionária, para este aspecto, pelo menos três períodos diferenciados. Um primeiro período de forte intensidade, no que se refere ao investimento revolucionário terá como ponto culminante o *Manifesto Comunista* (1848), sendo esta uma fase assinalada tanto pela atividade militante junto à "Liga dos Comunistas" como por uma atividade jornalística que lhe renderá as sucessivas expulsões de Bruxelas (1848), Colônia (1849) e Paris (1849)[251]. Um segundo período corresponderá aos anos iniciais de seu exílio em Londres (1849). Esta é uma fase na qual o fundador do Materialismo Histórico ver-se-á colocado diante de um novo contexto pessoal e histórico, e estará imerso em um momento peculiar que proporcionará um significativo enfraquecimento das suas esperanças acerca da possibilidade de ocorrência imediata de um

---

251. Anteriormente, Marx já havia sido expulso da França uma vez, em 1845, naquela ocasião a pedido do governo da Prússia, que ficara insatisfeito com um artigo que o jovem Marx escrevera para os Anais Franco-Prussianos sobre a questão da Silésia, em 1844. De Paris, Marx rumara para Bruxelas, de onde seria expulso em 1848 iniciando a trajetória de expulsões acima mencionada. De modo geral, Marx foi expulso dos países em que morou ou por causa de sua militância, já que desde 1844 participa da "Liga dos Justos" (renomeada em 1847 como "Liga dos Comunistas"), ou então por causa de sua atividade jornalística intensamente crítica, não poupando as autoridades locais. Entre 1842 e 1843, dirigiu a *Gazeta Renana*, em Colônia, que é fechada pelo governo prussiano. Em 1843, muda-se para a França, e lá assume a direção dos *Anais Franco-Alemães*. Em 1848, após a expulsão de Bruxelas, refundará em Colônia a *Nova Gazeta Renana*, mas esta durará somente até 1849, para ter mais alguns números lançados já em Londres (1850). Deve-se ainda ter em vista que toda essa primeira fase de maior militância de Marx, em contraste com o relativo esvaziamento de sua atividade militante na fase seguinte, acompanha o contexto internacional do movimento socialista. Eric Hobsbawm (1968) observa, em uma análise sobre o movimento trabalhista inglês dessa mesma época, que também aqui podem ser notadas duas fases: a primeira fase vai até 1850, e corresponde ao período revolucionário cartista, na qual o movimento operário inglês desempenhou o papel de uma vanguarda revolucionária que visava derrubar a estrutura capitalista. A segunda fase corresponde às décadas seguintes, quando o movimento trabalhista inglês passa a só desempenhar o papel de uma vanguarda no que se refere ao aspecto sindical, já que passa a aceitar o capitalismo e a lutar por conquistas de direitos trabalhistas e de melhores condições de vida para o trabalhador inglês na própria estrutura capitalista. Conforme ressalta Hobsbawm, "o socialismo havia virtualmente desaparecido do seu seio" (2003: 102). Não é à toa que, no início desse segundo período, Marx passará a depositar tudo o que resta de suas esperanças revolucionárias no movimento social francês, até as decepções que advirão da autocoroação de Luís Bonaparte, em 1852.

movimento revolucionário – bem entendido, de um movimento revolucionário que pudesse ser tanto bem-sucedido como também conduzido efetivamente pelos trabalhadores europeus[252]. É então que, na passagem de 1856 para 1857,

---

252. O período inicial londrino combinará a penúria material de Marx, um momentâneo esmorecimento das realizações no campo da militância política, e uma produção teórica extremamente relevante, que incluirá duas realizações historiográficas (*As lutas de classe na França*, e o *18 brumário*), até culminar com a grande descoberta teórica de Marx: a "Mais-Valia" (1855). Podemos nos aproximar dessa fase em maiores detalhes. Até 1849, já em Londres, Marx acreditava na eclosão de uma revolução, sob o contexto de uma crise que vinha ocorrendo no continente europeu (mas não na Inglaterra). Marx então passará a temer que essa revolução fosse prematura, pois perde sua confiança no amadurecimento de uma "consciência de classe" do proletariado, até aquele momento. Para complicar, a crise social começara a diminuir, e desarticulara-se a ocasião que poderia continuar propiciando uma revolta popular, mesmo sem a consciência de classe. Daí, Marx vê diminuídas as suas expectativas revolucionárias e se dispõe a se concentrar mais nos seus estudos de Economia Política, nesse exílio inglês durante o qual viverá em precárias condições materiais. Em 1850, estará sobrevivendo em nível de pobreza, e somente graças à ajuda de Engels. Mas já conseguira reeditar em Londres (mas em alemão) a *Nova Gazeta Renana*. Para esse jornal, escreverá quatro artigos que depois comporão o livro *As lutas de classe na França* (1850). É nesses artigos que surgirá, pela primeira vez, o conceito de "Ditadura do Proletariado", e pouco depois também veremos Marx falando em um "Partido" que fosse capaz de conduzir o proletariado ao poder através das eleições. Apesar de constantes encontros com proscritos, as condições não mais favorecem a militância política e tampouco os desejos marxianos de participar de uma agitação revolucionária. Em dezembro de 1851, na França – país no qual Marx vinha depositando suas expectativas de que eclodisse uma revolução – ocorrerá o Golpe de Estado de Luís Bonaparte e, em 1852, esse sobrinho de Napoleão irá se autoproclamar rei. São decepções que se acumulam, e nesse mesmo ano Marx decide acabar com os últimos resquícios da Liga Comunista, para passar a se dedicar mais exclusivamente à sua obra teórica. Inicia-se aí o período de relativo recesso na militância política, que coincide com uma série de infortúnios pessoais que culminarão em 1855, com o terceiro falecimento de um de seus filhos por causa da precariedade das condições materiais de vida. Marx estará profundamente deprimido, e só em 1856 "voltará à vida" (para utilizar as palavras de Attali), quando então retomará inclusive uma intensa vida política característica de uma nova fase. Ainda assim, é digno de nota o fato de que será ao final daquele período de precárias condições de vida que Marx fará a sua maior descoberta teórica, a Mais-Valia (1855).

um novo contexto pessoal e histórico permitirá a Marx uma revitalização do seu ímpeto de organização revolucionária, podendo-se dizer que aqui se inicia um terceiro período no qual despontará como marco mais significativo a criação da Associação Internacional de Trabalhadores, em 1864.

Esta leitura da trajetória de Marx a partir de um problema específico – ou pelo menos da combinação de problemas específicos (a atividade militante e as condições da vida material de Marx) – pode nos ensinar algo. Conforme vemos aqui, esse problema específico que foi analisado por Jacques Attali – vamos nomeá-lo simplificadamente como a "expectativa marxiana perante a revolução proletária" – favorece uma leitura da trajetória política e da produção intelectual de Marx em três fases. Já uma outra questão a ser examinada, evidentemente, permitiria e obrigaria a uma outra leitura que não esta (isto ocorrerá, conforme veremos mais adiante, com o próprio problema que escolhemos para analisar na segunda parte deste capítulo). É a questão proposta, enfim, que determina os "acordes" – isto é, somente uma questão cuidadosamente escolhida pode lograr obter uma boa orquestração para a "música" que será produzida pela análise.

Um autor como Karl Marx, ao contrário do que vimos para o "quase monódico" Ranke, impõe muito que naturalmente leituras em fases, ainda que se conservando um atento olhar para a unidade da obra. De todo modo, devemos sempre considerar que existem possíveis cisões e descontinuidades a serem percebidas no próprio interior da obra de Marx, nos vários momentos de sua produção intelectual (ou no que se refere a uma questão específica, ou de maneira geral). É por causa dessa riqueza de possibilidades que a obra e a trajetória teórica de Marx têm sido submetidas por autores vários a diversificadas análises, algumas delas bem polêmicas. Para uma análise que suscitou controvérsias em sua época, pode-se dar o exemplo de Louis Althusser que, em seu ensaio *Sobre o jovem Marx* (1960), propôs considerar uma "ruptura epistemológica" entre os escritos de Marx inspirados em Hegel e Feuerbach, e os textos posteriores do fundador do Materialismo Histórico[253].

Se de um lado mostra-se pertinente a análise de um autor como Karl Marx em fases – isto é, a leitura de sua trajetória intelectual em descontinuidades diacrônicas (o Marx de uma fase divergindo em algum nível do Marx de outra fase) – também não devem ser negligenciadas as análises das descontinuidades sincrônicas de um mesmo autor (Marx divergindo dele mesmo em momentos que evidenciam discrepâncias e contradições). Já comentamos em momento anterior, no

---

253. A noção de "corte epistemológico" também aparece, de uma outra maneira, na epistemologia de Gastón Bachelard. Althusser, inspirado em uma leitura estruturalista, aplicou-a a Marx em suas obras dos anos 1960. A abordagem é rejeitada por autores diversos, inclusive por Raymond Aron (2008: 68), embora este concorde em dividir a obra de Marx em fases, constituindo a primeira fase um "itinerário filosófico" que já antecipa elementos que estarão presentes na fase seguinte (p. 196). Autores relacionados ao Materialismo Histórico, como Pierre Vilar (1973) e Mészáros (1970), também criticaram essas leituras que rompem a historicidade entre as duas fases de Marx e instauram entre elas um corte. De todo modo, é sempre importante ter em conta que a totalidade da obra de autor algum é isenta de desvios, descontinuidades e incoerências. Existe, por exemplo, um ensaio pouco citado de Marx que gera até hoje algum constrangimento para os admiradores e estudiosos de sua obra ligados ao Materialismo Histórico. Trata-se de *História diplomática secreta do século XVIII*, escrita em 1857 – uma obra cujo antieslavismo motivou Eleanor Marx, filha do fundador do Materialismo Histórico, a fazer alguns cortes por ocasião de sua reedição em 1899. Sobre a ideia de "ruptura epistemológica", cf. Bachelard, 1947.

primeiro volume desta série, que um autor pode divergir de si mesmo porque desempenha diversos papéis. Nesse caso, a divergência existe mais propriamente entre os papéis desempenhados por um autor ou entre as tarefas simultâneas que ele assume. Por exemplo, há o "Marx historiador", o "Marx economista", o "Marx filósofo da História", o "Marx jornalista", o "Marx militante político", o "Marx profeta", ou mesmo o "Marx sonhador de uma utopia distante". Essas funções são desempenhadas sincronicamente por Marx e, por vezes, esses papéis se entrechocam, O "economista Marx" de *O capital* (1867) ou o "Marx ativista político" do *Manifesto comunista* (1848) podem formular certas generalizações sobre a história, prevendo certos encaminhamentos "necessários" da sucessão dialética de modos de produção ou dicotomizando a "luta de classes". Mas o "historiador Marx" *O 18 brumário* (1852) terá de agir necessariamente como um historiador diante dos fatos que lhe são trazidos pelas fontes. Elas não trarão apenas duas classes antagônicas como queria o "Marx ativista político", e sim uma realidade social complexa, eivada de incoerências e surpresas, ou de desenlaces imprevistos. Tampouco lhe trarão as fontes uma contradança dialética perfeitamente sincronizada com os esquemas previstos pelo "Marx economista".

As contradições e discrepâncias mais perturbadoras, todavia, parecem ser aquelas que, no dizer de Edmund Wilson (1940), estabelecem-se "entre o ponto de vista científico do historiador e o ponto de vista moral do profeta". Há autores que identificam descontinuidades internas a uma única obra de Marx, tal como o próprio Edmund Wilson do qual reproduzimos, abaixo, o primeiro parágrafo de um ensaio intitulado "Marx: poeta das mercadorias e ditador do proletariado" (1940). Wilson percebe inúmeras forças divergentes no interior da obra-prima de Marx – *O capital* (1867) – o que não o impede de reconhecer que o fundador do Materialismo Histórico conseguiu dotá-la de uma invejável unidade artística:

> A grande realização de Karl Marx, *O capital*, é uma obra única e complexa que exige um tipo de análise diferente da que costuma ser aplicada a ela. Na época em que Marx estava trabalhando no primeiro livro, ele escreveu a Engels (em 31 de julho de 1865) que, quaisquer que fossem as limitações de seus escritos, eles tinham "o mérito de constituir um todo artístico"; e em sua carta seguinte a Engels (5 de agosto) diz que seu livro é "uma obra de arte" e menciona suas "considerações artísticas" ao explicar por que está demorando para terminá-lo. Sem dúvida, em *O capital* entraram tanto considerações artísticas como científicas. O livro é uma combinação de vários pontos de vista distintos, de várias técnicas de pensamento distintas. Contém um tratado de economia, uma história do desenvolvimento industrial e um panfleto inspirado na sua época; nessa obra, a moralidade, que por vezes é deixada de lado em benefício da objetividade científica, não é sempre coerente, nem a economia é coerentemente científica, nem a história é isenta de arroubos inspirados por uma visão apocalíptica. E por fora de toda a imensa estrutura, escura e forte como a velha basílica de Trier, construída pelos romanos com muros de tijolos e colunas de granito, pairam as névoas e auroras boreais da metafísica e do misticismo germâ-

> nicos, sempre prontas a entrar pelas menores fendas do edifício (WILSON, 1993: 275)[254].

Pode-se discordar da análise mais específica de Wilson sobre *O capital*, aliás primorosa nesse artigo, mas temos que reconhecer que ele nos chama atenção para uma questão que estamos tentando resolver com o recurso dos "acordes teóricos". Um autor também é construído das suas discrepâncias. Forçá-lo a caber nos limites de um paradigma pode terminar por violentar aquilo que ele tem de mais humano, *contraditoriamente* humano. A polifonia interna não é um atributo exclusivo de Marx. Ela aparecerá em diversos autores. Mas se pensarmos em acordes – e nem todos os acordes são "acordes perfeitos" – veremos que eles contêm as suas dissonâncias internas. Uma nota pode se tornar dissonante por aproximação com outra. Um acorde que contém dissonâncias na sua estrutura torna-se um acorde *tenso*, como o acorde de "Sétima da Dominante" na harmonia tonal. Ainda assim, um acorde produz o milagre de harmonizar as dissonâncias e constituir uma unidade artística, especialmente porque as dissonâncias são necessárias à Música. Só precisamos percebê-las se quisermos, ou podemos alternativamente saltar essa percepção e nos deixarmos levar pela unidade artística proporcionada pelo acorde. Perceber as descontinuidades internas de um autor é uma escolha. O artifício dos "acordes teóricos" reabre essa possibilidade.

---

254. A progressiva e consistente gestação de *O capital*, que consumiu de Marx quinze anos de estudos dedicados e apresentou pelo menos uma grande mudança no plano original previsto para a obra, foi atentamente examinada por Roman Rosdolsky em *Gênese e estrutura de O capital de Karl Marx* (1968).

Há também os analistas marxistas que enxergam descontinuidades entre os dois fundadores do Materialismo Histórico. Para Karl Korsch (1886-1961), certas proposições e análises que aparecem nos textos de Marx estariam relacionadas à "ascensão e desenvolvimento do capitalismo na Europa Ocidental", e a elas não se poderia aplicar a validade geral que lhes foi atribuída a partir do momento em que o Materialismo Histórico, ou um de seus desdobramentos, começa a ser convertido em "doutrina" para dar suporte ao movimento socialista. Essa generalização abusiva, segundo Korsch (1923), teria ensaiado seus primeiros passos com a parte mais doutrinal da obra de Engels (e ainda assim eventualmente); mas com Plekhanov e Lênin, as generalizações a partir de propostas localizadas de Marx começam a surgir amiúde, o que faz com que comecem a ser redesenhadas como "leis gerais de evolução" o que Marx apenas relacionara diretamente ao capitalismo europeu, em situações históricas muito específicas. O valor da obra de Korsch, como se pode ver, está no empenho de "aplicar o materialismo histórico ao próprio materialismo histórico" (KORSCH, 2008: 93)[255]. Ele chama

---

255. Na "Anticrítica", um texto redigido em 1929 e que passa a fazer parte das edições de *Marxismo e Filosofia* a partir de 1930, Korsch dirá: "[O Materialismo Histórico] também não é, por outro lado, uma teoria que, por força de algum prodígio, foi e permanece ainda por longo tempo mais avançada que o desenvolvimento do movimento operário; nem este continuaria, com a sua prática, atrasado (por assim dizer) em relação à sua própria teoria, somente podendo progressivamente ocupar no futuro o lugar que ela já lhe tinha reservado" (KORSCH, 2008: 93). Depois, Karl Korsch segue fazendo interessantes observações sobre as mútuas defasagens entre a teoria e a prática do socialismo real – bem entendido, de um tipo específico de socialismo real que toma o Materialismo Histórico não como uma "teoria" capaz de ser transformada, mas sim como "uma ideologia, trazida já pronta e acabada, "de fora"" (p. 93).

atenção para o fato de que, sendo o Materialismo Histórico ciência da transformação social da realidade e do próprio homem, e da consciência que se desenvolve necessariamente a partir desta transformação, não há como se chegar a um Materialismo Dialético proposto como produto acabado, ossificado em dogma:

> [...] da concepção dialética, que concebe todas as transformações, sem exceção, no fluxo do movimento, conclui-se necessariamente que também a teoria da revolução social, de Marx e Engels, tinha [e tem] de sofrer modificações muito grandes no curso do seu desenvolvimento (KORSCH, 1923)[256].

Compreendido o princípio da "autotransformação do Marxismo", o Materialismo Histórico deve ser aplicado ao próprio Marx, ou a qualquer outro pensador. Quanto ao alerta de Korsch a respeito das "armadilhas das generalizações", será oportuno lembrar que o próprio Marx, em textos laterais tais como a sua correspondência (*Cartas russas*, por exemplo), teria expressado sérias restrições ao

---

256. Contra a ossificação do Marxismo em "dogma petrificado", já se batia Rosa Luxemburgo no V Congresso da Internacional Comunista, por ocasião da polêmica contra a "ortodoxia formal" dos mencheviques. Plekhanov havia evocado passagens do *Manifesto Comunista* (1848) para apoiar sua tese sobre a função revolucionária da burguesia, justificando alianças políticas de sua época. Rosa Luxemburgo irá replicar com o seguinte texto, no qual, tal como mais tarde faria Korsch, refere-se ao "dogma petrificado": "Recorrer à forma pela qual Marx e Engels, há cinquenta e oito anos, caracterizaram a função da burguesia para aplicar essa caracterização à realidade atual, significa dar um exemplo surpreendente de pensamento metafísico, transformando o pensamento histórico vivo dos autores do manifesto em um dogma petrificado" (LUXEMBURGO). Sobre isto, cf. Strada, 1986, p. 135.

uso generalizado ou esquemático de análises suas que apenas se referiam a processos históricos particulares que ele estava analisando naquele momento (por exemplo, o "cap. 24" de *O capital*, que narra historicamente o processo de acumulação primitiva que se dá especificamente na Europa Ocidental, e que nunca pretendeu constituir-se em padrão universal para outras sociedades). Desse modo, podem surgir mesmo tensões entre o "Marx economista generalizador", de *Contribuição à crítica da economia política* (1859), o "Marx historiador particularizador", de *O 18 brumário* (1852), e o "Engels doutrinador" de *Socialismo utópico e Socialismo científico* (1880) – esta última já uma obra francamente doutrinária, que não mais apresenta o Materialismo Histórico como método de análise da realidade, e sim como Doutrina Científica ligada a um projeto político socialista que visa naquele momento a expansão da militância e coptação do público mais amplo.

A multiplicidade de interpretações e superinterpretações sobre Marx é de certo modo inevitável. Marx, obviamente, tornou-se um ícone, e não apenas para os pensadores do social, como também para as mais variadas lideranças políticas ligadas ao movimento socialista. Por isso as análises que se desdobram de seus pensamentos por vezes comportam tensões que devem ser administradas por historiadores, sociólogos e filósofos que construíram, ao longo do século XX e início do XXI, um diversificado campo de possibilidades que habitualmente se abriga sob a denominação de Materialismo Histórico. Em uma frase particularmente feliz, incluída no seu balanço de 1984 sobre "Karl Marx e a

História", Eric Hobsbawm registra o comentário mais do que oportuno de que a historiografia marxista deve tomar Marx como ponto de partida, e não como ponto de chegada (HOBSBAWM, 1984: 49).

Pontos de partida, em Marx, certamente são muitos. Pode-se ilustrar isto com o recíproco contraste entre as formas de Materialismo Histórico que puderam surgir no decurso da história do pensamento ocidental, quando novos pensadores elegeram como ponto de partida canônico este ou aquele texto de Marx ou Engels. É muito comum a escolha do Prefácio da *Contribuição para a crítica da economia* (1859) como texto canônico, mas a escolha de textos como *O 18 brumário* (1852) – um dos poucos nos quais Marx atua como historiador – pôde contribuir para a elaboração de novas leituras do Materialismo Histórico, como a que foi realizada por Jorge Larrain em *A Reconstruction of Historical Materialism* (1986). De igual maneira, a especial evocação dos *Grundrisse* (1857-1958), texto de Karl Marx que só seria publicado postumamente, teria permitido aos marxistas da chamada "Escola Inglesa do Marxismo", como Christopher Hill (1912-2003) ou Edward Thompson (1924-1993), situar o Materialismo Histórico em um novo patamar, que ultrapassa as leituras deterministas tão habituais até a primeira metade do século XX.

Outro exemplo notável pode ser trazido pelos *Manuscritos econômico-filosóficos* (1944), que, ao serem publicados em 1932, ajudaram a impulsionar toda uma nova corrente dentro do Materialismo Histórico que ficou conhecida como Escola de Frankfurt[257]. Os *Manuscritos* tornaram-se fundamentais para as reflexões produzidas por analistas sociais como Theodor Adorno (1903-1969) e Herbert Marcuse (1898-1979), que estavam particularmente interessados em questões como a indústria cultural, a alienação na sociedade de consumo, as interseções possíveis entre Materialismo Histórico e Psicanálise ou a subjetividade humana e seu possível papel nos fracassos revolucionários em promover efetivamente uma mudança social (as chamadas "revoluções traídas", de Marcuse)[258]. Os *Manuscritos econômico-filosóficos*, desta maneira, contribuíram com novos rumos possíveis para a historiografia e para as ciências sociais muito depois de sua criação, já que permaneceram inéditos na sua época.

Para além de ensaios inteiros que constituíram fonte de inspiração para novas correntes do Materialismo Histórico, poderíamos citar também o caso de comentários aparen-

---

257. Sobre a Escola de Frankfurt, cf. Jay, 1974. • Wiggers-Haus, 1993. Para um texto básico produzido pelos próprios frankfurtianos, cf. Adorno e Horkheimer, 1985. Examinaremos esta escola no sexto volume desta coleção.

258. Também o texto "O fetichismo da mercadoria", situado na seção 4 do 1° volume de *O capital* (1867), constitui outro texto marxiano fundamental para a Escola de Frankfurt. Mais ainda, constitui uma influência importante para os frankfurtianos a leitura que foi empreendida por Georg Lukács (1892) em torno do "Fetichismo da mercadoria" de Marx, uma leitura inovadora do marxismo que pode ser encontrada no texto "A reificação e a consciência do proletariado", incluído no livro *História e consciência de classe* (1923). A importância de Lukács para os frankfurtianos pode ser ilustrada pela trajetória intelectual de Walter Benjamin (1892-1940), um filósofo que interagia ou mesmo participava do grupo. Walter Benjamin, rigorosamente falando, redefiniu radicalmente sua trajetória intelectual em 1929, ano em que ele faz a sua primeira leitura da obra *História e consciência de classe*, de Georg Lukács.

temente marginais em algumas das obras de Marx, que praticamente fundam debates que depois seriam intensamente incrementados por historiadores e cientistas sociais posteriores. Eric Hobsbawm, no já referido balanço sobre "Marx e a História" (1984: 174), cita o caso de três ou quatro referências ao Protestantismo, no 1° volume de *O capital* (1867), das quais se desdobraria todo um complexo debate sobre as relações entre *Capitalismo e Protestantismo* envolvendo nomes como o de Max Weber, já no século seguinte (WEBER, 1920).

Feito esse alerta acerca da diversidade que se oculta no interior da própria obra de Marx, para além da variedade de leituras que sobre esta se estabelecem, vamos nos ater, a partir daqui, ao feixe de questões que nos está interessando como fio condutor dessas reflexões: a intrincada dialética entre objetividade e subjetividade, bem como as possibilidades ou impossibilidades de constituição de uma verdade histórica pelo historiador, a relação do conhecimento histórico com algum tipo de realidade, e outras questões que afetam os modos como a historiografia pode ser definida como um tipo de ciência.

Dizíamos mais acima que o Materialismo Histórico se apresenta, em uma de suas instâncias, como um Historicismo Radical. O historiador não é definido apenas em função de sua nacionalidade, época e convicções. De acordo com a maior parte dos setores da historiografia marxista, o historiador também tem a sua identidade construída em função da classe social com cujos interesses históricos seu trabalho se sintoniza. Mais ainda, e mesmo antes disso, Marx já havia reconhecido desde as suas primeiras obras – entre as quais as *Teses sobre Feuerbach* (1945) e os *Manuscritos econômico-filosóficos* (1944) – que o homem é um ser sensível, natural e ativo, um ser acima de tudo histórico. O que ele repreendia em Feurbach, na tese n. 7, era precisamente o fato de que aquele filósofo alemão não parecia perceber que "o indivíduo abstrato que ele analisa pertence a uma determinada forma social" (MARX, 1945, tese 7). Esse indivíduo humano, que se pode tornar objeto de análise, mas que também pode se apresentar como sujeito, é, em todos os sentidos, um ser histórico. Também o historiador, um indivíduo inserido em sua própria forma social e mergulhado em suas circunstâncias, é atravessado de cima a baixo pela historicidade. O princípio de "reconhecimento da subjetividade do historiador", que fora empreendido pioneiramente pelo Historicismo, é aqui levado ao extremo.

Falemos agora dos temas visados por Marx na sua produção intelectual. Isso será interessante, porque deixará mais clara a diferença entre as duas fases marxianas que foram atrás mencionadas. A inflexão acórdica que comentamos mais atrás – do filosófico para o científico, da sensibilidade revolucionária à *práxis* revolucionária, da constatação da injustiça social no Presente à constatação da injustiça social na história, do estilo literário filosófico à linguagem clari-cartesiana, do abrangente para o econômico – será também acompanhada por uma inflexão temática análoga. É possível ver uma coisa através da outra em Marx, como nem sempre ocorre em outros autores.

Os objetos de interesse temático, para o nosso autor, são certamente muitos[259], embora depois eles tendam afunilar para o interesse econômico, assim que Marx passa a se conceber como imbuído de uma especial missão. De todo modo, podemos esboçar também a própria história das temáticas marxianas. O primeiro tema que surgiu para Marx, antes mesmo dos *Manuscritos econômico-filosóficos* de 1944 e das *Teses sobre Feuerbach* (1945), foi a Alienação.

O jovem Marx encantara-se desde cedo com a percepção de que o homem, este ser concreto e natural, transformara e continuava transformando o mundo, através de seu trabalho e de sua práxis, e que em um mesmo movimento transformara e continuava a transformar a si mesmo. A natureza, transformada pelo homem, "humanizara-se", incorporara a sua face humana. O homem mudara literalmente a face da Terra, e para onde quer que olhemos – "para a mais simples cerejeira"[260] – não poderemos mais deixar de enxergar a marca humana. Mas, ao mesmo tempo, ao lado desse comovente encantamento diante da capacidade humana de "transformar o mundo e de transformar a si mesmo", Marx

---

259. Há uma carta, de Marx a Engels, na qual o primeiro deixa entrever esse conflito interno entre suas duas facetas: um pensador com múltiplos interesses temáticos e um revolucionário que sente suas escolhas comprimidas pela necessidade de sua missão: "*Se um dia eu tiver tempo para trabalhos assim* [grifo nosso], gostaria muito de escrever duas ou três folhas para tornar inteligível ao vulgo o lado racional, mas ao mesmo tempo sofisticado, de método descoberto por Hegel" (Carta de Marx para Engels, datada de 14 de janeiro de 1858; citada por ARON, 2005: 274).

260. Esta imagem é utilizada por Marx e Engeks em *A ideologia alemã* (1946).

também encontrara a sua terrível sombra: a percepção de que esse mesmo homem, nesse ponto de sua análise multiplicado pela infinidade de indivíduos, também se perdera na história, se "desumanizara" e se "desnaturalizara"; em uma palavra: "se alienara" (da natureza, de si mesmo, e de suas próprias criações). A "Alienação" (que tem em Marx o duplo sentido de um "estranhamento" e de uma perda de consciência) logo se tornaria o primeiro tema importante do jovem Marx – o seu objeto mais sistemático de reflexão na primeira fase de seus escritos[261].

---

261. O conceito de Alienação já aparece em Hegel e Feuerbach. Em Hegel, tal como observa Lukács em seu livro *O jovem Hegel* (1938), é a primeira vez que o conceito estará situado "no centro de todo um sistema teórico". Lateralmente, o conceito de Alienação também já havia aparecido em dois filósofos anteriores – Fichte e Schelling –, mas é Hegel quem dará a este conceito uma importância central no interior de um sistema filosófico. Sobre isto, cf. Konder, 2009, p. 28. Com relação à centralidade que o conceito de "alienação" apresentará na dialética de Hegel, devemos lembrar o ponto de partida da leitura hegeliana da história. Na raiz do desenvolvimento histórico, o Espírito – de onde tudo partirá – encontra-se em situação de estranhamento (de alienação) em relação a si mesmo. Isto porque o mundo material havia se desprendido do Espírito e passara a existir autonomamente (para Hegel, a natureza nada mais é do que a condensação material do espírito). Neste momento, portanto, o espírito está alienado de uma parte de si mesmo, que é a natureza. A história, segundo Hegel, será precisamente o processo dialético através do qual o espírito progressivamente adquire consciência e retoma a posse do mundo, que é na verdade ele mesmo sob uma outra forma. Neste sentido, a história não é mais do que a "desalienação" do espírito. O seu momento final é aquele em o espírito reunifica-se com o mundo. Essa síntese final é ao mesmo tempo o sentido de toda a história anterior e a sua finalização. A consciência final alcançada pelo Espírito corresponde ao término do estranhamento, à retomada final da alienação, daquilo que estava apartado de si mesmo.

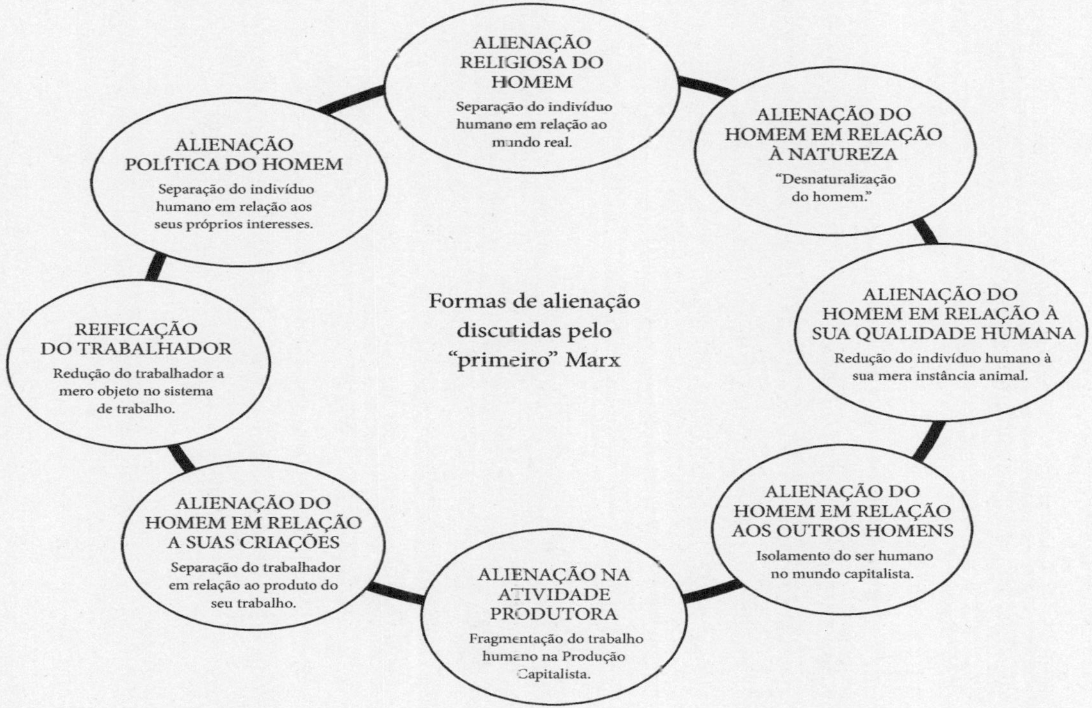

Quadro 1. As formas de alienação abordadas por Karl Marx

Importante notar que a alienação era então examinada, pelo autor dos *Manuscritos econômico-filosóficos* (1945), nas suas mais diversas formas. Na verdade, não existia uma só alienação, mas várias delas (cf. quadro anterior). Tudo aquilo que fragmentava o ser humano, que o apartava do mundo, de si mesmo, das coisas que ele criara; tudo aquilo que o separava da consciência que deveria ter, que o transformava quase em um autômato ou em um "animal desnaturalizado"; tudo aquilo que o mergulhava em uma espécie de sono do qual não parecia ser possível despertar, remetia em Marx ao âmbito da alienação. Lefebvre, na sua *Crítica da vida cotidiana* (1958), faz notar o caráter "poliscópico" da alienação. Podemos de fato identificar uma significativa variedade de alienações já presentes nos *Manuscritos econômico-filosóficos* (1844), que pode ser representada pelo esquema atrás proposto[262].

O tema da alienação, como objeto central de investigação e de reflexão filosófica, permitiu a Marx percorrer sucessivamente várias "críticas". Antes de retomar este que deverá ser considerado o tema central do primeiro Marx – a "Alienação" em suas diversas formas – será oportuno discutir o modelo filosófico a partir do qual o fundador do Materialismo Histórico desenvolverá as várias facetas de sua reflexão sobre esse primeiro tema. O modelo da "crítica", no qual um filósofo busca submeter a uma rigorosa crítica uma determinada tendência filosófica, ou então se ocupa em criticar o padrão recorrente em certo campo de práticas ou de conhecimento, será

262. Outras formas de alienação também foram estudadas, tal como aquela decorrente da cisão entre "vida pública" e "vida privada", que é discutida por Marx em *A questão judaica* (1844).

o caminho escolhido por Marx. Esse modelo tinha sido estabelecido por Immanuel Kant (1724-1804) com as suas "três críticas", e podemos acompanhar a opinião desse mesmo filósofo segundo a qual o "modo crítico" pode ser considerado uma das marcas dessa segunda modernidade europeia que se inicia ao fim do século XVIII[263].

Em grego, a expressão *crítica* (*crinein*) remete aos gestos de "separar" e de "julgar", o que é particularmente adequado, pois com o modelo filosófico da crítica o que se busca é desenvolver uma argumentação com vistas a preservar o que merece ser afirmado e, ato contínuo, colocar em dúvida ou rejeitar tudo aquilo que é falso ou que não merece ser afirmado[264]. É através desse modelo, e dirigindo-se diretamente para a temática da "Alienação", que Marx desenvolve toda a sua crítica inicial a Hegel. A *crítica da Filosofia do Direito de Hegel* (1843), e os *Manuscritos econômico-filosóficos* de 1844 –

---

263. As três críticas de Kant são, em ordem cronológica, a *Crítica da razão pura* (1781); a *Crítica da razão prática* (1788), a *Crítica do julgamento* (1790). No prefácio da primeira dessas obras, Kant iria afirmar que o gesto de "tudo submeter à crítica" era precisamente uma das características mais evidentes da nova era que então se iniciava. Literalmente, Kant via a "crítica" como um traço essencial da nova modernidade (a "segunda modernidade", se considerarmos que a primeira se inicia com o Renascimento). Além disto, essa crítica devia desde já se voltar também para dentro, e cada campo de conhecimento deveria estabelecer esse olhar sobre si, o que logo ocorreria com a História científica.

264. Kant, por exemplo, desenvolve a sua *Crítica da razão pura* (1781) a partir de David Hume (1711-1776) – um filósofo escocês com o qual o seu pensamento vai se encontrar e desencontrar-se, sucessivamente. Pode-se dizer que Hume foi para Kant o que Hegel seria para Marx: uma base de aprendizado que foi depois preciso superar através da "crítica". De Hegel, Marx conservará a "dialética"; já o idealismo, será obviamente descartado. As primeiras obras de Marx são precisamente críticas a Hegel, em especial comentando três livros: a *Fenomenologia do espírito* (1819), a *Filosofia do Direito* (1821), e a *Enciclopédia das Ciências Filosóficas* (1817-1830).

uma obra que Marx não planejava publicar – constituem os pontos altos desse primeiro investimento crítico[265]. Depois, com as *Teses sobre Feurbach* (1845) e com *A ideologia alemã* (1946) – esta última escrita em coautoria com Engels e já preludiando, para além do modelo da crítica, a inflexão historiográfica – seria a vez de criticar a chamada "esquerda hegeliana", da qual o próprio Marx saíra nos seus tempos de formação acadêmica[266]. Com esta obra, adicionalmente,

---

265. O terceiro e último *Manuscrito* encerra-se com a "Crítica da Filosofia Dialética e Geral de Hegel".

266. Os autores criticados por Marx, entre outros, são Feuerbach, Max Stirner, Bruno Bauer e David Strauss (este último foi o autor de *Vida de Jesus* – um livro de 1835 que também foi criticado por Nietzsche). Max Stirner, que interagia com os "jovens hegelianos" e que é considerado por Marx como um deles, também satiriza os outros autores em *O único e a sua propriedade*, empreendendo, aliás, uma demolidora crítica ao conceito de "homem genérico" de Feuerbach, o que também seria feito por Marx. Esses autores, e também o próprio Karl Marx, ficaram conhecidos como "esquerda hegeliana" na época em que estudavam na Universidade Humboldt de Berlim (por volta de 1830). Na verdade, todos eles tinham passado a disputar entre si, após a morte do mestre Hegel, o privilégio de realizar a "Crítica" do filósofo, e também de desenvolver uma filosofia que pudesse ser recebida como uma verdadeira libertação (esse projeto fica claro no Feuerbach de *Princípios da Filosofia do futuro*, uma obra de 1843). O nome "esquerda hegeliana" se refere à oposição desse grupo em relação aos chamados "hegelianos de direita", que detinham cátedras na Universidade Humboldt e também em instituições ligadas ao governo da Prússia (entre outros hegelianos de direita, podemos citar os nomes de Rosenkranz e Herdermann). Coube aos "hegelianos de direita" (e não a Hegel, como às vezes se pensa) a ideia de que a sociedade prussiana da época representava uma culminância histórica, uma espécie de "fim da história" – essa ideia que depois seria tomada por autores diversos, inclusive por Fukuyama em tempos recentes (1989), mas neste caso já deslocando o "fim da história" para a sociedade capitalista liberal de fins do século XX. A discussão em torno do "fim da história" era precisamente o ponto de maior atrito entre a "esquerda hegeliana" e a "direita hegeliana", pois estes últimos acreditavam que a série histórica de evoluções dialéticas tinha finalmente se completado na sua própria época, uma leitura da qual obviamente discordavam os filósofos ligados à "esquerda hegeliana". Marx, inclusive, logo agregaria à polêmica a ideia de que o fim da série histórica de evoluções dialéticas só se poderia dar com a Sociedade Comunista, tornando-se este "telos" um aspecto importante da sua versão do Materialismo Histórico. Sobre a disputa entre os "jovens hegelianos", cf. Souza, 1992.

Marx concretiza o seu acerto de contas com o passado acadêmico. Por fim, já bem adentrada a segunda fase de sua produção, aparecerá a crítica desfechada contra Proudhon (1809-1865) em *Miséria da Filosofia* (1847), uma obra isolada, epígono da fase anterior no que se refere ao interesse pelo modelo da "crítica"[267].

A fase das "críticas", em Marx, que precede a fase dos ensaios econômicos e historiográficos, seria particularmente importante como um movimento que já aponta para a fase madura e definitiva. A reflexão sobre a "Alienação" – o baixo *ostinato* de Marx na primeira fase de sua produção intelectual, mas também um tema que nunca o abandonará por completo – seria percorrida sucessivamente pelas críticas à Religião, à Política, à Economia Política, chegando finalmente à sua base fundamental, a

---

267. Esse ensaio de Marx inverte o título de um livro que havia sido escrito por Proudhon: *A Filosofia da miséria* (1846). Proudhon, um dos mais influentes escritores anarquistas da época de Marx, havia se correspondido com este último, e entre os dois havia mesmo se desenvolvido uma relação bem cordial, e pode-se dizer que houve mesmo uma certa troca de influências mútuas. Mas essa amizade chegaria ao fim, e o livro *Miséria da Filosofia* (1847) será não apenas o marco do rompimento entre Proudhon e Marx, mas também o início de uma oposição visceral entre este e o grupo dos anarquistas. Nos encontros da Associação Internacional dos Trabalhadores, a cisão entre marxistas e anarquistas ficaria patente, particularmente através do confronto entre Marx e Bakunin (1814-1876). Ainda com relação a Proudhon (1809-1865), é oportuno lembrar que outra de suas obras de maior destaque foi o seu primeiro ensaio – *O Que é a Propriedade* (1840) – no qual já aparece a célebre afirmação de que " a propriedade é um roubo". Foi este primeiro livro de Proudhon que atraiu a admiração inicial de Marx, expressa em alguns textos de 1842 e motivando-o a manter troca de correspondência com o anarquista francês, com quem Marx chegou a conviver amistosamente durante o seu exílio parisiense em 1843 e 1844.

crítica econômica ao sistema de trabalho no mundo capitalista[268]. Esta pequena trajetória por dentro do tema da Alienação – descendo coerentemente das suas manifestações mais abstratas às manifestações mais concretas que se dão na própria produção da vida material – permite que surpreendamos Marx em um sutil deslocamento que o conduzirá a um novo momento de sua produção intelectual, no qual seria necessário se preparar para ir muito além do campo da Filosofia, alcançando a Economia, a Ciência Política e a própria História. Antes de chegar a esse

---

268. Podemos perceber, através de uma análise mais sistemática da obra de Marx, que o tema da Alienação realmente não desaparece do horizonte de análises de Karl Marx: apenas se desloca para uma posição mais lateral e menos visível no palco teórico da análise marxiana. De fato, o "fetichismo da mercadoria" – um aspecto da sociedade capitalista examinado por Marx na quarta seção do cap. 1 de *O capital* (1867) – pode ser perfeitamente entendido como um dos muitos casos particulares da Alienação. É esta a argumentação encaminhada por Lukács, no ensaio "A reificação e a consciência do proletariado", incluído no livro *História e consciência de classe* (1923). Nesse ensaio, Lukács cunha o conceito de "reificação" ("coisificação"), para se referir à transformação das relações humanas em "coisas" – ou mesmo "mercadorias" – nas sociedades capitalistas. A *reificação* de Lukács corresponde à *alienação* de Marx, ao menos no que tange a certos aspectos relacionados às sociedades capitalistas. Por outro lado, outros autores também chamam atenção para a impropriedade de reduzir a alienação como um todo, com sua variedade de tipos, ao "fetichismo da mercadoria", que seria apenas um dos seus tipos: "Não nos podemos conformar com a identificação pura e simples entre *alienação* e *fetichismo da mercadoria*. O primeiro termo tem maior extensão do que o segundo: existe uma alienação religiosa, política, ideológica etc., ao passo que o fetichismo da mercadoria corresponde apenas a uma forma de alienação: a alienação econômica" (GARAUDY, 1957).

ponto, contudo, prossigamos com a pequena história das temáticas de Marx[269].

O segundo momento na história dos objetos de estudo de Marx é de fato uma consequência do primeiro: se o homem se perdera ou se "alienara" – "estanhando-se" a si mesmo e à natureza, tal como percebera o jovem Marx – como contribuir então para que ele superasse o seu lamentável estado? Até aqui, Marx é essencialmente um filósofo, e não ainda um economista ou um historiador, ou mesmo um ativista político, o que só ocorreria efetivamente depois[270]. Ousaremos dizer que com as obras nas quais começa a se preocupar com a "retomada da alienação", Marx se tornou mesmo um "filósofo do despertar", no sentido de que podemos associá-lo a

---

269. Com relação ao papel da Economia no pensamento de Marx e na construção de sua concepção teórico-filosófica, devemos lembrar que desde cedo Marx convencera-se da necessidade de adquirir sólidos conhecimentos econômicos. Esse aprendizado inicial da economia ocorreu em um ano de intenso trabalho a partir da primavera de 1843 e até chegar à elaboração dos *Manuscritos econômico-filosóficos* (1844), quando Marx já revela ter adentrado com desenvoltura o espaço conceitual da economia. Podem ser encontrados nos próprios textos de Marx os indícios de que a formação econômica inicial de Marx (autodidata) situou-se nesse ano entrecortado entre o encerramento de sua atividade jornalística na *Gazeta Renana* e a redação dos *Manuscritos econômico-filosóficos*. No Prefácio para a *Contribuição à crítica da economia política* (1859), Marx ressalta que em 1842 e 1843 faltavam-lhe ainda conhecimentos econômicos para abordar determinadas questões, como uma avaliação do socialismo francês.

270. Como os *Manuscritos econômico-filosóficos* (1944) e *A ideologia alemã* (1946), obras filosóficas, só foram publicadas tardiamente – após a morte de Marx – só nesse momento tardio, em 1932, alguns analistas de Marx puderam ter a plena percepção de que Marx era antes de tudo um filósofo. Suas obras econômicas e historiográficas tinham precedido em sua publicação as obras filosóficas (inclusive as *Teses sobre Feuerbach*), embora representassem um momento posterior de Marx. Por isso, a sua face filosófica ficou oculta, só se mostrou plenamente muito depois de sua morte.

uma a certa linhagem de filósofos e pensadores que buscam refletir sobre os limites do homem (ou de sua consciência) e que, ato contínuo, procuram despertá-lo desta inconsciência, torná-lo ciente de seus limites e dos poderes que o afetam, para então lhe oferecer materiais filosóficos ou científicos para a sua própria libertação ou conscientização transformadora[271].

A pergunta filosófica de Marx, nesse segundo momento de sua história temática, passou a girar, portanto, em torno da possibilidade da "retomada da alienação" (isto é, da recuperação do que se apartou ou do que se havia perdido). Esta sutil mudança é particularmente importante, pois, sem abandonar o tema da alienação, Marx começa aqui a se colocar de uma nova maneira frente ao mesmo. Não se tratava mais de apenas constatar a "alienação", mas sim de se situar diante dela munido de uma nova pergunta. Como poderia o homem recuperar o que perdera, incluindo a si mesmo? Como poderia,

---

271. O século XIX traria outros "filósofos do despertar". Pensamos em Nietzsche, que procura conscientizar a respeito de que qualquer conhecimento é construído, e que não existe uma única categoria de pensamento que seja dada previamente pela natureza, e que não deva ser ela mesma submetida à crítica. Conscientizar acerca dos limites do próprio conhecimento humano, para muito além do que fizera Kant no século anterior, é a obra de Nietzsche, o único filósofo que colocou entre colchetes todos os "harmônicos" ocultos de sua época. Depois teremos Freud, este médico-filósofo cujas realizações adentram o século XX, e que procurou conscientizar o homem acerca de seu próprio inconsciente (!). Esses três filósofos (se pudermos considerar Freud como um), e ainda outros mais, trazem como característica fundamental do seu filosofar este gesto de desvelar, de mostrar o que está por trás e, mais ainda, de incitar o homem a fazer algo com esta consciência: levá-lo a transformar a sua própria vida. No caso de Marx, é o homem socialmente inserido – o homem que irá se confundir, no limite, com a espécie humana – aquele que é visado. Em Nietzsche e Freud o visado é o indivíduo. Nietzsche nada pretende fazer para elevar o nível de consciência das massas, mas vislumbra a possibilidade de preparar o caminho para algo que virá depois, para o "além-do-homem" (o *Übermensch*, ou "super-homem"). Freud, com a Psicanálise, visa obviamente a autotransformação dos indivíduos.

em outros termos, despertar de sua "alienação"? Foi esta pergunta que levou Marx a investigar profundamente as condições materiais efetivas da existência humana, aquelas através das quais o homem criava e recriava-se a si mesmo, mas que ao mesmo tempo o lançavam paradoxalmente na "perda de si mesmo", na "alienação", no "estranhamento".

Perceber que a mais irredutível raiz da alienação humana dava-se no interior do próprio trabalho, submetido à exploração do homem pelo homem, levou Marx ao seu segundo objeto de estudos, que a partir daí passa a dominar amplamente a sua busca da verdade. Das condições da alienação, Marx passaria a filosofar sobre a "retomada da alienação", sobre as possibilidades do homem retomar a plenitude consciente de sua própria vida, despertando do seu estranhamento: libertar-se, enfim. O momento deste *passing* – da expansão da reflexão sobre a "alienação" ao estudo sobre a "retomada da alienação" – está concretizado em certos trechos dos *Manuscritos econômico-filosóficos* (1844), essa obra que Marx não pretendia publicar, já que a compusera apenas para o seu autoesclarecimento e, sobretudo, nesse curto, mas intenso texto de duas páginas e meia que constitui as *Teses sobre Feuerbach* (1845), um texto marxiano que só mais tarde seria publicado por iniciativa de Engels[272]. Foi por causa destas primeiras

272. Leandro Konder reflete com invejável precisão sobre esta passagem: "Nos trabalhos imediatamente anteriores à redação dos *Manuscritos*, Marx tinha se empenhado em aprofundar sua crítica das condições de autoalienação (*Selbstentfremdung*) do sujeito humano na sociedade burguesa. Em agosto de 1844, porém, ele já refletia sobre a passagem da atividade "alienadora" para a atividade "desalienadora": sua perspectiva passara a se apoiar no projeto revolucionário de uma superação prática das condições do "estranhamento" (*Entfremdung*) (KONDER, 2006: 84).

temáticas *filosóficas*, a temática da "alienação" em um primeiro momento, e logo depois a temática da possibilidade de libertação do "estranhamento" – a "retomada da alienação" – que Marx se tornou um economista e também um historiador. Não há como expressar isto tão bem, senão com estas palavras de Leandro Konder:

> Era porque a história se caracterizava como um processo contraditório de autorrealização e desrealização prática do ser humano, um processo que englobava *toda* a realidade dos homens, que se tornava imperioso examinar criticamente *o presente como história*. E era porque, segundo a nova concepção materialista da história, o conflito entre o caráter social da produção e o caráter privado da apropriação capitalista se tornara o centro da história contemporânea, que passava a ser absolutamente necessário escrever *O Capital* (KONDER, 2006: 85)[273].

A partir daí os novos temas de Marx se sucedem, entrelaçadamente: dos modos de produção, e em especial o modo de produção capitalista, à possibilidade de superá-lo

273. Por outro lado, tal como observa Karel Kosic em *Dialética do concreto* (1969: 72), um acontecimento editorial deixará muito claro que "Marx nunca abandonou a problemática filosófica": a tardia publicação dos *Grundrisse*, em 1939 um conjunto de escritos de Marx que havia sido elaborado em 1858 apenas para preparar materiais e clarear seus pensamentos com vistas à elaboração de *O capital* (1867). Nessa obra mostram-se ainda presentes os conceitos típicos da primeira reflexão filosófica de Marx, tais como a "alienação" e a "reificação", entre muitos outros conceitos e temáticas cuja reaparição nos *Grundrisse* revela de modo especial a unidade do pensamento filosófico de Marx (contrariamente às teses de "corte epistemológico" entre o "jovem Marx" e o Marx mais amadurecido, tal como Louis Althusser propôs em 1960 com seu ensaio sobre "O Jovem Marx" incluído em *Pour Marx*).

através da revolução; da propriedade privada ao Estado; da ideologia que oculta dos seres humanos a realidade de sua exploração através do trabalho alienado, à possibilidade de desmascará-la. O tema da alienação não desaparece, mas tende a se concentrar na alienação produzida no regime de trabalho sob o sistema capitalista e na alienação que, na sociedade industrial e na sociedade de consumo, transforma pessoas e relações interpessoais em "coisas" e em "relações entre coisas". Em meio à diversidade de temáticas pertinentes ao mundo capitalista, que tomou por tarefa esclarecer, eventualmente retornam os antigos interesses pela alienação, particularmente o "fetiche da mercadoria" – a tendência do homem moderno a enxergar tudo como mercadoria da qual se apropriar ou a qual se pode comprar, inclusive o sentimento das pessoas – e a "reificação" (coisificação) do próprio trabalhador[274].

---

274. Sobre a "reificação do trabalhador" no exercício de seu trabalho fabril, ou mesmo nas manufaturas que precedem as grandes indústrias, Marx irá expor em *O capital* (1867) esse pequeno trecho do *Ensaio sobre a História da Sociedade Civil* (1756) de Adam Ferguson (1723-1816), um texto de brutal clareza: "A ignorância é a mãe da indústria como da superstição. A reflexão e a imaginação não estão livres do erro; mas o hábito de mexer o pé ou a mão não depende nem de uma nem de outra. Desse modo, poder-se-ia dizer que, no que diz respeito às manufaturas, a perfeição consiste em se poder dispensar a inteligência, de modo que a oficina possa ser considerada como uma máquina cujas partes seriam homens". A essa transcrição, da qual se apropria, Marx acrescentará, em outro ponto de *O capital*: "Na manufatura e na atividade artesanal, o operário serve-se do instrumento; na fábrica, serve à máquina. No primeiro caso, é ele quem faz movimentar o meio de trabalho; no segundo caso, apenas tem que seguir o movimento e torna-se "o complemento vivo de um mecanismo morto"" (*O capital*, XIII, 4). Não há como deixar de lembrar, ao lermos essas palavras desses autores que assistem ao afloramento da industrialização, algumas das cenas sobre os tempos modernos que seriam imortalizadas pelo cinema no século seguinte: a célebre cena de *Tempos modernos* (Charles Chaplin, 1936), na qual um operário enlouquece ao se converter em um autômato humano que aperta parafusos, ou então a grande "Máquina-Fábrica" de *Metrópolis* (Fritz Lang, 1927), na qual os operários se transformaram quase que fisicamente em engrenagens de um gigantesco e obscuro artefato mecânico.

Uma vez que, no vol. 3 já discutimos em maior detalhe boa parte dessas temáticas, vamos nos ater apenas ao que estará interessando para a questão da dinâmica historiográfica entre objetividade e subjetividade. Ao reconhecer que a sociedade desenvolve artifícios para ocultar, dos homens que estão inseridos em um modo de produção, a estrutura de dominação que se estabelece sobre as classes exploradas, o objeto a ser investigado pelo historiador marxista passa a ser, de fato, a realidade que se oculta por trás das ideologias[275]. Aqui se torna particularmente importante desmascarar a ideologia da classe dominante, o que deve ser feito pela classe revolucionária do momento – ao menos de acordo com a perspectiva marxista que será herdada por alguns dos setores do Materialismo Histórico que atrelam à sua *práxis* um programa de ação que pretende visar o Socialismo.

O proletariado, em Marx, é a última das classes: aquela que levará a história ao seu termo ao instituir a sociedade sem classes após seu enfrentamento terminal com a burguesia. Para realizar essa tarefa, o proletariado precisa desenvolver ao máximo a sua "consciência de classe" (tornar-se uma "classe-para-si", e não mais apenas uma "classe-em-si", conforme vimos no cap. I do vol. 3). De igual maneira, este outro trabalhador, o trabalhador intelectual

---

275. O desmascaramento da ideologia também revela as classes e interesses de classe. Lucien Goldmann, em *Ciências Humanas e Filosofia*, irá dizer: "cada vez que se trata de encontrar a infraestrutura de uma filosofia, de uma corrente literária ou artística, chegamos não a uma geração, a uma nação ou a uma igreja, mas a uma classe social e às suas relações com a sociedade" (GOLDMANN, 1952).

que é o historiador, pode-se colocar no ponto máximo possível de compreensão da história ao se situar em sintonia com a posição da classe mais avançada em relação às forças produtivas, que no momento que precederá a instalação do modo de produção socialista seria o proletariado (esta é a perspectiva de Marx, bem entendido, que não seria necessariamente nem a única perspectiva possível ao Materialismo Histórico, nem a única que pode ser sustentada pelo Marxismo como programa de ação política).

De todo modo, nessa leitura teleológica da história que foi desenvolvida por Karl Marx, reencontram-se os vários temas que um dia foram examinados mais aprofundadamente pelo fundador do Materialismo Histórico: a "alienação" nas suas várias formas (inclusive o "fetiche da mercadoria" e a "reificação do trabalhador")[276], a "retomada da alienação", a "luta de classes", o desenvolvimento histórico da sucessão de "modos de produção", o desvelamento do funcionamento do sistema capitalista, o desmascaramento das ideologias. Pode-se dizer que é neste momento que o velho Marx se encontra com o jovem Marx, pois a "retomada da alienação" volta a compor o seu conjunto de temas. A "desalienação do trabalhador" – a dissolução daquele estranhamento que, nas sociedades modernas e industrializadas, havia se tornado a

276. Reificação é o mesmo que "coisificação". A "reificação do trabalhador" é o processo, inerente ao sistema capitalista, através do qual o próprio trabalhador se transforma em uma mercadoria e as relações "entre pessoas" passam a ser pensadas em termos de "relações entre coisas". A obra de referência sobre isto é *História e consciência de classe* (1923), de Georg Lukács; o texto marxiano de referência é o capítulo "O fetiche da mercadoria", incluído em *O capital* (1867).

raiz de todos os estranhamentos – corresponde ao momento em que o trabalhador percebe, finalmente, que o mundo inteiro é produzido por ele[277]. Com licença poética, lembraremos aqui duas estrofes de um dos mais belos poemas de Vinícius de Moraes, *Operário em construção* (1956)[278]:

> Mas ele desconhecia
> Esse fato extraordinário:
> Que o operário faz a coisa
> E a coisa faz o operário.
> De forma que, certo dia
> À mesa, ao cortar o pão
> O operário foi tomado
> De uma súbita emoção
> Ao constatar assombrado
> Que tudo naquela mesa
> – Garrafa, prato, facão –
> Era ele quem os fazia
> Ele, um humilde operário,
> Um operário em construção.
> Olhou em torno: gamela
> Banco, enxerga, caldeirão
> Vidro, parede, janela
> Casa, cidade, nação!

---

277. Como diz André Gorz (1987: 37), o proletariado mostra aqui ser a "potência universal do trabalho que toma consciência de si como fonte do mundo e da história".

278. O poema "Operário em construção", de Vinícius de Moraes (1913-1980), foi publicado pela primeira vez em 1956, no quinzenário *Para Todos*, dirigido por Jorge Amado.

Tudo, tudo o que existia
Era ele quem o fazia
Ele, um humilde operário
Um operário que sabia
Exercer a profissão.

Ah, homens de pensamento
Não sabereis nunca o quanto
Aquele humilde operário
Soube naquele momento!
Naquela casa vazia
Que ele mesmo levantara
Um mundo novo nascia
De que sequer suspeitava.
O operário emocionado
Olhou sua própria mão
Sua rude mão de operário
De operário em construção
E olhando bem para ela
Teve um segundo a impressão
De que não havia no mundo
Coisa que fosse mais bela.

Deixemos o reino da poesia e retornemos ao mundo da ciência histórica e da análise da historiografia. Está implícita, nas formulações de Marx, a ideia de que o processo de "desalienação do trabalhador", que ao seu término perceberá que o mundo inteiro é na verdade sua produção, terminará por ser acompanhado por uma historiografia que progressivamente abandona a contemplação da história para se engajar em um processo de transformação da própria história. "Fazer a história" (agir sobre a história) e "Fazer História" (escrever a História), na perspectiva de Marx, devem se superpor[279]. Já balanceamos antes essa questão (se é necessariamente inerente a esse paradigma historiográfico, ou não, o programa de engajamento do historiador em movimentos sociais). De qualquer maneira, podemos discutir o papel do desvelamento da verdade pelo historiador, em uma tal concepção.

De acordo com a perspectiva do Materialismo Histórico que nos é trazida por Marx em algumas obras, não existiria uma verdade única, universal, mas sim verdades vinculadas às classes sociais. A Verdade Revolucionária (isto é, a verdade conduzida pela classe revolucionária), é parcial e histórica, mas de todo modo social e objetiva, porque situada em uma perspectiva mais favorável[280]. Marx adentra aqui a questão que no momento nos interessa, a querela sobre a objetividade e subjetividade, bem como a polêmica sobre a verdade

---

279. Rigorosamente falando, trata-se de, simultaneamente, "Pensar a História", "Fazer História", e "Fazer a História". Retornamos aqui à complementação necessária, tal como a propõe o Materialismo Histórico de Marx, entre as três naturezas do homem que o distinguem dos demais animais: Homo *Sapiens*, Homo *Faber*, Homo *Praktikus*. Ou, o que é o mesmo, entre os três gestos humanos fundamentais: "pensar", "fazer", "agir" – isto é, uma *Theoria*, uma *Poésis*, uma *Práxis*, para reevocarmos essas três categorias da filosofia grega que são abordadas por Marx.

280. Já na segunda das *Teses sobre Feuerbach* (1845), Marx se situava em face das discussões sobre a verdade: "A questão, se ao pensamento humano corresponde alguma verdade – não é uma questão teórica, mas uma questão prática. O homem precisa comprovar na práxis a verdade, i.é, o poder e a realidade, do caráter terrestre de seu pensamento. A querela sobre a realidade ou sobre a não realidade do pensamento – que está isolado da práxis – é uma questão puramente escolástica" (MARX, 1982, tese n. 2). Em relação *As teses sobre Feuerbach*, de Marx, cf. Labica, 1990.

histórica. Dentro dessa abordagem, o sujeito produtor de conhecimento segue, como no historicismo, perspectivado, inscrito em uma subjetividade que o transcende através de seu pertencimento a outras instâncias. A mais importante dessas instâncias, contudo, é a classe social. Todo discurso representa uma "posição de classe", e o historiador – enquanto produtor de conhecimento – não está fora disto, mesmo que não tenha total clareza ou plena consciência de representar, com a especificidade de seu trabalho, um ou outro ponto de vista de classe.

É importante notar que, de acordo com uma certa perspectiva marxista (porque há várias), pode-se entender a questão à luz da ideia de que vai passando de uma classe a outra, nos vários momentos da história, a possibilidade de se atingir efetivamente uma verdade histórica (sempre parcial) que pode ser conhecida em determinado momento[281]. Obviamente que, tal como assinala Lucien Goldmann em *Le dieu cachê* (1956), qualquer leitura da realidade, assim como

---

281. Vale lembrar que, mesmo para as ciências naturais e exatas, Engels já assinalava no *Anti-Duhring* (1878) que não existe a verdade definitiva: "Pior ainda em astronomia e em mecânica; e em física e em química estamos no meio de hipóteses como dentro de um enxame de abelhas". Engels escreve essas palavras em 1878. Estávamos, naquele momento, em pleno período de crise paradigmática na Física e na Química, conforme os estudos de Thomas Kuhn registrados em *Estrutura das revoluções científicas* (1962). Com relação à verdade histórica, Marx e Engels partilhavam com Hegel – embora a adaptando para a concepção materialista – a ideia expressa em *Introdução à Filosofia do Direito* (1821), segundo a qual só podemos compreender uma época quando ela está terminada. Engels também sustentará esta ideia no *Anti-Duhring* (1878). Marx insinua o mesmo no prefácio para a *Contribuição à crítica da economia política* (1859), ao registrar as seguintes palavras: "Da mesma maneira que não se julga o indivíduo pela ideia que ele faz de si mesmo, tampouco se pode julgar uma tal época de transformação pela consciência que ela tem de si mesma".

qualquer ação humana, sempre será atravessada por uma "perspectiva parcial inevitável". De todo modo, algo como uma verdade parcial pode ser almejado pelos seres humanos em cada época. De acordo com a perspectiva proposta por Marx (mas pode haver variações com relação a essa questão no seio do Materialismo Histórico, ou mesmo no interior da própria obra marxiana), a possibilidade de atingir o maior nível de consciência histórica possível sempre se oferece prioritariamente à classe revolucionária do momento ou a seus representantes, pois a classe revolucionária do momento seria a única que não tem interesse em "escamotear" a verdade de modo a assegurar a preservação de privilégios e interesses das classes dominantes. Bem ao contrário disto, a classe revolucionária, a cada momento, tem interesse em desmascarar a falsa aparência da realidade, e revelar o que se esconde por trás dela em termos de sistemas de dominação e de conservação de privilégios.

Há uma pedra de toque final nesta concepção: a classe operária, proposta pela perspectiva teleológica de Marx e Engels como a "última das classes" – já que ela prepara o advento da "sociedade sem classes" que seria trazido pelo surgimento dialético do "modo de produção socialista" – seria aquela que teria a tarefa histórica de retirar todas as máscaras. Sem interesse de exercer uma nova dominação de classe – tal como ocorrera com a burguesia revolucionária do período moderno – a classe operária não apenas deseja desmascarar a classe dominante que a precede na luta revolucionária, como também almeja retirar a sua própria máscara. Essa é a perspectiva marxista na sua versão mais teleológica, que não corresponde à totalidade de variações que posteriormente se desenvolveram no âmbito do Materialismo Histórico. De todo modo, essa perspectiva teleológica parece estar presente no pensamento de Marx, ao menos em algumas obras específicas, e sobretudo no de Engels da última fase, quando o Materialismo Histórico vai produzindo uma das suas variações: a que se converterá em uma doutrina que mais tarde resultará no chamado Marxismo-Leninismo.

A hipótese de que a classe revolucionária adquire uma possibilidade maior e mais rica de apreender a totalidade – situando-se em uma espécie de patamar privilegiado que lhe permite ter uma melhor visão de conjunto da sociedade – também foi sustentada por filósofos e historiadores marxistas que renovaram o Materialismo Histórico no século XX, e tal foi o caso de Georg Lukács (1885-1971), com o seu ensaio *História e consciência de classe* (1923). Lembraremos ainda que já podíamos encontrar desde as primeiras obras de Marx a perspectiva de que a realidade – a verdade histórica – pode ser alcançável em níveis distintos. Em *Teses sobre Feuerbach* (1945), Marx já discutia isto nas teses n. 9 e n. 10. O fundador do Materialismo Histórico, naquele texto de juventude, já criticava Feuerbach – a quem considerará um "materialista vulgar" – precisamente por este não conseguir ultrapassar os limites de visão da sociedade burguesa. Desmistificando a religião em suas preleções em defesa de uma posição filosófica materialista, Feurbach teria ficado, contudo, a meio caminho dos materialistas dialéticos. Marx verá problemas tanto no ponto de vista dos "idealistas" como nas concepções dos "materialistas vulgares". Sobre Feurbach, Marx dirá na sua Tese n. 9:

> O ponto mais alto a que o materialismo contemplativo – quer dizer, aquele que não apreende o sensível como atividade prática – consegue chegar é a contemplação dos indivíduos isolados e da sociedade burguesa (MARX. *Teses sobre Feuerbach*, n. 9).

É preciso compreender essas palavras em complementaridade com a tese n. 10, na qual ficará claro que Marx pretende se situar acima, ou postular um ponto de vista teórico situado em um patamar superior. Este seria aquele que não mais se coloca apenas no nível da sociedade burguesa, conservando-se cego para as transformações futuras. O novo materialismo – um "materialismo dialético", e não mais o "materialismo vulgar" – seria aquele que possibilitaria um novo patamar de visão. Notemos que Marx aqui está apenas iniciando a sua caminhada para a elaboração dos princípios do Materialismo Histórico. Mas sua concepção sobre a possibilidade de uma aproximação cada vez mais científica da verdade histórica já está implícita aqui, nas últimas teses sobre Feuerbach:

> O ponto de vista do antigo materialismo é a sociedade civil-burguesa; o ponto de vista do novo materialismo é a sociedade humana ou a humanidade socializada [*die gesellschaftliche Menschheit*] (MARX. *Teses sobre Feuerbach*, n. 10).

Por fim, depois de anunciar o novo patamar de visão de mundo, e de associá-lo a uma práxis, Marx encerrará essa marcante obra com sua célebre frase: "Os filósofos têm se limitado a interpretar o mundo de diferentes maneiras; trata-se, todavia, de transformá-lo" (MARX. *Teses sobre Feuerbach*, n. 10).

Essa, enfim, é a concepção de Karl Marx acerca da questão que se relaciona à interação entre objetividade e subjetividade, e à possibilidade de se atingir uma verdade de validade científica para a compreensão da história. Sobre o paradigma historiográfico que, através de Marx e Engels, terminará por ser proposto pelo Materialismo Histórico – aqui concebido como um novo campo de possibilidades teórico-metodológicas – já discutimos no volume 3 desta série, no qual também pudemos desenvolver considerações mais específicas sobre a produção teórica de Karl Marx. Mas do que aqui vimos, nestas linhas mais gerais, pudemos pontuar mais uma vez a evidência de que Marx é um pensador profundamente complexo, polifônico, que atravessa diversificados campos de saber e que se modifica no decorrer de sua própria história intelectual.

Tal como vimos em um capítulo anterior (vol. 1, p. 127-128), é possível pensar descontinuidades no próprio pensamento de Marx. Assim, há um "Marx historiador" que não corresponde (ou que não se superpõe) necessariamente àquele "Marx político" que se empenha em organizar o movimento operário de sua época, e pode-se dizer que esses tampouco coincidem inteiramente com o "Marx economista" que examina o Capitalismo na sua especificidade. Há mesmo um "Marx filósofo da história" que ajusta um pensamento teleológico aos objetivos e desejos do "Marx político" que encaminha a sua práxis política. Cada uma das práticas às quais se dedicou Marx o levaram a se reinventar de uma determinada maneira. Quando Marx se coloca na posição de historiador – o que ocorre nas poucas ocasiões em que produziu obras especificamente historiográficas tais como obras como O *18 brumário* (1852) ou as *Lutas de classe na França* (1850) – as especificidades desse trabalho o levam a rejeitar algumas simplificações conceituais que aparecem em outras obras e a passar ao largo da perspectiva teleológica que precisou ser encaminhada no *Manifesto comunista* (1846), por exemplo.

Desta maneira, o "acorde teórico" de Marx em cada uma de suas obras pode ser contraposto ao "acorde teórico" de Marx em outras (mas nada impede que um determinado setor do conjunto de obras de um mesmo autor, agrupado sob certa perspectiva e a partir da iluminação de determinadas questões transversais, possa gerar a possibilidade de um "acorde teórico" que permita visualizar a sua conexão possível). Um estudo dos "harmônicos" presentes no ambiente mental de um autor sempre traz alguma importância, especialmente porque em certas obras ou circunstâncias um determinado "harmônico" pode sobressair mais do que em outras situações, da mesma forma que uma nota do acorde estrutural pode ter diminuída a sua intensidade ou mesmo recuar para uma situação de silêncio (não sonoridade). Isto posto, no exame do ambiente mental de um autor, há sempre "harmônicos principais" cujo estudo mostra-se mais útil, e "harmônicos secundários" cuja relevância somente se mostra a biógrafos, pois nada ou quase nada interferem no essencial da teoria elaborada por este autor, ou mesmo em sua *práxis* tornada pública[282]. De resto, os seres humanos são sempre contraditórios. Karl Marx, por exemplo, demonstrou em algumas oportunidades ter consciência disto[283].

A experiência de análise das "identidades teóricas" (ITEs) também nos parece ensinar que é frequentemente útil distinguir o "acorde teórico" de um pensador, dotado de seus matizes pessoais e timbrado por suas ressonâncias internas, do próprio complexo de características que constitui o paradigma teórico que esse autor tenha fundado ou contribuído para constituir em primeiro plano. É necessário, portanto, distinguir o pensamento pessoal e específico de Marx – com todas as suas notas mais singulares, os seus harmônicos e ressonâncias secretas – do paradigma do Materialismo Histórico em si mesmo, que inclusive deve ser visto como um campo

---

282. Por exemplo, para o caso de Marx, autores diversos já falaram sobre como a sua vida privada foi regida ou interferida por "limitações pequeno-burguesas", ou por preconceitos típicos de uma classe média da Inglaterra Vitoriana. Mas ocorre que muitas destas limitações não saltam da vida privada de Marx para o ambiente das suas proposições teóricas. Quando saltam, podem se tornar "harmônicos" a serem considerados. Mas quando permanecem restritos aos limites da vida privada, somente adquirem maior interesse para as biografias sobre Marx, no máximo para as suas "biografias intelectuais". Para uma compreensão da Teoria da História de Marx, ou para uma avaliação da sua Filosofia da História, estes elementos da vida privada do indivíduo Marx podem não ter uma maior importância ("ou não", como diria Caetano).

283. Dirá ele nos *Manuscritos econômico-filosóficos* (1944), já adaptando sua percepção e sua compreensão da natureza contraditória dos seres humanos à sua teoria sobre a "Alienação": "[...] cada esfera me impõe uma norma diferente e contrária à da outra; a moral me dita uma regra, a economia, outra; cada uma encarna um círculo particular da atividade essencial alienada; cada uma se acha em uma relação alienada com as outras alienações". Sobre isto, cf. Konder, 2006, p. 32.

de alternativas que se abre a novas possibilidades e que se torna disponível a novos e diferenciados autores. Marx não contém o Materialismo Histórico: o Materialismo Histórico é que contém Marx, embora tenha sido ele e Engels que deram o ponto de partida para a constituição coletiva desse paradigma, que aliás não cessou nunca de se transformar e de incorporar novas possibilidades teóricas e metodológicas.

É assim que, conforme nos mostra o exame mais atento da obra de Karl Marx, três ou quatro notas de base podem compor o acorde mais geral de um determinado paradigma teórico ou historiográfico – tal como ocorre, por exemplo, com o Materialismo Histórico. Mas sobre essas três notas, sobre essa base paradigmática em comum que, no caso do Materialismo Histórico, é constituída pela "Dialética", pelo "Materialismo" e pela "Historicidade Radical", podem então se erguer novas possibilidades acórdicas, que são as contribuições teóricas de cada autor. Isso permite entender que podem ser classificados como inseridos no paradigma do Materialismo Histórico autores com contribuições teóricas tão diversas como Gramsci, Lukács, Pierre Vilar, os historiadores ligados à Escola Britânica do Marxismo (Thompson, Hobsbawm, Christopher Hill, e outros), os filósofos frankfurtianos (Benjamin, Adorno, Horkheimer, Marcuse), linguistas e críticos de arte e literatura como Bakhtin e Fredric Jameson, e tantos outros que enriqueceram o âmbito teórico-metodológico do Materialismo Histórico. Cada um desses autores apresenta uma base comum – a Dialética, o Materialismo, a Historicidade –, mas a partir daí surgem as especificidades, as notas superiores de cada acorde que, em cada caso, podem conduzir a posições bem singulares e mesmo a experiências únicas na história do Materialismo Histórico como campo paradigmático para a historiografia.

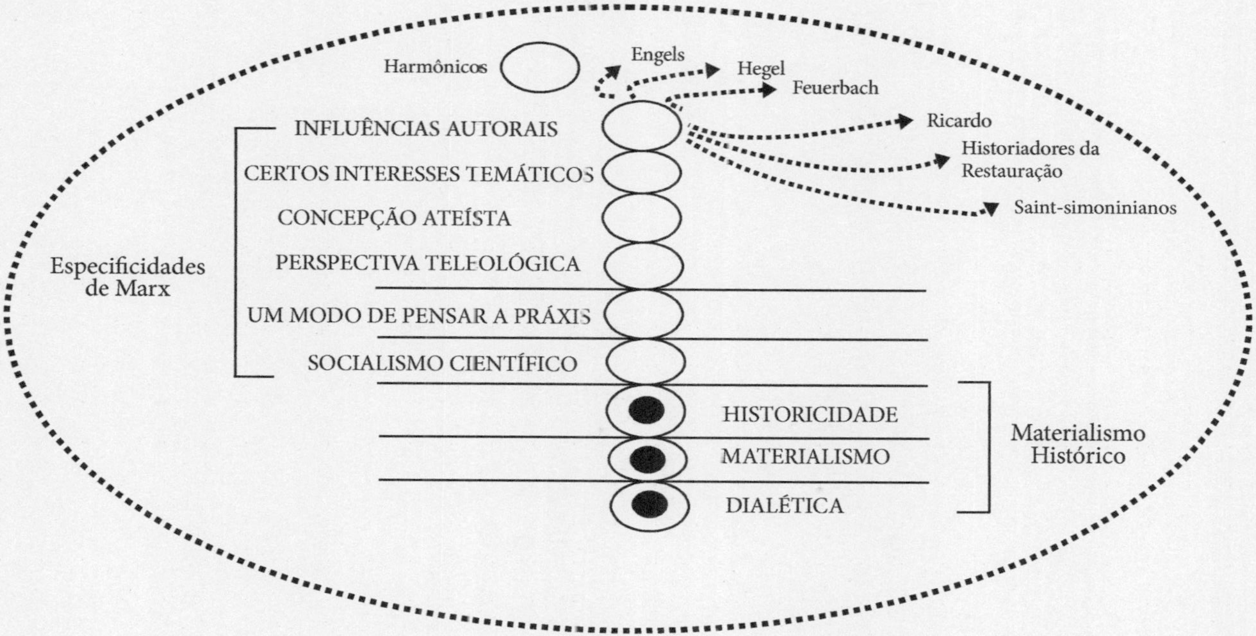

Figura 7. Um "acorde autoral" agregado a um "acorde paradigmático: o exemplo de Marx

Conclusão

Por que uma "análise acórdica" da historiografia?

As últimas décadas do século XX conheceram uma ressonante crise do conhecimento e das formas tradicionais de Ciência. O final dos anos 1970, com a célebre polêmica da Pós-Modernidade, particularmente no âmbito das ciências humanas, traz-nos o exemplo maior: eram aqui colocadas em xeque as grandes explicações e as tradicionais metanarrativas amparadas no modelo do "paradigma único". Lembraremos Jean-François Lyotard (1979), um autor que depois foi vigorosamente rebatido por Fredric Jameson (1984), e da sua opinião de que os grandes sistemas – *unicoerentes*, *totalizantes*, *unificados* – já não mais pareciam dar conta de uma explicação plena da realidade. Em que pesem os argutos reparos e demolidoras críticas que fez contra Lyotard, mesmo esse genial crítico marxista que foi Jameson não deixou de aceder à necessidade de clarificar a tonalidade característica e as especificidades desta nova época que muitos chamam de "pós-moderna".

O Materialismo Histórico, a Psicanálise Freudiana, a Filosofia Iluminista da História, as grandes totalidades Positivistas, ou mesmo os modelos metodológicos de um único tipo, tais como a História Quantitativa que havia vigorado durante quase quatro décadas no mundo historiográfico que se pusera mais diretamente sob a influência francesa da segunda geração dos *Annales* – eis aqui um diversificado quadro no qual pareciam subitamente aflorar fragilidades aparentemente incontornáveis, talvez atestando uma sintomática perda da credibilidade do público nessas grandes metanarrativas ou nas explicações totalizadoras, que um dia procuraram se responsabilizar pela apreensão coerente da história ou de outras instâncias do mundo humano.

Vivemos sob o cambiante signo das múltiplas identidades, isto quando não vemos algumas dessas mesmas identidades se tornarem fluidas e ambíguas, voláteis, tendentes a desmanchar no ar. Um ser humano no século XXI dificilmente poderia ser definido através de um único traço. Se as últimas décadas do século XX assistiram à dificuldade de apreender qualquer conjunto de fenômenos da realidade a partir de um "paradigma único", assistimos, talvez hoje, à extensão desse paradoxo ao nível atomizado: um só paradigma parece ser insuficiente para definir e apreender a realidade complexa pertinente a um único ser humano, dedicado a um campo que seja do saber, ou quem sabe a uma prática qualquer. Se um indivíduo atravessa no seu dia a dia diversas identidades, se ele costuma participar de tantos grupos, e se lhe são apresentadas cotidianamente tantas possibilidades de se mover e de intervir em um universo multidiversificado de valores, como almejar classificá-lo no paradigma fechado, excludente, homogeneizador?

Mudaram os seres humanos, ou mudaram os olhares que sobre eles se estabelecem? Ou mudaram os dois? Quem se dedica a estudar a produção intelectual de pequenos e grandes nomes, possivelmente será sempre levado a refletir, em algum momento de seus estudos, sobre a complexidade humana, sobre as ambiguidades de todo aquele indivíduo que produz conhecimento, sobre as suas hesitações e incoerências. Ou, nem tanto sobre as ambiguidades e incoerências, seremos talvez levados a refletir sobre a liberdade humana que se torna patente quando surpreendemos um intelectual neste gradual construir da sua própria identidade, misturando leituras e influências, reunindo elementos dispersos de variadas origens, ousando combinações que a outros teriam talvez parecido ilícitas. Os indivíduos de outrora, será este o nosso ponto, eram tão livres para realizar criativamente a construção de si mesmos como os indivíduos pensantes que hoje navegam no oceano das identidades pós-modernas. Talvez haja hoje uma liberdade maior para assumir a diversidade interna. Mas nada permite supor que os seres humanos do passado, quando entregues à criatividade de seu universo interior, fossem mais monolíticos do que seriam no futuro.

Na Historiografia, classificar um historiador qualquer como "positivista", "historicista", "materialista histórico", "hegeliano", "nietzscheniano", "neokantiano", "presentista", ou tantas designações quantas pudermos imaginar, sempre implicou certa ordem de problemas. Como apreender, em uma única designação, um indivíduo complexo, livre, ou mesmo hesitante? Destarte, conceitos como o de "paradigma", "escola histórica", "campo histórico", ou outros que possamos pensar, têm ajudado a compreender com alguma eficácia o igualmente complexo universo da historiografia. O novo milênio de análises historiográficas talvez invista, quem sabe, em artifícios que – sem se desfazer de um quadro conceitual já conquistado pela história da historiografia – possam levar a uma apreensão da complexidade que pode estar escondida, ou mesmo explícita, em um único indivíduo produtor de conhecimento. De resto, algumas análises, entre as que aqui foram expostas, levaram-nos a perceber que:

- Um autor que apresente certo nível de complexidade, e determinado potencial de transformação, dificilmente pode ser enquadrado no interior de um único paradigma.
- Nenhum autor é necessariamente "igual a si mesmo", seja em momentos distintos de sua própria produção intelectual, seja em um mesmo momento cronológico, já que o ser humano desempenha papéis diversos e, além disso, tem o direito à incoerência.
- Existem pensamentos mais tendentes ao monodismo, e outros mais claramente polifônicos.
- Tudo se dá no interior de um contexto, e também no entretecer de uma rede interautoral.
- Na floresta intra-autoral, podemos sempre nos guiar a partir de perguntas específicas, e é essa pergunta que dará a tônica de uma análise.
- Nenhuma análise pode imobilizar um ser humano. Através da singularidade de uma análise, podemos apenas nos aproximar de uma das facetas de seu pensamento ou de seu discurso; compreendê-lo, enfim.

O artifício dos "acordes teóricos", ou dos "acordes historiográficos", foi o que procuramos sustentar aqui, constitui uma tentativa de, simultaneamente, (1) apreender a complexidade de um autor, (2) dar a perceber as suas mudanças no decorrer de uma trajetória, (3) encontrar um lugar para as próprias dissonâncias e discrepâncias de um mesmo autor, (4) identificar a rede interautoral na qual este autor se insere, e de, por fim, (5) ultrapassar as limitações do conceito de "paradigma", sem que deste seja preciso se desfazer. Será o "acorde" uma metáfora aceitável para este empreendimento teórico?

Encerraremos aqui com um elogio às novas interdisciplinaridades. Se a História aprendeu tanto com outras disciplinas desde inícios do último século, mergulhando heroicamente no mar das interdisciplinaridades com as demais ciências sociais e humanas, por que não aprender um pouco com a Música neste início de novo milênio? O artifício do "acorde", tal como ressaltamos no princípio deste volume, coloca-se ainda em nível de metáfora. Poderemos desenvolver uma metodologia a partir daqui? Proposto como artifício imaginativo para pensar a complexidade autoral, o "acorde teórico" apresenta-se como recurso que se agrega a noções como a de "paradigma", "escola histórica" e "campo histórico". Um autor, ao ser classificado no interior de um paradigma, ou entre paradigmas, conforme for o caso, pode ser a partir deste recurso pensado também em sua transversalidade teórica. À base paradigmática, se houver, acrescenta-se o seu "acorde específico", isto é, a sua complexidade teórica. Se o nosso autor for um historiador, a análise tornar-se-á igualmente rica, pensando a conexão de "campos históricos" que interfere neste ou naquele de seus trabalhos. Pertencerá esse autor a uma "escola", ou talvez a um "movimento"? Esta é uma quarta noção útil, que poderemos examinar mais concretamente na próxima etapa desta coleção ("Escolas, Movimentos e Correntes Historiográficas do século XX"), a ser publicada futuramente.

Referências

Fontes citadas

ADORNO, T.W. (1995). "Educação após Auschwitz". *Palavras e sinais*. Petrópolis: Vozes, p. 104-123 [original: 1966].

ADORNO, T.W. & HORKHEIMER, M. (1985). *Dialética do Esclarecimento*: fragmentos filosóficos. Rio de Janeiro: Zahar [original: 1947].

AGOSTINHO (Santo) (2005). "Elevações sobre os mistérios". *Confissões*. Livro XI. Petrópolis: Vozes [original: 398 d.C.].

ALTHUSSER, L. (1967). "Sobre o jovem Marx". *Análise crítica da Teoria Marxista (Pour Marx)*. Rio de Janeiro: Zahar [original do ensaio: 1960].

ARENDT, H. (2009a). "A quebra entre o Passado e o Futuro". *Entre o Passado e o Futuro*. São Paulo: Perspectiva [original: 1954], p. 28-42.

______ (2009b). "A tradição e a Época Moderna". *Entre o Passado e o Futuro*. São Paulo: Perspectiva, p. 43-68 [original: 1956].

______ (2009c). "O conceito de História: antigo e moderno". *Entre o Passado e o Futuro*. São Paulo: Perspectiva, p. 69-126 [original: 1957].

______ (2009d). "Verdade e política". *Entre o Passado e o Futuro*. São Paulo: Perspectiva, p. 282-325 [original: 1967].

______ (2009e). "O que é autoridade". *Entre o Passado e o Futuro*. São Paulo: Perspectiva, p. 127-187 [original: 1958].

______ (1989). *As origens do Totalitarismo*. São Paulo: Companhia das Letras [original: 1951].

ARNDT, E.M. (1877). *Geist der Zeit* [Espírito do tempo]. Altona: Hammerich [original: 1807].

ARISTÓTELES (1993). *Poética*. São Paulo: Ars Poética.

BRADBURY, R. (2009). *Fahrenheit 451*. São Paulo: Globo [original: Nova York: Ballantine, 1953].

BAKHTIN, M. (1981). *Marxismo e filosofia da linguagem*. São Paulo: Hucitec [original: 1929].

BENJAMIN, W. (2008). "Teses sobre o conceito de História". *Walter Benjamin: obras escolhidas* – Magia e técnica; arte e política. São Paulo: Brasiliense, p. 222-231 [original: 1940].

______ (2006). *Passagens*. Belo Horizonte/São Paulo: UFMG/Imep [originais: 1927-1940].

______ (2002). "A vida dos estudantes". *Reflexões sobre a criança, o brinquedo e a educação*. São Paulo: Duas Cidades [original: 1915].

______ (1995). *Walter Benjamin: obras escolhidas* – Rua de mão única. São Paulo: Brasiliense [original: 1923-1926].

______ (1984). *Origem do Drama Barroco Alemão*. São Paulo: Brasiliense [original: 1925].

______ (1975). "O surrealismo – O mais recente instantâneo da inteligência europeia". *Os pensadores*. Vol. XLVIII. São Paulo: Abril [original: 1929].

BERNHEIM, E. (1937). *Introducción al estudio de la Historia*. Barcelona: Labor [original: 1889].

BRAUDEL, F. (1984). *O Mediterrâneo e o mundo mediterrânico*. São Paulo: Martins Fontes [*La Mediterranée et le monde mediterranée à l'époque de Philippe II*. 3 vols. Paris: A. Colin, 1949] [edição ampliada: 1966].

______ (1978). "História e Ciências Sociais: a longa duração". *Annales Esc.*, n. 4, 1958, p. 725-753 [republicado em *Escritos sobre a História*. São Paulo: Perspectiva, p. 41-78] [original do artigo: 1958].

BURCKHARDT, J. (1978). "Considerações sobre a História Universal". *Gesammelte Werke*. Vol. III. Basel/Stuttgart: Schwabe [*Reflexões sobre a História*. Rio de Janeiro: Zahar, 1961] [original póstumo: 1905].

CARLYLE, T. (1993). *On Heroes, Hero-Worship and the Heroic in History*. Los Angeles: California University Press [original: 1843].

______ (1990). *History of Friedrich II of Prussia, called Frederick The Great*. Londres: Elibron [original: 1858-1865].

______ (1961). *História da Revolução Francesa*. São Paulo: Melhoramentos [original: 1837].

______ (1904). *The Works of Thomas Carlyle in Thirty Volumes*. Londres: Chapman and Hall.

______ (1851). *Life of John Sterling*. Londres: Chapman and Hall.

CERTEAU, M. (1982). "A operação historiográfica". *A escrita da História*. Rio de Janeiro: Forense Universitária, p. 65-119 [original: 1974].

CHARTIER, R. (1990). "Textos leituras e impressos". *A História Cultural*: entre práticas e representações. Lisboa: Difel, p. 121-139 [original: 1982].

COMTE, A. (1969). *Cours de Philosophie Positive*. Paris: Classique Garnier.

CROCE, B. (2007). "Para a interpretação crítica de alguns conceitos do Marxismo" [1897]. *Materialismo Histórico e economia marxista*. São Paulo: Centauro, p. 54-99.

______ (2006). *A história como história da liberdade*. São Paulo: Topbooks.

______ (1968). *Theorie et l'Histoire de l'historiographie*. Paris: Droz [original: 1917].

DARWIN, C. (1980). *A origem das espécies*. São Paulo: Hemus [original: 1859].

DESCARTES, R. (1978). *Princípios de Filosofia*. Lisboa: Guimarães [original: 1644].

______ (1968). *Discurso sobre o Método*. Rio de Janeiro: Forense [original: 1637].

DILTHEY, W. (1991). *Introduction to the Human Sciences*. Princeton: Princeton University Press [original: 1883].

______ (1944). *El mundo histórico*. México: Fondo de Cultura Económica.

DROYSEN, J.G. (1977). *Historik*: Vorlesungen über Enzyklopädie und Methodologie der Geschichte. Stuttgart: Fromann-Holzboog [organizado por Peter Leyh] [*Manual de Teoria da História*. Petrópolis: Vozes, 2009] [original: 1858].

DUMAS, A. (1930). *Memórias de um médico*. São Paulo: Companhia Editora Nacional [original: 1846-1853].

DURKHEIM, É. (1975). "La sociologie" (1915). *Textes* – I: Elements d'une théorie sociale. Paris: De Minuit.

______ (1960). *La division sociale du travail*. Paris: PUF.

______ (1956). *Les regles de La Méthode Sociologique*. Paris: PUF [*Regras do Método Sociológico*. São Paulo: Martins Fontes, 2007] [original: 1895].

ENGELS, F. (2008). *A situação das classes trabalhadoras na Inglaterra*. São Paulo: Boitempo [original: 1844 – primeira publicação: 1845].

______ (1981). Esboço de uma crítica da Economia Política. In: NETTO, J.P. (org.). *Engels*. São Paulo: Ática, p. 56-81 [original: 1844].

______ (1976). *Anti-Dühring*. São Paulo: Paz e Terra [original: 1878].

______ (1962). *Do Socialismo Utópico ao Socialismo Científico* (tb. "Ludwig Feuerbach e o fim da filosofia clássica alemã"). São Paulo: Fulgor [original: 1880].

ESPINOSA, B. (1992). *Ética*. Lisboa: Relógio D'Água [original: post].

FEBVRE, L. (1989). *Combates pela História*. Lisboa: Presença [*Combats pour l'Histoire*. Paris: A. Colin, 1953].

FERGUSON, A. (1995). *An Essay on the History of Civil Society*. Cambridge: Cambridge University Press [original: 1767].

FEUERBACH, L.(2009). *Preleções sobre a essência da religião*. Petrópolis: Vozes [original: 1851].

______ (2002a). Preliminary theses on the Reform of Philosophy. In: FEUERBACH; MARX & ENGELS. *German Socialist Philosophy*. Nova York: The Continuum ["Necessidade de uma reforma da Filosofia". *Princípios da Filosofia do Futuro*. Lisboa: Ed. 70, p. 13-18] [original: 1842].

______ (2002b. *Princípios da filosofia do futuro*. Lisboa: Ed. 70 [original: 1843].

______ (1997). *A essência do cristianismo*. Campinas: Papirus [original: 1841].

FREIRE, P. (1978). *Os cristãos e a libertação dos oprimidos*. Lisboa: Base.

______ (1970). *Pedagogia do oprimido*. Nova York: Herder & Herder [original: 1968].

FICHTE, J.W. (1973). "Sobre o conceito da doutrina da ciência ou da assim chamada filosofia". *Os pensadores*. Rio de Janeiro: Abril [original: 1797].

FOUCAULT, M. (2003). *A verdade e as formas jurídicas*. Rio de Janeiro: PUC-Rio [original: conferências proferidas em 1973].

______ (1999). *As palavras e as coisas*. São Paulo: Martins Fontes [original: 1966].

______ (1996). *A ordem do discurso*. São Paulo: Loyola [original: 1970].

______ (1986). *Arqueologia do saber*. Rio de Janeiro: Forense [original: 1969].

______ (1985). *Microfísica do poder*. Rio de Janeiro: Graal [original: 1979].

FOURIER, C. (1966-1968a). "Theorie des quatre mouvements". *Ouevres Completes*. Paris: Antropos [original: 1808].

______ (1966-1968b). "Traité de l'association domestique agricole". *Ouevres Completes*. Paris: Antropos [original: 1822].

______ (1966-1968c). "Le nouveau monde industriel et societaire". *Ouevres Completes*. Paris: Antropos [original: 1829].

______ (1966-1968d). "La fausse industrie, morcelée, mensogère et l'antidote, l'industrie naturelle, combinée, attrayante, véridique, donnant quadruple production". *Ouevres Completes*. Paris: Antropos [orignal: 1835-1836].

FUKUYAMA, F. (1992). *O fim da História ou O último homem*. Rio de Janeiro: Rocco [original: 1992; original do artigo: 1989].

GADAMER, H.-G. (2008). *Verdade e método*. 9. ed. Petrópolis: Vozes [original: 1960].

______ (1998). *A consciência histórica*. Rio de Janeiro: FGV [original: 1996].

GERVINUS, G.G. (1962). "Grundzüg der Historik" [As grandes linhas da História] . *Schriften zur Literatur*. Berlim: Erler, p. 49-103 [original: 1837].

______ (1853). *Einleitung in die Geschichte des neunzehnten Jahrhunderts* [Introdução à História do século XIX]. Leipzig: Erler.

HEGEL, F. (2008). *A razão na História* – Uma introdução geral à Filosofia da História. São Paulo: Centauro [original póstumo: 1837].

______ (2007). *Fenomenologia do espírito*. Petrópolis: Vozes [original: 1819].

______ (1997). *Princípios da Filosofia do Direito*. São Paulo: Martins Fontes [original: 1821].

______ (1995-1998). *Enciclopédia das Ciências Filosóficas*. 3 vols. São Paulo: Loyola [original: 1817-1830].

HEIDEGGER, M. (2006). *Conceitos fundamentais da Metafísica*: mundo, finitude, solidão. Rio de Janeiro: Forense Universitária [original: 1929/1930].

______ (2003). *O conceito de tempo*. Lisboa: Fim de Século [original: 1914].

______ (1997). *Ser e tempo*. Petrópolis: Vozes [original: 1927].

______ (1983). "Da essência da verdade". *Os pensadores*. São Paulo: Abril [original: 1930].

HELVÉTIUS, C.-A. (1973). *De l'Esprit*. Verviers: Gérard.

HERODOTO (1988). *História*. Brasília: UnB.

HOBSBAWM, E. (1998). "A volta da narrativa". *Sobre História*. São Paulo: Companhia das Letras, p. 201-206 [original: *Past and Present*, n. 86, 1980].

HOLBACH, P.H.T. (1961). *Système de la nature ou des lois du monde physique & du monde moral*. Paris: Inalf.

HUMBOLDT, W. (1997a). *Escritos de filosofia de la historia*. Madri: Tecnos.

______ (1997b). "Sobre a organização interna e externa das instituições científicas superiores em Berlim". In:CASPER, G. & HUMBOLDT, W. *Um mundo sem universidades?* Rio de Janeiro: Eduerj.

HUSSERL, E. (1992). "Prolegomena zur reinen Logik" [Prolegômenos à Lógica Pura]. *Gesammelte Schriften*, 2. Hamburgo: Felix Meiner [original: 1900].

______ (1965). *Philosophie als strenge Wissenschaft* [Filosofia como ciência rigorosa]. Frankfurt: Vittorio Klostermann [original: *Revista Logos*, n. 1, 1911].

______ (1950). *Idée directrices pour une phénoménologie* [Ideias diretrizes para uma fenomenologia] Paris: Gallimard.

JAMESON, F. (2006). *Pós-Modernismo*: a lógica cultural do Capitalismo tardio. São Paulo: Ática, p. 27-79 [original: 1984].

KAFKA (1946). *The Great Wall of China*: stories and reflections. Nova York: Willa & Edwin Muir.

KANT, I. (2005). *Crítica da faculdade do juízo*. Rio de Janeiro: Forense Universitária [original: 1790].

______ (1989). *Crítica da razão prática*. Lisboa: Ed. 70 [original: 1788].

______ (1987). *Crítica da razão pura*. São Paulo: Nova Cultural [original: 1781].

KIERKEGAARD, S. (2010). *O conceito de angústia*. Petrópolis: Vozes [original: 1844].

______ (2009). *Temor e tremor*. Lisboa: Guimarães [original: 1843, utilizando o pseudônimo de Johannes De Silentio].

______ (1995). *Migalhas filosóficas*. Petrópolis: Vozes [original: 1844].

______ (1990). *The Diary of Søren Kierkegaard*. Londres: Peter Rohde/Citadel Press.

______ (1980). *The Human Despair* – The Sickness Unto Death [O desespero humano – Doença até a morte]. Princeton: Princeton University Press [original: 1849].

______ (1960). *Selections from the Writings of Kierkegaard*. Nova York: Garden City/Doubleday.

______ (1944). *Post-Scriptum* [Pós-Scriptum não científico às Migalhas Filosóficas]. Princeton: Princeton University Press [original: 1846, utilizando o pseudônimo Johannes Climacus].

KORSCH, K. (2008a). *Marxismo e Filosofia*. Rio de Janeiro: UFRJ [original: 1923].

______ (2008b). "Anticrítica". *Marxismo e Filosofia*. Rio de Janeiro: UFRJ, p. 83-108 [original: 1929].

KOSELLECK, R. (2006a). "Modernidade". *Futuro Passado* – Contribuição à semântica dos tempos históricos. Rio de Janeiro: Contraponto, p. 267-303.

______ (2006b). "Espaço de experiência e horizonte de expectativas". *Futuro Passado* – Contribuição à semântica dos tempos históricos. Rio de Janeiro: Contraponto [original: 1979].

______ (2000). *Zeitschichten* – Studien zur Historik [Camadas de Tempo – Estudos sobre a História]. Frankfurt: M. Suhrkamp.

LABROUSSE, E. (1943). *La crise de l'économie française à la fin d'Ancient Régime et au début de la Revolution*. Paris: PUF.

LAMARTINE, A. (1851). *Histoire de La Restauration*. Paris: Pagnerre, Lecou, Furne.

LA METTRIE, J.O. (1982). *O homem máquina*. Lisboa: Estampa [original: 1747].

LANGLOIS, C.V. & SEIGNOBOS, C. (1944). *Introdução aos Estudos Históricos*. São Paulo: Renascença [original: Hachette, 1898].

LUKÁCS, G. (2009). "O jovem Marx". *O jovem marx e outros escritos de filosofia*. Rio de Janeiro: UFRJ.

______ (1989). *História e consciência de classe*. Rio de Janeiro: Elfos [original: 1923].

______ (1985). *El joven Hegel* – Los problemas de la sociedad capitalista. México: Grijalbo [original: 1938 – primeira publicação: 1948].

LYOTARD, J.-F. (1998). *A condição pós-moderna*. Rio de Janeiro: José Olympio [original: 1979].

MABILLON, J. (1681-1709). *De Re Diplomática*. Paris: Charles Robustel.

MALTHUS, T. (1807). *An essay on the principle of population*. 2 vols. 4. ed. Londres: J. Johnson [original: 1798].

MAQUIAVEL, N. (2007). *Discursos sobre a Primeira Década de Tito Lívio*. São Paulo: Martins Fontes [original: 1512-1517].

______ (1998). *O príncipe*. Porto Alegre: L&PM [original: 1513].

______ (1994). *História de Florença*. São Paulo: Musa [original: 1520-1525].

MARX, K. (2008). "A Guerra Civil na França". *A revolução antes da Revolução*. Vol. 2. São Paulo: Expressão Popular, p. 339-355 [original: 1871].

______ (2002). *Salário, preço e lucro*. São Paulo: Centauro [original: 1865].

______ (1997). *O 18 brumário e Cartas a Kugelmann*. Rio de Janeiro: Paz e Terra [original de "O 18 brumário": 1852].

______ (1993). *Introdução à Crítica da Filosofia do Direito de Hegel*. Lisboa: Ed. 70 [original: 1843].

______ (1991a). *A Questão Judaica*. São Paulo: Moraes [original: 1843, publicada em 1844].

______ (1991b). *Manuscritos econômico-filosóficos e outros textos escolhidos*. São Paulo: Nova Cultural [original: 1844].

______ (1991c). *Formações econômicas pré-capitalistas*. Rio de Janeiro: Paz e Terra [extraído dos *Grundrisse* – original: 1858].

______ (1982a). *Thèse sur Feuerbach*. Paris: Gallimard [incluído em *Os pensadores*. São Paulo: Abril: 1978] [original: 1845].

______ (1982b). *Miséria da Filosofia*. São Paulo: Ciências Humanas [original: 1847].

______ (1979). *Le capital*. Paris: Garnier Flammarion [*O capital* – Crítica da Economia Política. Rio de Janeiro: Civilização Brasileira] [original: 1867].

______ (1977). *As lutas de classe na França (1848-1850)*. Vol. I. São Paulo: Sociais [original: 1850] [disponível em http://www.marxists.org/portugues/marx/1850/11/lutas_class/index.htm].

______ (1972). *A diferença entre a filosofia da natureza em Demócrito e em Epicuro*. Lisboa: Presença [original: 1841].

______ (1971). "O fetichismo da mercadoria". *O capital – Crítica da Economia Política*. Rio de Janeiro: Civilização Brasileira, p. 64-112 [original: 1867].

______ (1953). *Grundrisse der Kritik der Politischen Ökonomie* [Linhas básicas para a Crítica da Economia Política). Berlim: Dietz [original: 1858].

______ (1946). *Contribuição à Crítica da Economia Política*. São Paulo: Flama [original: 1859].

MARX, K. & ENGELS, F. (2003). *A Sagrada Família*. São Paulo: Boitempo [original: 1844].

______ (1988). *Manifesto do Partido Comunista*. Petrópolis: Vozes [original: 1848].

______ (1983). *A ideologia alemã*. São Paulo: Hucitec [original: 1946].

______ (1936). *Marx-Engels selected correspondence*. Londres: [s.e.], p. 475-477 e 510-513.

MEINECKE, F. (1982). *El historicismo y su génesis*. México: FCE [original: 1936].

MORAES, V. (1956). "Operário em construção". *Para Todos* [s.n.t.].

NIETZSCHE, F. (2008a). *David Strauss*: sectário e escritor [Primeira Consideração Intempestiva]. São Paulo: Escala [original: 1873].

______ (2008b). *Humano demasiado humano*. São Paulo: Companhia de Bolso [originais: 1878; 1879].

______ (2008c). *A vontade de poder*. Rio de Janeiro: Contraponto [fragmentos de 1880, publicados postumamente].

______ (2006). *O crepúsculo dos ídolos*. São Paulo: Companhia das Letras [original: 1888].

______ (2005). *Sobre a utilidade e desvantagens da História para a Vida* [incluído em *Escritos sobre a História*. São Paulo: Loyola] [original: 1873; publicado em 1874].

______ (1996). "Fragmentos póstumos (1855/1886)". *Textos didáticos*, n. 22, abr. Campinas: Unicamp [originais: 1855-1886].

______ (1991). "Considerações extemporâneas". *Obras incompletas*. São Paulo: Nova Cultural [seleção de textos de Gérard Lebrun] [originais: 1873-1874].

______ (1974). "Sobre a verdade e a mentira no sentido extramoral". *Os pensadores*. XXXII. São Paulo: Abril.

PAPENBROECK, D. (1685). *Acta Sanctorum*. Antuerpiae: Michaelem Cnobarum [original: 1675].

PLATÃO (2000). *República*. São Paulo: Nova Cultural [original: entre 380 e 370 a.C.].

PROUDHON, P.-J. (2007). *Filosofia da Miséria (ou Sistema das Contradições Econômicas)*. 3 vols. São Paulo: Escala [original: 1846].

RANKE, L. (2004). *History of the Latin and Teutonic Nations from 1494 to 1514* [História dos povos romanos e teutônicos]. Londres: Kessinger [original: 1824].

______ (2002). *Englische Geschichte*: Vornehmlich Im Siebzehnten Jahrhundert [História da Inglaterra, especialmente no século XVII]. Berlim: Phaidon [original: 1859-1869].

______ (1981). *The Secret of World History* – Selected Writings on The Art and Science of History. Nova York: Fordharn University Press [seleção de textos].

______ (1979). *Pueblos y estados en la historia moderna*. México: Fondo de Cultura Económica.

______ (1964a). *Aus Werke und Nachblass* – Vol. I: Tagebücher. Berlim: Walther Peter Fuchs.

______ (1964b). *Tagebücher*. Berlim: Walther Peter Fuchs.

______ (1957). *Deutsche Geschichte im Zeitalter der Reformation*. 6 vols. [História Alemã da Idade da Reforma]. Berlim: Phaidon [original: 1839-1847].

______ (1949). *Das Briefweker*. Berlim: Walther Peter Fuchs.

______ (1946). *La monarquía española de los siglos XVI y XVII*. México: Leyenda [original: 1827].

______ (1901). *Die römischen Päpste in den letzten vier Jahrhunderten* [História dos papas, nos quatro últimos séculos]. Londres: Colonial Press [original: Berlim: 1836].

______ (1879). *Serbien und die Türkei im neunzehnten Jahrhundert* [Sérvia e Turquia no século XIX]. Berlim: [s.e.].

______ (1878). *Friedrich der Grosse* [Frederico o Grande]. Leipzig: [s.e.].

_____ (1872). "Georg Gottfried Gervinus: Gedächtnisrede von 27-9-1871" [Necrológio para Gervinus]. *Historische Zeitschrift*, 27, p. 134-136.

_____ (1847-1848). *Neun Bücher preussischer Geschichte* [Nove livros de História da Prússia]. Berlim: [s.e.].

_____ (1833). *Die grossen Mächte* – Historisch-politische. [s.l.]: [s.e.], p. 1-51 ["As grandes potências". In: HOLANDA, S.B. (org.). *Ranke*. São Paulo: Ática, 1979, p. 146-180] [original: 1833].

_____ (1824). *Zur Kritik neuerer Geschichtsschreiber* [Para uma crítica dos historiadores recentes]. Berlim/Leipzig: [s.e.] [tb. em: *Sämtliche Werke*. Vol. III. Lepzig: [s.e.], 1874].

_____ (s.d.). *Französische Geschichte, vornehmlich im sechzehnten und siebzehnten Jahrhundert* [História da França, especialmente nos séculos XVI e XVII]. Michigan: University of Michigan [original: Berlim: 1852-1861].

RICOEUR, P. (2009a). *A Escola da Fenomenologia*. Petrópolis: Vozes [original: 1986].

_____ (2009b). *Philosophie de la Volunté*. Paris: Points [original: 1950].

_____ (2009c). "A metáfora e o símbolo". *Teoria da Interpretação*. Lisboa: Ed. 70, p. 67-99 [original: 1973].

_____ (2008). *A memória, a história, o esquecimento*. Campinas: Unicamp [original: 2000].

_____ (2005). *A metáfora viva*. São Paulo: Loyola [original: 1975].

______ (2004). *Ensaios sobre a interpretação bíblica*. São Paulo: Novo Século [original: 1980].

______ (1994). "Histoire et rhétorique". *Diogène*, n. 168, out.-dez. Paris.

______ (1986). *Du texte à l'action*. Paris: Seuil.

______ (1983/1985). *Temps et Récit*. Paris: Seuil [*Tempo e narrativa*. Campinas: Papirus, 1994].

______ (1969). *Le conflit des interprétations* – Essais d'Herméneutique. Paris: Seuil.

______ (1968a). *História e verdade*. Rio de Janeiro: Forense [original: Paris: 1955].

______ (1968b). "Objetividade e Subjetividade em História". *História e verdade*. Rio de Janeiro: Forense [tb. em *Histoire et Vérité*. Paris: Seuil: 1955].

______ (1966). *Freedom and Nature* [Liberdade e Natureza]. Evanston: Northwestern University Press [original francês: 1950].

______ (1965). *De l'Interprétation* – Essai sur Freud. Paris: Seuil.

______ (1948). *Gabriel Marcel et Karl Jaspers* – Philosophie du Mystère et Philosophie du Paradoxe. Paris: Temps Présent.

______ (1947). *Karl Jaspers et la Philosophie de l'Existence*. Paris: Seuil.

RICKERT, H. (1961). *Introducción a los problemas de la filosofía de la historia*. Buenos Aires: Nova [original: 1905].

______ (1922). *Ciencia cultural y ciencia natural.* Madri: Calpe [original: 1899].

SAINT-SIMON, C.H.R. (1925). *Letres d'un habitant de Genève à ses contemporains.* Paris: Alcan [original: 1803].

SAINT-SIMONIANOS (Bazard e Enfantin) (1924). *Doctrine de Saint-Simon.* Paris: Rivière [original: 1829].

SARTRE, J.-P. (1999). *O ser e o nada* – Ensaio de ontologia fenomenológica. Petrópolis: Vozes [original: 1943].

______ (1978). *O existencialismo é um humanismo.* Lisboa: Presença [original: 1946].

SCHELLING, F.W.J. (1998). *Sistema del Idealismo Transcendental.* Barcelona: Antropos [original: 1800].

______ (1993). *Investigações filosóficas sobre a essência da liberdade humana.* Lisboa: Ed. 70 [original: 1809].

______ (s.d.). *Philosophy of Revelation* [original: 1858].

SCHILLER, F. (1991). *Escritos de la Filosofía de la Historia.* Murcia: Universidad de Murcia.

______ (1990). "Was heist und zu welchem Ende studiert man Universal geschichte? – Eine akademische Antrittsrede" [O que é a história universal e com que finalidade é estudada?]. In: HARDTWIG, W. (org.). *Über das Studium der Geschichte.* Munique: DTV, p. 19-36 [1789].

SCHLEGEL, F. (1964a). "Condorcets Esquisse d'un tableau historique des progrès de l'esprit humain". *Kritische Schriften* [Escritos críticos]. Munique: W. Rasch, p. 236ss. [original: 1795].

______ (1964b). "Athenäumsfragment".*Kritische/Schriften* [Escritos críticos]. Munique: W. Rasch [original: 1798].

SCHLEIERMACHER, F.D.E. (1977). *Hermeneutik und Kritik: mit einem Anhang sprachphilosophischer Texte Schleiermachers* [Hermenêutica e crítica]. Frankfurt: Suhrkamp.

SCHOPENHAUER, A. (2007). "Esboço de uma história". *Fragmentos sobre a História da Filosofia*. São Paulo: Martins Fontes, p. 28-42.

______ (2005). *O mundo como vontade de representação*. São Paulo: Unesp [original: 1819].

SCHMIDT, O. (1875). *The doctrine of descent and Darwinism* – With twenty-six woodcuts. Londres: George Bell & Sons.

SCOTT, W. (1972). *Ivanhoé*. São Paulo: Abril [original: 1819].

SIMIAND, F. (1960). "Méthode historique et Science Sociale". *Annales Esc.*, n. 1, jan.-fev. [original: Revue de Synthèse, 1903].

SPENCER, H. (1862). *System of Synthetic Philosophy*. Londres: Williams & Norgate.

SYBEL, H. (1863). "Über den Stand der neueren deutschen Geschichtsschreibung" [Sobre o estado da Moderna Historiografia Alemã]. *Kleine historische Schriften*. Munique: [s.e.].

STIRNER, M. (2009). *O único e a sua propriedade*. São Paulo: Martins Fontes.

STONE, L. (1991). O ressurgimento da narrativa: reflexões sobre uma nova velha história. *Revista de História*, p. 13-46. Campinas: Unicamp [Dossiê História Narrativa].

THOMPSON, E. (1981). *Miséria da Teoria ou Um planetário de erros* – Uma crítica ao pensamento de Althusser. Rio de Janeiro: Zahar [original: 1978].

THIERRY, A. (1820). *Lettres sur le histoire de France*. Paris: Le Courrier Français.

THIERS, A. (1839). *Histoire de la Revolution Française*. 10 vols. Paris: Furne [originais: 1823-1827].

TOCQUEVILLE, A. (1945). *Democracy in America*. Nova York: Vintage Books [original: 1835].

TUCÍDIDES (1982). *História da Guerra do Peloponeso*. Brasília: UnB.

VEYNE, P. (1988). História Conceitual. In: NORA, P. & LE GOFF, J. (orgs.). *História*: novos problemas, novas abordagens, novos objetos. Rio de Janeiro: Francisco Alves [original: 1974].

______ (1983). *O inventário das diferenças*. São Paulo: Brasiliense [original: 1976].

______ (1982a). *Como se escreve a História*. Brasília: UnB [original: 1971].

______ (1982b). "Foucault revoluciona a História". *Como se escreve a História*. Brasília: UnB, p. 149-198.

VOLTAIRE (1956). *Dicionário Filosófico*. São Paulo: Atena [original: 1764].

WEBER, M. (2008a). "O Estado Nacional e a política econômica". *Weber* – Sociologia. São Paulo: Ática, p. 58-78 [original: 1895].

______ (2008b). "As causas sociais do declínio da cultura antiga". *Weber* – Sociologia. São Paulo: Ática, p. 37-57 [original: 1896].

______ (2008c). *A objetividade do conhecimento nas Ciências Sociais*. São Paulo: Ática, p. 79-127 [original: 1904].

______ (2002). *Conceitos básicos de Sociologia*. São Paulo: Centauro [original: post. 1925].

______ (2000). *Ciência e política*: duas vocações. São Paulo: Cultrix [original: 1919].

______ (1999a). "Sociologia da Dominação. *Economia e sociedade*. Vol. 2. Brasília: UnB, p. 187-580 [original: post, .925].

______ (1999b). *Economia e sociedade*. 2 vols. Brasília: UnB [original: post. 1925].

______ (1996). *A ética protestante e o espírito do capitalismo*. São Paulo: Pioneira [original: 1904-1905, complementado em 1920].

______ (1995). *Fundamentos racionais e sociológicos da música*. São Paulo: Edusp [original: 1911].

______ (1994). *História agrária romana*. São Paulo: Martins Fontes [original: 1891].

______ (1993). "A ciência como vocação". *Metodologia das Ciências Sociais*. Parte II. São Paulo: Cortez [original: 1919] [disponível em [http://www.lusosofia.net/textos/weber_a_ciencia_como_vocacao.pdf].

______ (1992). *Metodologia das Ciências Sociais*. 2 vols. São Paulo: Cortez.

______ (1965). *Essais sur La Theorie de la Science*. Paris: Plon [*Ensaios sobre a Teoria das Ciências Sociais*. São Paulo: Centauro, 2003] [originais: 1904-1917].

WINDELBAND (1894). *Geschichte und Naturwissenschaft* [História e Ciência Natural]. Friburgo: [s.e.].

Bibliografia citada

ABENSOUR, M. (1986). Walter Benjamin entre mélancolie et révolution – Passages Blanqui. In: WISMANN, H. (org.). *Walter Benjamin et Paris*. Paris: Cerf.

ARENDT, H. (2008a). "Kierkegaard". *Compreender*: formação, exílio e totalitarismo. São Paulo: Companhia das Letras, p. 73-77 [original: 1932].

______ (2008b). "Franz Kafka: uma reavaliação". *Compreender*: formação, exílio e totalitarismo. São Paulo: Companhia das Letras, p. 97-108 [original: 1944].

______ (1974). "Walter Benjamin". *Vies politiques*. Paris: Gallimard.

ARON, R. (2008). *O Marxismo de Marx*. São Paulo: Arx.

ARÓSTEGUI, J. (2006). *A pesquisa histórica*: teoria e método. Bauru: Edusc [original: 1995].

ATTALI, J. (2007). *Karl Marx e o espírito do mundo*. Rio de Janeiro: Record [original: 2005].

BACHELARD, G. (1996). *A formação do espírito científico*. Rio de Janeiro: Contraponto [original: 1947].

BAKHTIN, M. (1985). *Marxismo e Filosofia da Linguagem*. São Paulo: Hucitec.

BARROS, J. D'Assunção (2005). *O projeto de pesquisa em História*. Petrópolis: Vozes.

______ (2004a). *O campo da História*. Petrópolis: Vozes.

______ (2004b). "Imagens da História". *Mneme* – Revista Virtual de Humanidades, vol. 5, n. 10, abr.-jun. [disponível em http://www.cerescaico.ufrn.br/mneme/pdf/mneme10/imagem.pdf].

BARTHES, R. (1967). A atividade estruturalista. In: HEUSH, L. et al. *O Método Estruturalista*. Rio de Janeiro:[s.e.].

BEARDSLEY, M. (1958). *Aesthetics*. Nova York: Harcourt.

BELLOTTO, H.L. (2002). *Como fazer análise diplomática e análise tipológica de documentos de arquivo*. São Paulo: Arquivo do Estado.

BENTIVOGLIO (2009). Apresentação. In: DROYSEN, G. *Manual de Teoria da História*. Petrópolis: Vozes.

CALDAS, P.S. (2004). *Que significa pensar historicamente* – Uma interpretação da Teoria da História de Johann Gustav Droysen. Rio de Janeiro: PUC-Rio [Tese de doutorado].

CERTEAU, M. (1980). *L'invention du quotidien*. Paris: Union Générales d'Editions.

CHARTIER, R. (2002). *À beira da Falésia* – A história entre incertezas e inquietudes. Porto Alegre: UFRGS.

______ (1994). "A história hoje: dúvidas, desafios, propostas". *Estudos Históricos*. vol. 7, p. 97-113. Rio de Janeiro.

______ (1988). "Débat sur l'histoire". *Esprit*, n. 7/8, jul.-ago.

CHIGNOLA, S. (2007). História dos conceitos e história da Filosofia Política. In: JASMIN, M. & FERES JR., J. (orgs.). *História dos conceitos* – Diálogos transatlânticos. Rio de Janeiro: PUC-Rio, p. 45-57.

COLLIOT-THÉLÈNE, C. (1995). *Max Weber e a História*. São Paulo: Brasiliense.

COHN, G. (2008). Introdução. In: WEBER, M. *Weber* – Sociologia. São Paulo: Ática, p. 7 34 (organizado por Gabriel Cohn).

COSTA, A.C.L. (2007). *Uma biografia micro-histórica* – Interpretação hermenêutica na obra O queijo e os vermes de Carlo Ginzburg. Recife: UFPE.

______ (s.d.). "Explicação histórica e compreensão narrativa: na trilha de Paul Ricoeur". *Revista do Mestrado de História*. vol. 10, n. 11, p. 11-34.

DESROCHE, H. (1969). *Saint-Simon* – Le nouveau christianisme et les Écrits sur la religion. Paris: Seuil.

DIDIER-WEILL, A. (1999). *Invocações*: Dionísio, Moisés, São Paulo e Freud. Rio de Janeiro: Companhia de Freud.

______ (1997). "A nota azul: de quatro tempos subjetivantes da música". *Nota azul*: Freud, Lacan e a Arte. Rio de Janeiro: Contracapa Livr.

DOSSE, F. (2001a). "Paul Ricoeur revoluciona a História". *A História à prova do tempo*: da história das migalhas ao resgate do sentido. São Paulo: Unesp, p. 71-100 [original: 1996].

______ (2001b). *A História à prova do tempo*: da história das migalhas ao resgate do sentido. São Paulo: Unesp [original: textos entre 1995 e 1997].

______ (1987). *L'histoire em miettes*: des Annales à La Nouvelle Historie. Paris: La Découverte [A História em migalhas. São Paulo: Ensaio, 1994].

ESCUDIER, A. (2002). Présentation. In: DROYSEN, J.G. *Précis de Théorie de l'Histoire*. Paris: Du Cerf.

FEBVRE, L. (1989). *Combates pela História*. Lisboa: Presença [original: 1953].

FONTANA, J. (2004). *História dos homens*. Bauru: Edusc [original: 2001].

FOSTER, J.B. (2005). *A ecologia de Marx*: materialismo e natureza. Rio de Janeiro: Civilização Brasileira [original: 2000].

FREUND, J. *Sociologia de Max Weber*. Rio de Janeiro: Forense, 1970.

FREZZATI Jr, (2001). W.A. *Nietzsche contra Darwin*. São Paulo: Unijuí.

FURET, F. (1991). *A oficina da História*. Lisboa: Gradiva [original: 1975].

GAGNEBIN, J-M. (2004). *História e narração em Walter Benjamin*. São Paulo: Perspectiva.

GARAUDY, R. (1957). *Humanisme marxiste*. Paris: Éd. Sociales.

GAY, P. (1990). *O Estilo na História*. São Paulo: Companhia das Letras [original: 1974].

GOLDMANN, L. (1956). *Le dieu caché*. Paris: Gallimard.

______ (1952). *Sciences humaines et Philosophie*. Paris: PUF.

GORZ, A. (1987). *Adeus ao proletariado*: para além do Socialismo. Rio de Janeiro: Forense [original: 1980].

GRONDIN, J. (1991). *Introdução à hermenêutica filosófica*. São Leopoldo: Unisinos.

GURVITCH, G. (1960). *La Sociologie de Karl Marx*. Paris: CDU [A Sociologia de Karl Marx. São Paulo: Anhambi, 1960].

HARTOG, F. (1998). A arte da narrativa. In: BOUTIER, J. & JULIA, D. (orgs.). *Passados recompostos*: campos e canteiros da história. Rio de Janeiro: FGV, p. 193-202.

HEIDEGGER (2007). *Nietzsche*. Rio de Janeiro: Forense Universitária [original: 1961].

HEUSSI, K. (1922). *Die Krisis des Historismus*. Tübingen: [s.e.], 1922.

HOBSBAWM, E. (2006). *A era dos extremos* – Breve século XX. São Paulo: Companhia das Letras [original: 1994].

______ (2003). "Karl Marx e o Movimento Operário Inglês". *Revolucionários*. Rio de Janeiro: Paz e Terra, p. 101-113 [original da coletânea: 1973; original do artigo: 1968].

______ (1994). "Marx e a História". *New Left Review*, fev., p. 39-50. Londres [incluído em Sobre História. São Paulo: Companhia das Letras, 1998, p. 171-184].

HOFSTADTER, R. (1967). *Social Darwinism in American Thought*. Boston: Beacon Press.

HUGHES, J. (1987). *La filosofía de la investigación sociale*. México: Fondo de Cultura Económica.

HUISMAN, D. (2001). *História do existencialismo*. Bauru: Edusc.

JAY, M. (1974). *La imaginación dialéctica* – Una historia de La Escuela de Frankfurt. Madri: Taurus.

KONDER, L. (2009). *Marxismo e alienação*. São Paulo: Expressão Popular [original: 1965].

______ (2006). *O futuro da Filosofia da Práxis*. Rio de Janeiro: Paz e Terra [original: 1992].

______ (1999). *Marx*. Rio de Janeiro: Paz e Terra.

______ (1998). *O socialismo do prazer*. Rio de Janeiro: Civilização Brasileira.

KRIEGER, L. (1997). *Ranke*: the meaning of history. Chicago: Chicago University Press.

KUHN, T. (2003). *A estrutura das revoluções científicas*. São Paulo: Perspectiva [The Structure of Scientific Revolutions. Chicago: University of Chicago Press, 1962].

LABICA, G. (1990). *As "Teses sobre Feuerbach" de Karl Marx*. Rio de Janeiro: Zahar, 1990.

LAKS, A. & NESCHKE, A. (orgs.) (1990). *La naissance du paradigme herméneutique*: Schleiermacher, Humboldt, Boeckh, Droysen. Lille: [s.e.].

LARRAIN, J. (1986). *A Reconstruction of Historical Materialism*. Londres: Allen and Unwin.

LAW, C. (2007). *Compreender Gadamer*. Petrópolis: Vozes.

LE GOFF, J. (1984). Documento/Monumento.In: ROMANO, R. (org.). *Enciclopédia Einaudi* – História e Memória. Porto: Imprensa Nacional, p. 95-106 [tb. em LE GOFF, J. *História e memória*. Campinas: Unicamp, 1990, p. 535-549].

LEFEBVRE, H. (1958). *Critique de la vie quotidienne*. Paris: L'Arche.

LÖWITH, K. (1994). *Max Weber e Karl Marx*. São Paulo: Hucitec [original: 1933].

LOWY, M. (2005a). "Uma leitura das 'teses sobre o conceito de história' de Walter Benjamin". *Walter Benjamin: aviso de incêndio* – Uma leitura das teses "sobre o conceito de história". São Paulo: Boitempo, p. 33-159.

______ (2005b). "Romantismo, Messianismo e Marxismo na filosofia da história de Walter Benjamin". *Walter Benjamin: aviso de incêndio* – Uma leitura das teses "sobre o conceito de história". São Paulo: Boitempo, p. 13-32.

______ (1995). *Ideologias e Ciência Social.* São Paulo: Cortez.

______ (1994). *As aventuras de Karl Marx contra o Barão de Münchhausen*. São Paulo: Cortez.

MacLEAN, M.J. (1987). "Johan Gustav Droysen and the development of historical hermeneutics". *History and Theory*, XXI, n. 3, p. 347-365.

MacRAE, D.G. (1977). *As ideias de Max Weber.* São Paulo: Cultrix.

MANGUEL, A. (1999). *Uma história da leitura*. São Paulo: Companhia das Letras.

MARCUSE, H. (1960). *Reason and Revolution.* [s.l.]: Beacon Press.

MÉSZÁROS, I. (2006). *A Teoria da Alienação em Marx*. São Paulo: Boitempo [original: 1970].

MORUJÃO, C. (2009). "Husserl e a História". *Investigaciones Fenomenológicas*, 6, p. 181-197.

MUNIZ, D. (2007). *História*: a arte de inventar o passado. Bauru: Edusc.

MUSSO, P. (1999). *Saint Simon et les saint-simoniisme*. Paris: PUF.

NIPPEL, W. (2008). *Johann Gustav Droysen* – Ein Leben zwischen Wissenschaft und Politik. Munique: Beck.

OWEN, D. (1994). *Maturity and Modernity*: Nietzsche, Weber, Foucault and the ambivalence of reason. Nova York: Routledge.

PALONEN, K. (2007). Tempos da política e temporalização conceitual: um novo programa para a história conceitual. In: JASMIN, M. & FERES JR., J. (orgs). *História dos conceitos*: diálogos transatlânticos. Rio de Janeiro: PUC-Rio, p. 31-43.

______ (2004). *Eine Lobrede für Politike* [Um elogio à política]. Opladen: Leske e Budrich.

PARSONS, T. (1971). Value-freedom and objectivity. In: STAMMER, O. (org.). *Max Weber and Sociology Today*. Londres: Harper, p. 34-48.

PELLAUER, D. (2009). *Compreender Ricoeur*. Petrópolis: Vozes [original: 2007].

PETRE-GRENOUILLEAU, O. (2001). *Saint-Simon, l'utopie ou la raison en actes*. Paris: Payot.

PROST, A. (2008). *Doze lições sobre a História*. São Paulo: Autêntica [original: 1996].

REIS, J.C. (2006). "Tempo, história e compreensão narrativa em Paul Ricoeur". *Locus*, vol. 12, n. 1, jan.-jul.

______ (2003). "História e verdade: posições". *História e Teoria*. Rio de Janeiro: FGV, p. 147-177.

______ (2000). *Escola dos Annales* – A inovação em História. Rio de Janeiro: Paz e Terra.

REVEL, J. (1996). Microanálise e construção do social. In: REVEL, J. (org.). *Jogos de escalas* – A experiência da microanálise. Rio de Janeiro: FGV, p. 15-38.

RICHTER, M. (2006). Avaliando um clássico contemporâneo: Geschichtliche Grundbegriffe e a atividade acadêmica futura. In: JASMIN, M. & FERES JR., J. (orgs.). *História dos conceitos*: debates e perspectivas. Rio de Janeiro: PUC-Rio, p. 39-53.

RINGER, F. (2004). *Metodologia de Max Weber*: unificação das ciências culturais e sociais. São Paulo: Edusp.

ROSDOLSKY, R. (2001). *Gênese e estrutura de O capital de Karl Marx*. Rio de Janeiro: Contraponto/Eduerj [original: 1968].

SCHAFF, A. (1995). *História e verdade*. São Paulo: Martins Fontes [original: 1971].

SEIGEL, J. (1978). *Marx Fate*: the Shape of a Life. Princeton: Princeton University Press.

SOUTHARD, R. (1995). *Droysen and the Prussian school of history*. Lexington: The University Press of Kentucky.

SOUZA, J.C. (1992). *Ascensão e queda do sujeito no Movimento Jovem Hegeliano*. Salvador: Edufba.

STONE, L. (1992). "Dry Heat, Cool Reason: Historians under Siege in England and France". *Times Literary Supplement*, 31/01.

STRADA, V. (1986). A polêmica entre bolcheviques e mencheviques sobre a revolução de 1905. In: HOBSBAWM, E. *História do Marxismo*. Vol. 3. Rio de Janeiro: Paz e Terra, p. 135-188 [original: 1979].

SUTER, J-F. (1960). *Philosophie et histoire chez W. Dilthey* – Essai sur le problème de l'historicisme. Bale: Becht.

VILAR, P. (1973). "Histoire marxiste, histoire em construction – Essai de dialogue avec Althusser". *Annales Esc*, n. 1, p. 165-198.

VON LAUE, T. (1950). *Leopold Ranke*: the formative years. Princeton: Princeton University Press.

WEHLING, A. (1991). "Capistrano de Abreu e Sílvio Romero: um paralelo cientificista". *Revista do IHGB*, A-152, n. 370, p. 265-274. Rio de Janeiro.

______ (1973). "Em torno de Ranke – A questão da objetividade histórica". *Revista de História*, vol. XL, n. 93, p. 177-200. São Paulo.

WHEEN, F. (2001). *Karl Marx*. Rio de Janeiro: Record [original: 1999].

WIGGERS-HAUS, R. (1993). *The Frankfurt School*. Cambridge: Polity Press.

WILSON, E. (1993). "Karl Marx: poeta das mercadorias e Ditador do Proletariado". *Rumo à Estação Finlândia*. São Paulo: Companhia das Letras, p. 275-311 [original: 1940].

ZUMTHOR, P. (1993). *A letra e a voz*. São Paulo: Companhia das Letras.

Índice onomástico

Índice remissivo

EDITORA VOZES LTDA.
Rua Frei Luís, 100 – Centro – Cep 25689-900 – Petrópolis, RJ
Tel.: (24) 2233-9000 – E-mail: vendas@vozes.com.br